普通高等教育"十一五"国家级规划教材

B&E 会计学系列

高级财务会计（第3版）

梁莱歆 主编

Advanced Financial Accounting

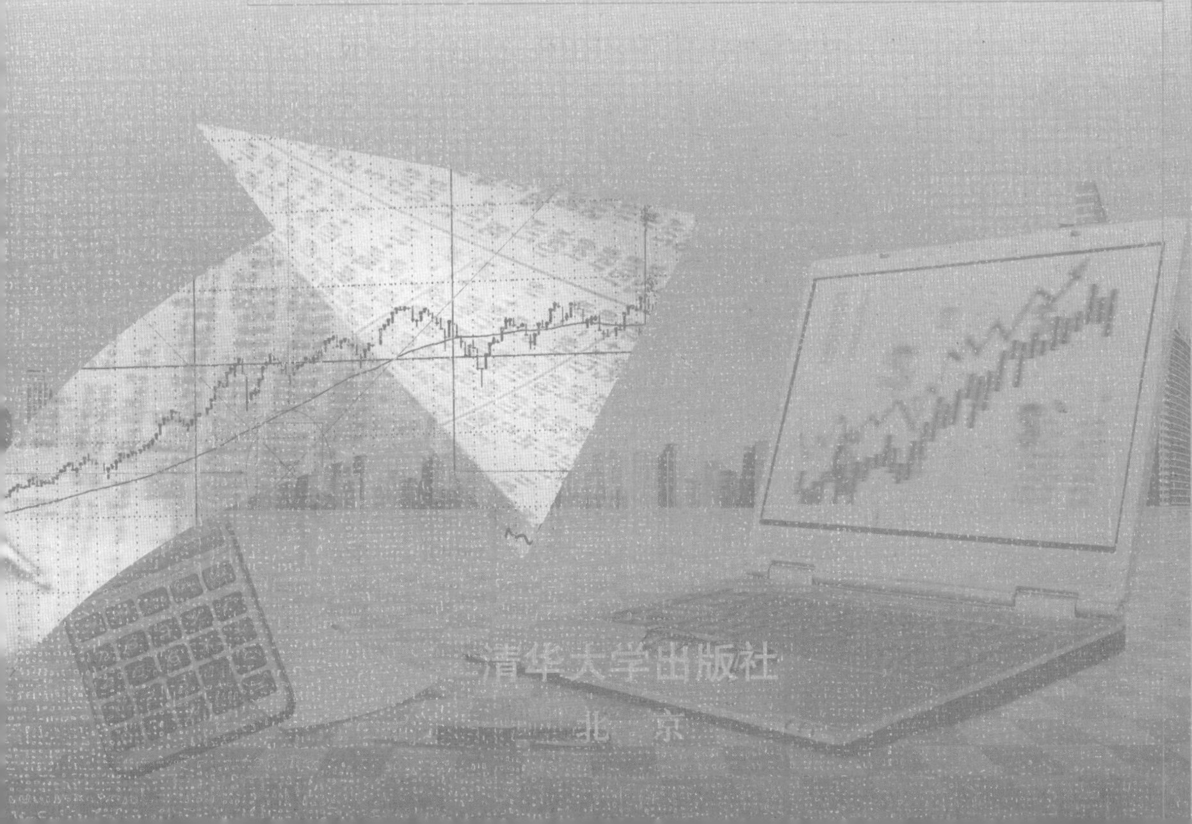

清华大学出版社
北京

内容简介

本书自2003年第1版出版以来，已在国内很多高校的会计教学中使用，2006年我国新会计准则实施后进行了全面修订。本版依据新会计准则及其细则进一步更新了相关内容的会计处理，并根据会计实务与实际教学的情况，加强了与现实经济活动关系密切的重要章节，删减了相对次要的内容，更新了一些内容。

全书由四篇组成：第一篇合伙与分支机构会计，从区别于股份公司会计的角度介绍独资与合伙企业会计；第二篇企业合并会计，介绍合并会计报表的理论及其方法；第三篇跨国公司会计，从跨国公司业务的角度介绍外币业务、外币报表、分部报告以及金融工具等跨国经营中的会计问题；第四篇特殊业务会计，介绍租赁、物价变动、公司清算等会计内容。全书共12章。各章均安排了习题，包括理论思考、实务练习和案例讨论，以提高学生的专业会计实务能力和对复杂问题的分析判断能力。书后配有部分习题参考答案，并提供配套的教学课件，方便教学。

本书可作为会计专业基础课程教材，也适合会计研究和从业人员以及中高级管理人员阅读。

图书在版编目(CIP)数据

高级财务会计/梁莱歆主编. --3版. --北京：清华大学出版社，2011.3(2015.12重印)
(B&E会计学系列)
ISBN 978-7-302-24889-7

Ⅰ.①高… Ⅱ.①梁… Ⅲ.①财务会计 Ⅳ.①F234.4

中国版本图书馆CIP数据核字(2011)第028273号

责任编辑：高晓蔚
责任校对：王荣静
责任印制：沈 露
出版发行：清华大学出版社
网 址：http://www.tup.com.cn，http://www.wqbook.com
地 址：北京清华大学学研大厦A座 邮 编：100084
社 总 机：010-62770175 邮 购：010-62786544
投稿与读者服务：010-62776969，c-service@tup.tsinghua.edu.cn
质 量 反 馈：010-62772015，zhiliang@tup.tsinghua.edu.cn
印 装 者：北京鑫海金澳胶印有限公司
经 销：全国新华书店
开 本：185mm×230mm **印 张**：29.5 **插 页**：1 **字 数**：591千字
版 次：2011年3月第1版 **印 次**：2015年12月第9次印刷
印 数：22501～24500
定 价：39.80元

产品编号：039567-01

第3版前言

如何根据会计人才培养的需要来确定高级财务会计教材的内容，这是国内高校相关会计教学人员考虑得较多的一个问题。目前国内的《高级财务会计》教材内容并不统一，原因有两方面：一是由于我国会计实务以及相关准则和制度的变化，新的内容不断出现，使各种版本的教材不同程度上有一定的滞后现象；二是因为学者在对“高级财务会计”这门课程的定位上观点不一，有的认为凡是中级财务会计教材中没有的内容都应当纳入高级财务会计，而有的则认为高级财务会计教材在理论的深度、内容的复杂程度等方面应有其特点。由此导致高级财务会计学教材在国内没有内容统一的版本。可以认为，高级财务会计学是建立在中级财务会计基础之上但内容更为复杂的一个领域，这个领域的内容随着会计环境的变化而不断更新。

本教材自2003年出版以来，已在国内很多高校的会计教学中使用，几年来该书已进行了多次修订，特别是2006年我国会计准则实施后对教材进行了全面修订，吸收了新准则的精神，反映了我国财务会计的发展状况。并且，该书成为国家级“十一五”规划教材。然而，在近两年的高级财务会计课程教学实践中，我们感觉为了适应目前会计教学的实际需要，有必要对本教材内容作进一步的修订，主要是两方面的原因：第一，前一版的出版时间是2007年，虽然编写时是以我国新会计准则为依据，但是准则于2007年开始实施，当时很多细则还不确定，而目前相关内容的会计处理已很明确，因此有必要在第2版教材的基础上进行修订；第二，内容调整的需要，根据目前会计实务与实际教学课时的情况，应当加强与现实经济活动关系密切的重要章节，同时删减相对次要的内容，于是便有了《高级财务会计》(第3版)教材的产生。

本次修订在第2版的基础上进行了内容的更新和调整，提供了各章部分习题的参考答案，以便于学生的自学。全书内容仍由四篇组成：第一篇，合伙与分支机构会计；第二篇，企业合并会计；第三篇，跨国公司会计；第四篇，特殊业务会计。全书共12章。

本书的主要特点是：

（1）理论与实务的合理安排。教材编写中重视对相关理论的阐述，力求理论介绍清晰而完整，而不是点到为止，使学生能理解具体会计做法背后的深层次原因；在教材内容结构的安排上，高度关注了我国现行会计实务的需要，将目前经济活动中所涉及的主要会计内容纳入了教材。

（2）前瞻性与现实性的结合。在教材内容的安排上，适当安排现行实务中还未广泛涉及的内容，如外币业务会计中安排了远期外汇合同的会计处理。

（3）编写风格立足于学生。教材编写充分考虑了学生的学习特点和需要，各章安排了形式多样、内容丰富的习题，包括理论思考、实务练习和案例讨论。通过各种习题的练习和案例的讨论，有效提高学生的专业实务能力和对复杂问题的分析判断能力。另外，内容叙述中对于重要概念和定义均以醒目的方式予以反映，更便于学生对主要理论的掌握。

本教材由中南大学商学院梁莱歆教授担任主编，负责拟订全书框架与写作大纲，并审核初稿。教材编写分工如下：第一、六、七、十章由梁莱歆执笔；第三、四、五、八章由水会莉执笔；第二、十二章由瞿晓龙执笔；第九章由王宇峰执笔；第十一章由杨敏执笔。由于作者水平有限，在本书的修订过程中难免出现错误，恳请读者不吝赐教，以利修正和提高。

编　者

2010年10月

B&E

目录

第3篇 跨国公司会计

第 4 篇　特殊业务会计

B&E

第1篇

合伙与分支机构会计

B&E

第一章
合伙企业会计

本章范围

合伙企业是一种灵活的企业组织形式，本章将以普通合伙企业为研究对象，系统地介绍合伙企业基本经营活动的会计处理。首先，将介绍合伙企业的主要经营特征与合伙协议，在了解了合伙企业账户设置的基础上，探讨合伙企业投资开业的会计处理以及合伙人资本变动的核算，其中以新合伙人加入的投资处理为重点，并讨论合伙企业的损益分配方法。本章最后一节的内容是合伙企业的清算，将详细叙述合伙企业的清算程序和不同的清算方法。

学习目标

1. 理解合伙企业的经营特征并了解合伙企业的账户设置；
2. 掌握合伙企业投资开业等基本经营活动的会计处理；
3. 掌握合伙企业资本变动的会计处理；
4. 掌握合伙企业损益分配及清算的会计处理方法。

第一节　合伙企业及其特征

一、合伙企业的概念及其特征

（一）合伙企业的概念及种类

合伙企业是指“两个或两个以上的个人作为企业的共同所有者为谋取利润而从事经营活动的一种联合体”[①]。按照《中华人民共和国合伙企业法》（以下简称《合伙企业法》）

① 弗洛伊德·A. 比姆斯等. 高级会计学[M]. 第7版. 储一昀译. 上海：上海财经大学出版社，2002.

的规定，合伙企业是指依照该法在中国境内设立的由各合伙人订立合伙协议、共同出资、合伙经营、共享收益、共担风险，并对合伙企业债务承担无限[1]连带责任的营利性组织。合伙企业和公司是当前最常见的两种组织形式，合伙企业一般适合规模较小、只需几个合伙人出资就能经营的企业。

与独资企业相比，合伙企业具有多人分担所需的投资和所承担的风险以及发挥多人的才干等优点，所以常见于零售与批发业、服务业以及律师、会计师等一些专门的职业中。相对于有限公司，合伙企业具有成立简便的优点。合伙企业可凭两个或两个以上的发起人口头或书面约定成立，此外，合伙企业所具有的不需经过两重课税的好处使该组织形式被不少中小型企业所选择。

按照合伙人所承担的责任的不同，合伙企业分为普通合伙与有限合伙两种类型。

普通合伙是指每个合伙人对合伙企业的债务均负有个人连带责任的合伙企业。一旦合伙企业倒闭，任何一个合伙人都必须对企业的全部债务负责。本书的介绍仅限于普通合伙企业。

相对而言，有限合伙是一种特殊形式的合伙企业，这种合伙可以回避普通合伙的无限责任。有限合伙应当由至少一名普通合伙人和一名或一名以上有限合伙人组成。其中的普通合伙人对合伙企业的债务承担无限责任。而有限合伙人只是一名投资者，并以其出资额为限承担清偿责任。此外，有限合伙人不能参加合伙企业的事务。

（二）合伙企业的特征

普通合伙企业具有如下主要特征。

相互代理　除合伙企业契约另有规定之外，在合伙企业经营活动范围内，每一个合伙人都可以代表其他合伙人从事业务活动，其代表合伙企业的行为，对其他所有合伙人均有约束力。

无限责任　普通合伙企业的所有合伙人不论出资多少，都对企业的全部债务负清偿的责任。也就是说，每一个合伙人对合伙期间所发生的一切债务都要单独负责，当合伙企业的债权人向合伙企业追索债务时，他可以要求任何一位合伙人予以支付。

有限经营期　一般而言，合伙企业中的任一合伙人死亡、退出或者一新的合伙人加入，都意味着原合伙企业告终而新的合伙企业成立。如果合伙人不想因自己的行为影响企业的持续经营，就必须在合伙企业协议中说明。

共有财产　当某个合伙人将其资产投入一个合伙企业后，他就失去了独立拥有该项资产的权利，而是所有合伙人对投入合伙企业的每一项资产共同拥有。即合伙人不能对

---

① 虽然合伙企业中的有限合伙形式包括仅承担有限责任的合伙人，但目前我国主要以普通合伙为主。

某项特定的资产提出要求权，也不能单独占有与该资产相关的收益。

非纳税主体 合伙企业无须对其经营所得缴纳所得税，因为它并非纳税主体。合伙企业的经营净收益按一定方式分配给各合伙人以后，都将由合伙人纳入其本人的纳税申报中，所以，合伙企业的收益不会经受两重课税。

二、合伙企业协议

虽然不少国家和地区允许合伙企业在口头协议的基础上设立，但是并不因为这一点而鼓励采取不规范的企业实务。正规的商业运作仍然要求合伙企业的协议要写成书面形式，使之成为规定合伙人之间的权利、义务的法律文件。我国于 2006 年 8 月修订通过的《合伙企业法》也明确规定合伙企业的设立必须有书面合伙协议。其中的第十八条规定，合伙协议中应当明确如下主要内容：

(1) 合伙企业的名字和主要经营场所的地点；

(2) 合伙目的和合伙企业的经营范围；

(3) 合伙人的姓名或者名称、住所；

(4) 合伙人出资的方式、数额和缴付期限；

(5) 利润分配和亏损分担办法；

(6) 合伙企业事务的执行；

(7) 入伙与退伙；

(8) 争议解决方法；

(9) 合伙企业的解散与清算；

(10) 违约责任。

合伙协议经全体合伙人签名后生效，此后如果情况发生变化，合伙协议中有关条款已不适宜，经全体合伙人同意，可以对合伙协议进行修改或补充。

第二节 合伙企业基本运作实务

一、合伙人权益账户的设置

合伙企业在会计账户的设置上与公司制企业的主要区别是所有者权益项目。由于合伙企业债权人的利益以合伙企业的资产和合伙人的个人财产为保障，而法律对合伙企业利益分配以及资本的抽回无严格限制，所以在实务中，一般要设置两个所有者权益账户，即“合伙人资本”账户和“合伙人提用”账户。

“合伙人资本”账户核算合伙人投入的资本以及分享的经营所得。当合伙人投入资本时，借记“有关资产”账户，贷记“合伙人资本”账户，该账户贷方余额随着合伙人追加投资以及利润的分配而增加，并随着合伙人提用资产以及由于亏损相应承担的部分而减少。

“合伙人提用”账户用来核算合伙人当期从合伙企业提取的资产，当合伙人提取一定数额的包括现金在内的资产时，按提取数借记“合伙人提用”账户，贷记“相关资产”账户。会计期终了时，“合伙人提用”账户的借方余额转入“合伙人资本”账户。

在设立“合伙人提用”账户并记录各合伙人提用这一经济行为时，应该注意以下两点：

(1) 合伙人在提取合伙企业实物资产（商品存货除外）供其自用时，通常按照该实物资产的市场价格记入“合伙人提用”账户，市场价与资产账面价的差额记入“估价损益”账户。期末结账时，再将“估价损益”账户的余额转入资本账户。

(2) 合伙人在提用合伙企业的商品存货时，通常按照该商品存货的成本价记入“合伙人提用”账户，并等额贷记商品存货类账户。

除了以上两个账户的设置不同于其他组织形式的企业之外，合伙企业还设置有“应收合伙人贷款”账户和“应付合伙人借款”账户。合伙人有时可能需要从企业提取一笔数额较大的现金，若这笔资金并非长期使用，即有意偿还，则可记入“应收合伙人贷款”账户而不是“合伙人提用”账户。另一方面，合伙企业有时可能因暂时的资金周转困难而向合伙人借款，由于该项资金不是作为长期性的投资，因此不能记入资本账户，应记入“应付合伙人借款”账户，这一事项发生时通常还附有一份企业的承诺书。在资产负债表上，“应收合伙人贷款”应视为合伙企业的资产，而“应付合伙人借款”则为企业的负债。这些项目是列为流动性项目还是非流动性项目，一般根据款项的到期日而定，尽管这些关联者交易可能会导致借、贷款的非流动性。

二、合伙企业的初始投资

合伙人对合伙企业的投资可以有多种形式，包括现金、实物资产、无形资产以及劳务。一般而言，非现金资产的投资（如房屋、设备、土地）应经公平估价后再据以入账。理论上说，公允价值应当由独立评估机构评估确定，但由于合伙企业是根据合伙协议而设立的，所以在实务中非现金资产的公允价值有时就由所有合伙人协商确定，所涉及的金额应当在合伙协议中载明。

如果合伙人投入资产时伴随有负债的转入，应将资产和负债同时入账，并从资产数额中扣除负债后，以资产净值作为合伙人投入的资本。

【例 1-1】 A 和 B 经协商后决定合作办一个合伙企业——A&B 商行。A 投资现金 50 000 元，投入商品 30 000 元，并以其专利投资，经评估作价 80 000 元；B 投资房屋一栋，经公平估价后房屋价值 130 000 元，并将其私人应付票据 10 000 元转由合伙企业负责清偿。

根据上述资料，可编制如下会计分录。

借：现金　　50 000

　　存货　　30 000

　　房屋　　130 000

　　无形资产——专利权　　80 000

　　贷：应付票据　　10 000

　　　　合伙人资本——A　　160 000

　　　　合伙人资本——B　　120 000

根据以上会计分录，编制 A&B 商行的资产负债表，如表 1-1 所示。

表 1-1　合伙企业资产负债表　　元

资产项目	金额	负债及权益项目	金额
现金	50 000	应付票据	10 000
存货	30 000	合伙人资本——A	160 000
固定资产	130 000	合伙人资本——B	120 000
无形资产	80 000		
资产合计	290 000	负债及权益合计	290 000

三、合伙企业增资和减资的核算

合伙企业成立并开始经营活动以后，随着业务的开展需要增加投入资金，在合伙协议中应当规定关于增资和减资的处理原则。

1. 增加投资

【例 1-2】　A&B 商行经营半年后，合伙人 A 决定继续向合伙企业增加投资 12 000 元。相应的会计分录如下。

借：现金　　12 000

　　贷：合伙人资本——A　　12 000

2. 减少投资

【例 1-3】　A&B 商行经营一年以后，合伙人 B 决定从合伙企业抽出其投入的资金 10 000 元。编制会计分录如下。

借：合伙人资本——B　　10 000

　　贷：现金　　10 000

第三节 合伙企业的权益变动

合伙企业在经营过程中，由于种种原因而可能出现新的合伙人加入或原合伙人退出的事项。这种变动就会使现有的法律合伙主体解散，但并不意味着合伙经营活动就此终止。正如美国的《统一合伙法》规定，合伙解散只是由于任何一个合伙人不再参与合伙而造成合伙关系改变。现有的合伙人退出或新的合伙人加入，实际上表示旧的合伙关系结束，新的合伙关系成立，合伙企业可照常运营。在现行会计实务中，某一合伙人的权益通常被视为是合伙企业的可转让份额，这种转让不会影响企业的持续经营。但是，这时企业需要一个新的合伙协议，与此同时也提出了资产重新评估的问题。

一、新合伙人的加入

合伙企业在建立以后，根据经营的需要如扩大规模、业务的开展需要具有管理经验或特定技术的人才加盟，因此会吸收新的合伙人入伙。新合伙人加入可采取购买原合伙人的权益或投入新的资本两种方式。

（一）新合伙人购买原合伙人部分或全部伙权

合伙人由于投资而拥有的在合伙企业中的权益称为伙权，任何一个合伙人都有权将自己的伙权转让，但必须取得其他合伙人的同意。按照我国《合伙企业法》第四十三条的规定，新合伙人入伙时，应当经全体合伙人同意，并依法订立书面入伙协议。新合伙人可以向一个或多个原合伙人购买部分或全部伙权而入伙。这种方式不会影响原合伙企业的资本总额，只是原有的资本从原合伙人名下转移到新合伙人名下。这种交易事项通常是在新、旧合伙人之间进行的，转让价可能与原资本数额不一致，但不论转让价格的高低，都不会影响合伙企业资本账户的金额。在会计处理上，只需要先建立新合伙人资本账户，然后将原合伙人的资本明细账部分或全部金额转到新合伙人的资本明细账上。

【例 1-4】 合伙人 A 和 B 合伙经营一企业，两人的资本余额分别为 2 000 元和 1 000 元，其损益按 2∶1 的比例分配。现在 A 和 B 都同意接受一新合伙人 C 加入，A 转让其一半伙权给 C，C 支付现金 1 000 元。会计分录处理如下。

借：合伙人资本——A　　　　1 000
　贷：合伙人资本——C　　　　1 000

【例 1-5】 A 和 B 合伙经营一企业，A、B 两人的资本余额分别为 3 600 元和 2 400 元，现在两人同意接受新合伙人 C 加入，C 提出拟购买 1/3 的伙权，A 和 B 在原资本比例的基础上各自转让资本 1/3 给 C，C 投入现金 2 000 元。会计分录处理如下。

借：合伙人资本——A　　　1 200
　　合伙人资本——B　　　800
　贷：合伙人资本——C　　　2 000

（二）新合伙人向合伙企业投入新的资本

新合伙人不通过向原合伙人购买伙权而是以增加新的资本的方式入伙，这种情况下原合伙人资本额不会由此而减少，合伙企业的资本规模随着资产的增加而扩大。新合伙人的加入标志着原合伙关系的终止和新合伙关系的建立。在签订新的合伙协议的基础上，全体合伙人要就新合伙人的投资额及相关事项进行协商，并应当对企业的资产进行重新评估，将各项资产的账面值调整为公允价值。

新合伙人投入资本并取得其伙权，根据协商的结果，最终新合伙人所取得的伙权可能会出现三种情况：(1)新合伙人所取得的伙权等于其投资额；(2)新合伙人所取得的伙权小于其投资额；(3)新合伙人所取得的伙权大于其投资额。下面分别举例说明。

1. 新合伙人取得的伙权等于其投资额

在新合伙人向企业投入资本时，如果原合伙人认为这时企业的资产不存在被低估或高估的现象，则新合伙人可以直接按照实际的投资额来计算其在合伙企业的权益比例。而如果此时合伙企业的资产没有按公允价值反映，企业必须先对全部资产和负债进行评估，评估损益需在原合伙人之间分配，并相应调整原合伙人资本账户的金额，然后再按照调整后的资本总额计算新合伙人应取得的伙权。

【例 1-6】 某商行原有 A 合伙人资本 80 000 元，B 合伙人资本 40 000 元。现在有 C 拟以现金加入，并以此取得 1/4 的伙权。

C 应当投入的现金数额为 40 000 元，资本投入时的会计分录如下。

借：现金　　　40 000
　贷：合伙人资本——C　　　40 000

2. 新合伙人所取得的伙权小于其投资额

当新的合伙人提出加入合伙企业时，很可能是合伙企业已经营较长时期，并且具有相当的获利能力。这时原合伙人就可能要求新合伙人付出较高的投资额而取得低于其投资金额的伙权，而新合伙人为加入这一有较高赢利水平的企业，通常也会同意这一条件。

对于新合伙人实际投资额高于其按伙权比例所确认的资本额的差额部分，一般有两种会计处理方式，即商誉法和红利法。

(1) 商誉法

商誉法即在新合伙人入伙时，先确认合伙企业的一项新的资产——商誉，将其入账的同时，按原合伙人损益分配比例分别记入原合伙人资本账户，在此基础上按照调整后的合伙企业资本总额要求新合伙人投入资本。

【例 1-7】 根据例 1-6 的资料，在 C 提出入伙的情况下，原合伙人 A、B 经过协商后认为应当确认合伙企业有商誉 30 000 元，并要求新合伙人 C 投入现金 50 000 元，由此允许 C 拥有 1/4 的伙权，C 同意并投入现金。会计处理如下。

① 将商誉部分入账

借：商誉　　30 000

　贷：合伙人资本——A　　20 000

　　　合伙人资本——B　　10 000

② C 投入现金

借：现金　　50 000

　贷：合伙人资本——C　　50 000

(2) 红利法

红利法即要求新合伙人投入较多的资金，但取得较低的伙权，其差额记入原合伙人的资本账户，这一处理可视为新合伙人送给原合伙人的一份礼物，故称为红利法。

如果在例 1-7 中，新合伙人 C 入伙时，原合伙人要求 C 投入 50 000 元并取得 1/4 的伙权。其会计分录如下。

借：现金　　50 000

　贷：合伙人资本——C　　42 500

　　　合伙人资本——A　　5 000

　　　合伙人资本——B　　2 500

3. 新合伙人所取得的伙权大于其投资额

当合伙企业急需增加资金，或新合伙人具有独特技术和管理才能时，合伙企业希望争取新合伙人入伙，因此，原合伙人会以较优惠的条件吸收新合伙人，于是新合伙人可以投入较低的资金而取得较高的伙权，其差额可视为原合伙人给新合伙人的额外补贴。这种情况的会计处理也有商誉法和红利法两种处理方式。

(1) 商誉法

商誉法即给予新合伙人高于其实际投资额的伙权，将高出的部分作为商誉入账。

在例 1-6 中，由于新合伙人 C 拥有独特技术，能给合伙企业带来较好的声誉，因此合伙人 A、B 承认新合伙人 C 有商誉 9 000 元，C 除了商誉价值外，其余投入现金，并取得 1/4 的伙权。应编制如下会计分录。

借：现金　　31 000

　　商誉　　9 000

贷：合伙人资本——C　　40 000

(2) 红利法

新合伙人投入较低的资金取得较高的伙权，其差额由原合伙人分担，可视为原合伙人送给新合伙人的红利。在上述例1-6的基础上，合伙人A、B同意新合伙人C投入30 000元，并取得1/4的伙权，据此可作如下会计处理。

借：现金　　30 000

　　合伙人资本——A　　5 000

　　合伙人资本——B　　2 500

　贷：合伙人资本——C　　37 500

二、合伙企业权益的减少

导致合伙企业权益减少的原因可能是多方面的，除了由于合伙人提用资产或合伙企业亏损而使合伙人资本减少以外，造成合伙企业权益减少的直接原因是合伙人退伙。退伙有两种形式：一种是退伙人将其资本出售给其他合伙人或新合伙人；另一种是从合伙企业抽出资本。在原合伙人退出企业时，合伙企业仍然继续经营，则合伙企业要与退伙人结清账目。

我国《合伙企业法》的第四十六条规定，合伙协议未规定合伙期限的，合伙人在不给合伙企业事务执行造成不利影响的情况下，可以退伙，但应当提前30日通知其他合伙人。

合伙人退伙结账处理时应注意以下事项：(1)要对合伙企业的资产进行重新评估，退伙人与其他合伙人之间的结算，应当以退伙时合伙企业的资产状况为准，若退伙时与损益分配有关的合伙企业事务尚未结束，应于结束后再分配其损益；(2)不论退伙人原以什么样的形式出资，其退伙时的伙权均以现金清偿；(3)至退伙人退伙时为止，合伙企业所负的所有债务，退伙人负有与其他合伙人相同的责任；(4)在退伙日与最后清偿日之间的时间内，退伙人的资本余额应重新归类为负债，该负债至最后清偿日为止的任何有关应计权益(或报酬)应视为后续合伙企业的费用。

根据退伙人资本账户余额与其退伙金的数量关系，退伙时的处理有三种情况，即退伙金等于退伙人资本账户余额；退伙金小于退伙人资本账户余额，退伙金大于退伙人资本账户余额。

【例1-8】 设A、B、C为一合伙企业的合伙人，损益分配的比例分别为40%、20%和40%，现合伙人C决定退伙，在C退伙日，三个合伙人的资本及损益分配状况如表1-2所示。

表 1-2 各合伙人的资本及损益分配状况

合伙人	资本余额/元	资本比例/%	损益分配比例/%
合伙人A	70 000	35	40
合伙人B	50 000	25	20
合伙人C	80 000	40	40
合计	200 000	100	100

1. 退伙金等于退伙人资本账户余额

根据上述资料，做会计分录如下。

借：合伙人资本——C　80 000
　贷：现金　80 000

2. 退伙金小于退伙人资本账户余额

如果合伙人一致认为C退伙时合伙企业的账面价值有所高估，则应当在重新调整各合伙人资本的前提下，以调整后的退伙人资本账户余额退还给C。如果原合伙企业资本账户无须进行调整，则退伙金小于退伙人资本余额的差额表示退伙人送给其他合伙人的红利，按合伙人损益分配比例记入其他合伙人资本账户。本例中，经协商A、B合伙人同意以68 000元退给C，其差额按A、B合伙人40∶20的比例分配。据此做如下会计分录。

借：合伙人资本——C　80 000
　贷：合伙人资本——A　8 000
　　合伙人资本——B　4 000
　　现金　68 000

3. 退伙金大于退伙人资本账户余额

若合伙人一致认为C退伙时合伙企业的账面价值有所低估，表示企业另有未入账的资产，即企业有商誉存在。会计处理有三种方式，这就是商誉部分入账法、商誉全部入账法和红利法。合伙人A、B同意最后清偿退伙人C现金89 000元。

(1) 商誉部分入账法

借：合伙人资本——C　80 000
　商誉　9 000
　贷：现金　89 000

在商誉部分入账法下，对商誉的记录仅限于多支付给C的部分，也就是只确认了属于C的那部分商誉，而合伙人A、B未能享受到。因此，这种方法从逻辑上讲存在不合理性。

(2) 商誉全部入账法

合伙人 A、B 根据所许诺的多付给 C 退伙金 9 000 元，重新确定合伙企业有商誉 22 500 元。做会计分录如下。

① 商誉价值在合伙人之间的分配

	借	贷
借：商誉	22 500	
贷：合伙人资本——A		9 000
合伙人资本——B		4 500
合伙人资本——C		9 000

② 退还现金给 C

	借	贷
借：合伙人资本——C	89 000	
贷：现金		89 000

(3) 红利法

红利法即合伙企业清偿退伙人 C 的资本时，超额支付的部分作为其他合伙人送给 C 的红利，并从合伙人 A 、B 的资本账户上抵付。做会计分录如下。

	借	贷
借：合伙人资本——C	80 000	
合伙人资本——A	6 000	
合伙人资本——B	3 000	
贷：现金		89 000

第四节　合伙企业的损益分配

一、合伙企业的损益及其分配原则

合伙企业的净收益或净损失要在各合伙人之间进行分配，通常在合伙协议中要明确规定分配的原则和具体方式。如果合伙协议中没有对损益分配标准做出规定，由合伙人协商决定；协商不成的，由合伙人按照实际出资比例分配、分担；无法确定出资比例的，由合伙人平均分配、分担。

合伙企业损益分配原则是各合伙人分享收益和承担损失的重要依据，在各种分配方法中，应当考虑的主要因素有以下几个方面：(1)各合伙人所投入合伙企业资本的相对比例；(2)各合伙人为合伙企业提供服务的价值大小，即为企业经营管理而提供劳务的不同；(3)其他有关事项，如合伙人所担任的职务、在行业领域的声望、与出资相联系的承担风险的程度等因素。

由于合伙企业具有合伙人对企业债务负无限责任等经营特征，在损益分配上也有不同于公司组织的特点，所以在会计处理上合伙企业损益分配的账户设置比较简单，只需设置“损益汇总”一个账户。该账户用来反映企业损益的形成和分配过程，账户的贷方记录本期从有关收入账户转入的数额，借方记录从有关成本、费用和税金等账户转入的数额以及利润的分配。结转分配完毕以后该账户一般期末无余额，如图 1-1 所示。

损益汇总	
转入的成本、费用和税金 合伙人按分配比例分得利润	转入的收入 亏损的弥补

图 1-1　损益汇总账户

二、合伙企业损益分配的主要方法

合伙企业损益分配的方法有多种，但常见的基本方法主要有约定比例分配法、资本比例分配法、考虑资本收益和薪金分配法等。下面举例分别说明运用不同方法的处理。

1. 约定比例分配法

约定比例分配法是指合伙人在考虑了影响收益分配的各因素之后，由合伙人事先商定分配的比例，在合伙契约中加以规定的损益分配方法。

【例 1-9】 A、B、C 合伙经营一商店，当年实现净利润 60 000 元，合伙契约中规定 A、B、C 三人的分配比例分别为 4∶3∶3，据此 A、B、C 将分别分得 24 000 元、18 000 元和 18 000 元。编制会计分录如下。

借：损益汇总	60 000	
贷：合伙人资本——A		24 000
合伙人资本——B		18 000
合伙人资本——C		18 000

2. 资本比例分配法

资本是企业经营最基本的资源，所以，将合伙人投入资本的比例作为企业收益分配的标准。这种方法具有明显的合理性，尤其是在企业经营成果与资本额之间有较高相关性的情况下，更适宜采取这种方法。但是，由于合伙企业的资本额是经常变动的，因此在采用资本额比例法进行分配时，应当明确具体时期和比例。资本比例通常有以下几种：原始资本比例、期初资本比例、期末资本比例以及加权平均资本比例。

【例 1-10】 A&B 商店于 20×9 年年初开业，由 A、B 两人合伙经营，开业时 A、B 分别投入资本 80 000 元和 60 000 元，当年实现净收益 60 000 元。合伙人 A、B 当年通过合伙人提用账户所发生的事项记录如图 1-2 所示。

合伙人提用——A			元
20×9.4.1	5 000 元	6.1	4 000
20×9.9.1	10 000 元	10.1	11 000

合伙人提用——B			元
20×9.3.1	7 500	7.1	5 500
20×9.10.1	18 000		

图 1-2　合伙人提用账户

(1) 原始资本比例法

$$A\text{分配的净收益} = 60\,000 \times \frac{8}{8+6} = 34\,286(\text{元})$$

$$B\text{分配的净收益} = 60\,000 \times \frac{6}{8+6} = 25\,714(\text{元})$$

(2) 期初资本比例法

期初资本比例法是指按照收益分配期的期初资本比例进行分配。在例 1-10 中，该合伙企业的期初资本比例也就是其原始资本比例，故计算结果与上相同。

(3) 期末资本比例法

据以上资料可知合伙人 A 期末资本余额仍然为 80 000 元，而合伙人 B 期末资本余额减少为 40 000 元，因此两人分别获得利润如下：

$$\text{合伙人 A 分配的利润} = \frac{80\,000}{120\,000} \times 60\,000 = 40\,000(\text{元})$$

$$\text{合伙人 B 分配的利润} = \frac{40\,000}{120\,000} \times 60\,000 = 20\,000(\text{元})$$

(4) 加权平均资本比例法

合伙人 A 的加权平均资本的计算如表 1-3 所示。

表 1-3　合伙人 A 的加权平均资本　　元

日　期	资本增加(减少)	累计余额	不变余额月数	加权资本额
1 月 1 日		80 000	3	240 000
4 月 1 日	(5 000)	75 000	2	150 000
6 月 1 日	4 000	79 000	3	237 000
9 月 1 日	(10 000)	69 000	1	69 000
10 月 1 日	11 000	80 000	3	240 000
合　计				936 000

$$\text{合伙人 A 的加权平均资本} = 936\,000 \div 12 = 78\,000(\text{元})$$

根据以上同样的方法计算出合伙人 B 的加权平均资本为 52 000 元。

据此利润分配如下：

$$合伙人\ A\ 分配的利润 = \frac{78\,000}{130\,000} \times 60\,000 = 36\,000(元)$$

$$合伙人\ B\ 分配的利润 = \frac{52\,000}{130\,000} \times 60\,000 = 24\,000(元)$$

(5) 不同资本比例分配法的评价

以上四种资本比例分配法中，合伙人原始资本比例分配法的优点是计算简便，但没有考虑在企业经营过程中合伙人资本的变动，即合伙人实际投入资本所发挥作用的不同，从而使收益分配不够合理。期初资本比例法与原始资本比例法类似，同样存在不合理性。

而期末资本比例分配法的优点在于既考虑了合伙人的期初资本，又考虑了会计期内各合伙人由于资产提用等原因导致的资本增加和减少。但是，各合伙人增、减资本的时间不可能均衡发生，各合伙人提用资产也不会同时发生，所以各合伙人增、减资本以及提用资产影响合伙企业实际使用资本的期限是不同的。然而，这些因素在期末资本比例法中却未加以考虑，也就在一定程度上影响了合伙企业损益分配的合理性。

相比之下，加权平均资本比例分配法不但考虑了合伙人期初资本额的大小，而且强调合伙人资本投放于合伙企业的实际作用时间，合伙人资本提供给企业使用的时间长，则表明对合伙企业的贡献大，相应所分配的收益也应当大，反之，则小。因此，这种损益分配方法较为合理，但该方法计算工作量较大。

3. 先分配薪金，余额按比例分配法

如果合伙人提供的劳务是合伙企业产生营业收入与利润的主要因素，且各合伙人所提供的劳务不相同，则通常在合伙协议中规定，将合伙企业的净利润以薪金或奖金的形式分配给合伙人，剩余的利润再按照约定比例法或资本比例法进行分配。

一般来说，一定数额的合伙人工资可作为合伙企业的成本与费用，而超过规定的合伙人工资与奖金，则应从企业税后利润中开支。

【例 1-11】 A&B 事务所的合伙协议规定，在分配收益时，先支付合伙人 A 与 B 薪金各自 5 000 元和 6 000 元，剩余收益再按照约定比例 7∶6 分配。当年企业实现净收益 50 000 元。

合伙人 A 与 B 应分配的数额计算如表 1-4 所示。

表 1-4　损益分配(先分配薪金)　　元

项　目	合伙人 A	合伙人 B	合　计
可分配的净收益			50 000
合伙人薪金	5 000	6 000	11 000
可分配余额			39 000
约定比例分配(7∶6)	21 000	18 000	39 000
分配金额合计	26 000	24 000	50 000

根据表 1-4 做如下会计分录。

借：损益汇总　　50 000

　贷：合伙人资本——A　　26 000

　　　合伙人资本——B　　24 000

4. 先分配薪金和投资利息，余额按比例分配法

如果合伙人一致认为合伙人资本与为企业提供的劳务都是影响企业收入的重要因素，则合伙企业的损益分配可以先分配合伙人薪金与资本利息，剩余部分再按照合伙人同意的其他方法进行分配。

【例 1-12】 A、B 两人于 20×9 年年初成立合伙企业，其原始投资额分别为 80 000 元和 120 000 元。经协议规定，在进行损益分配时先分别付给 A、B 薪金 6 000 元和 4 000 元，再按各合伙人期初资本额分配 10%的利息。该年合伙企业的净收益为 90 000 元。

合伙人 A 与 B 分配过程及结果如表 1-5 所示。

根据表 1-5 做如下会计分录。

借：损益汇总　　90 000

　贷：合伙人资本——A　　44 000

　　　合伙人资本——B　　46 000

表 1-5　损益分配（先分配薪金和投资利息）　　元

项　　目	合伙人 A	合伙人 B	合　计
可分配的净收益			90 000
合伙人薪金	6 000	4 000	10 000
合伙人资本利息（10%）	8 000	12 000	20 000
可分配余额			60 000
平均比例分配	30 000	30 000	60 000
分配金额合计	44 000	46 000	90 000

5. 合伙人薪金和资本利息超过合伙企业净收益的分配处理

如果合伙企业的经营净收益不足以分配合伙人薪金和资本利息，那么该如何处理？在实际经济活动中有如下做法。

第一，收益过低并不能使合伙契约中有关损益分配的条款失效，因此应当从可分配的收益中，按照原定分配方案对各合伙人分配薪金和利息，而不足的部分按合伙契约中规定的企业损失分配方法进行分摊。

第二，按一般的分配方法分配薪金和资本利息，对于不足的部分看做“负的分配余额”，仍然按照合伙协议中规定的损益分配方法进行分配。

【例 1-13】 某合伙企业由 C、D 二人组成，20×9 年的净收益为 30 000 元，合伙人 C、D 的期初资本额分别为 180 000 元和 200 000 元。根据合伙协议规定，损益分配时先分配合伙人 C、D 的薪金分别为 8 000 元与 6 000 元，同时，以年利率 5%分配合伙人资本利息（以期初资本额为计息标准）。另外，合伙协议中还规定，合伙企业的损失由合伙人 C、D 按2：1 承担。

合伙人 A 与 B 分配过程及结果如表 1-6 所示。

表 1-6　损益分配（薪金和资本利息超过净收益）　　元

项　目	合伙人 C	合伙人 D	合　计
可分配的净收益			30 000
合伙人薪金	8 000	6 000	14 000
合伙人资本利息（5%）	9 000	10 000	19 000
可分配余额			（3 000）
平均比例分配	（2 000）	（1 000）	（3 000）
分配金额合计	15 000	15 000	30 000

根据表 1-6 做如下会计分录。

借：损益汇总　　30 000

　贷：合伙人资本——A　　15 000

　　　合伙人资本——B　　15 000

合伙企业的损益分配方法应当结合企业的具体情况选择采用，因为不同的企业经营业务不同，为企业创造收益所依赖的主要因素也有所不同。从以上损益分配方法中我们也可看出，合伙企业的损益分配方式具有较大的灵活性。但有一点很重要，这就是无论采用哪一种分配方法，都必须在合伙契约中明确予以规定。

第五节　合伙企业的解散和清算

一、合伙企业清算及其程序

合伙企业经过一段时期的经营后，或因原定的合伙经营期已满，或因未能达到合伙经营的目的等原因，都可能使合伙企业决定不再继续经营，经全体合伙人同意后，合伙企业宣布解散，同时企业停止营业并开始办理清算。

合伙企业的解散与清算是两个有联系但又不同的概念。合伙解散仅指合伙人之间合伙关系的改变，作为法律主体的合伙企业终止。但原有的合伙关系结束后，还可在新的合伙关系基础上成立新的合伙企业继续经营，不一定要进行清算。但是，如果原合伙关系解除后合伙人都无意继续经营，则结束合伙事务转入清算。

由于合伙企业包括两个或两个以上的合伙人，合伙企业的清算必然涉及每个合伙人的自身利益，因此应当根据合伙协议制定一个具体的清算工作方案，按照合理的清算程序进行。我国《合伙企业法》规定：合伙企业解散，清算人由全体合伙人担任；未能由全体合伙人担任清算人的，经全体合伙人过半数同意，可自合伙企业解散后15日内指定一名或数名合伙人，或者委托第三人担任清算人。15日内未确定清算人的，合伙人或者其他利益关系人可以申请法院指定清算人。

合伙企业的清算程序通常包括以下重要步骤：

(1) 变卖合伙企业非现金资产；

(2) 收回债权，清偿债务；

(3) 支付清算费用；

(4) 计算并分配清算损益；

(5) 按照合伙协议规定分配方式分配剩余现金。

在合伙企业清算的实际处理中，还应当注意以下几点。

第一，合伙企业的财产清算后应先清偿合伙企业的债务，如果某项债务未到清偿期或在诉讼中，应将其清偿的数额从合伙企业财产中划出并予以保留；第二，合伙企业在清算时如有部分财产未能变卖为现金，则在进行财产分配时，应将该项资产作为可能发生的损失，按照合伙企业规定的损益分配方法在各合伙人资本账户上保留；第三，如果某合伙人资本账户出现借方余额，应当由其个人财产补足，若个人财产无法补足，则由其他合伙人按损益分配比例分摊。

二、合伙企业清算的账务处理

由于合伙企业所拥有的资产的性质不同，而决定其清偿债务的能力有所不同，因此，合伙企业清算所需要的时间也不同。如果合伙企业的所有资产可以迅速变现，在清偿合伙企业的债务之后，可将合伙企业的剩余财产一次分配给各合伙人，这就是一次分配清算。反之，如果合伙企业的部分资产不能很快变现，只能分批出售，而合伙人又要求在合伙企业清算过程中逐批分配一部分现金，这种清算方式称为分期分配清算。

1. 一次分配清算法

一次分配清算方式是指在合伙企业财产分配前，合伙企业的所有资产都已变现，并偿还了企业的所有债务。因此，这种方式能避免由于企业财产过早被分配，导致剩余的合伙企业财产不足以偿还合伙企业债务情况的出现。

【例1-14】 ABC合伙企业由A、B、C三人共同投资经营，合伙协议中规定合伙人A、

B、C 按照 3∶4∶3 的比例分配损益。20×9 年 3 月 1 日全体合伙人决定对合伙企业进行清算，清算时的资产负债表如表 1-7 所示（其中，应收账款原值为 18 000 元，坏账准备 1 000 元）。在清算过程中，如数收回应收账款 18 000 元，存货变卖获得现金 35 000 元。

表 1-7　ABC 合伙企业资产负债表

20×9 年 3 月 1 日　　元

资　产	金　额	负债及权益	金　额
现金	83 000	负债	20 000
应收账款净值	17 000	合伙人资本——A	30 000
存货	40 000	合伙人资本——B	40 000
		合伙人资本——C	50 000
合　计	140 000	合　计	140 000

据以上资料，有关会计分录如下。

（1）变卖非现金资产

借：现金　53 000
　　坏账准备　1 000
　　清算损益　4 000
　贷：应收账款　18 000
　　　存货　40 000

（2）偿还合伙企业债务

借：应付账款　20 000
　贷：现金　20 000

（3）分配清算损益账户

借：合伙人资本——A　1 200
　　合伙人资本——B　1 600
　　合伙人资本——C　1 200
　贷：清算损益　4 000

（4）分配合伙企业的财产

借：合伙人资本——A　28 800
　　合伙人资本——B　38 400
　　合伙人资本——C　48 800
　贷：现金　116 000

【例 1-15】　XYZ 合伙企业由 X、Y、Z 合伙成立，目前合伙企业正处在清算之中。出售全部资产与清偿全部负债后有关账户余额为：现金借方余额 30 000 元，合伙人 X 的资本账户借方余额为 6 000 元，合伙人 Y、Z 的资本账户贷方余额分别为 16 000 元和 20 000 元。合伙契约中规定 X、Y、Z 损益分配的比例为 2∶3∶5。

对于以上情况，合伙企业的财产如何分配，一般可采取以下两种不同的处理方式。

(1) 合伙人 X 支付现金 6 000 元，以弥补其资本账户上的借方余额。会计分录如下。

借：现金　　6 000

　贷：合伙人资本——X　　6 000

借：合伙人资本——Y　　16 000

　　合伙人资本——Z　　20 000

　贷：现金　　36 000

(2) 如果合伙人 X 无力弥补其资本账户的借方余额，则先从 Y 和 Z 的资本账户中减去各自应承担的损失部分，然后再分配现金。做会计分录如下。

① Y 和 Z 分摊 X 的资本借方余额

借：合伙人资本——Y　　2 250

　　合伙人资本——Z　　3 750

　贷：合伙人资本——X　　6 000

② Y 和 Z 分配现金

借：合伙人资本——Y　　13 750

　　合伙人资本——Z　　16 250

　贷：现金　　30 000

2. 分期分配清算法

分期分配清算是在清算期较长的情况下，合伙人随着合伙企业非现金资产的陆续变现而分期分配现金的方法。

对于分期分配方法，首先必须明确一点，即合伙企业规定的损益分配比例与合伙人资本账户余额往往是不一致的，在资本余额中所占比例低但却拥有较高分配比例的合伙人，其负担损失的能力最弱。在这种情况下，合伙企业非现金资产全部出售之前，合伙人要求针对已变现的部分进行分配，这就出现了一个问题，即能否保证分配给合伙人的现金不会超额，也就是有多少现金可安全地分配给合伙人，不致出现已分配出去的现金又退回的现象。为了避免这一现象，合伙企业必须在清算前编制现金分配计划。

现金分配计划又称为安全付款计划，用来确定合伙企业分期清偿过程中每一次的现金分配情况。编制现金分配计划的步骤如下：

(1) 从清算前的合伙人资本余额开始，确定将抵消某一合伙人资本余额的最小资产变现损失；

(2) 按照损益分配比例将可抵消的资产变现损失分配于各合伙人的资本账户；

(3) 对仍拥有资本余额的合伙人，再确定其可抵消的最小资产变现损失，并按损益分配比例分配于这些合伙人；

(4) 重复第(3)步，一直到抵消所有合伙人的资本余额；

(5) 根据以上计算和分配的结果，列出现金分配计划。

【例 1-16】 ABC 合伙企业正处在清算之中，A、B、C 三个合伙人的损益分配比例为 5∶3∶2，此时有关账户的余额如表 1-8 所示。

表 1-8 合伙企业有关账户余额 元

借方		贷方	
现金	18 000	负债	35 000
其他资产	85 000	合伙人资本——A	20 000
		合伙人资本——B	30 000
		合伙人资本——C	18 000
合计	103 000	合计	103 000

编制现金分配计划的步骤如下：

(1) 计算出各合伙人负担资产变现损失的潜在能力，如表 1-9 所示。

表 1-9 各合伙人负担资产变现损失的潜在能力

合伙人	合伙人资本余额/元	合伙损益分配比例/%	可抵消的资产变现损失/元
A	20 000	50	40 000(即 20 000÷50%)
B	30 000	30	100 000(即 30 000÷30%)
C	18 000	20	90 000(即 18 000÷20%)

由表 1-9 可看出，合伙人 A 可抵消资产变现损失的潜力最低。当发生损失 40 000 元时，其资本账户余额成为 0，而超过 40 000 元时则给其他合伙人带来亏损。

(2) 计算抵消最小资产变现损失后各合伙人的资本账户余额，如表 1-10 所示。

表 1-10 抵消最小资产变现损失后合伙人资本账户余额 元

项目	合伙人 A	合伙人 B	合伙人 C
清算前资本余额	20 000	30 000	18 000
抵消资产变现损失 40 000	20 000	12 000	8 000
抵消后资本余额	0	18 000	10 000

(3) 按同样的原理计算出合伙人 B、C 负担资产变现损失的潜在能力，如表 1-11 所示。

表 1-11 合伙人 B、C 负担资产变现损失的潜在能力

合伙人	合伙人资本余额/元	合伙损益分配比例/%	可抵消的资产变现损失/元
B	18 000	60	30 000
C	10 000	40	25 000

注：表中 B 合伙人损益分配比例为 30%÷(30%+20%)=60%

表 1-11 中的数据表明，合伙人 C 可抵消资产变现损失的潜力低于合伙人 B。

(4) 计算抵消最小资产变现损失 25 000 元后的资本账户余额，如表 1-12 所示。

表 1-12 抵消最小资产变现损失后合伙人资本账户余额 元

项 目	合伙人 B	合伙人 C
资本余额	18 000	10 000
抵消资产变现损失 25 000	15 000(即 25 000×60%)	10 000(即 25 000×40%)
抵消后资本余额	3 000	0

(5) 编制现金分配计划表，如表 1-13 所示。

表 1-13 现金分配计划表 元

项 目	现 金 数 额	现金受让人	分配比例/%
第一次	35 000	债 权 人	
第二次	3 000	合伙人 B	100
第三次	25 000	合伙人 B、C	60、40
第四次	40 000(或更多)	合伙人 A、B、C	50、30、20

从以上分配过程可以看出，由于事先考虑了可能发生的净资产变现损失，因此分期分配清算是一种比较谨慎的方法。这种方法一方面保护债权人的利益，现金不致闲置浪费；另一方面又使各合伙人在分期清算时避免出现过早付款所引起的现金不足，即先分得现金后出现资本亏损的现象。

练 习

一、思考题

1. 合伙企业有哪些主要特征？

2. 合伙企业的账户设置与公司制企业有何区别?
3. 列出普通合伙协议中至少应当包括的五点内容。
4. 合伙人减少资本与合伙人提款有什么区别?
5. 简述合伙企业资本变动的几种不同情况及其会计处理。
6. 简述合伙人损益分配的几种方法。
7. 简要评价合伙人损益分配的资本比例法。
8. 简述合伙企业清算程序。
9. 什么是一次清算法?
10. 简述合伙企业清算时编制现金分配计划的意义。

二、练习题

1. 单项选择题

(1) 以下各选项中,(　　)不是合伙企业的特征。

A. 相互代理　B. 有限经营期　C. 非纳税主体　D. 有限责任

(2) 合伙人提用合伙企业的商品存货时,通常按(　　)借记"合伙人提用"账户。

A. 成本价　B. 售价　C. 市场价　D. 成本价与售价较低者

(3) 合伙人投资时,合伙企业以(　　)价格记录投入的资产。

A. 投入资产的市场价值　B. 投入资产原账面上的价值

C. 该合伙人设定的价值　D. 以上的任何一种,取决于合伙协议

(4) 某合伙人甲退伙时,其资本账户余额为 5 000 元,合伙企业同意付给甲 5 600 元,采用商誉部分入账法时,应借记(　　)。

A. 合伙人资本——甲　600　B. 现金　600

C. 商誉　600　D. 合伙人资本——乙或丙　600

(5) 如果甲被接受加入某合伙企业,该企业净资产为 100 000 元,甲以现金 62 000 元投资换取 1/3 的伙权,甲的资本账户应贷记的金额为(　　)元。

A. 33 333　B. 50 000　C. 54 000　D. 62 000

(6) 如果老合伙人转让了一部分权益给新合伙人,正确的会计处理是(　　)。

A. 对老合伙人或新合伙人确定商誉

B. 对老合伙人或新合伙人确定红利

C. 从老合伙人资本账户转一部分金额进入新合伙人资本账户

D. 做一笔备查分录

(7) 某合伙企业清算前甲、乙、丙、丁合伙人的资本账户余额分别为 100 元、120 元、80 元和 70 元,损益分配比例分别为 20%、30%、40%和 10%。合伙人(　　)应当最先获得分期付款支付(偿付债务之后)。

A. 甲　B. 乙　C. 丙　D. 丁

(8) 下列说法正确的是(　　)。

A. 合伙企业的清算总在合伙企业的解散之后

B. 合伙企业解散之后必然紧接着合伙企业的清算

C. 合伙企业的清算也可能不伴随着合伙企业的解散

D. 对合伙企业来说,清算与解散是同一含义

(9) 合伙企业在清算过程中,通常发生下列偿付:①偿付合伙企业外部的债务;②支付合伙人资本账户余额;③支付合伙人给合伙企业的贷款。其正确的偿付次序应该是(　　)。

A. ①,②,③　　B. ②,①,③　　C. ①,③,②　　D. ③,①,②

(10) 在A、B、C组成的合伙企业中,合伙协议规定按3∶4∶5的比例分配收益,在该年度企业经营净损失50 000元,则合伙人A应当承担的经营净损失为(　　)元。

A. 12 500　　B. 15 000　　C. 16 667

D. 不能确定,因合伙协议中没有规定损失分配比例

2. 计算题

(1) 甲、乙、丙三人合伙成立一企业,甲以现金88 000元入伙,乙投资房屋一栋,价值100 000元,丙投入价值50 000元的设备,并在合伙企业筹备期间提供了不少劳务,经甲、乙同意,其劳务作价5 000元入伙。

要求:做出该合伙企业开业的会计分录。

(2) A与B签订协议成立合伙企业,投资时要求所有非货币资产均经过评估。A以独立的企业投资;包括如下项目:房屋,原账面价100 000元,累计折旧20 000元,评估价70 000元;设备,原成本价15 000元,累计折旧6 000元,评估价8 000元;应付票据1 000元;商誉22 000元。B投入现金150 000元,应收账款10 000元(其中坏账损失1 000元),应付账款2 000元,商标23 000元。

要求:请做出该合伙企业投资开业的会计分录。

(3) A、B、C于20×9年1月1日开设一照相馆,该年合伙企业发生如下事项:

① 3月6日,A提用照相机一部(成本价3 500元,累计折旧800元,市价3 000元);

② 5月7日,B提用现金5 000元;

③ 6月10日,B收回账款2 800元,经其他合伙人同意予以留用;

④ 7月12日,合伙企业为C支付房租1 500元;

⑤ 10月20日,C提用胶卷10卷(成本价20元/卷,售价26元/卷)。

要求:对上述事项做出会计分录,并结平“合伙人提用”账户。

(4) 某合伙企业由A、B两人组成,20×8年年初开业时合伙人A、B分别投资20 000元和50 000元。20×9年该合伙企业可分配的净收益为70 000元,该年度两位合伙人的资本账户和提用账户变动如图1所示。

合伙人资本——A　　元

借方		贷方	
		20×9.1.1	30 000
		20×9.5.1	10 000
20×9.12.31	5 000		

合伙人资本——B　　元

借方		贷方	
		20×9.1.1	40 000
20×9.10.1	2 000 元		
20×9.12.31	3 000 元		

合伙人提用——A

借方		贷方	
20×9.3.1	2 000 元		
20×9.10.1	3 000 元	12.31	5 000

合伙人提用——B

借方		贷方	
20×9.5.1	3 000 元		
		20×9.12.31	3 000

图 1　合伙人的资本账户和提用账户

要求：按资本比例分配法的四种方法分配合伙人 A、B 在 20×9 年度的净收益。

(5) 某合伙企业于 20×8 年 7 月 1 日开业，20×9 年合伙人 A、B 的期初资本分别为 80 000 元和 60 000 元。合伙协议的有关条款如下：

① A、B 两人每月可分别取得工资 1 000 元和 1 200 元；

② A、B 可分别按合伙企业扣除工资前利润的 20%与 15%分得的奖金。

20×9 年合伙企业扣除 A、B 工资后的利润为 24 000 元。

要求：

① 分别计算 A、B 本年度应得的奖金；

② 分别按约定比例法(A 占 60%，B 占 40%)与期初资本比例法分配并计算 A、B 实际分得的利润额。

(6) A、B、C 三人投资成立一合伙企业，一年后 A 决定退出合伙企业，合伙人 B、C 决定出资 18 万元购买 A 的伙权。此时，A、B、C 三人的资本账户余额分别为 16 万元、14 万元和 10 万元。按照合伙协议，损益按合伙人期末资本比例分配。假设合伙人 A 的伙权其账面价值与公允价值之差额可追溯为商誉因素。

要求：分别按商誉法(部分确认和全部确认)、红利法对 A 的退伙做出账务处理。

(7) 某合伙企业由 A、B 两人投资合伙设立，20×9 年年底 C 拟加入，此时合伙企业的资产负债表如表 1 所示。

表 1　A&B 合伙企业资产负债表

20×9 年 12 月 31 日　　元

资　　产	金　额	负债与资本	金　额
现金	1 500	应付账款	1 000
应收账款净值	2 400	应付票据	3 200
存货	5 800	长期借款	65 000
固定资产原值	6 400	负债合计	60 200
减：累计折旧	1 500	合伙人资本——A	8 000
固定资产净值	62 500	合伙人资本——B	4 000
合　计	72 200	合　计	72 200

经过三人协商，同意原合伙企业的资产应作如下修正：①应收账款可能收回的数额为 2 200 元；②存货应增值 1 200 元；③固定资产中的建筑物应补提折旧 400 元；④固定资产中的设备应增值 9 000 元。

C 按照修正后的资本额投入现金，取得 2/5 的伙权。

要求：根据以上资料就全部过程分别编制会计分录。

(8) A&B 合伙企业由 A、B 组成，C&D 合伙企业由 C、D 组成。两个合伙企业的资产负债表如表 2 所示。20×9 年年底两合伙企业决定合并，合并前先分别对各自资产进行评估。双方约定合并后 A 占新伙权的 2/5，另外三人各占 1/5 的伙权，资本低于新伙权比例的以现金投入。

表 2　A&B 与 C&D 合伙企业资产负债表　　元

资　产	A&B 企业	C&D 企业	负债与资本	A&B 企业	C&D 企业
现金	1 000	1 300	应付账款	4 000	400
应收账款净值	2 400	2 200	应付票据	1 200	2 200
应收票据	1 500	1 500	短期借款	1 000	1 000
存货	4 800	5 000	长期借款	4 000	
固定资产原值	14 000	3 000	负债合计	10 200	3 600
减：累计折旧	1 500	1 000	合伙人资本——A	8 000	
固定资产净值	12 500	2 000	合伙人资本——B	4 000	
			合伙人资本——C		4 200
			合伙人资本——D		4 200
资产合计	22 200	12 000	负债与资本合计	22 200	12 000

双方资产评估后调整事项：

A&B 合伙企业：①存货应当减值 200 元；②固定资产中的设备应当增提折旧 300 元；③增加一项商誉，价值评估为 3 500 元。

C&D 合伙企业：应收账款应当增提坏账准备 400 元。

要求：根据以上资料按照各事项发生的先后顺序分别做出会计处理。

三、案例

1. 某商场由 A、B、C 三人投资合伙设立。合伙人 A 投入现金 30 万元，合伙人 B 投入房屋，价值 50 万元，合伙人 C 以企业开业时提供的劳务作为投资，经三人协商作价 20 万元。对于合伙企业的损益分配比例，三人意见无法统一。合伙人 A、B 提出按照 A 为 52%、B 为 33%、C 为 15% 的比例分配。C 不同意，认为应当按照资本额比例即 50%、

30%和20%的比例进行分配。

对于以上两种意见,你同意哪一种?或都不同意?为什么?

2. A、B两人于20×9年1月共同投资,成立合伙的零售商店。该年3月份,合伙人A与外企业签订了一项为本店进货的合同;同期,B为其家庭签订了一项计算机维修服务合同。

对于以上两项合同,是否A、B都必须为对方签订合同的行为负责?为什么?

3. 某合伙企业前后两年的会计事务是由A、B两位不同的会计师处理的。A会计师在损益分配中,按照各合伙人资本余额计算了资本利息并且予以分配;B会计师则将各合伙人资本利息计入了合伙企业的运营费用。

你对以上不同处理有何看法?请说明。

4. 某合伙企业由A、B、C三人投资合伙设立,在成立后的第二年6月30日,有新的投资者D拟加入。此时由A、B、C三人的资本账户余额及收益分配比例如表3所示(合伙企业与合伙人之间没有应收或应付款)。

表3　资本账户余额及收益分配比例

合 伙 人	资本账户余额/元	收益分配比例/%
A	140 000	35
B	220 000	25
C	100 000	40
合 计	460 000	100

经过A、B、C三人协商,决定A、B、C每人从自己的权益中出售1/4给D,使D拥有合伙企业资本的25%,并享有20%的收益分配权。从D的投资与收益分配权相比,这一设想如何?A、B、C三人想听听你的意见。

请向该合伙企业提出吸收D入伙的两种方案,并指出各自的优缺点。

5. A、B共同投资成立一合伙企业,各投入60 000元,损益平均分配。该年10月底两人决定解散企业并进行清算,10月31日停止会计记录,准备编制财务报表。资产负债表中合伙人A的资本账户余额为40 000元,合伙人B资本账户余额为60 000元,另外合伙人B提供给企业10 000元的贷款。

11月1日合伙人B因病住院,而此时合伙企业的经营活动已终止。合伙企业的清算工作由A负责完成,A的清算程序如下:①以最好的价格变卖所有的非现金资产;②全额偿还外部债权人;③偿付合伙人B的贷款;④以代表其资本账户余额的2∶3的比例分配所有的剩余现金。

合伙人B于11月8日从医院出院后，合伙人A告诉B已在一星期内变卖了非现金资产，完成了清算工作。同时，A将两张支票交给B，一张是偿付贷款10 000元，另一张是根据A编制的资本账户余额所分配的现金。

要求：

① 你是否同意A所做的清算程序？解释原因。

② 若在全额支付合伙人B的贷款后，另对B支付24 000元，那么企业资产变卖后，合伙企业的损益是多少？如果你认为清算中应当采用其他的方法，请说明根据你建议的方法B所得到的现金情况。

6. A、B、C三人投资合伙设立一律师事务所，经营三年后，由于合伙人C的破产导致该合伙企业被迫解散，不得已进行清算。此时合伙企业的资产负债表如表4所示。

表4　资产负债表（第三年6月30日）　　元

资　产	金　额	负债及合伙人资本	金　额
现金	60 000	应付账款	140 000
应收账款	120 000	应付A的利息	1 000
房屋净值	240 000	应付A的票据（利率10%）	100 000
办公设备净值	90 000	合伙人资本——A	280 000
商　誉	40 000	合伙人资本——B	80 000
		合伙人资本——C	(60 000)
合　计	550 000	合　计	550 000

如果你被要求负责合伙企业的清算工作，在合伙人A的要求下，你提出合伙企业在偿付完外部债务后，必须先偿付A的应付票据和利息。房屋和设备的变卖金额是不确定的，同时，指出合伙企业的商誉是不可实现的价值，应该立即冲销合伙人的资本账户。

你的建议使合伙人A、B感到不安。A指出他一直在承担企业大部分的经营亏损，他对企业的贷款必须以现金补偿。B反对承担冲销商誉的任何一部分，并提醒：在合伙人C投资以前，A、B所组成的合伙企业其商誉已经确认。由于C个人资不抵债导致合伙企业解散。A、B强烈要求因C减少商誉要给其资本账户以40 000元的罚款。

经过争论后，三个合伙人要求你提出解决以上问题的最佳建议。

7. A、B、C三人投资合伙设立一企业，三人的投资情况如下：A投入现金15 000元，应收票据20 000元（M公司签署）；B除了投入现金20 000元以外，另投入一项专利，作价10 000元；C投入设备，价值35 000元。该年企业获得利润30 000元，合伙协议规定平均分配损益。在即将进行收益分配之时，企业得知两个消息：一是M公司破产，意味着 20 000 元应收票据的本金和利息都无法收回；二是市场上出现了 S 公司发明生产的一项新产品，这使合伙人 B 作为投资的专利已无效。

合伙人 C 认为 30 000 元利润应当平均分配，每人 10 000 元，应收票据的 20 000 元损失应当记入合伙人 A 资本账户的借方，10 000 元的专利损失应当记入合伙人 B 资本账户的借方。

你认为 C 提出的以上处理方式是否合适？为什么？

B&E

第二章
分支机构会计

本章范围

分支机构可以是一个独立的会计主体，但不是一个法律主体。本章以商品流通企业分支机构为研究对象，系统地介绍分支机构及其关联总公司基本经营活动的会计处理。首先，阐述分支机构的概念及分类，在了解分支机构会计核算特点的基础上，重点研讨分散核算制下存货按成本计价模式和按高于成本计价模式的会计处理，并系统阐述联合财务报表的编制程序和编制方法。此外，本章就分支机构固定资产、总公司账上的分支机构费用等其他事项做基本介绍，并对销售代理机构会计核算的特点与分支机构会计核算的特点进行简要比较。

学习目标

1. 理解分支机构的经营特点并了解其基本核算模式；
2. 掌握总分支机构会计核算主要账户的设置；
3. 掌握分支机构存货按成本计价的会计处理；
4. 掌握分支机构存货按高于成本计价的会计处理；
5. 掌握联合财务报表工作底稿的编制方法及主要联合报表的编报程序；
6. 掌握相对账户余额调节表的编制方法；
7. 了解销售代理会计核算和分支机构会计核算的主要区别。

第一节　分支机构会计的内容与方法

随着全球经济一体化进程的不断加快，企业与外界的联系日趋紧密。为了更好地开拓市场，满足不同区域、不同层次的客户的需要，有效地开展生产经营活动，常常需要在本地区或其他地区设立分支机构，或扩充相同的业务，或开展多种经营，这就产生了**分支机构会计**(accounting for branch)。

一、分支机构的概念及分类

1. 分支机构的含义

分支机构(branch)　企业(总公司或者总部，本章以下均称总公司)设立的，不具备法人资格，经营管理受企业控制的业务经营单位。企业设立分支机构，应由企业法人向工商行政管理部门申请登记，经登记主管机关核准，领取营业执照，并在核准登记的经营范围内从事经营活动。分支机构往往开设在总公司以外的地区或城市，也可以开设在与总公司同一城市的不同城区。总公司及分支机构经营形式常见于商品流通企业，同时也适用于其他行业。分支机构在不同的行业有不同的名称。零售企业的分支机构一般称为分店，制造业的分支机构称为分厂，金融业的分支机构称为分行或分公司，公司制企业的分支机构称为分公司。《中华人民共和国公司法》明确规定："公司可以设立分公司，分公司不具有企业法人资格，其民事责任由公司承担。"因此，分支机构可以是一个独立的会计主体，但不是一个法律主体。

2. 分支机构的分类

根据总公司在资金和商品购销上对分支机构的控制程度不同，分支机构可分为分散制分支机构和集中制分支机构两类。

分散制分支机构　分支机构奉行总公司统一经营方针和管理方针，它们在总公司的管辖下，拥有相对独立的业务经营自主权，其所需资本完全依赖总公司。具体表现如下：分支机构可以自己的名义开立银行往来账户，取得的销售收入作为分支机构的存款，各项营业开支自行支付；分支机构可拥有完备的商品库存，其货源大部分由总公司供给，也可以从别处购进；分支机构可全权营运资金，自行决定可实行赊销的客户和赊销的额度，并由分支机构直接向客户交货取款，分支机构单独核算其盈亏。

集中制分支机构　分支机构不设置正式账簿，只有简单的辅助或备查记录，所有一切会计事项及其凭证都随时报送总公司，由总公司并入自己的账簿。或者分支机构虽设有正式账簿，但仍将一部分账项，如应收账款、应付账款和固定资产等，划归总公司直接处理和登记，而在分支机构账簿上则不予记录。集中制可以节省会计处理成本，并能保持总公司及各分支机构会计处理的一致性。但是由于各项凭证寄送时，容易遗失或延误，影响财务报表编报的时效性和准确性，实际工作中很少采用。因此，以下主要介绍分散制下的分支机构会计核算。

3. 分支机构的基本特征

非法人主体　分支机构是公司的一个组成部分，从法律的角度看，它只是企业法人的延伸，而不是独立的法律主体。因此，它不具有对外筹集资金和对外投资的功能，它与总公司之间的业务往来属于一个法律主体内部的业务。

受总公司控制　企业设立分支机构，可以采用多种不同的经营管理方式。但总的来说，分支机构经营所需资金一般依靠总公司拨给，并遵循总公司统一的经营方针和管理方针。同时，分支机构又拥有相对独立的业务经营自主权。分支机构作为企业的一个组成部分，其经营所需资金一般依靠总公司拨给，经营业务、经营方针等各方面都要受到总公司不同程度的控制。

独立会计主体　尽管分支机构不是独立的法律主体，但是在一定意义上，它是相对独立的会计主体。尤其是在分散制的分支机构中，分支机构可以独立开设账户、独立核算经营业务、独立编制财务报表。

二、分支机构会计的特点

账户设置的对应性　在分散制下，分支机构作为一个相对独立的会计主体存在，往往要设置一套完整的账簿，用来记录从总公司收到的营运资金和存货，以及对外发生的购货、销货、应付账款、应收账款、费用等，并定期编制财务报表，向总公司报告。会计科目的名称与编号、财务报表的内容与格式，以及内部控制制度和会计方针，一般由总公司事先规定。分支机构应予入账的会计事项，应是分支机构经理能够控制因而可以负责的各种资产、负债、收入和费用，诸如应收账款和销售费用等。至于分支机构经理不能控制的各种资产、负债、收入和费用，诸如固定资产和折旧费用等，往往集中在总公司进行核算和管理。

设立分支机构时，在总公司和分支机构的账上都应加以记录。在分支机构账上应专门设置一个“总公司往来”账户，凡收到总公司拨来的现金、存货或其他资产时，均贷记该账户，凡向总公司拨回现金、存货或其他资产时，则借记该账户，每期结账时，分支机构所获得的净收益或净损失都转入该账户的贷方或借方。在总公司账上则要设置一个对应的“分支机构往来”账户，该账户的借方记载所有拨付给分支机构的现金、存货或其他资产，贷方记载由分支机构拨回的现金、存货和其他资产，每期结账时，总公司根据分支机构报来的财务报表，将其净收益或净损失记入该账户的借方或贷方。如果一个企业有许多分支机构，总公司可以设置一个控制账户，在控制账户下再按分支机构设置明细账户。上述两个账户的核算内容可列示如表 2-1。

表 2-1　总公司对分支机构的控制账户

总公司账		分支机构账	
“分支机构往来”账户		“总公司往来”账户	
转移给分支机构的资产 分支机构的净收益	从分支机构收到的资产 分支机构的净损失	转移给总公司的资产 分支机构的净损失	从总公司收到的资产 分支机构的净收益

两个账户记录的内容是相同的，只是方向相反。分支机构设置的“总公司往来”账户既可视为所有者权益账户，也可视为负债账户；企业总公司设置的“分支机构往来”账户既可视为长期投资账户，也可视为应收项目账户。如果两个账户都及时记账，其余额应是一致的。由于分支机构是企业的一个组成部分，总公司在编制财务报表时，必须将本身的财务报表与分支机构的财务报表进行合并汇总，编制总公司与分支机构联合财务报表。其编报程序类似于母子公司合并报表的编制，相互对应的“总公司往来”账户与“分支机构往来”账户应相互抵消，不出现在联合财务报表中。

发交商品计价的可选择性 在大部分情况下，分支机构的存货往往由总公司集中购买，再发交给分支机构。有些情况下，总公司也授权分支机构向外购买部分存货。当分支机构向外购买部分存货时，其账务处理程序同一般的商品购销业务会计处理一样。当总公司购买存货，再发交分支机构出售时，发交给分支机构的存货可以按成本计价，也可以按高于成本即成本加成或零售价计价。由于总公司和分支机构都是相互独立的会计主体，在各自的账册上都要分别反映资金或存货的收发。对于存货而言，其发出的计价方法不同，不仅影响发交分支机构存货记账的金额，而且影响总公司和分支机构的会计核算，同时还会影响总公司和分支机构的经营收益。总公司与分支机构对存货的核算既可采用定期盘存制，也可采用永续盘存制。如果采用定期盘存制，在总公司账上应设置“发交分支机构存货”账户，该账户是“购货”账户的备抵账户；在分支机构账上应设置“总公司发来存货”账户，该账户实质上是分支机构的“总公司购货”账户的附加账户。由于这两个账户具有相对性，故在编制联合财务报表时应加以抵消。如果采用永续盘存制，对于总公司与分支机构间转移存货的交易，可直接记录有关存货账户，不需再设上述对应账户。以下重点介绍在永续盘存制下各种成本计价模式下的会计处理。

会计信息披露的双重性 按照现行会计制度的规定，总公司与分支机构作为相对独立的会计主体应分别编制个别财务报表。但由于分支机构是总公司的组成部分，总公司还有必要将其所属的所有分支机构进行汇总，抵消和调整总公司与分支机构的内部会计事项，对外提供联合财务报表，以反映整个企业的财务状况和经营成果。因此，会计信息披露的双重性表现在：总公司与分支机构在各自编制个别财务报表的同时，将总公司与分支机构作为一个会计主体，由总公司编制联合财务报表。

第二节 按成本计价的会计处理

一、按成本计价的特点

(1) 总公司和分支机构都以成本为计价标准，不仅保持了计价标准的一致性，而且简化了联合财务报表编制中对存货等项目的汇总工作，真实地反映分支机构的存货信息，避免在分支机构的期末存货中出现内部未实现利润。

(2) 总公司发交存货收益的确认不是以存货发交分支机构为准，而是在存货由分支机构实际售出，并将收入转回总公司时确认。因此，总公司收益的确认较好地遵循了收入实现原则。

(3) 总公司发交存货的行为仅看成是存货在总公司与分支机构之间存放场所的转移，存货出售收益首先全部体现为分支机构的经营业绩，夸大了分支机构的获利能力，使得存货出售收益在总公司与分支机构之间的分割上缺乏客观性。

二、按成本计价的会计处理

【例 2-1】 百达公司 20×9 年年初为了满足某大型社区的购物需要设立一家分公司，该分公司的营运资金由总公司负责拨给，分公司经营商品的货源主要由总公司提供，少量商品由厂家直接进货。20×9 年度分公司发生的部分经济业务如下：

(1) 总公司拨付分公司营运资金 100 000 元。

(2) 总公司发交分公司商品，成本价 520 000 元。

(3) 分公司从厂家购进商品 160 000 元，货款暂欠。

(4) 分公司对外销售商品 480 000 元，收到转账支票一张。销售商品成本共 336 000 元。

(5) 分公司偿付前欠某厂家货款 110 000 元。

(6) 分公司收回应收客户账款 98 000 元。

(7) 分公司支付工资等费用 7 800 元。

(8) 分公司对外销售商品 400 000 元，货款尚未收到。销售商品成本共 280 000 元。

(9) 分公司支付租金费用 120 000 元。

(10) 分公司汇交总公司现金 80 000 元。

根据上述经济业务，应分别在总公司和分支机构的账册上编制如下会计分录。

分支机构账册			总公司账册		
① 借：银行存款	100 000		借：分支机构往来	100 000	
贷：总公司往来		100 000	贷：银行存款		100 000
② 借：库存商品	520 000		借：分支机构往来	520 000	
贷：总公司往来		520 000	贷：库存商品		520 000
③ 借：库存商品	160 000				
贷：应付账款		160 000			
④ 借：银行存款	480 000				
贷：主营业务收入		480 000			

借：主营业务成本 336 000

　贷：库存商品 336 000

⑤ 借：应付账款 110 000

　贷：银行存款 110 000

⑥ 借：银行存款 98 000

　贷：应收账款 98 000

⑦ 借：销售费用 7 800

　贷：银行存款 7 800

⑧ 借：应收账款 400 000

　贷：主营业务收入 400 000

借：主营业务成本 280 000

　贷：库存商品 280 000

⑨ 借：销售费用 120 000

　贷：银行存款 120 000

⑩ 借：总公司往来 80 000　　借：银行存款 80 000

　贷：银行存款 80 000　　贷：分支机构往来 80 000

从上述会计处理中可以看出，在总公司账册上反映的只是与分支机构发生的往来事项，其他业务则不需记录。总公司与分支机构之间往来事项的会计分录可分别登记分支机构账上的"总公司往来"账户和总公司账上的"分支机构往来"账户，并结出期末余额。

分支机构设置的"总公司往来"账登记结果见表 2-2，总公司设置的"分支机构往来"账登记结果见表 2-3。

表 2-2　总公司往来明细账　　元

日　期	摘　要	借　方	贷　方	余　额
20×9 年	收到总公司拨付营运资金		100 000	100 000(贷)
	收到总公司拨付商品		520 000	620 000(贷)
	汇交分公司现金	80 000		540 000(贷)

表 2-3　分支机构往来明细账　　元

日　期	摘　要	借　方	贷　方	余　额
20×9 年	拨付分公司营运资金	100 000		100 000(借)
	拨付分公司商品	520 000		620 000(借)
	汇交分公司现金		80 000	540 000(借)

期末，通过对账，证实本期经济业务的会计记录账证相符、账账相符、账实相符。在此基础上进行期末损益类账户结转：

分支机构账册		总公司账册	
① 借：主营业务收入	880 000		
贷：本年利润	880 000		
借：利润	743 800		
贷：主营业务成本	616 000		
销售费用	127 800		
② 借：本年利润	136 200	借：分支机构往来	136 200
贷：总公司往来	136 200	贷：本年利润——分支机构	136 200

年度终了，总公司和分支机构应根据各自的会计记录，分别编制财务报表，以反映各自的财务状况和经营成果。但是，总公司和分支机构单独编制的财务报表只能提供内部管理使用，而不能对外提供。总公司对外需编制联合财务报表，以便为投资者、债权人及其他报表阅读者提供企业整体的会计信息。在编制联合财务报表时，需要把总公司和分支机构各自的资产、负债、收入和费用等项目联合列示，但对于总分支机构之间的内部往来事项应予以抵消，使联合报表所列示的是企业整体对外发生的经济业务事项及其结果。具体抵消时，可以将总公司账簿上"分支机构往来"账户的借方余额与分支机构账簿上"总公司往来"账户的贷方余额对冲。除此以外，总分支机构之间的资产转移、内部债权债务事项也应全部抵消。编制联合财务报表，应以总公司与分支机构各自的财务报表作为基础。为保证联合财务报表编制的正确性，可以先编制联合财务报表的工作底稿。以上述总公司与分支机构之间发生的内部往来事项为例，在编制联合财务报表工作底稿时，应编制抵消分录如下。

借：总公司往来　　540 000

　贷：分支机构往来　　540 000

值得注意的一点是，上述抵消分录只是为编制联合财务报表而编制，并不需要正式记入总公司或分支机构的账簿。除此以外，其他项目均以总公司和分支机构各自报表数据相加的合计数填列在联合财务报表的各个相应项目内。

20×9 年年度总分支机构联合财务报表工作底稿的编制如表 2-4 所示。

表 2-4　总分支机构联合财务报表工作底稿　　元

报表项目	总公司	分支机构	抵消分录		汇总额
			借方	贷方	
利润表：					
营业收入	2 600 000	880 000			3 480 000
营业成本	1 820 000	616 000			2 436 000
销售费用	340 000	127 800			467 800
利润总额	440 000	136 200			576 200
所得税费用	172 860				172 860
净利润	267 140	136 200			403 340
所有者权益变动表：					
净利润	267 140	136 200			403 340
加：本年年初余额					
减：对股东的分配	150 000				150 000
本年年末余额	117 140	136 200			253 340
资产负债表：					
货币资金	650 000	360 200			1 010 200
应收账款	160 140	302 000			462 140
库存商品	580 000	64 000			644 000
分支机构往来	540 000			540 000	
固定资产	3 200 000				3 200 000
减：累计折旧	2 130 000				2 130 000
资产总计	3 000 140	726 200			3 186 340
应付账款	475 000	50 000			525 000
应付职工薪酬	208 000				208 000
总公司往来		540 000	540 000		
实收资本	2 200 000				2 200 000
年末未分配利润	117 140	136 200			253 340
负债及所有者权益合计	3 000 140	726 200			3 186 340

根据上述工作底稿的各栏数据编制联合财务报表，分别见表 2-5、表 2-6 和表 2-7。

表 2-5　联合利润表(简表)　　元

项　　目	金　额
营业收入	3 480 000
营业成本	2 436 000
销售费用	467 800
利润总额	576 200
所得税费用	172 860
净利润	403 340

表 2-6　资产负债表(简表)　　元

资　　产	金　额	负债及所有者权益	金　额
货币资金	1 010 200	应付账款	525 000
应收账款	462 140	应付职工薪酬	208 000
库存商品	644 000	实收资本	2 200 000
固定资产	3 200 000	未分配利润	253 340
累计折旧	2 130 000		
资产总计	3 186 340	负债及所有者权益合计	3 186 340

表 2-7　联合所有者权益变动表(简表)　　元

项　　目	金　额
净利润	403 340
加：本年年初余额	—
减：对股东的分配	150 000
本年年末余额	253 340

第三节　按高于成本计价的会计处理

一、按高于成本计价的特点

(1) 分支机构对于总公司发交的存货按购货成本或自制成本加一定百分比的利润计价，考虑了存货调拨对经营的适度贡献，使存货销售收益一部分体现为总公司的经营成果，一部分体现为分支机构的经营成果，有利于客观评价分支机构的经营业绩，从而克服按成本计价的缺陷。

(2) 分支机构账面上对存货的计价反映出成本和转移价格两部分，不仅影响了分支机构自身计价标准的一致性，而且影响了分支机构与总公司之间计价标准的一致性，使得联合财务报表的编制程序较按成本计价复杂。

(3) 按高于成本计价，成本加成百分比的确定具有一定的主观性，有时不一定符合实际情况。另外，分支机构按成本加成计价的期末存货还包含了内部未实现利润，需在编制总分支机构联合财务报表时予以调整。

二、按高于成本计价的会计处理

1. 一般会计处理

在存货高于成本计价的情况下，如果总公司发交分支机构的商品是由分支机构在当期全部售完而无存货的，其全部价款就成为分支机构的销售成本，会计处理比较简便。假使总公司发往分支机构的商品，分支机构未在当期全部售完而余有存货，则由于这部分存货包含超过成本的加价，就不能并入按成本计价的总公司，列示于财务报表上。为了正确计算企业的净收益和反映企业的财务状况，会计上对于超过成本的价格计价的发往分支机构商品，一般采用如下方法处理：

(1) 在总公司方面，对于按成本以上的价格(按成本加上一定百分数或按售价)计价的发往分支机构的商品，分设“库存商品”和“备抵存货超成本数”两个账户。前者核算发往分支机构的成本价额，后者核算发往分支机构商品的超过成本数。“备抵存货超成本数”的期末余额，列作资产负债表中“分支机构往来”项目的对销数。

(2) 期末结账时，总公司除了根据分支机构的财务报表，将其净损益按常规方法予以转账外，还应按分支机构已销售的发交商品计算其已实现的利润，从“备抵存货超成本数”中转入“本年利润”账户。

(3) 在分支机构方面，对于总公司发来商品的记账方法，与上文所述并无二致，即按总公司所开具的价款记入“库存商品”账户。以下就无期初存货和有期初存货两种情况下的核算和编报分别介绍。

2. 无期初存货情况下的会计处理

商品调拨按高于成本作价，包括按成本加成或按售价作价。在分支机构无期初存货的情况下，总分支机构往来事项的会计处理除商品调拨需按高于成本价记入账册外，其余的经济业务都与上述按成本作价作相同处理。

【例 2-2】 百达公司下设一家分公司，分公司 20×9 年度的商品存货全部由总公司提供，总公司发运给分公司的商品按成本加成 10%计价，本年度发生的部分经济业务如下：

(1) 总公司拨付分公司营运资金 100 000 元。

(2) 总公司发交分公司商品，成本价 490 000 元。

(3) 分公司对外销售商品全部存货的 80%，售价总额为 560 000 元，已收货款 300 000 元，余款尚未收回。

(4) 分公司支付工资等费用 58 000 元。

(5) 分公司汇交总公司现金 80 000 元。

根据以上资料，应分别在总公司和分支机构的账册上编制如下会计分录。

分支机构账册			总公司账册		
(1) 借：银行存款	100 000		借：分支机构往来	100 000	
贷：总公司往来		100 000	贷：银行存款		100 000
(2) 借：库存商品	539 000		借：分支机构往来	539 000	
贷：总公司往来		539 000	贷：库存商品		490 000
			备抵存货超成本数		49 000
(3) 借：银行存款	300 000				
应收账款	260 000				
贷：主营业务收入		560 000			
借：主营业务成本	431 200(即 539 000×80%)				
贷：存货		431 200			
(4) 借：销售费用	58 000				
贷：银行存款		58 000			
(5) 借：总公司往来	80 000		借：银行存款	80 000	
贷：银行存款		80 000	贷：分支机构往来		80 000

上述总公司账册记录的“备抵存货超成本数”49 000 元，其实质是由于总公司调拨给分支机构的商品按高于成本作价而产生的内部未实现利润。分支机构账册上的“总公司往来”账户和总公司账册上的“分支机构往来”账户余额比按成本计价处理增加了 49 000 元。分支机构设置的“总公司往来”账登记结果如表 2-8 所示，总公司设置的“分支机构往来”账登记结果如表 2-9 所示。

表 2-8　总公司往来明细账　　元

日　期	摘　要	借　方	贷　方	余　额
20×9 年	收到总公司拨付营运资金		100 000	100 000(贷)
	收到总公司拨付商品		539 000	639 000(贷)
	汇交分公司现金	80 000		559 000(贷)

表 2-9　分支机构往来明细账

元

日　期	摘　要	借　方	贷　方	余　额
20×9 年	拨付分公司营运资金	100 000		100 000(借)
	拨付分公司商品	539 000		639 000(借)
	汇交分公司现金		80 000	559 000(借)

期末，总公司和分支机构通过对账后，进行期末结转：

分支机构账册

借：主营业务收入　560 000
　贷：主营业务成本　431 200
　　销售费用　58 000
　　利润　70 800

借：利润　70 800
　贷：总公司往来　70 800

总公司账册

借：分支机构往来　70 800
　备抵存货超成本数　39 200
　贷：本年利润　110 000

在编制联合财务报表工作底稿前，还应做以下抵消会计分录。

借：备抵存货超成本数　49 000
　贷：主营业务成本　39 200
　　库存商品　9 800

借：总公司往来　559 000
　贷：分支机构往来　559 000

年度终了，根据总公司和分支机构各自的财务报表，编制联合财务报表工作底稿如表 2-10 所示。

表 2-10　总分支机构联合财务报表工作底稿

元

报表项目	总公司	分支机构	抵消项目		汇总额
			借方	贷方	
利润表：					
营业收入	2 600 000	560 000			3 160 000
营业成本	1 820 000	431 200		39 200	2 212 000
销售费用	340 000	58 000			398 000
利润总额	440 000	70 800			550 000
所得税费用	153 240				153 240
净利润	286 760	70 800			396 760

续表

报表项目	总公司	分支机构	抵消项目		汇总额
			借方	贷方	
所有者权益变动表：					
净利润	286 760	70 800			396 760
加：本年年初余额					
减：对股东的分配	150 000				150 000
本年年末余额	136 760	70 800			246 760
资产负债表：					
货币资金	650 000	262 000			912 000
应收账款	160 140	260 000			420 140
库存商品	580 000	107 800		9 800	678 000
分支机构往来	559 000			559 000	
固定资产	3 200 000				3 200 000
累计折旧	2 130 000				2 130 000
资产总计	3 019 140	629 800			3 080 140
应付账款	475 000				475 000
应付职工薪酬	158 380				158 380
备抵存货超成本数	49 000		49 000		
总公司往来		559 000	559 000		
实收资本	2 200 000				2 200 000
年末未分配利润	136 760	70 800			246 760
负债及所有者权益合计	3 019 140	629 800			3 080 140

根据上述工作底稿的各栏数据编制联合财务报表分别见表 2-11、表 2-12 和表 2-13。

表 2-11 联合利润表(简表) 元

项　目	金　额
营业收入	3 160 000
营业成本	2 212 000
销售费用	398 000
利润总额	550 000
所得税费用	153 240
净利润	396 760

表 2-12 联合资产负债表(简表) 元

资 产	金 额	负债及所有者权益	金 额
货币资金	912 000	应付账款	475 000
应收账款	420 140	应付职工薪酬	158 380
库存商品	678 000	实收资本	2 200 000
固定资产	3 200 000	未分配利润	246 760
累计折旧	2 130 000		
资产总计	3 080 140	负债及所有者权益合计	3 080 140

表 2-13 联合所有者权益变动表(简表) 元

项 目	金 额
净利润	396 760
加：本年年初余额	—
减：对股东的分配	150 000
本年年末余额	246 760

3. 有期初存货情况下的会计处理

在持续经营的情况下，总分支机构一般会存在期初存货。对于存货由总公司拨付并按高于成本计价的分支机构来说，在编制联合财务报表时应分别按不同销售情况编制抵消分录。

(1) 本期接收，本期全部销售

借：备抵存货超成本数

　贷：主营业务成本

(2) 本期接收，本期全部未销售

借：备抵存货超成本数

　贷：库存商品

(3) 部分实现销售，部分形成期末存货

借：备抵存货超成本数

　贷：库存商品

　　主营业务成本

除此之外，其他总分支机构之间往来事项的会计处理，以及总分支机构编制联合财务报表工作底稿的方法，基本与前述商品调拨按高于成本作价——无期初存货相同，在此不再赘述。

第四节　其他事项的会计处理

一、相对账户的调节

从前面章节可以看出，总公司账上的“分支机构往来”和分支机构账上的“总公司往来”这对相对账户的期末余额，原则上应当相等。但在实际工作中，这两个账户余额往往不一致。究其原因有二：一是总公司或分支机构一方或双方账务记录错误；二是总分支机构之间存在未达账项。由于总分支机构资金和存货的拨付和接收时间不同，导致一方已入账而另一方尚未入账的账项。如总公司拨付给分支机构的营运资金或商品，当资金付出或商品发出时总公司即可登记入账，但分支机构要待相关的原始单据收到后才予以入账。又如分支机构汇交总公司的现金，当现金汇出时，分支机构即可根据结算凭证登记入账，而对总公司来说，在现金未汇入银行账户之前不会入账。这种情况，同企业银行存款账户余额与开户银行对账单余额往往不相等是类似的。对于记录总公司和分支机构之间往来事项的这对相对账户，要求在会计期末编制联合财务报表工作底稿之前，予以调节，使之彼此相等。然后，根据调节后的余额，在联合财务报表的工作底稿中进行抵消。总分支机构之间往来事项的调节，可以在期末通过先编制调节分录，然后编制“总分支机构相对账户调节表”进行处理。现予以举例说明。

【例 2-3】　百达公司 20×9 年年末总公司“分支机构往来”账户期末借方余额为 96 000 元，分支机构“总公司往来”账户期末贷方余额为 67 000 元。经核对有如下未达账项：

(1) 12 月 29 日，分支机构汇交总公司现金 35 000 元，总公司因未接到收款通知，尚未入账。

(2) 12 月 30 日，分支机构代总公司收取应收款项 18 000 元，总公司尚未接到分支机构通知，而未登记入账。

(3) 12 月 28 日，总公司代分支机构收妥应收账款 60 000 元，因分支机构未接到总公司的记账通知，而尚未登记入账。

(4) 12 月 29 日，总公司代分支机构支付应付账款 72 000 元，分支机构尚未接到总公司通知，而未登记入账。

在编制联合财务报表工作底稿之前，总公司应做调节分录如下。

借：其他货币资金　　35 000

　贷：分支机构往来　　35 000

借：分支机构往来　　18 000

贷：应收账款　　18 000

在编制联合财务报表工作底稿之前，分支机构应做调节分录如下。

借：总公司往来　　60 000

贷：应收账款　　60 000

借：应付账款　　72 000

贷：总公司往来　　72 000

由于未达账项的影响使总分支机构往来账户的记录不一致，实际工作中可编制相对账户调节表，以消除未达账项的影响。相对账户调节表见表2-14。

表 2-14　总分支机构相对账户调节表　　元

总公司"分支机构往来"账户	金　额	分支机构"总公司往来"账户	金　额
调节前余额	96 000	调节前余额	67 000
加：分支机构代收应收款	18 000	加：总公司代付应付账款	72 000
减：分支机构汇交现金	35 000	减：总公司代收应收款	60 000
调节后余额	79 000	调节后余额	79 000

经过相对账户的调节处理后，其余的步骤与前面章节的处理方法基本相同。

二、分支机构固定资产的处理

对于分支机构使用的固定资产的会计处理，应视管理模式而定。在集中制管理模式下分支机构固定资产一般由总公司统一核算和管理，总公司负责折旧费用的计提和核算，而不需要在分支机构账上反映。但是在分散制模式下可以由分支机构自行核算与管理，分支机构负责折旧费用的计提和核算。有关分支机构固定资产的会计处理如下。

1. 集中核算制下的会计处理

总公司账册	分支机构账册
(1) 总公司为分支机构购置固定资产	
借：固定资产	
贷：银行存款	
(2) 分支机构自行购置固定资产	
借：固定资产	借：总公司往来
贷：分支机构往来	贷：银行存款

(3) 计提折旧并将折旧费分摊到分支机构

借：销售费用
　贷：累计折旧

借：分支机构往来　　　　　　　　　　　借：销售费用
　贷：销售费用　　　　　　　　　　　　　贷：总公司往来

2. 分散核算制下的会计处理

总公司账册	**分支机构账册**
(1) 总公司购置固定资产拨付分支机构使用	
借：固定资产 　贷：银行存款 借：分支机构往来 　贷：固定资产	
借：销售费用 　贷：累计折旧	借：固定资产 　贷：总公司往来
借：分支机构往来 　贷：销售费用	借：销售费用 　贷：总公司往来
(2) 分支机构自行购置固定资产	
	借：固定资产 　贷：银行存款 借：销售费用 　贷：累计折旧

三、总公司账上的分支机构费用的处理

分支机构发生的销售费用，如固定资产折旧费用、应收账款的坏账费用、保险费、房产税等，可能会统一记在总公司账上，而不记在分支机构账上。在这种情况下，当总公司收到分支机构利润表，并将分支机构利润登记入账后，应作借记“本年利润——分支机构”账户，贷记“销售费用”账户的会计分录。使分支机构账上由于少记费用而虚增的利润，经过调整后成为真正的利润。

总公司也可能将某笔营业费用，如广告费等，在统一由总公司支付后，再分摊给各分支机构负担。这时，总公司可以采用开具借项通知单的方式告知各分支机构，并在总公司账上借记“分支机构往来”账户，贷记“销售费用”账户。当各分支机构接到总公司的通知单时，则应借记“销售费用”账户，贷记“总公司往来”账户。在这种情况下，分支机构编制的利润表反映的是其真正的利润。

四、分支机构间的往来事项的处理

在总公司下设有多家分支机构的情况下，通常在总公司账上应分别按各分支机构设置“分支机构往来”明细账户，以处理总分支机构之间的往来事项。而各分支机构之间也会发生一些往来事项。对各分支机构之间的往来事项的处理，可采用总公司集中核算制，也可采用分支机构分散核算制。现分述如下。

1. 集中核算制下的会计处理

在采用总公司集中核算制的情况下，各分支机构间的往来业务，一律通过总公司核算，即将原属各分支机构间的往来事项置换处理为各该分支机构对总公司的往来事项。采用这种方法，能在总公司账上完整地反映整个企业的往来业务，便于总公司的统一调度和管理控制。

【例 2-4】 百达公司下设有 A、B 两家分公司。A 公司调拨一批商品给 B 公司，成本价 90 000 元。则会计处理如下。

(1) A 分支机构账所做会计分录

借：总公司往来　　　　90 000

　贷：库存商品　　　　90 000

(2) B 分支机构账所做会计分录

借：库存商品　　　　90 000

　贷：总公司往来　　　　90 000

(3) 总公司账所做会计分录

借：分支机构往来——B　　　　90 000

　贷：分支机构往来——A　　　　90 000

一般情况下，商品运杂费进入购货费用。分支机构之间调拨商品同样会发生运杂费。为了准确地计算分支机构间拨付商品的成本，有的总公司要求商品成本中只包括该商品直接从总公司运到该分支机构的费用，超过部分由总公司负责，计入总公司当期损益。

【例 2-5】 百达公司下设有 A、B 两家分公司。总公司将成本为 165 000 元的商品发运到 A 公司，支付运费 1 800 元。现根据经营状况，总公司指示 A 公司将该批商品调拨给 B 公司，支付运费 2 100 元。假定该批商品直接由总公司运到 B 公司的运费为 1 900 元。

(1) 总公司的会计分录

① 拨付给 A 公司商品时

借：分支机构往来——A　　　　166 800

　贷：库存商品　　　　165 000

　　　银行存款　　　　1 800

② 将商品拨付给 B 公司时

借：分支机构往来——B　　166 900

　　销售费用　　2 000

　贷：分支机构往来——A　　168 900

(2) A 公司的会计分录

① 收到总公司拨付的商品时

借：库存商品　　165 000

　　销售费用　　1 800

　贷：总公司往来　　166 800

② 将商品转发给 B 公司时

借：总公司往来　　168 900

　贷：销售费用　　1 800

　　　库存商品　　165 000

　　　银行存款　　2 100

(3) B 公司的会计分录

借：库存商品　　165 000

　　销售费用　　1 900

　贷：总公司往来　　166 900

2. 分散核算制下的会计处理

在采用分散核算制的情况下，各个分支机构的往来应设有对方分支机构各自的往来明细账，各分支机构之间的往来事项直接记入相互的分支机构往来明细账中，不需通过总公司往来账户。

【例 2-6】 仍以例 4 资料为例，分散制下的会计处理如下。

(1) A 分支机构账所做会计分录

借：分支机构往来——B　　90 000

　贷：库存商品　　90 000

(2) B 分支机构账所做会计分录

借：库存商品　　90 000

　贷：分支机构往来——A　　90 000

总公司不作会计处理。

采用上述方法，能够直接反映各分支机构之间往来事项的实际状况，但是编制联合财务报表工作底稿的抵消分录的工作量较大，实际工作中很少采用。

五、总公司下属销售代理机构的处理

1. 销售代理机构与分支机构的区别

总公司由于拓展业务的需要可能在其他城市或地区建立销售代理机构。销售代理机构与分支机构不同，两者的主要区别在于其经营自主权的大小。销售代理机构通常不具有独立经营的自主权，一切听从总公司的安排，而分支机构则可以独立从事商品购销业务。其具体区别见表 2-15。

表 2-15　销售代理机构与分支机构的区别

销售代理机构	分支机构
(1) 销售代理机构通常只陈列样品以供客户挑选，其本身没有存货，也不经营商品购销业务。	(1) 分支机构通常拥有完备的存货，除了向总公司进货之外，也可以自行向其他厂商购进商品。
(2) 客户来代理机构看样订货后，代理机构即将购货订单转交总公司，由总公司决定客户能否享受赊销及其赊销额度，并由总公司直接向客户交货，应收账款也由总公司登记入账并负责催收。	(2) 客户订货后，由分支机构自行决定客户能否享受赊销及其赊销额度并由分支机构直接向客户交货，赊销商品引起的应收账款也由分支机构登记入账并负责催收。
(3) 销售代理机构内需设置定额备用金，由总公司拨款以应付日常开支，将近用完时向总公司报销补足，除此之外，销售代理机构不经办其他现金收支业务。	(3) 分支机构可以自己的名义在银行开户，收到的销货款存入银行，发生的营业费用由分支机构开具支票直接支付。

2. 销售代理机构会计的特点

销售代理机构会计较分支机构会计简单，一般只需设置一本现金登记簿，用以记载由总公司拨付或报销补足的备用金收入，以及应付日常开支的备用金支出。至于总公司账上有关销售代理处业务的记录，需视代理机构的净收益是否要单独反映而定。如果不需要销售代理机构的详细资料，总公司则不单独确认代理机构的净收益；如果销售代理机构的净收益需单独反映，代理机构的营业收入和费用就应在记账时同总公司和其他代理机构的营业收入和费用划分清楚。

【例 2-7】 某企业在另一城市设立销售总代理机构 PD，20×9 年发生如下业务：

(1) 核定定额备用金 6 000 元，签发现金支票拨付；

(2) 交付 PD 代理机构样品一批，成本 9 000 元；

(3) PD 代理机构推销商品一批，报由总公司发货，售价 60 000 元，成本 32 000 元；

(4) PD代理处报销费用5 400元,总公司补足其备用金;
(5) 总公司为PD代理机构支付费用7 800元;
(6) 总公司购置一辆小车,价值320 000元,交付PD代理机构使用;
(7) 期末代理机构利润转入总公司。

在代理机构不单独确认代理处的净收益下,总公司应编制的有关会计分录如下。

(1) 借: 备用金——PD代理　6 000
　　贷: 库存现金　6 000
(2) 借: 库存商品——PD代理　9 000
　　贷: 库存商品　9 000
(3) 借: 应收账款　60 000
　　贷: 主营业务收入　60 000
　借: 主营业务成本　32 000
　　贷: 库存商品　32 000
(4) 借: 销售费用　5 400
　　贷: 库存现金　5 400
(5) 借: 销售费用　7 800
　　贷: 银行存款　7 800
(6) 借: 固定资产——PD代理　320 000
　　贷: 银行存款　320 000

在代理机构单独确认净收益的情况下,总公司应编制的有关会计分录如下。

(1) 借: 备用金——PD代理　6 000
　　贷: 库存现金　6 000
(2) 借: 库存商品——PD代理　9 000
　　贷: 库存商品　9 000
(3) 借: 应收账款　60 000
　　贷: 主营业务收入——PD代理　60 000
　借: 主营业务成本——PD代理　32 000
　　贷: 库存商品　32 000
(4) 借: 销售费用——PD代理　5 400
　　贷: 库存现金　5 400
(5) 借: 销售费用——PD代理　7 800
　　贷: 银行存款　7 800
(6) 借: 固定资产——PD代理　320 000

贷：银行存款　320 000

(7) 借：主营业务收入——PD代理　60 000

贷：主营业务成本——PD代理　32 000

销售费用——PD代理　13 200

本年利润——PD代理　14 800

(8) 借：本年利润——PD代理　14 800

贷：本年利润　14 800

练　　习

一、思考题

1. 分支机构会计核算有哪些特点？
2. 总公司集中核算制与分支机构分散核算制在核算上有何区别？
3. 总分支机构之间的商品调拨可采用哪几种计价方法？各有什么优缺点？
4. 为什么总分支机构经营需编制联合财务报表？具体如何编制？
5. 对总分支机构之间的往来事项如何进行调节？
6. 如何编制相对账户余额调节表？
7. 销售代理机构经营的特点有哪些？
8. 简述分支机构会计处理与销售代理会计的主要区别。
9. 简要分析"备抵存货超成本数"账户的性质。
10. 总公司的净利润与分支机构净利润之和是否与联合财务报表的净利润相等？为什么？

二、练习题

1. 单项选择题

(1) 以下各选项中，(　　)不是分支机构的特征。

A. 会计主体　　B. 纳税主体

C. 经营实体　　D. 法律主体

(2) 分支机构具有相对独立的经营自主权，其所需资金一般来源于(　　)。

A. 接受投资人投入　　B. 银行贷款

C. 总公司拨入　　D. 发行债券

(3) 不属于分支机构会计账簿体系的账户是(　　)。

A. 分支机构往来　　B. 应付账款

C. 应收账款　　D. 总公司往来

(4) 编制总分支机构联合财务报表时,其抵消项目应记入(　　)的会计账簿。

A. 分支机构　　B. 总公司

C. 总公司与分支机构　　D. 都不记

(5) 在永续盘存制下,期末分支机构对由总公司发出的在途商品所做的调整分录是(　　)。

A. 借"库存商品",贷"总公司往来"　　B. 借"库存商品",贷"物资采购"

C. 借"物资采购",贷"库存商品"　　D. 借"物资采购",贷"总公司往来"

(6) 下列选项中不属于总公司设置的账户是(　　)。

A. 总公司往来　　B. 备抵存货超成本数

C. 应付账款　　D. 固定资产

(7) 下列对发交分支机构存货的计价方法中,(　　)虚夸了分支机构的获利能力。

A. 按成本加成计价　　B. 按售价计价

C. 按成本计价　　D. 按高于成本计价

(8) 在总公司的独立资产负债表中,对分支机构拨付的营运资金余额应列入(　　)项目。

A. 应收账款　　B. 分支机构往来

C. 应付账款　　D. 其他资产

(9) 分支机构的"总公司往来"账户本质上是(　　)。

A. 资产类账户　　B. 负债类账户

C. 权益类账户　　D. 损益类账户

(10) 销售代理机构与分支机构最主要的区别在于(　　)。

A. 是否有自主经营权　　B. 是否独立计算

C. 是否独立纳税　　D. 是否为法律主体

2. 计算分录题

(1) 豪杰公司主营家用电器,20×9 年年初在相邻城市设立了一家分公司,全部营运资金由总公司供给,分公司实行独立核算。20×9 年该总分公司发生如下部分经济业务:

① 拨付分支机构营运资金 400 000 元;

② 发交分支机构商品,成本为 300 000 元;

③ 分支机构向外界赊购商品 490 000 元;

④ 分支机构销货 420 000 元,已收到货款 260 000 元,余款尚未收回,销售成本为

300 000 元；

⑤ 分支机构收回应收账款 100 000 元；

⑥ 分支机构偿付应付账款 60 000 元；

⑦ 分支机构支付费用 56 000 元；

⑧ 分支机构拨交总公司现金 170 000 元。

要求：

① 对上述经济业务分别为总公司和分公司编制会计分录，计算并结转分公司利润；

② 开设并登记“总公司往来”账户和“分支机构往来”账户；

③ 假设分支机构从总公司调拨商品按成本加成 20% 的利润进行计价，本年从总公司调拨的商品存货全部售出，要求编制有关会计分录，计算并结转分支机构的利润；

④ 分别采用上述两种方法，编制总分支机构联合财务报表底稿的抵消分录。

(2) 瑞华公司 20×9 年年初为拓展业务在某区开设了第一家分公司，总公司 20×9 年 12 月 31 日个别报表资料如表 1 所示，分公司存货按成本计价。20×9 年该总公司和分公司发生如下部分经济业务：

① 总公司拨付分支机构营运资金 80 000 元；

② 总公司发交分支机构商品，成本为 300 000 元；

③ 分支机构对外销售商品全部存货的 60%，售价总额为 300 000 元，款项已全部收到；

④ 分支机构支付工资等费用 58 000 元；

⑤ 分支机构汇交总公司现金 90 000 元。

表 1　报表资料　　　元

报表项目	金　额
利润表：	
营业收入	5 200 000
营业成本	3 150 000
销售费用	840 000
利润总额	1 210 000
所得税费用	386 000
净利润	824 000
所有者权益变动表：	
净利润	824 000
加：本年年初余额	
减：对股东的分配	550 000
本年年末余额	274 000

续表

报表项目	金额
资产负债表：	
货币资金	563 000
应收账款	267 000
库存商品	624 000
分支机构往来	290 000
固定资产	4 500 000
累计折旧	2 860 000
资产总计	3 384 000
应付账款	241 000
应付职工薪酬	69 000
实收资本	2 800 000
未分配利润	274 000
负债及所有者权益合计	3 384 000

要求：

① 编制总公司和分公司相关会计分录，计算并结转分公司利润；

② 年终编制相关抵消分录；

③ 编制总公司联合财务报表工作底稿；

④ 编制总公司联合资产负债表、利润表和所有者权益变动表。

(3) 鸿艺公司总部及分支机构 20×9 年发生如下经济业务：

① 总公司向分支机构拨付营运资金 60 000 元。

② 总公司向分支机构发交商品调拨价为 120 000 元(高于成本价 20%)。

③ 总公司销售商品 400 000 元，已收到货款，成本为 180 000 元。

④ 总公司代分支机构支付费用 13 000 元。

⑤ 分支机构汇交总公司现金 20 000 元。

⑥ 分支机构收到总公司发来的商品中有 70%已出售，另外 30%未出售商品作为期末存货。售价总额 120 800 元，已收货款 100 000 元，余款尚未收回。

⑦ 分支机构偿还前欠部分货款 20 000 元。

⑧ 总公司计提折旧费用 186 000 元。

鸿艺总公司和分支机构 20×8 年度的资产负债表、利润表及利润分配表资料如表 2 至表 4 所示。

表 2　资产负债表　　元

资　　产	总公司	分支机构	负债及所有者权益	总公司	分支机构
货币资金	650 000	262 000	应付账款	475 000	
应收账款	160 140	260 000	应付职工薪酬	158 380	
库存商品	531 000	107 800			
分支机构往来	559 000		总公司往来		559 000
固定资产	3 200 000		实收资本	2 200 000	70 800
累计折旧	2 130 000		未分配利润	136 760	
资产总计	2 970 140	629 800	负债及所有者权益合计	2 970 140	629 800

表 3　利　润　表　　元

项　　目	总公司	分支机构
营业收入	2 600 000	560 000
营业成本	1 820 000	431 200
销售费用	340 000	58 000
利润总额	440 000	70 800
所得税费用	153 240	
净利润	286 760	70 800

表 4　利润分配表　　元

项　　目	总公司	分支机构
净利润	286 760	70 800
加：本年年初余额		
减：对股东的分配	150 000	
本年年末余额	136 760	70 800

要求：

① 编制总公司和分公司相关会计分录，计算并结转分公司利润。

② 编制年终抵消分录。

③ 编制公司联合财务报表工作底稿。

（4）飞达公司 20×9 年 12 月末结转前总公司账上的“分支机构往来”账户余额为 123 000 元，分支机构账上的“总公司往来”账户余额为 102 000 元。总公司账上的“分支机构往来”账户 12 月 20 日至 31 日发生额如下：

① 12 月 21 日，代分支机构支付应付账款 10 000 元(借)；

② 12 月 25 日，发交分支机构商品 300 000 元(借)；

③ 12 月 28 日，代分支机构收取应收账款 35 000 元(贷)；

④ 12 月 30 日，拨付分支机构营运资金 68 000 元(借)。

分支机构账上的"总公司往来"账户 12 月 20 日至 31 日发生额如下：

① 12 月 23 日，代总公司收取应收账款 34 000 元(贷)；

② 12 月 27 日，收到总公司发交商品 300 000 元(贷)；

③ 12 月 29 日，代总公司支付应付账款 12 000 元(借)。

要求：核对总分支机构的相对账户，分别对未达账项作调节会计分录并编制"总分支机构相对账户调节表"。

(5) 曙光公司 20×8 年年末设立一销售代理处，该销售代理处单独反映净收益。20×9 年 1 月发生以下业务：

① 核定并拨付备用金 5 000 元；

② 交付销售代理处样品一批，成本 6 000 元；

③ 购置一项固定资产价值 80 000 元，拨交销售代理店使用；

④ 代理处推销商品一批，由总公司发货，售价 200 000 元，成本 80 000 元；

⑤ 曙光公司为销售代理处支付费用 1 600 元；

⑥ 销售代理处报销费用 3 000 元，已向公司报销补足；

⑦ 期末代理处利润转入总公司。

要求：编制曙光公司 20×9 年 1 月份的有关会计分录。

三、案例

1. 首创总公司设在北京，在全国范围内拥有 12 家分公司。其中包括上海石城路分公司在内的五家分公司均为总公司在 20×7 年向河北省某公司收购而来。公司在各分公司成立时同各个分公司经理签订了相关合同。合同规定，分公司经理年末可根据全年净利润的 20%提成奖金，如果分公司亏损，则没有奖金。但是合同没有明确规定分支机构损益的会计处理方法。20×9 年，其中上海石城路分公司利润表表明该部全年亏损 500 000 元。总公司以营业额下降及费用过高为由拟关闭该部。该部经理提出，亏损的主要原因是因为 20×9 年 10 月份摊销了 100 000 元的广告费和 200 000 元的商誉。这种平均摊销的做法是不公平的，因为该部由于附近城区改造、公交线路绕道、居民区大拆迁造成营业额大量流失，分公司并未从广告中受益。而总公司则认为由于分支机构存货按高于成本计价，在 20×9 年 12 月 31 日的存货中，含有 400 000 元的成本加成额，这一部分应从资产负债表存货项目扣除，因为这一部分已不能通过分支机构销售而实现为总公司的利润，从而导致分支机构亏损的增加。

要求：对以上两种观点，你同意其中的哪一种？或都不同意？请说明理由。

2. 好佳公司的会计制度规定分支机构使用的设备由总公司入账，新设备的采购既可由总公司进行，也可以在总公司批准后由分支机构进行。分支机构在得到总公司批准后采购了 1 800 000 元的设备。

要求：分别说出总公司和分支机构的会计处理流程。

3. 欧宝公司有若干分支机构，但将所有分支机构的会计工作集中在总公司并对分支机构实施控制。总公司发现甲分支机构拥有数量充足的 A 商品，而乙分支机构该商品库存严重不足。为此总公司指示甲分支机构转运成本为 120 000 元的 A 商品给乙分支机构，假设总分支机构均采用永续盘存制。

请问总公司及分支机构应如何做会计处理？在运费的会计处理中应遵循什么原则？

B&E

第2篇

企业合并会计

B&E

第二章 企业合并

本章范围

企业合并是现代经济发展的一个突出现象，它是产业发展、企业竞争的必然产物，是现代大公司形成和发展的有效手段。本章主要介绍了企业合并的定义、动因以及企业合并的类型，详细阐述了非同一控制下和同一控制下企业合并的会计处理方法的原则以及企业合并的两种会计处理方法：购买法和权益结合法，并对两种方法进行了系统比较，简要分析了购买法和权益结合法对财务报告的影响及其经济后果。

学习目标

1. 了解企业合并动因；
2. 了解企业合并的界定与类型；
3. 理解企业合并的方式与企业合并会计方法的关系；
4. 掌握购买法和权益结合法的基本原理及会计处理；
5. 掌握购买法和权益结合法对财务报告的影响及其经济后果。

第一节　企业合并概述

一、企业合并的含义与动机

企业合并　一个企业与另一个企业实行股权联合或获得另一个企业净资产的控制权和经营权，将各独立的企业组成一个经济实体或一个企业集团的行为。我国《企业会计准则第 20 号——企业合并》指出，企业合并是将两个或两个以上单独的企业合并形成一个报告主体的交易或事项。

企业合并是现代经济发展的一个突出现象，它是产业发展、企业竞争的必然产物，是现代大公司形成和发展的有效手段。

我国20世纪80年代末以来，随着经济体制改革的深入而掀起了企业合并浪潮，其目的在于优化经济资源的配置和组合、调整产业结构、提高经营综合效益和规模效益、推动社会生产力的发展。

公司为了扩大生产规模，最常见的方式有两种：一是通过筹集权益资本及信贷资本或动用盈余来进行生产设备的购置、厂房的购建、新产品研制与开发，以达到扩大其市场份额、提升竞争优势的目的；二是通过收购其他的同类生产厂家或者与其他厂家进行股权联合。后一种方式就是我们所说的企业合并。企业合并的动机主要有：第一，企业可以在尽可能短的时间内扩大生产规模，达到快速扩张的目的；第二，企业以合并的形式扩大企业的规模可以缓解资金压力，节约企业扩展的成本；第三，对于管理者来说，通过成功的企业合并扩大企业规模、提高企业经营效益，能够在市场中提高自身的社会地位和市场价值；第四，在激烈的市场竞争中，企业通过合并扩大规模，可以保护自己、保存竞争优势、防止被大企业吞并。总体上，企业选择合并的动因是多维的，除上述动因外还包括谋求协同效应、合理避税、获得特殊资产、降低代理成本、减少不确定性等因素。

二、企业合并的方式

企业合并的方式多种多样，可以按不同的标准加以分类。国际上常见的是按照法律形式、合并所涉及行业进行分类。

（一）按企业合并的法律形式分类

企业合并按照法律形式可以分为吸收合并、新设合并和控股合并。

吸收合并　合并方在企业合并中取得被合并方的全部净资产，并将有关资产、负债并入合并方自身的账簿和报表进行核算。企业合并后，注销被合并方的法人资格，由合并方持有合并中取得的被合并方的资产、负债，在新的基础上继续经营，该类合并为吸收合并。

新设合并　参与合并的各方在企业合并后法人资格均被注销，重新注册成立一家新的企业，由新注册成立的企业持有参与合并各企业的资产、负债在新的基础上经营，为新设合并。

控股合并　合并方（或购买方，下同）通过企业合并交易或事项取得对被合并方（或被购买方，下同）的控制权，企业合并后能够通过所取得的股权等主导被合并方的生产经营决策并自被合并方的生产经营活动中获益，被合并方在企业合并后仍维持其独立法人资格继续经营的，为控股合并。在控股合并的情况下，控股企业被称为母公司，被控股企业称为子公司。以母公司为中心，连同它所控制的子公司，称为企业集团。

（二）按照企业合并所涉及的行业分类

按照企业合并所涉及的行业不同，可以分为横向合并、纵向合并和混合合并。

横向合并 又称水平式合并，是指生产或销售同类产品，或者提供同种服务而处于相互竞争中的企业之间的合并。如某家用电器公司与另一家用电器公司的合并。横向合并通常具有以下两个目的：一是通过企业规模的扩张来扩大经营规模，提高该产品的市场占有率，从而降低管理成本与费用、增强竞争优势、获取规模效益；二是拓展行业专属管理资源，使自身的管理能力得到充分有效的发挥。

纵向合并 又称垂直式合并，是指在同一产业中处于不同经济层次（上下游）或者经营环节且通常具有某种交易关系的企业间的合并。参与合并的各家企业，其产品相互配套，或有一定的内在联系，形成供产销一条龙，保证原材料的供应和产成品的销售；或其提供的劳务具有前后的联系。纵向合并的初衷在于将市场行为内部化，即通过纵向并购，将上下游企业的交易转化为同一企业的内部或同一集团内部的交易，从而降低协调成本，并获得税收上的好处。

混合合并 又称多种经营合并，是指没有内在联系的多种产品生产和劳务供应企业之间的合并。如某商业集团与宾馆酒店、证券交易的合并，某机械制造企业合并房地产开发企业，或报业集团兼并旅馆等。这种合并的主要目的在于通过合并从事多元化经营的思路，认为通过混合合并实现多元化经营后能够有效分散投资风险，挖掘新的市场机会，稳定企业的现金流量，提高企业的生存和发展能力。

（三）按照企业合并中合并企业在合并前是否受同一方或相同多方最终控制分类

我国的企业合并准则中将企业合并按照合并企业在合并前是否受同一方或相同多方最终控制划分为同一控制下的企业合并与非同一控制下的企业合并。企业合并的类型划分不同，所遵循的会计处理原则也不同。

1. 同一控制下的企业合并

同一控制下的企业合并 是指参与合并的企业在合并前后均受同一方或相同的多方最终控制且该控制并非暂时性的。

同一方 能够对参与合并各方在合并前后均实施最终控制的投资者，通常指企业集团的母公司。同一控制下的企业合并一般发生于企业集团内部，如集团内母子公司之间、子公司与子公司之间等。因为该类合并从本质上是集团内部企业之间的资产或权益的转移，不涉及自集团外购入子公司或是向集团外其他企业出售子公司的情况。

相同多方 是指根据投资者之间的合同或协议的约定，拥有最终决定参与合并企业的财务和经营政策，并从中获取利益的投资者群体。

控制并非暂时性是对实施控制的时间性要求，是指参与合并各方在合并前后较长时间内为最终控制方所控制。具体是指在企业合并之前(即合并日之前)，参与合并各方在最终控制方的控制时间一般在 1 年以上(含 1 年)，企业合并后所形成的报告主体在最终控制方的控制时间也应达到 1 年以上(含 1 年)。

同一控制下的企业合并，在合并日取得对其他参与合并企业控制权的一方为合并方，参与合并的其他企业为被合并方。合并日，是指合并方实际取得对被合并方控制权的日期。

企业之间的合并是否属于同一控制下的企业合并，应综合构成企业合并交易的各方面情况，按照实质重于形式的原则进行判断。通常情况下，同一控制下的企业合并是指发生在同一企业集团内部企业之间的合并。同受国家控制的企业之间发生的合并，不应仅仅因为参与合并各方在合并前后均受国家控制而将其作为同一控制下的企业合并。

2. 非同一控制下的企业合并

非同一控制下的企业合并 是指参与合并各方在合并前后不受同一方或相同的多方最终控制的合并交易，即除判断属于同一控制下企业合并的情况以外其他的企业合并。

非同一控制下的企业合并，在购买日取得对其他参与合并企业控制权的一方为购买方，参与合并的其他企业为被购买方。

购买日，是指购买方实际取得对被购买方控制权的日期。

三、企业合并的会计问题

企业合并既涉及会计主体的变更，又涉及对合并过程及结果的金额确定。一般来讲，企业合并的会计处理应首先区分合并的类型，判断是同一控制下企业合并还是非同一控制下企业合并。其次，判断是否编制合并会计报表。按照是否编制合并财务报表一般分为两种情况：一种是只需编制个别财务报表，不需编制合并财务报表的吸收合并和新设合并；另一种是既需编制个别财务报表，又需编制合并财务报表的控股合并。最后，将企业合并的会计处理分为控制权取得日和控制权取得日后。对于吸收合并和新设合并，控制权取得日及控制权取得日后都以合并后的企业作为单独的会计主体进行报告；对于控股合并，控制权取得日及控制权取得日后都需要进行母公司长期股权投资的账务处理及母子公司合并财务报表的编制。控制权取得日的企业合并的会计处理有购买法和权益结合法两种会计处理方法。

对于吸收合并和新设合并而言，从合并日起，因被合并方(或被购买方)在合并发生以后被注销，从合并方(或购买方)的角度需要解决的问题是，其在合并日(或购买日)取得的被合并方有关资产、负债入账价值的确定，以及为了进行企业合并支付的对价与所取得被合并方资产、负债的入账价值之间存在差额的处理。企业合并继后期间，合并方应将合并中取得的资产、负债作为本企业的资产、负债核算。合并企业与被合并企业均将合为一个会计主体使用一套账册，合并日后的会计处理问题仍然属于传统财务会计的范畴。

而对于控股合并而言，涉及的会计处理程序则相对复杂。该类企业合并中，因合并方通过企业合并交易或事项取得了对被合并方的控制权，被合并方成为其子公司，在企业合并发生后，被合并方应当纳入合并方合并财务报表的编制范围，从合并财务报表角度，形成报告主体的变化。控股合并完成后，处于控制地位的母公司在以后各期都将通过长期股权投资账户反映其所拥有的子公司所有者权益。母公司和子公司作为不同的法律主体，都将保留各自独立的一套账户和财务报表。而会计主体假设认为，如果一家企业确实拥有另一家企业的控制权，那么它们就是一个经济主体，就应当作为一个整体提供合并财务报表。这样一来，就产生了编制控制权取得日和控制权取得日后合并财务报表的必要。

本章将着重说明吸收合并、控股合并的会计处理，新设合并可由吸收合并类推。为突出重点，本书第三、四、五章均不涉及任何所得税问题，所举例题也均假设不受所得税的影响。

第二节 非同一控制下企业合并的会计处理——购买法

非同一控制是参与合并的各方在合并前后不受同一方或相同的多方最终控制。非同一控制下的企业合并，在购买日取得对其他参与合并企业控制权的一方为购买方，参与合并的其他企业为被购买方。我国《企业会计准则第 20 号——企业合并》要求对非同一控制下的企业合并采用购买法进行会计处理。

一、购买法的概念及特点

购买法 企业合并业务会计处理方法之一。把购买企业获取被并企业净资产的行为视为资产交易行为，即将企业合并视为购买企业以一定的价款购进被并企业的机器设备、存货等资产项目，同时承担该企业的所有负债的行为，从而按合并时的公允价值计量被并企业的净资产，将投资成本（购买价格）超过净资产公允价值的差额确认为商誉的会计方法。

购买法一般具有如下特点：

(1) 购买方按公允价值记录所取得的被购买方的资产和负债。

(2) 购买成本超过被购买方可辨认资产和负债公允价值的部分，记为商誉。企业购买成本小于合并中取得的被购买方可辨认净资产公允价值份额的部分，应计入合并当期损益。

(3) 合并时发生的相关费用，应当分别处理：若以发行股票为代价合并其他企业，股票的登记和发行费用应当直接冲销股票的公允价值,即减少超面值缴入资本;法律费、咨询费和佣金等直接费用增加净资产或投资成本;其他间接费用确认为当期费用。

(4) 购买企业的利润包括当年本身实现的利润以及被并企业合并后所实现的利润。

(5) 购买企业的留存利润有可能因合并而减少,但不能增加;被并企业的留存利润也不能转入购买企业。

(6) 由于被购买方的资产、负债已按公允价值反映,因此不需要按购买方的会计政策调整被购买方的会计记录。

二、购买法的内容

非同一控制下的企业合并,是参与合并的一方购买另一方或多方的交易,基本处理原则是购买法。主要涉及购买方及购买日的确定、企业合并成本的确定、合并中取得各项可辨认资产、负债的确认和计量以及合并差额的处理等。

(一) 确定购买方

购买方 是指在企业合并中取得对另一方或多方控制权的一方。合并中一方取得了另一方半数以上有表决权股份的,除非有明确的证据表明该股份不能形成控制,一般认为取得控股权的一方为购买方(关于控制标准的应用详见第四章第一节的相关内容)。

(二) 确定购买日

购买日 是指购买方实际取得对被购买方控制权的日期,即企业合并交易进行过程中,发生控制权转移的日期。

1. 购买日的确定原则

确定购买日的基本原则是控制权转移的时点。同时满足以下条件时,一般可认为实现了控制权的转移,形成购买日。有关的条件包括:

(1) 企业合并合同或协议已获股东大会等内部权力机构通过。

(2) 按照规定,合并事项需要经过国家有关主管部门审批的,已获得相关部门的批准。

(3) 参与合并各方已办理了必要的财产转移手续。作为购买方,其通过企业合并无论是取得对被购买方的股权还是被购买方的全部净资产,能够形成与取得股权或净资产相关的风险和报酬的转移,一般需办理相关的财产权转移手续,从而从法律上保障有关风险和报酬的转移。

(4) 购买方已支付了购买价款的大部分(一般应超过 50%),并且有能力支付剩余款项。

(5) 购买方实际上已经控制了被购买方的财务和经营政策，并享有相应的利益、承担相应的风险。

2. 分次实现企业合并的购买日的确定

企业合并涉及一次以上交换交易的，企业应于每一交易日确认对被投资企业的各单项投资。交易日是指合并方或购买方在自身的账簿和报表中确认对被投资单位投资的日期。分步实现的企业合并中，购买日是指按照有关标准判断购买方最终取得对被购买企业控制权的日期。其具体判断原则和参考依据与通过单项交易实现的企业合并相同。

(三) 确定企业合并成本

企业合并成本包括购买方为进行企业合并支付的现金或非现金资产、发行或承担的债务、发行的权益性证券等在购买日的公允价值以及企业合并中发生的各项直接相关费用。具体来讲，企业合并成本包括购买方在购买日支付的下列项目的合计。

1. 作为合并对价的现金及非现金资产的公允价值

以非货币性资产作为合并对价的，其合并成本为所支付对价的公允价值，该公允价值与作为合并对价的非货币性资产账面价值的差额，作为资产的处置损益，记入合并当期的利润表。

2. 发行的权益性证券的公允价值

发行的权益性证券如果存在公开市场、有明确市价可供遵循，应以该证券的市价作为确定其公允价值的依据，同时应考虑该证券的交易量是否存在限制性条款等因素的影响；发行的权益性证券如果不存在公开市场、没有明确市价可供遵循，则应考虑以购买方或被购买方的公允价值为基础确定权益性证券的价值。在确定所发行的权益性证券的公允价值时，应当考虑达成企业合并协议并且公开宣布前后一段时间内该权益性证券的市场价格。

3. 因企业合并发生或承担的债务的公允价值

因企业合并而承担的各项负债，应采用按照适用利率计算的未来现金流量的现值作为其公允价值。

4. 企业合并合同或协议中要求视未来或有事项的发生对合并成本进行的调整

某些情况下，当企业合并合同或协议中规定视未来或有事项的发生而对合并成本进行调整时，符合《企业会计准则——或有事项》规定的确认条件的，应确认的支出也应作为企业合并成本的一部分。如参与合并各方可能在企业合并合同或协议中规定，如果被购买方在企业合并后连续两年净利润超过一定水平，购买方需支付额外的对价，在购买日预计被购买方的赢利水平很可能会达到合同规定的标准的情况下，应将按照合同或协议约定需支付的金额并入企业合并成本一并考虑。

5. 合并中发生的各项直接相关费用

非同一控制下企业合并中发生的与企业合并直接相关的费用,包括为进行合并而发生的会计审计费用、法律服务费用、咨询费用等,应当计入企业合并成本。与同一控制下企业合并进行过程中发生的有关费用相一致,这里所称合并中发生的各项直接相关费用,不包括与为进行企业合并发行的权益性证券或发行的债务相关的手续费、佣金等,该部分费用应比照本章关于同一控制下企业合并中类似费用的原则处理,即应抵减权益性证券的溢价发行收入或是计入所发行债务的初始确认金额。

对于通过多次交换交易分步实现的企业合并,其企业合并成本为每一单项交换交易的成本之和。

(四) 企业合并成本在取得的可辨认资产和负债之间的分配

非同一控制下的企业合并中,购买方取得了对被购买方净资产的控制权。控股合并的情况下,购买方在其个别财务报表中应确认所形成的对被购买方的长期股权投资,该长期股权投资所代表的是购买方对合并中取得的被购买方各项资产、负债享有的份额,具体体现在合并财务报表中应列示的有关资产、负债;吸收合并的情况下,合并中取得的被购买方各项可辨认资产、负债等直接体现为购买方账簿及个别财务报表中的资产、负债项目。

1. 可辨认资产、负债的确认原则

(1) 购买方在企业合并中取得的被购买方各项可辨认资产和负债,要作为本企业的资产、负债(或合并财务报表中的资产、负债)进行确认,在购买日,应当满足资产、负债的确认条件。有关的确认条件包括:

① 合并中取得的被购买方的各项资产(无形资产除外),其所带来的未来经济利益预期能够流入企业且公允价值能够可靠计量的,应单独作为资产确认。

② 合并中取得的被购买方的各项负债(或有负债除外),履行有关的义务预期会导致经济利益流出企业且公允价值能够可靠计量的,应单独作为负债确认。

(2) 企业合并中取得的无形资产在其公允价值能够可靠计量的情况下应单独予以确认。

企业合并中取得的需要区别于商誉单独确认的无形资产一般是按照合同或法律产生的权利,某些并非产生于合同或法律规定的无形资产,需要区别于商誉单独确认的条件是能够对其进行区分,即能够区别于被购买企业的其他资产并且能够单独出售、转让、出租等。

公允价值能够可靠计量的情况下,应区别于商誉单独确认的无形资产一般包括:商标、版权及与其相关的许可协议、特许权、分销权等类似权利、专利技术、专有技术等。

（3）对于购买方在企业合并时可能需要代被购买方承担的或有负债，在其公允价值能够可靠计量的情况下，应作为合并中取得的负债单独确认。

企业合并中对于或有负债的确认条件，与企业在正常经营过程中因或有事项需要确认负债的条件不同，在购买日，可能相关的或有事项导致经济利益流出企业的可能性还比较小，但其公允价值能够合理确定的情况下，即需要作为合并中取得的负债确认。

企业合并中形成的或有负债在初始确认以后，企业持续持有该项负债的期间之内，应当按照以下两项金额孰高进行后续计量：一是按照《企业会计准则第13号——或有事项》应予确认的金额；二是以初始确认金额减去按照《企业会计准则第14号——收入》的原则确认的累计摊销额后的余额。

2. 可辨认资产、负债的计量

企业合并中取得的资产、负债在满足确认条件后，应以其公允价值计量。可辨认资产与负债的公允价值认定必须符合以下两个标准：一是相关的经济利益可能流入或流出购买企业；二是对于购买企业来说，其成本或公允价值可以可靠地计量。购买企业在确定所购入的可辨认资产和所承担的债务的公允价值时，可采用市价、账面价值、重置成本、现值、估计售价、评估价以及可变现净值等方法。确定所采用的方法时，应该考虑所购买的资产和承担的债务在合并日后的用途。一般情况下，购入可辨认资产和承担的负债的公允价值应按下列方法确定：

（1）有价证券，按确定公允价值确定。

（2）应收账款，按账面价值扣除估计坏账后的净额确定，或者按未来应收取金额及实际利率计算的贴现值扣除估计坏账后的净额确定。

（3）产成品、库存商品和在产品，按可变现净值确定。

（4）原材料，按重置成本确定。

（5）长期投资，按评估价值确定。

（6）房屋建筑物、机器设备、无形资产，存在活跃市场的，应以购买日的市场价格为基础确定公允价值；不存在活跃市场，但同类或类似资产存在活跃市场的，应参照同类或类似资产的市场价格确定其公允价值；同类或类似资产也不存在活跃市场的，应采用估值技术确定其公允价值。

（7）负债类项目，短期负债，一般按照应支付的金额确定其公允价值；长期负债，应按适当的折现率折现后的现值作为其公允价值。

对于被购买方在企业合并之前已经确认的商誉和递延所得税项目，购买方在对企业合并成本进行分配、确认合并中取得可辨认资产和负债时不应予以考虑。

在按照规定确定了合并中应予确认的各项可辨认资产、负债的公允价值后，其计税基础与账面价值不同形成暂时性差异的，应当按照所得税会计准则的规定确认相应的递延所得税资产或递延所得税负债。

(五) 企业合并成本与合并中取得的被购买方可辨认净资产公允价值份额差额的处理

购买方对于企业合并成本与确认的可辨认净资产公允价值份额的差额,应视情况分别处理。

1. 商誉

商誉 企业合并成本大于合并中取得的被购买方可辨认净资产公允价值份额的差额。控股合并的情况下,该差额是指在合并财务报表中应予列示的商誉,即长期股权投资的成本与购买日按照持股比例计算确定应享有被购买方可辨认净资产公允价值份额之间的差额;吸收合并的情况下,该差额是购买方在其账簿及个别财务报表中应确认的商誉。

商誉代表的是合并中取得的由于不符合确认条件未予确认的资产以及被购买方有关资产产生的协同效应或合并赢利能力。

商誉在确认以后,持有期间不要求摊销,应当按照《企业会计准则第 8 号——资产减值》的规定对其价值进行测试,按照账面价值与可收回金额孰低的原则计量,对于可收回金额低于账面价值的部分,计提减值准备,有关减值准备在提取以后,不能够转回。

2. 负商誉

负商誉 企业合并成本小于合并中取得的被购买方可辨认净资产公允价值份额的部分。负商誉应计入合并当期损益。

该种情况下,购买方首先要对合并中取得的资产、负债的公允价值、作为合并对价的非现金资产或发行的权益性证券等的公允价值进行复核,如果复核结果表明所确定的各项资产和负债的公允价值确定是恰当的,应将企业合并成本低于取得的被购买方可辨认净资产公允价值份额之间的差额,计入合并当期的营业外收入,并在会计报表附注中予以说明。

在吸收合并的情况下,上述企业合并成本小于合并中取得的被购买方可辨认净资产公允价值份额的差额,应记入购买方合并当期的个别利润表;在控股合并的情况下,上述差额应体现在购买方合并当期的合并利润表中,不影响购买方的个别利润表。

(六) 企业合并成本或有关可辨认资产、负债公允价值暂时确定的情况

对于非同一控制下的企业合并,如果在购买日或合并当期期末,因各种因素影响无法合理确定企业合并成本或合并中取得有关可辨认资产、负债公允价值的,在合并当期期末,购买方应以暂时确定的价值为基础对企业合并交易或事项进行核算。继后取得进一步信息表明有关资产、负债公允价值与暂时确定的价值不同的,应分别以下情况进行处理。

1. 购买日后12个月内对有关价值量的调整

在合并当期期末以暂时确定的价值对企业合并进行处理的情况下，自购买日算起12个月内取得进一步的信息表明需对原暂时确定的企业合并成本或所取得的资产、负债的暂时性价值进行调整的，应视同在购买日发生，即应进行追溯调整，同时对以暂时性价值为基础提供的比较报表信息，也应进行相关的调整。

2. 超过规定期限后的价值量调整

自购买日算起12个月以后对企业合并成本或合并中取得的可辨认资产、负债价值的调整，应当按照《企业会计准则第28号——会计政策、会计估计变更和会计差错更正》的原则进行处理。即应视为会计差错更正，在调整相关资产、负债账面价值的同时，应调整所确认的商誉或是计入合并当期利润表中的金额，以及相关资产的折旧、摊销等。

非同一控制下的企业合并中形成母子公司关系的，购买方一般应于购买日编制合并资产负债表，反映其于购买日开始能够控制的经济资源情况。在合并资产负债表中，合并中取得的被购买方各项可辨认资产、负债应以其在购买日的公允价值计量，长期股权投资的成本大于合并中取得的被购买方可辨认净资产公允价值份额的差额，体现为合并财务报表中的商誉；长期股权投资的成本小于合并中取得的被购买方可辨认净资产公允价值份额的差额，应计入合并当期损益。因购买日不需要编制合并利润表，该差额体现在合并资产负债表上，应调整合并资产负债表的盈余公积和未分配利润。

三、购买法应用举例

（一）非同一控制下的吸收合并

非同一控制下的吸收合并，购买方在购买日应当将合并中取得的符合确认条件的各项资产、负债，按其公允价值确认为本企业的资产和负债；作为合并对价的有关非货币性资产在购买日的公允价值与其账面价值的差额，应作为资产的处置损益记入合并当期的利润表；确定的企业合并成本与所取得的被购买方可辨认净资产公允价值的差额，视情况分别确认为商誉或是作为企业合并当期的损益计入利润表。在非同一控制下的吸收合并中，合并中取得的可辨认资产和负债是作为个别报表中的项目列示，合并中产生的商誉也是作为购买方账簿及个别财务报表中的资产列示。

【例3-1】 A、B公司为非同一控制下的两家公司。20×9年6月30日，A公司向B公司的股东定向增发100 000股普通股（每股面值为1元，市价为5元）对B公司进行吸收合并，并于当日取得B公司净资产。合并中A公司还支付了注册登记费和咨询费等与购买成本有关的费用40 000元。合并后，B公司被依法注销。当日，A公司、B公司资产、负债情况如表3-1所示。

表 3-1 资产负债表简表

20×9 年 6 月 30 日 元

项目	A公司	B公司		
	账面价值	账面价值	公允价值	差异
货币资金	320 000	100 000	100 000	0
存货	280 000	90 000	120 000	30 000
应收账款	200 000	50 000	40 000	−10 000
固定资产净值	520 000	260 000	250 000	−10 000
无形资产	400 000	120 000	140 000	20 000
资产总计	1 720 000	620 000	650 000	30 000
流动负债	300 000	50 000	50 000	0
长期负债	200 000	150 000	140 000	−10 000
负债合计	500 000	200 000	190 000	−10 000
股本	900 000	360 000		
留存收益	320 000	60 000		
所有者权益合计	1 220 000	420 000	460 000	
负债和所有者权益总计	1 720 000	620 000		
资产负债评估净增值				40 000

1. 被购买企业会计处理

由于A公司以普通股与B企业交换,B企业原来的股东放弃了企业,获得了A公司的部分股权,成了A公司的股东。虽然B企业资产、负债评估价值净增值40 000元,按《非货币性交易准则》要求,B企业是放弃一种股权换取另一股权,因而不存在应交所得税和增加资本公积的问题。B企业只要简单地将原企业账上所有的资产、负债和所有者权益账户加以抵消,表示原有企业丧失法人地位。根据上述资料,B企业做如下会计分录。

借:流动负债 50 000
　　长期负债 150 000
　　股本 360 000
　　留存收益 60 000
　贷:货币资金 100 000
　　　存货 90 000
　　　应收账款 50 000
　　　固定资产 260 000
　　　无形资产 120 000

2. 收购企业的会计处理

此项合并,A公司增发普通股100 000股,使股本增加100 000元,股票市价与股本的

差额 400 000 元作为资本公积。合并后 B 公司失去其法人资格，A 公司应确认合并中取得的 B 公司的各项资产和负债，假定 A 公司与 B 公司在合并前采用的会计政策相同，B 公司除已确认资产外，不存在其他需要确认的资产及负债，则 A 公司应计算合并中应确认的合并商誉：

合并商誉＝企业合并成本－合并中取得被购买方可辨认净资产公允价值份额
＝50 000＋40 000－46 000＝80 000(元)

相应合并会计分录如下。

借：货币资金	100 000
存货	120 000
应收账款	40 000
固定资产	250 000
无形资产	140 000
商誉	80 000
贷：流动负债	50 000
长期负债	140 000
股本	100 000
资本公积	400 000
银行存款	40 000

（二）非同一控制下的控股合并

非同一控制下的企业控股合并，购买方所涉及的会计处理问题主要有两个方面：一是购买日因进行企业合并形成的对被购买方的长期股权投资初始投资成本的确定，该成本与作为合并对价支付的有关资产账面价值之间差额的处理；二是购买日合并财务报表的编制。

非同一控制下的企业合并中，购买方取得对被购买方控制权的，在购买日应当按照确定的企业合并成本(不包括应自被投资单位收取的现金股利或利润)，作为形成的对被购买方长期股权投资的初始投资成本，借记“长期股权投资”科目，按享有被投资单位已宣告但尚未发放的现金股利或利润，借记“应收股利”科目，按支付合并对价的账面价值，贷记有关资产或借记有关负债科目，按发生的直接相关费用，贷记“银行存款”等科目，按其差额，贷记“营业外收入”或借记“营业外支出”等科目。

购买方为取得对被购买方的控制权，以支付非货币性资产为对价的，有关非货币性资产在购买日的公允价值与其账面价值的差额，应作为资产的处置损益，记入合并当期的利润表。其中，以库存商品等作为合并对价的，应按库存商品的公允价值，贷记“主营业务收入"科目,并同时结转相关的成本。

【例 3-2】 A、B 公司为非同一控制下的两家公司。20×9 年 6 月 30 日,A 公司以现金 500 000 元作为对价,取得 B 公司 100%的股权。A 公司为此支付法律审计等费用 40 000 元。合并日 B 公司资产负债表项目中的账面价值和公允价值如表 3-2 所示。

表 3-2 资产负债表简表

20×9 年 6 月 30 日　　　　元

项　目	B 公司		
	账面价值	公允价值	差异
货币资金	100 000	100 000	0
存货	90 000	120 000	30 000
应收账款	50 000	40 000	－10 000
固定资产净值	260 000	250 000	－10 000
无形资产	120 000	140 000	20 000
资产总计	620 000	650 000	30 000
流动负债	50 000	50 000	0
长期负债	150 000	140 000	－10 000
负债合计	200 000	190 000	－10 000
股本	360 000		
留存收益	60 000		
所有者权益合计	420 000	460 000	
负债和所有者权益总计	620 000		
资产负债评估净增值			40 000

1. 被购买企业会计处理

被购买方在企业合并后仍持续经营,由于购买方取得被购买方 100%股权,按照现行会计准则的规定,被购买方可以按合并中确定的有关资产、负债的公允价值调账。

借:存货　　30 000
　　无形资产　　20 000
　　长期负债　　10 000
　贷:应收账款　　10 000
　　固定资产　　10 000
　　资本公积　　40 000

2. 收购企业的会计处理

(1) 确认长期股权投资

合并成本＝500 000＋40 000＝540 000(元)

借：长期股权投资　　540 000

　贷：银行存款　　540 000

(2) 计算确定商誉

假定 B 公司除已确认资产外，不存在其他需要确认的资产及负债，则 A 公司应计算合并中应确认的合并商誉：

合并商誉＝企业合并成本－合并中取得被购买方可辨认净资产公允价值份额

＝50 000＋40 000－46 000＝80 000(元)

(3) 编制合并会计分录

借：股本　　360 000

　　留存收益　　60 000

　　资本公积　　40 000

　　商誉　　80 000

　贷：长期股权投资　　540 000

第三节　同一控制下企业合并的会计处理——权益结合法

同一控制下的企业合并是从合并方出发，确定合并方在合并日对于企业合并事项应进行的会计处理。合并方是指取得对其他参与合并企业控制权的一方；合并日是指合并方实际取得对被合并方控制权的日期。我国会计准则规定，同一控制下的企业合并应按照被合并方的账面价值进行账务处理，原则上采取的是权益结合法。

一、权益结合法的概念及特点

权益结合法　亦称股权结合法、权益联营法，将企业合并看成是参与合并的双方通过股权交换形成的所有者权益的联合，而非资产的交易。换言之，它是由两个或两个以上经营主体对一个联合后的企业或集团公司开展经营活动的资产贡献，即经济资源的联合。权益结合法的实质在于企业合并不是购买行为，而是各参与合并企业在新主体中的联合和继续。在权益结合法中，原所有者权益继续存在，不存在新的会计计价基础，也就不存在购买成本与净资产公允价值差额的确认。参与合并的各企业的资产和负债继续按其原来的账面价值记录，合并后企业的利润包括合并日之前本年度已实现的利润；以前年度累积的留存利润也应予以合并。一般来说，权益结合法具有以下特点：

(1) 参与合并的企业，其净资产均按原账面价值计价。

(2) 既然企业合并不是购买行为，没有购买价格，也就不存在合并成本超过净资产公允价值的差额，即没有因合并产生的商誉或营业外收入。

(3) 不论合并发生在会计年度的哪一时点，参与合并企业的整个年度的损益要全部包括在合并后企业的利润表中。

(4) 参与合并企业的以前年度留存利润均应转入合并后企业。

(5) 企业合并时发生的全部相关费用，不论是直接的还是间接的，均确认为当期费用，计入当期损益。

(6) 若参与合并企业的会计政策不一致，应予以追溯调整，以确保合并时会计数据加总有意义和合并后会计政策的统一。此外，还应编制经追溯调整的视同合并的合并前比较财务报表。

在权益结合法下，合并日不仅需要按账面价值合并各参与合并企业的资产负债表项目，还需要合并各参与合并企业合并前累积的本会计期间利润表项目和现金流量表项目。

二、权益结合法的内容

同一控制下企业合并的会计处理主要包括确定合并方、合并日、企业合并成本、合并中取得的有关资产和负债的入账价值及合并差额的处理等。同一控制下企业合并的合并方及合并日的确定与非同一控制下企业合并中购买方及购买日的确定原则相同，具体参见本章第二节相关内容。

同一控制下的企业合并，在合并中不涉及自集团外少数股东手中购买股权的情况下，合并方应遵循以下原则进行相关的处理。

(1) 合并方在合并中确认取得的被合并方的资产、负债仅限于被合并方账面上原已确认的资产和负债，合并中不产生新的资产和负债。

同一控制下的企业合并，从最终控制方的角度来看，其在企业合并发生前后能够控制的净资产价值量并没有发生变化，因此合并中不产生新的资产，但被合并方在企业合并前账面上原已确认的商誉应作为合并中取得的资产确认。

(2) 合并方在合并中取得的被合并方各项资产、负债应维持其在被合并方的原账面价值不变。

在确定合并中取得各项资产、负债的入账价值时，应予注意的是，被合并方在企业合并前采用的会计政策与合并方不一致的，应基于重要性原则，首先统一会计政策，即合并方应当按照本企业会计政策对被合并方资产、负债的账面价值进行调整，并以调整后的账面价值作为有关资产、负债的入账价值。

(3) 合并方在合并中取得的净资产的入账价值相对于为进行企业合并支付的对价账面价值之间的差额，不作为资产的处置损益，不影响合并当期利润表，有关差额应调整所有者权益相关项目。

同一控制下的企业合并，本质上不作为购买，而是两个或多个会计主体的整合，合并

方在企业合并中取得的价值量相对于所放弃价值量之间存在差额的，应当调整所有者权益。在根据合并差额调整合并方的所有者权益时，应首先调整资本公积（资本溢价或股本溢价），资本公积（资本溢价或股本溢价）的余额不足冲减的，应冲减留存收益。

（4）对于同一控制下的控股合并，合并方在编制合并财务报表时，应视同合并后形成的报告主体自最终控制方开始实施控制时一直是一体化存续下来的，参与合并各方在合并以前期间实现的留存收益应体现为合并财务报表中的留存收益。

编制合并财务报表时，无论该项合并发生在报告期的哪一时点，合并利润表、合并现金流量表均反映由母子公司构成的报告主体自合并当期期初至合并日实现的损益及现金流量情况，相应地，合并资产负债表的留存收益项目，应当反映母子公司如果一直作为一个整体运行至合并日应实现的盈余公积和未分配利润的情况。

合并财务报表中，应以合并方的资本公积（或经调整后的资本公积中的资本溢价部分）为限，在所有者权益内部进行调整，将被合并方在合并日以前实现的留存收益中按照持股比例计算归属于合并方的部分自资本公积转入留存收益。

三、权益结合法应用举例

（一）同一控制下的吸收合并

同一控制下的吸收合并中，合并方主要涉及合并日取得被合并方资产、负债入账价值的确定，以及合并中取得有关净资产的入账价值与支付的合并对价账面价值之间差额的处理。

1. 合并中取得资产、负债入账价值的确定

合并方对同一控制下吸收合并中取得的资产、负债应当按照相关资产、负债在被合并方的原账面价值入账。其中，对于合并方与被合并方在企业合并前采用不同会计政策的，在将被合并方的相关资产和负债并入合并方的账簿和报表进行核算之前，首先应基于重要性原则，统一被合并方的会计政策，即应当按照合并方的会计政策对被合并方的有关资产、负债的账面价值进行调整，以调整后的账面价值确认。

2. 合并差额的处理

合并方在确认了合并中取得的被合并方的资产和负债的入账价值后，以发行权益性证券方式进行的该类合并，所确认的净资产入账价值与发行股份面值总额的差额，应计入资本公积（资本溢价或股本溢价），资本公积（资本溢价或股本溢价）的余额不足冲减的，相应冲减盈余公积和未分配利润；以支付现金、非现金资产方式进行的该类合并，所确认的净资产入账价值与支付的现金、非现金资产账面价值的差额，相应调整资本公积（资本溢价或股本溢价），资本公积（资本溢价或股本溢价）的余额不足冲减的，应冲减盈余公积和未分配利润。

3. 合并当期期末比较报表的提供

因被合并方在合并后失去法人资格，其所有的资产、负债均并入合并方的账簿和报表进行核算，合并方在合并当期期末编制的是包括了被合并方的个别财务报表。对于同一控制下的吸收合并，在编制比较报表时，无须对以前期间已经编制的比较报表进行调整。

【例 3-3】 20×9 年 6 月 30 日，A 公司向 B 公司的股东定向增发 100 000 股普通股(每股面值为 1 元，市价为 5 元)对 B 公司进行吸收合并，并于当日取得 B 公司净资产。合并后，B 公司被依法注销。当日，A 公司、B 公司资产负债情况如表 3-1 所示。A 公司和 B 公司为同一集团内的两家全资子公司，合并前其共同的母公司为 P 公司。假定 A、B 公司在确认、计量、报告等方面均采用相同的会计政策。

表 3-3 资产负债表简表

20×9 年 6 月 30 日　　元

项　目	A 公司	B 公司		
	账面价值	账面价值	公允价值	差　异
货币资金	320 000	100 000	100 000	0
存货	280 000	90 000	120 000	30 000
应收账款	200 000	50 000	40 000	－10 000
固定资产净值	520 000	120 000	100 000	－20 000
无形资产	400 000	260 000	290 000	30 000
资产总计	1 720 000	620 000	650 000	30 000
流动负债	300 000	50 000	50 000	0
长期负债	200 000	150 000	140 000	－10 000
负债合计	500 000	200 000	190 000	－10 000
股本	900 000	360 000		
留存收益	320 000	60 000		
所有者权益合计	1 220 000	420 000	460 000	
负债和所有者权益总计	1 720 000	620 000		
资产负债评估净增值				40 000

本例中假定 A 公司和 B 公司为同一集团内两家全资子公司，合并前其共同的母公司为 P 公司。该项合并中参与合并的企业在合并前及合并后均为 P 公司最终控制，为同一控制下的企业合并。自 6 月 30 日开始，A 公司能够对 B 公司净资产实施控制，该日即为合并日。

因合并后 B 公司失去其法人资格，A 公司应确认合并中取得的 S 公司的各项资产和负债，假定 A 公司与 B 公司在合并前采用的会计政策相同。A 公司对该项合并应进行的账务处理为：

合并价差＝420 000－100 000＝320 000(元)，再扣除 B 企业原有的留存收益 60 000 元，

余额 260 000 元计入资本公积。

借：货币资金　100 000
　　存货　90 000
　　应收账款　50 000
　　固定资产　120 000
　　无形资产　260 000
　贷：流动负债　50 000
　　　长期负债　150 000
　　　股本　100 000
　　　资本公积　260 000
　　　留存收益　60 000

（二）同一控制下的控股合并

在控股合并情况下，合并方以支付现金、转让非现金资产或承担债务方式支付对价的，应在合并日以支付的现金、转让非现金资产或承担债务的账面价值作为取得合并方长期股权投资的成本。

合并方以发行权益性证券支付对价的，应在合并日按取得被合并方账面净资产份额作为长期股权投资的成本，按发行股份面值总额作为股本或实收资本，确认的长期股权投资成本与所发行股份的面值金额的差额，调整资本公积和留存收益。

【例 3-4】 A、B 公司分别为 P 公司控制下的两家子公司。A 公司于 20×9 年 3 月 10 日自母公司 P 处取得 B 公司 100％的股权，合并后 B 公司仍维持其独立法人资格继续经营。为进行该项企业合并，A 公司发行了 100 000 股本公司普通股（每股面值 1 元，市价 5 元）作为对价。假定 A、B 公司采用的会计政策相同。合并日，A 公司及 B 公司的所有者权益构成如表 3-4 所示。

表 3-4　所有者权益构成简表　　元

A 公司		B 公司	
项　目	金　额	项　目	金　额
股本	900 000	股本	360 000
资本公积	110 000	资本公积	10 000
盈余公积	50 000	盈余公积	10 000
未分配利润	160 000	未分配利润	40 000
合计	1 220 000	合计	420 000

1. A公司在合并日应进行的账务处理

借：长期股权投资　　420 000

　贷：股本　　100 000

　　　资本公积　　320 000

进行上述处理后，A公司在合并日编制合并资产负债表时，对于企业合并前B公司实现的留存收益中归属于合并方的部分(50 000元)应自资本公积(资本溢价或股本溢价)转入留存收益。本例中A公司在确认对B公司的长期股权投资以后，其资本公积的账面余额为120 000(110 000＋10 000)万元。在合并工作底稿中，应编制以下调整分录。

借：资本公积　　50 000

　贷：盈余公积　　10 000

　　　未分配利润　　40 000

2. 合并日合并财务报表的编制(见第四章)

四、同一控制下合并费用的会计处理

合并方为进行企业合并发生的有关费用，指合并方为进行企业合并发生的各项直接相关费用，如为进行企业合并支付的审计费用、进行资产评估的费用以及有关的法律咨询费用等增量费用。

同一控制下企业合并进行过程中发生的各项直接相关的费用，应于发生时计入当期损益。借记“管理费用”等科目，贷记“银行存款”等科目。但以下两种情况除外：

(1) 以发行债券方式进行的企业合并，与发行债券相关的佣金、手续费等应按照《企业会计准则第22号——金融工具确认和计量》的规定进行核算。即该部分费用虽然与筹集用于企业合并的对价直接相关，但其核算应遵照金融工具准则的原则，有关的费用应计入负债的初始计量金额中。其中债券如为折价发行的，该部分费用应增加折价的金额；债券如为溢价发行的，该部分费用应减少溢价的金额。

(2) 发行权益性证券作为合并对价的，与所发行权益性证券相关的佣金、手续费等应按照《企业会计准则第37号——金融工具列报》的规定进行核算。即与发行权益性证券相关的费用，不管其是否与企业合并直接相关，均应自所发行权益性证券的发行收入中扣减，在权益性工具发行有溢价的情况下，自溢价收入中扣除，在权益性证券发行无溢价或溢价金额不足以扣减的情况下，应当冲减盈余公积和未分配利润。

企业专设的购并部门发生的日常管理费用，如果该部门的设置并不是与某项企业合并直接相关，而是企业的一个常设部门，其设置的目的是寻找相关的购并机会等，维持该部门日常运转的有关费用，不属于与企业合并直接相关的费用，应当于发生时费用化计入当期损益。

权益结合法下，不论合并发生在会计年度的哪一时点，参与合并企业的整个年度损益都要全部包括在合并后企业的利润表中。因此，合并方合并日不仅需要按账面价值合并各参与合并企业的资产负债表项目，还需要合并各参与合并企业合并前累积的本会计期间利润表项目。合并日现金流量表的编制与合并日利润表的编制原则相同。

第四节 购买法与权益结合法的比较

购买法和权益结合法是处理企业合并的两种会计方法。不同会计方法的存在，是由于各自的经济意义及内在合理性；而对不同会计方法的选择会对企业合并当年及以后年度产生重大影响。

一、两种方法在操作过程中的差异

从以上阐述不难看出，购买法与权益结合法在处理合并事项过程中的主要差异如下。

1. 所遵循会计计量方式不同

购买法下合并企业取得被合并企业的资产和负债按照公允价值记录在合并企业的资产负债表上，购买成本与取得净资产的公允价值的差额作为商誉或损益处理，合并中按公允价值计价。权益结合法合并企业取得被合并企业的资产和负债仍按其账面价值记录，不存在商誉的确认问题。对于合并方支付的对价与被合并方的净资产入账价值的差额，应调整所有者权益相关项目。

2. 购买成本和商誉的确认存在差异

购买性质的合并如同合并方购买普通资产，因此，合并方必须确定购买成本，作为支付购买价款的依据，购买成本与所取得净资产的公允价值的差额则为商誉价值；股权联合性质的合并不发生购买交易，不需考虑购买成本，也不存在商誉的确认问题。

3. 合并前收益及留存收益的处理不同

购买法将合并前的收益与留存收益作为购买成本的一部分，而不纳入合并企业的收益及留存收益；权益结合法将被合并企业的收益及留存收益纳入合并后会计主体的报表中。

4. 对于直接合并费用的处理不同

购买法将与合并事项有关的直接费用，包括为进行合并发生的会计审计费用 、法律服务费用 、咨询费用等，计入企业合并成本以资本化。而权益结合法将与企业合并事项有关的各项直接费用计入当期损益。

二、两种方法对报表的影响

1. 对资产负债表项目的影响

在购买法下，购买方对被购买方的资产、负债按照公允价值计量，产生了新的计价基础，并且要确认商誉，所有价值变动都会在购买方的单独报表或合并报表中反映。而在权益结合法下，合并方在编制单独报表或合并报表时，计价基础保持账面价值不变，且不确认商誉。

2. 对利润表项目的影响

在购买法下，合并企业当年的利润仅仅包括购买日后被并企业实现的利润，与合并相关的直接费用予以资本化处理，与合并相关的间接费用计入当期费用；而在权益结合法下，合并企业当年的利润包括被并企业整个合并前实现的利润，与合并相关的所有费用，计入当年的费用。

在购买法下，重估后资产的公允价值通常高于账面价值，尤其是在通货膨胀时期，资产中的土地、建筑物等升值幅度很大。这些增值的资产确认后将在以后年度转化为成本或费用，从而导致购买法下的成本费用较权益集合法要多；一般情况下，权益结合法在增加利润方面有立竿见影的效果，而购买法下报表项目中资产、所有者权益项目的金额较高。

3. 对报表披露内容的影响

在购买法下，企业合并应该披露合并成本的构成及其账面价值、公允价值及公允价值的确定方法；确定被购买方各项可辨认资产、负债在上一会计期间资产负债表日的账面价值及公允价值；披露被购买方自购买日起至报告期期末的收入、净利润和现金流量等情况；披露商誉的金额及其确定方法以及因合并成本小于合并中取得的被购买方可辨认净资产公允价值的份额计入当期损益的金额。

在权益结合法下，企业合并应披露属于同一控制下企业合并的判断依据；披露以支付现金、转让非现金资产以及承担债务作为合并对价的，所支付对价在合并日的账面价值；以发行权益性证券作为合并对价的，合并中发行权益性证券的数量及定价原则，以及参与合并各方交换有表决权股份的比例；披露被合并方的资产、负债在上一会计期间资产负债表日及合并日的账面价值；被合并方自合并当期期初至合并日的收入、净利润、现金流量等情况；披露被合并方采用的会计政策与合并方不一致所作调整情况的说明。

购买法和权益结合法是处理企业合并业务的两种不同会计方法，会对实施合并的企业产生不同的影响。所以，各国对这两种方法的应用范围一般都作出了规定。购买法是当前各国普遍采用的方法，而权益结合法只有少数国家允许采用，同时各国对采用权益结合法的条件有严格限制。

我国《企业会计准则第 20 号——企业合并》规定：根据合并前后是否受同一方或相同的多方最终控制可分为同一控制下的企业合并或非同一控制下的企业合并。同一控制下的企业合并采用权益结合法，非同一控制下的企业合并采用购买法。这一方面是基于对合并方式实质的考虑；另一方面是由于中国资本市场的发展还不够完善，资产评估业务还不够成熟。同一控制下企业合并均发生于关联方之间，参与合并的各方，在合并前后均受同一方或相同多方的最终控制，要取得被合并企业净资产的公允价值有较大难度。而非同一控制下企业合并发生在非关联方之间，交易对价一般会以市价为基础，相对公平合理。

练　习

一、思考题

1. 什么是企业合并？合并的主要形式有哪些？

2. 什么是同一控制下的企业合并？我国会计准则要求采用什么方法对其进行会计处理？

3. 什么是非同一控制下的企业合并？我国会计准则要求采用什么方法对其进行会计处理？

4. 权益结合法和购买法各有什么特点？二者对财务报表有什么不同的影响？

5. 如何理解商誉？商誉和负商誉在会计处理上有何不同？

二、练习题

1. 单项选择题

(1) 关于同一控制下企业合并的处理中，以下表述不正确的是(　　)。

A. 进行合并日会计处理时，不存在投资资产账面价值和公允价值的差额

B. 编制合并报表时，取得被合并方净资产按照账面价值确认应有份额的金额

C. 编制合并报表时不存在合并商誉

D. 编制合并报表时有可能存在合并商誉，需要抵消

(2) A公司发行1 000万股普通股(每股面值1元，市价5元)作为合并对价取得B公司100%的股权，合并后B公司维持法人资格继续经营，涉及合并双方合并前无关联关系，合并日B企业的可辨认资产公允价值总额为5 000万元，可辨认负债公允价值总额为2 000万元，A公司的合并成本为(　　)万元。

A. 1 000　　B. 3 000　　C. 5 000　　D. 2 000

(3) 下列关于同一控制下的企业合并和非同一控制下的企业合并中产生的合并成本与取得的被购买方可辨认净资产(账面价值)公允价值份额的差额的处理中，说法正确的是(　　)。

A. 同一控制下和非同一控制下，合并方在合并中都将差额调整所有者权益相关

项目,不影响企业合并当期的利润表

B. 同一控制下,合并方在合并中将差额调整所有者权益相关项目,不影响企业合并当期的利润表;非同一控制下吸收合并,合并方在合并中将差额计入商誉和当期损益,影响企业合并当期的利润表

C. 同一控制下,合并方在合并中将差额计入商誉和当期损益,影响企业合并当期的利润表;非同一控制下,合并方在合并中将差额调整所有者权益相关项目,不影响企业合并当期的利润表

D. 同一控制下和非同一控制下,合并方在合并中都将差额计入商誉和当期损益,影响企业合并当期的利润表

(4) 被购买方在合并后仍保持其独立的法人资格继续经营,购买方确认企业合并形成的对被合并方投资的合并形式是(　　)。

A. 吸收合并　　B. 新设合并　　C. 控股合并　　D. 三种形式均是

(5) 关于同一控制下的企业合并,下列说法中正确的是(　　)。

A. 参与合并的企业在合并前后均受同一方或相同的多方最终控制但该控制可能是暂时性的

B. 参与合并的企业在合并前后均受同一方或相同的多方最终控制且该控制并非暂时性的

C. 参与合并的各方在合并前后不受同一方或相同的多方最终控制且该控制并非暂时性的

D. 参与合并的各方在合并前后不受同一方或相同的多方最终控制但该控制可能是暂时性的

(6) A公司和B公司同为P集团的子公司,20×9年1月1日,A公司以银行存款710万元取得B公司所有者权益的70%,同日B公司所有者权益的账面价值为1 000万元,可辨认净资产公允价值为1 100万元。20×9年1月1日,A公司应确认的资本公积为(　　)万元。

A. 10(借方)　　B. 10(贷方)　　C. 60(借方)　　D. 60(贷方)

(7) 同一控制下的吸收合并中,下列说法中不正确的是(　　)。

A. 合并方对同一控制下吸收合并中取得的资产、负债应当按照相关资产、负债在被合并方的原账面价值入账

B. 以发行权益性证券方式进行的该类合并,所确认的净资产入账价值与发行股份面值总额的差额,应计入资本公积(资本溢价或股本溢价),资本公积(资本溢价或股本溢价)的余额不足冲减的,相应冲减盈余公积和未分配

利润

C. 合并方为进行企业合并发生的各项直接相关费用，包括为进行企业合并而支付的审计费用、评估费用、法律服务费用等，应当于发生时计入合并成本

D. 以支付现金、非现金资产方式进行的该类合并，所确认的净资产入账价值与支付的现金、非现金资产账面价值的差额，相应调整资本公积（资本溢价或股本溢价），资本公积（资本溢价或股本溢价）的余额不足冲减的，应冲减盈余公积和未分配利润

(8) A公司和B公司不属于同一控制下的公司，20×9年1月1日，A公司以银行存款780万元取得B公司所有者权益的80%，另支付相关税费3万元，同日B公司所有者权益的账面价值为1000万元，可辨认净资产公允价值为1100万元。20×9年1月1日，A公司应确认的合并成本为（ ）万元。

A. 780　　B. 783　　C. 880　　D. 800

(9) A公司于20×8年1月1日以800万元取得B公司10%的股份，取得投资时B公司净资产的公允价值为7000万元。A公司对持有的投资采用成本法核算。20×9年1月1日，A公司另支付4050万元取得B公司50%的股份，从而能够对B公司实施控制。购买日B公司可辨认净资产公允价值为8000万元。B公司20×8年实现的净利润为600万元（假定不存在需要对净利润进行调整的因素），未进行利润分配。20×9年1月1日合并财务报表中应确认的商誉为（ ）万元。

A. 150　　B. 50　　C. 100　　D. 0

(10) 关于非同一控制下的企业合并，下列说法中不正确的是（ ）。

A. 购买方在购买日对作为企业合并对价付出的资产、发生或承担的负债应当按照公允价值计量，公允价值与其账面价值的差额，计入当期损益

B. 购买方在购买日对作为企业合并对价付出的资产、发生或承担的负债应当按照账面价值计量，不确认损益

C. 通过多次交换交易分步实现的企业合并，合并成本为每一单项交易成本之和

D. 购买方为进行企业合并发生的各项直接相关费用也应当计入企业合并成本

2. 计算与分录题

(1) A公司与B公司属于不同的企业集团，两者之间不存在关联关系。20×9年12月31日，A公司发行500万股股票（每股面值1元）作为对价取得B公司的全部股权，对B公司实行吸收合并。该股票的公允价值为2000万元。购买日，B公司有关资产负债情况如表1所示。

表1 B公司资产负债情况 万元

项 目	账面价值	公允价值
银行存款	400	400
固定资产	1 600	1 750
长期应付款	250	250
净资产	1 750	1 900

要求：计算A公司的购买成本、合并价差，并编制A公司记录合并业务的会计分录。

(2) 20×9年6月30日，A公司向B公司的股东定向增发1 000万股普通股（每股面值为1元，市价为5.6元）对B公司进行合并，发生时相关费用为100万元，用银行存款支付，并于当日取得对B公司80%的股权。参与合并企业在20×9年6月30日企业合并前，有关资产负债情况如表2所示。

表2 A、B公司资产负债情况（20×9年6月30日） 万元

项 目	A 公 司	B 公 司	
	账面价值	账面价值	公允价值
资产			
货币资金	1 900	100	100
应收账款	8 100	900	900
存货	10 000	4 000	5 000
长期股权投资	6 000	1 000	1 500
固定资产	15 000	8 000	9 500
无形资产	4 000	1 000	2 000
商誉			
资产合计	45 000	15 000	19 000
负债和所有者权益			
短期借款	6 000	2 500	2 500
应付账款	2 000	500	500
其他负债	2 000	1 000	1 000
负债合计	10 000	4 000	4 000
实收资本（股本）	20 000	6 000	
资本公积	5 000	2 000	
盈余公积	1 000	300	
未分配利润	9 000	2 700	
所有者权益合计	35 000	11 000	15 000
负债和所有者权益合计	45 000	15 000	19 000

假定：

① A公司和B公司为同一集团内两个全资子公司，合并前其共同控制的母公司为P公司。该项合并中参与合并的企业在合并前及合并后均为P公司最终控制。

② A公司与P公司在合并前未发生任何交易。

要求：

① 编制A公司对B公司控股合并的会计分录。

② 若A公司发行1 000万股普通股(每股面值为1元，市价为12元)对B公司进行吸收合并，并于当日取得B公司净资产。编制A公司对B公司吸收合并的会计分录。

三、案例

1. A公司以100万元收购了净资产为－20万元的B公司。会计师甲认为应将120万元作为商誉入账，会计师乙却认为这样处理不妥当，理由是B公司已资不抵债，有何商誉存在？因此会计师乙主张将120万元的差额直接冲减资本公积。如果不考虑现行会计制度的影响，你认为上述两种观点哪种更妥当？为什么？除此之外，你是否还有其他更为恰当的处理方法？

2. 某注册会计师在审计W公司年度财务报表时发现，W公司已将本年7月1日收购的B公司的资产按公允价值并入W公司的资产中，编制报表时又将B公司1～6月份的利润和B公司历年留存收益分别并入该年度的利润表和资产负债表。请你以注册会计师的身份指出W公司的处理是否恰当，为什么？

第四章 合并财务报表——控制权取得日合并财务报表的编制

本章范围

合并财务报表是以母公司和子公司组成的企业集团为会计主体，以母公司及子公司编制的个别财务报表为基础，由母公司编制的综合反映企业集团财务状况、经营成果以及现金流量的财务报表，是企业合并的产物。本章主要介绍合并财务报表的概念、特点以及合并范围的确定，简要阐述了合并财务报表的理论依据，系统地介绍了控股合并条件下合并财务报表的具体编制方法和基本原理。

学习目标

1. 理解合并财务报表的编制基础和合并理论；
2. 明确合并财务报表的合并范围；
3. 理解合并财务报表的编制原则及原理；
4. 掌握不同合并类型下合并财务报表的编制方法。

第一节 合并财务报表概述

一、合并财务报表的概念及特点

合并财务报表 是指反映母公司及其全部子公司形成的企业集团整体财务状况、经营成果和现金流量的财务报表。合并财务报表是以母公司和子公司单独编制的个别财务报表为基础，由母公司编制的综合反映企业集团财务信息的报告文件。

当一个企业通过对另一个企业的权益性投资而获得对被投资企业的控制权时，企业之间形成的这种控制与被控制关系的行为称为控股合并。通常把拥有控制权的投资企业称为控股企业(公司),或简称母公司;把受控制的被投资企业称为被控股企业(公司),或简称子公司。

从法律角度来看,控股合并后的控股企业与被控股企业仍然是相互独立的法律实体;但从经济角度来看,它们实际上形成了一个统一的经济实体。为了综合、全面地反映这一统一经济实体的经营成果、财务状况和现金流转情况,需要由控股企业为其编制一套财务报表。这种由控股企业编制的用以综合反映由控股企业与被控股企业组成的企业集团的整体经营成果、财务状况以及现金流转情况的财务报表就是合并财务报表。相应地,在会计上将由母公司和子公司组成的企业集团称为合并主体。

从历史发展角度看,合并财务报表最早出现于美国。第一次世界大战时期,美国在税法中强制规定母公司合并纳税,使得大部分控股公司开始编制合并财务报表。1940 年,美国证券交易委员会规定证券上市公司必须编制和提供合并财务报表,使编报合并财务报表成为证券上市公司的法定义务,由此编制合并报表的企业越来越多。我国从 1992 年开始要求上市公司编制合并财务报表,在 2000 年发布的《企业会计制度》中,要求企业集团编制合并会计报表,2006 年财政部发布了《企业会计准则第 33 号——合并财务报表》,以规范我国上市公司合并财务报表的编制。

与个别财务报表比较,合并财务报表具有以下特点。

1. 编制的报表内容不同

合并财务报表反映的是母、子公司所组成的企业集团整体的财务状况和经营成果,其反映的对象是由若干个法人组成的会计主体,是经济意义上的会计主体,而不是法律意义上的主体。而个别财务报表反映的则是单个企业法人的财务状况和经营成果,其反映的对象是企业法人。对于由母公司和若干个子公司组成的企业集团来说,母公司和子公司编制的个别财务报表分别反映母公司本身或子公司本身各自的财务状况和经营成果,而合并财务报表则反映母公司和子公司组成的集团这一会计主体综合的财务状况和经营成果。

2. 编制报表的主体不同

合并财务报表是由企业集团中对其他企业有控制权的控股公司或母公司编制的。也就是说,并不是企业集团中所有企业都必须编制合并财务报表,更不是社会上所有企业都需要编制合并财务报表。与此不同的是,个别财务报表是由独立的法人企业编制的,所有企业都需要编制个别财务报表。

3. 编制报表的基础不同

合并财务报表是以个别财务报表为基础编制的。企业编制个别财务报表时,从设置账簿、审核凭证、编制记账凭证、登记会计账簿到编制财务报表,都有一套完整的会计核算方法体系。而合并财务报表却不同,它是以纳入合并范围的企业的个别财务报表为基础的，根据其他有关资料，抵消有关会计事项对个别财务报表的影响而编制的，它并不需要在现行会计核算方法体系之外，单独设置一套账簿体系。

4．编制报表的方法不同

合并财务报表编制有其独特的方法。个别财务报表的编制有其自身固有的一套编制方法和程序；合并财务报表则是在对纳入合并范围的个别财务报表的数据进行加总的基础上，通过编制抵消会计分录将企业集团内部的经济业务对个别财务报表的影响予以抵消，然后根据合并财务报表各项目的数额编制。

值得注意的是，合并财务报表也不同于汇总财务报表。汇总财务报表主要是指由行政管理部门根据所属企业报送的财务报表，对其各项目进行加总编制的财务报表。合并财务报表与其相比，首先，编制的目的不同。汇总财务报表的目的主要是满足有关行政部门或国家掌握整个行业或整个部门所属企业的财务经营情况的需要；而合并财务报表则主要是满足公司的所有者、债权人以及其他有关方面了解企业集团整体财务状况和经营成果的需要。其次，两者确定编报范围的依据不同。汇总财务报表的编制范围主要是以企业的财务隶属关系作为确定的依据，即以企业是否归其管理、是否其下属企业作为确定编报范围的依据，凡属于其下属企业，在财务上归其管理，则都包括在汇总财务报表的编制范围之内；而合并财务报表则是以母公司对另一企业的控制关系作为确定编制范围（即合同范围）的依据，凡是通过投资关系或协议能够对其实施有效控制的企业就属于合并财务报表的编制范围。最后，两者所采用的编制方法不同。汇总财务报表主要采用简单加总的方法编制。合并财务报表则必须采用抵消内部投资、内部交易、内部债权债务等内部会计事项对个别财务报表的影响后编制。

二、合并财务报表的构成

合并财务报表主要包括合并资产负债表、合并利润表、合并现金流量表、合并所有者权益（股东权益）变动表及合并财务报表附注。它们分别从不同的方面反映企业集团的经营情况，从而构成一个完整的合并财务报表体系。

1．合并资产负债表

合并资产负债表　反映母公司和子公司所形成的企业集团某一特定日期财务状况的财务报表。

2．合并利润表

合并利润表　反映母公司和子公司所形成的企业集团整体在一定期间内经营成果的财务报表。

3．合并现金流量表

合并现金流量表　反映母公司和子公司所形成的企业集团在一定期间现金流入、流出量以及现金净增减变化情况的财务报表。

4. 合并所有者权益(股东权益)变动表

合并所有者权益(股东权益)变动表 反映母公司和子公司所形成的企业集团构成所有者权益各组成部分当期增减变动情况的报表。

5. 合并财务报表附注

合并财务报表附注 是合并财务报表不可或缺的组成部分,是对在合并资产负债表、合并利润表、合并现金流量表和合并所有者权益变动表等报表中列示项目的文字描述或明细资料,以及对未能在这些报表中列示项目的说明等。

财务报表中的数字是经过分类与汇总后的结果,是对企业发生的经济业务的高度简化和浓缩的数字,如果没有形成这些数字所使用的会计政策,没有理解这些数字所必需的披露,财务报表就不可能充分发挥效用。因此,附注与资产负债表、利润表、现金流量表、所有者权益变动表等报表具有同等的重要性,是财务报表的重要组成部分。

三、合并财务报表的理论

关于合并财务报表的理论,经过长期的会计实践,目前国际上形成了母公司理论、实体理论和所有权理论三种编制合并报表的理论。这三种理论的区别主要表现在企业集团的界定、合并范围的确定以及少数股权和商誉的处理等方面。

(一) 所有权理论

所有权理论 所有权理论也称业主权理论。依据所有权理论,母、子公司之间的关系是拥有与被拥有的关系,编制合并财务报表的目的是向母公司的股东报告其所拥有的资源,而不是满足子公司少数股东的信息需求。基于此,当母公司合并非全资子公司的财务报表时,应采用比例合并法:按母公司实际拥有的股权比例,合并子公司的资产、负债和所有者权益;对于非全资子公司的收入、成本费用和净收益,也只能按母公司的持股比例予以合并。该理论主要表现出以下特点:①子公司的资产、负债以公允价值列入合并财务报表,但只列母公司应占的份额,不包括少数股东权益;②合并商誉按母公司持股比例计算、返销;③合并净收益只反映母公司股东应享有的部分,不反映少数股东权益,对实现的内部交易损益按母公司的股权比例予以剔除;④合并财务报表既不会出现“少数股东权益”,也不会存在“少数股东损益”。

依据所有权理论编制的合并财务报表强调的是合并母公司所实际拥有的,而不是母公司所实际控制的资源。这种做法虽然稳健,但却违背了控制的实质。控制一个主体实际上是控制该主体的资产,当母公司控制了子公司时,它不仅可以直接控制其所实际拥有资产的运用,而且可以控制子公司全部资产的运用。因此,按所有权理论采用比例合并法编制合并财务报表,忽略了企业并购中的财务杠杆作用。所以,这种理论在实务中较少采用。

(二) 经济实体理论

经济实体理论　经济实体理论也称为实体理论。依据实体理论,合并财务报表应该为合并主体的全体股东服务,而不应该仅仅为母公司的股东提供信息。母公司和子公司之间的关系是控制与被控制的关系,而不是拥有与被拥有的关系。

实体理论强调的是企业集团中所有成员企业所构成的经济实体,按照经济实体理论编制的合并财务报表是为整个经济实体服务的。所以,这种理论指导下的合并资产负债表揭示的是合并主体的净资产,包括少数股东拥有的净资产;合并损益表中的净收益揭示的是合并主体的净收益,包括属于少数股东的净收益。企业在合并时的商誉不仅有母公司购买控股权时形成的商誉,也有少数股东的推定购买商誉。实体理论的主要特点如下:①子公司资产、负债以公允价值合并,市价成本分摊到子公司所有的资产、负债中,包括少数股权;②合并商誉由子公司全部市价形成,形成的商誉属于所有股东;③子公司少数股权作为合并股东权益的一部分独立反映在合并财务报表中;④内部交易及其未实现的损益应全部予以抵消;⑤少数股东在子公司应分享的损益视为合并净收益在不同股东之间的利润予以反映。

可见,经济实体理论将合并主体中的少数股东和多数股东同等看待,其合并财务报表正确揭示了合并主体全部的净资产和净收益。这种理论不论在股权集中的情况下还是在股权分散的情况下都是适用的,它对多数股东权益和少数股东权益的处理是比较合理和公正的。

(三) 母公司理论

母公司理论　所有权理论和经济实体理论的折中和修正,形成了母公司理论。它继承所有权理论和经济实体理论各自的优点,克服了这两种极端原则的合并观念固有的局限性。母公司理论继承了所有权理论关于合并财务报表是为了满足母公司股东的信息需求而编制的理论,否定了经济实体理论关于合并财务报表是为了合并主体的所有资源提供者编制的。在报告要素合并方法方面,摈弃了所有权观狭隘的拥有观,采纳了主体观所主张的视野更加开阔的控制观。母公司理论的主要特点如下:①母公司理论强调母公司股东的权益,认为编制合并财务报表的目的是向母公司的股东和债权人反映其所控制的资源;②将少数股东权益在合并资产负债表中作为负债列示;③将少数股东应享有的收益在合并利润表中作为费用;④母公司以购买方式获取控股权时所形成的商誉,只确认其中属于母公司的部分,不确认少数股东的商誉。

可见,母公司理论将合并主体中的少数股东作为债权人看待,这种做法的优点是能够满足母公司的股东和债权人对合并财务报表信息的需求,但它混淆了合并整体中的股东权益和债权人权益,没有通过母、子公司之间的法律关系,公正地从合并整体的角度去揭示整个企业集团的财务信息。

编制合并财务报表的目的就是要反映和传递在共同控制下的企业集团的财务状况、经营成果和现金流量等情况,满足报表使用者对集团这一特定经济实体的财务会计信息的需求。合并强调的是经济意义上的控制权,而非法律意义上的所有权。所有权理论强调的是合并母公司所实际拥有的而不是其实际控制的资源,显然违背了"控制"的实质。母公司理论尽管不强调"拥有论",继承了实体理论所主张的"控制论",但在合并的方法上仍然按母公司的持股比例合并,还是没有完全遵循"控制"这一编制基础。相比之下,实体理论充分反映了"控制"这一经济实质。

我国2006年财政部颁布的《企业会计准则33号——合并财务报表》基本采用的是以实体理论为基础编制合并财务报表,但在商誉的处理上,保留了母公司理论的做法,即只确认母公司的商誉,而不确认少数股权的商誉。

四、合并范围的确定

合并财务报表的合并范围是指纳入合并财务报表编制的子公司的范围。从理论上讲,合并范围的确定取决于编制合并财务报表所运用的合并理论。但由于各国会计环境不同,有关准则对合并范围的规定也有所不同。我国《企业会计准则33号——合并财务报表》对合并范围的确定采纳的是实体理论。根据我国准则,合并财务报表的合并范围应当以控制为基础予以确定。

控制 是指一个企业能够决定另一个企业的财务和经营政策,并能据以从另一个企业的经营活动中获取利益的权力。控制通常具有以下特点:

(1) 控制的主体是唯一的,不是两方或多方。即对被投资单位的财务和经营政策的提议不必征得其他方同意,就可以形成决议,付诸被投资单位执行。

(2) 控制的内容是另一个企业的日常生产经营活动的财务和经营政策,这些财务和经营政策一般是通过表决权来决定的。在某些情况下,也可以通过法定程序严格限制董事会、受托人或管理层对特殊目的主体经营活动的决策权,如规定除设立者或发起人外,其他人无权决定特殊目的主体经营活动的政策。

(3) 控制的性质是一种权力,是一种法定权力,也可以是通过公司章程或协议、投资者之间的协议授予的权力。

(4) 控制的目的是获取经济利益,包括增加经济利益、维持经济利益、保护经济利益或者降低所分担的损失等。

（一）母公司和子公司

母公司 有一个或一个以上子公司的企业（或主体，下同）。从母公司的定义可以看出，母公司要求同时具备两个条件：

（1）必须有一个或一个以上的子公司，即必须满足合并报表准则所规定的控制要求，能够决定另一个企业的财务和经营政策，并能据以从另一个企业的经营活动中获取利益的权力。母公司可以只控制一个子公司，也可以同时控制多个子公司。

（2）母公司可以是企业，如《公司法》所规范的股份有限公司、有限责任公司，也可以是非企业形式的，但形成会计主体的其他组织，如基金等。

子公司 被母公司控制的企业。从子公司的定义可以看出，子公司也要求同时具备两个条件：

（1）作为子公司必须被母公司控制，并且只能由一个母公司控制，不可能也不允许被两个或多个母公司同时控制。被两个或多个公司共同控制的被投资单位是合营企业，而不是子公司。

（2）子公司可以是企业，如《公司法》所规范的股份有限公司、有限责任公司，也可以是非企业形式的，但形成会计主体的其他组织，如基金以及信托项目等特殊目的主体等。

（二）控制标准的具体应用

1. 母公司拥有其半数以上表决权的被投资单位应当纳入合并财务报表的合并范围

母公司直接或通过子公司间接拥有被投资单位半数以上的表决权，表明母公司能够控制被投资单位，应当将该被投资单位认定为子公司，纳入合并财务报表的合并范围。但是，有证据表明母公司不能控制被投资单位的除外。

表决权是指对被投资单位经营计划、投资方案、年度财务预算和决算方案、利润分配和弥补亏损方案、内部管理机构的设置、聘任或解聘公司经理及其报酬政策、公司的基本管理制度等事项持有的表决权，不包括应当由股东大会（或股东会，下同）行使的修改公司章程、增加或减少注册资本、发行公司债券、公司合并、分立、解散或变更公司形式等事项持有的表决权。表决权比例通常与其出资比例或持股比例一致，但是对于有限责任公司，公司章程另有规定的除外。

通常情况下，当母公司拥有被投资单位半数以上的表决权时，母公司就拥有对该被投资单位的控制权，能够主导该被投资单位的股东大会，特别是董事会，并对其生产经营活动和财务政策实施控制。在这种情况下，子公司处在母公司的直接控制和管理下进行日常生产经营活动，子公司的生产经营活动成为事实上的母公司生产经营活动的一个组成部分，母公司与子公司的生产经营活动已经一体化。拥有被投资单位半数以上表决权，是母公司对其拥有控制权的最明显的标志,应将其纳入合并财务报表的合并范围。

母公司拥有被投资单位半数以上表决权,通常包括以下三种情况:

(1) 母公司直接拥有被投资单位半数以上表决权。

(2) 母公司间接拥有被投资单位半数以上表决权。间接拥有半数以上表决权,是指母公司通过子公司而对子公司的子公司拥有半数以上表决权。

(3) 母公司直接和间接方式合计拥有被投资单位半数以上表决权。直接和间接方式合计拥有半数以上表决权,是指母公司以直接方式拥有某一被投资单位半数以下的表决权,同时又通过其他方式如通过子公司拥有该被投资单位一部分的表决权,两者合计拥有该被投资单位半数以上的表决权。

母公司直接控制和间接控制关系可用图 4-1 表示。

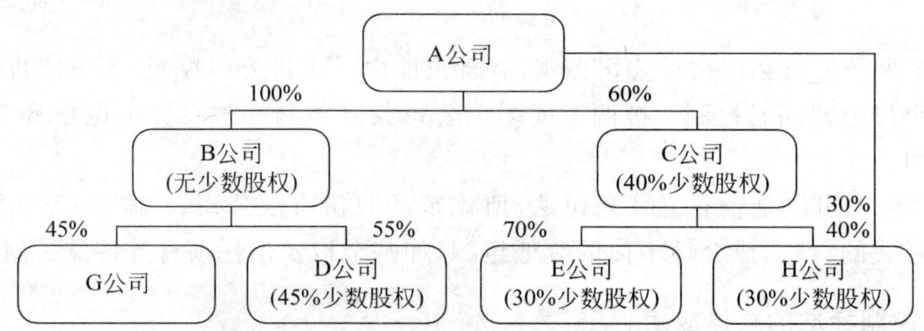

图 4-1　母公司直接控制和间接控制关系

图 4-1 显示了集团内多层控股关系,A 公司直接控制 B 公司和 C 公司,并通过 B 公司和 C 公司分别控制了 D 公司和 E 公司,A 公司对 H 公司直接投资 30%,通过控股子公司对 H 公司投资 40%,A 公司实际上直接和间接控制了 H 公司 70%的股权。当母公司拥有被投资企业 50%以上表决权时,母公司就能操纵股东大会,拥有该被投资企业的控制权,能够对被投资企业的生产经营活动实施控制。这时,子公司处在母公司的直接控制下进行生产经营活动,子公司的生产经营活动事实上成为母公司生产经营活动的一个组成部分,应当将其纳入合并财务报表的合并范围。因此,A 公司编制合并财务报表的合并范围应包括 A 公司及其直接控制的 B 公司、C 公司和间接控制的 D 公司、E 公司以及直接和间接控制的 H 公司。由于 B 公司只有 G 公司 45%的股权,G 公司不应纳入 A 公司的合并范围。

拥有被投资单位半数以上表决权是母公司对其拥有控制权的最明显的标志,但是如果有证据表明母公司不能控制被投资单位的除外。

2. 母公司拥有其半数以下表决权的被投资单位纳入合并财务报表范围的情况

在母公司通过直接和间接方式没有拥有被投资单位半数以上表决权的情况下,如果母公司通过其他方式对被投资单位的财务和经营政策能够实施控制，这些被投资单位也应作为子公司纳入其合并范围。

(1) 通过与被投资单位其他投资者之间的协议，拥有被投资单位半数以上表决权。这种情况是指母公司与其他投资者共同投资某企业，母公司与其中的某些投资者签订书面协议，受托管理和控制该被投资单位，从而在被投资单位的股东大会和董事会上拥有该被投资单位半数以上表决权。在这种情况下，母公司对这一被投资单位的财务和经营政策拥有控制权，使该被投资单位成为事实上的子公司，为此，必须将其纳入合并财务报表的合并范围。

(2) 根据公司章程或协议，有权决定被投资单位的财务和经营政策。企业的财务和经营政策直接决定企业的日常生产经营活动，决定企业的未来发展。能够控制企业财务和经营政策也就等于能够控制整个企业的日常生产经营活动。这样，也就使得该被投资单位成为事实上的子公司，从而应当纳入母公司的合并财务报表的合并范围。

(3) 有权任免被投资单位的董事会或类似机构的多数成员。这种情况是指母公司能够通过任免被投资单位董事会的多数成员控制该被投资单位的日常生产经营活动，被投资单位成为事实上的子公司，从而应当纳入母公司的合并财务报表的合并范围。这里的“多数”是指超过半数以上(不包括半数)。

(4) 在被投资单位董事会或类似机构占多数表决权。这种情况是指母公司能够控制董事会或类似机构的会议，从而主导公司董事会的经营决策，使该公司的生产经营活动在母公司的控制下进行，使被投资单位成为事实上的子公司。因此，也应当将其纳入母公司的合并财务报表的合并范围。这里的“多数”是指超过半数以上(不包括半数)。同样，需要注意的是，在这种情况下，董事会或类似机构必须能够控制被投资单位，否则，该条件不适用。

实际工作中，在判断母公司对子公司是否形成控制且将其纳入合并财务报表的合并范围时，不能仅仅根据投资比例而定，而应当贯彻实质重于形式的要求，即使母公司拥有被投资单位半数或以下的表决权，满足上述四个条件之一，视为母公司能够控制被投资单位，应当将该被投资单位认定为子公司，纳入合并财务报表的合并范围。但是，如果有证据表明母公司不能控制被投资单位的除外。比如，尽管P公司有权任免S公司由11人董事组成的董事会的6名董事，但是，如果公司章程规定，S公司所有日常生产经营活动的董事会表决，必须经全体董事的过半数通过，与此同时，还必须经第二大股东派出的至少1名董事同意，在这种情况下，S公司董事会决议的形成要得到第二大股东派出的至少1名董事的同意，实质上P公司无法单方面主导S公司的董事会，也就无法单方面控制S公司的财务和经营政策，P公司不符合合并报表准则所规定的控制标准，P公司不能控制S公司，S公司不是P公司的子公司，P公司也不是S公司的母公司，P公司不应当将S公司纳入其合并财务报表的合并范围。

3. 在确定能否控制被投资单位时对潜在表决权的考虑

在确定能否控制被投资单位时，应当考虑企业和其他企业持有的被投资单位的当期可转换的可转换公司债券、当期可执行的认股权证等潜在表决权因素。

（1）潜在表决权是指当期可转换的可转换公司债券、当期可执行的认股权证等，不包括在将来某一日期或将来发生某一事项时才能转换的可转换公司债券或才能执行的认股权证等，也不包括诸如行权价格的设定使得在任何情况下都不可能转换为实际表决权的其他债务工具或权益工具。

（2）应当考虑影响潜在表决权的所有事项和情况，包括潜在表决权的执行条款、需要单独考虑或综合考虑的其他合约安排等。但是，本企业和其他企业或个人执行潜在表决权的意图和财务能力对潜在表决权的影响除外。

（3）不仅要考虑本企业在被投资单位的潜在表决权，还要同时考虑其他企业或个人在被投资单位的潜在表决权。

（4）不仅要考虑可能会提高本企业在被投资单位持股比例的潜在表决权，还要考虑可能会降低本企业在被投资单位持股比例的潜在表决权。

（5）潜在表决权仅作为判断是否存在控制的考虑因素，不影响当期母公司股东和少数股东之间的分配比例。

4. 判断母公司能否控制特殊目的主体应当考虑的主要因素

特殊目的主体　为融资、销售商品或提供劳务等特定经营业务的需要直接或间接设立的主体。

（1）母公司为融资、销售商品或提供劳务等特定经营业务的需要直接或间接设立特殊目的主体。这是从经营活动方面判断母公司能否控制特殊目的主体：一是设立特殊目的主体主要是为了向母公司提供长期资本，或者为母公司融资提供条件以支持母公司的主要经营活动或核心经营活动；二是设立特殊目的主体主要是为了向母公司提供与母公司主要经营活动或核心经营活动相一致的商品或劳务，如果不设立特殊目的主体，这些商品或劳务必须由母公司自己提供。

（2）母公司具有控制或获得控制特殊目的主体或其资产的决策权。这是从决策方面判断母公司能否控制特殊目的主体：一是母公司拥有单方面终止特殊目的主体的权力；二是母公司拥有变更特殊目的主体章程的权力；三是母公司对变更特殊目的主体章程拥有否决权。

（3）母公司通过章程、合同、协议等具有获取特殊目的主体大部分利益的权力。

（4）母公司通过章程、合同、协议等承担了特殊目的主体的大部分风险。

（三）所有子公司都应纳入母公司的合并财务报表范围

母公司应当将其全部子公司纳入合并财务报表的合并范围。即只要是由母公司控制的子公司，不论子公司的规模大小、子公司向母公司转移资金能力是否受到严格限制，也不论子公司的业务性质与母公司或企业集团内其他子公司是否有显著差别，都应当纳入合并财务报表的合并范围。

需要说明的是，受所在国外汇管制及其他管制，资金调度受到限制的境外子公司，在这种情况下，该被投资单位的财务和经营政策仍然由本公司决定，本公司也能从其经营活动中获取利益，资金调度受到限制并不妨碍本公司对其实施控制，因此，应将其纳入合并财务报表的合并范围。

下列被投资单位不是母公司的子公司，不应当纳入母公司的合并财务报表的合并范围：

（1）已宣告被清理整顿的原子公司；

（2）已宣告破产的原子公司；

（3）母公司不能控制的其他被投资单位。

五、合并财务报表的编制原则

与个别财务报表不同，合并财务报表反映的是母公司和子公司组成的企业集团整体财务情况，反映的是若干个法人共同形成的会计主体的财务情况。因此，合并财务报表的编制除了遵循财务报表编制的一般原则和要求外，还应当遵循以下原则和要求。

1. 以个别财务报表为基础编制

合并财务报表并不是直接根据母公司和子公司的账簿编制，而是利用母公司和子公司编制的反映各自财务状况和经营成果的财务报表提供的数据，通过合并财务报表的特有方法进行编制的。以纳入合并范围的个别财务报表为基础，可以说是客观性原则在合并财务报表编制时的具体体现。

2. 一体性原则

合并财务报表反映的是企业集团的财务状况和经营成果，反映由多个法人企业组成的一个会计主体的财务情况，因此在编制合并财务报表时，应当将母公司和所有子公司作为整体来看待，视为同一会计主体，母公司和子公司发生的经营活动都应当从企业集团这一整体的角度进行考虑。因此在编制合并财务报表时，对于母公司与子公司、子公司互相之间发生的经济业务，应当分别视为同一会计主体内部业务和同一会计主体之下的不同核算单位的内部业务来进行处理。

3. 重要性原则

与个别财务报表相比，合并财务报表涉及多个法人主体，其涉及的经营活动范围很广，而且母公司与子公司的经营活动往往跨越不同行业的界限，有时母公司与子公司经营活动甚至相差很大。合并财务报表要想综合反映这样的会计主体的财务情况，必然要涉及重要性的判断问题，特别是在拥有众多子公司的情况下。在编制合并财务报表时，必须特别强调重要性原则的运用。例如，一些项目对在企业集团中的某一企业具有重要性，但对于整个企业集团则不一定具有重要性，在这种情况下根据重要性的要求对财务报表项目进行取舍，则具有重要的意义。

六、合并财务报表的编制程序

（一）合并财务报表编制的前提及其准备事项

合并财务报表的编制涉及数个法人企业实体。为了使编制的合并财务报表准确、全面地反映企业集团的真实情况，必须做好一系列的前提准备事项。这些前提准备事项主要包括：

1. 统一母公司与子公司的财务报表决算日及会计期间

财务报表反映一定日期的财务状况和一定会计期间的经营成果，母公司和子公司的个别财务报表只有在反映财务状况的日期和反映经营成果的会计期间一致的情况下才能进行合并。为了编制合并财务报表，必须要求母、子公司的财务报表决算日和会计期间保持一致，并统一企业集团内部各企业的财务报表决算日和会计期间，以便子公司提供相同日期和会计期间的财务报表。对于境外子公司，由于当地法律限制不能与母公司财务报表决算日和会计期间一致的，可以要求其为编制合并财务报表单独编制与母公司财务报表决算日和会计期间一致的个别财务报表。

2. 统一母公司与子公司的会计政策

会计政策是指企业进行会计核算和编制财务报表时所采用的会计原则、会计程序和会计处理方法，它是编制财务报表的基础，也是保证财务报表各项目反映内容一致的基础。只有在财务报表各项目反映的内容一致的情况下，才能对其进行加总，编制合并财务报表。为此，在编制财务报表前，应统一母、子公司的会计政策，要求子公司所采用的会计政策与母公司保持一致。

3. 统一母公司与子公司的编报货币

对母公司和子公司的财务报表进行合并，其前提必须是母、子公司个别财务报表所采用的货币计量单位一致。在我国，允许外币业务比较多的企业采用某一外币作为记账本位币，境外企业一般也是采用其所在国或地区的货币作为记账本位币；在将这些企业的财务报表纳入合并时，必须将其折算为母公司所采用的记账本位币表示的财务报表。

4. 对子公司的长期股权投资采用权益法进行调整

现行《企业会计准则》规定，编制合并财务报表时，母公司应当对子公司的长期股权投资按权益法进行调整。只有采用权益法调整后的情况下，母公司长期股权投资的账面价值才能反映其在被投资企业所有者权益中所享有的份额。而在编制合并报表时进行抵消处理的项目之一，就是母公司对子公司长期股权投资与子公司所有者权益的各项目。因此，在编制合并报表前应当对母公司长期股权投资按权益法进行调整。

上述四点是编制合并财务报表应具备的基本前提条件。在实际工作中，属于合并范围的子公司不仅要提供个别财务报表，还应提供合并财务报表应具备的其他翔实资料，至少包括如下资料：

（1）子公司所采用的与母公司不同的会计政策及会计处理方法的相关说明；

（2）与母公司及母公司的其他子公司之间的购销业务、债权债务、投资业务等资料；

（3）子公司所有者权益变动的明细资料；

（4）子公司利润的有关资料；

（5）编制合并财务报表所需的其他资料。

（二）合并财务报表的编制程序

合并财务报表的编制程序，主要包括以下几个方面。

1. 编制合并工作底稿

合并工作底稿的作用是为合并财务报表的编制提供基础。合并工作底稿的基本格式如表4-1所示。在合并工作底稿中，对母公司和子公司的个别财务报表各项目的金额进行汇总和抵消处理，最终计算得出合并财务报表各项目的合并金额。将母公司、子公司个别资产负债表、利润表、现金流量表、所有者权益变动表各项目的数据过入合并工作底稿，并在合并工作底稿中对母公司和子公司个别财务报表各项目的数据进行加总，计算得出个别资产负债表、利润表、现金流量表、所有者权益变动表各项目合计金额。

表4-1　合并工作底稿

项　　目	母公司	子　公　司			合计数	抵 消 分 录		少数股东权（收）益	合并数
		A公司	B公司	……		借方	贷方		
（利润表项目）									
主营业务收入									
主营业务成本									
……									
净利润									
（利润分配表项目）									

续表

项目	母公司	子公司			合计数	抵消分录		少数股东权(收)益	合并数
		A公司	B公司	……		借方	贷方		
期初未分配利润									
……									
(资产负债表项目)									
货币资金									
……									
短期借款									
……									
实收资本									
……									
未分配利润									
少数股东权益									

2. 编制调整分录和抵消分录

在合并工作底稿中编制调整分录和抵消分录，将内部交易对合并财务报表有关项目的影响进行抵消处理。编制抵消分录，抵消母公司与子公司、子公司相互之间发生的购销业务、债权债务和投资事项对合并财务报表的影响，其目的在于将个别财务报表各项目的加总金额中重复的因素予以抵消。但是，对属于非同一控制下企业合并中取得的子公司的个别财务报表进行合并时，还应当首先根据母公司为该子公司设置的备查簿的记录，以记录的非同一控制下企业合并中取得的子公司各项可辨认资产、负债及或有负债等在购买日的公允价值为基础，通过编制调整分录，对该子公司的个别财务报表进行调整，以使子公司的个别财务报表反映为在购买日公允价值基础上确定的可辨认资产、负债及或有负债在本期资产负债表日的金额。对于子公司所采用的会计政策、会计期间与母公司不一致的，如果母公司自行对子公司的个别财务报表进行调整，也应当在合并底稿中通过编制调整分录予以调整。在编制合并财务报表时，对子公司的长期股权投资调整为权益法，也需要在合并工作底稿中通过编制调整分录予以调整，而不改变母公司"长期股权投资"账簿记录。在合并工作底稿中编制的调整分录和抵消分录，借记或贷记的均为财务报表项目，而不是具体的会计账户。

3. 计算合并财务报表各项目的合并金额

在母公司和子公司个别财务报表各项目加总金额的基础上，分别计算出合并财务报表中各资产项目、负债项目、所有者权益项目、收入项目和费用项目等的合并金额。其计算方法如下：

(1) 合并工作底稿中资产负债表各项目“合并数”：

资产类各项目的合计数，加上该项目抵消分录有关的借方发生额，减去该项目抵消分录有关的贷方发生额；

负债类各项目的合计数，减去该项目抵消分录有关的借方发生额，加上该项目抵消分录有关的贷方发生额；

所有者权益类各项目的合计数，减去该项目抵消分录有关的借方发生额，加上该项目抵消分录有关的贷方发生额。

合并非全资子公司资产负债表的“少数股东权益”，则视同抵消分录的贷方发生额列示在负债和所有者权益之间。

(2) 合并工作底稿中利润表各项目“合并数”：

收入类各项目合计数，减去该项目抵消分录的借方发生额，加上该项目抵消分录的贷方发生额；

成本费用各项目合计数，加上该项目抵消分录的借方发生额，减去该项目抵消分录的贷方发生额；

最后根据工作底稿中收入、成本和费用的“合并数”，计算出净利润。

(3) 利润分配表各项目“合并数”：

“期初未分配利润”项目的合计数，减去抵消分录的借方发生额，加上抵消分录的贷方发生额，计算得出期初未分配利润的合并数；

利润分配各项目的合计数，加上抵消分录的借方发生额，减去抵消分录的贷方发生额；

“期末未分配利润”项目的合计数，加上合并工作底稿中利润表和利润分配表部分各项目抵消分录栏的贷方发生额的合计数，减去合并工作底稿中利润表和利润分配表部分抵消分录栏的借方发生额合计数，计算得出“期末未分配利润”的合并数。

4. 填列合并金额生成正式的合并财务报表

根据合并工作底稿中计算出的资产、负债、所有者权益、收入、费用类以及现金流量表中各项目的合并金额，填列生成正式的合并财务报表。

合并现金流量表可以在合并资产负债表和合并利润表的基础上编制，也可以在个别现金流量表的基础上编制。

第二节　非同一控制下控制权取得日合并财务报表的编制

为了反映合并完成时企业集团总体的财务状况，在控制权取得日，母公司应当编制合并财务报表。按《企业会计准则第 20 号——企业合并》准则要求，非同一控制下企业合并形成母子公司关系的，母子公司应当编制合并资产负债表。

一、非同一控制下控制权取得日合并财务报表的编制原理

在非同一控制下企业合并应采用购买法，在购买法下，购并日合并财务报表只需要编制合并资产负债表，反映其于购买日开始能够控制的经济资源情况。不需要编制合并利润表和合并现金流量表。在合并资产负债表中，合并中取得的被购买方各项可辨认资产、负债应以其在购买日的公允价值计量，长期股权投资的成本大于合并中取得的被购买方可辨认净资产公允价值份额的差额，体现为合并财务报表中的商誉；长期股权投资的成本小于合并中取得的被购买方可辨认净资产公允价值份额的差额，应计入合并当期损益。因购买日不需要编制合并利润表，该差额体现在合并资产负债表上，应调整合并资产负债表的盈余公积和未分配利润。母公司的净资产仍按账面价值反映。

在购并日编制合并资产负债表时，首先应统一子公司的会计政策和会计期间，使子公司与母公司的会计政策和会计期间一致。然后确认子公司在购并日净资产的公允价值，最后是编制相关抵消分录，以消除母子公司之间的重复计算。

非同一控制下的企业合并中，购买方取得对被购买方控制权的，在购买日应当按照确定的企业合并成本（不包括应自被投资单位收取的现金股利或利润），作为形成的对被购买方长期股权投资的初始投资成本，借记"长期股权投资"科目，按享有被投资单位已宣告但尚未发放的现金股利或利润，借记"应收股利"科目，按支付合并对价的账面价值，贷记有关资产或借记有关负债科目，按发生的直接相关费用，贷记"银行存款"等科目，按其差额，贷记"营业外收入"或借记"营业外支出"等科目。

购买方为取得对被购买方的控制权，以支付非货币性资产为对价的，有关非货币性资产在购买日的公允价值与其账面价值的差额，应作为资产的处置损益，记入合并当期的利润表。其中，以库存商品等作为合并对价的，应按库存商品的公允价值，贷记"主营业务收入"科目，并同时结转相关的成本。

二、非同一控制下控制权取得日合并财务报表编制应用举例

（一）母公司取得子公司全部股权的合并财务报表

母公司购买子公司的全部股权，一般有以下几种情形：购买价格等于子公司净资产的公允价值，也可能高于或低于子公司净资产的公允价值。以下分不同情形举例说明。

1. 购买价格等于被并企业可辨认净资产的公允价值

购买价格等于被并企业可辨认净资产公允价值又分为两种情况。

（1）被并企业的可辨认净资产公允价值等于其账面价值。在这种情况下，由于购买

价格与净资产的公允价值相等，所以不存在商誉。在编制抵消分录时，需将母公司的长期股权投资和子公司净资产的账面价值对冲，即将子公司的股本、资本公积、盈余公积和未分配利润的账面价值冲销。

【例 4-1】 M公司于20×8年1月1日以银行存款63 000 000元购买N公司发行在外的全部股份，对N公司实施控股合并。N公司净资产的账面价值也为63 000 000元。M公司和N公司20×8年1月1日资产负债表的有关数据如表4-2所示。

表 4-2　M公司与N公司的资产负债表

20×8年1月1日　　元

项　目	M公司	N公司
资产类		
银行存款	95 000 000	40 000 000
应收账款	15 000 000	20 000 000
存货	18 000 000	12 000 000
固定资产	60 000 000	31 000 000
资产合计	188 000 000	103 000 000
负债和所有者权益类		
应付账款	12 000 000	10 000 000
短期借款	50 000 000	30 000 000
股本	80 000 000	50 000 000
资本公积	20 000 000	11 000 000
盈余公积	13 000 000	1 000 000
未分配利润	13 000 000	1 000 000
负债和所有者权益合计	188 000 000	103 000 000

有关业务处理如下：

① 购买日20×8年1月1日，M公司在取得N公司时，应编制会计分录如下。

借：长期股权投资——N公司　　63 000 000

　贷：银行存款　　63 000 000

②股权取得后M公司银行存款为32 000 000元，长期股权投资为63 000 000元，资产总额仍然为188 000 000元。N公司资产负债表各项目按调整后公允价值列示。在编制控制权取得日的合并报表的合并工作底稿时，为了反映母、子公司整体的资产、负债和所有者权益情况，需要将母公司的长期股权投资与子公司的所有者权益项目相互抵消。假设合并前M公司和N公司没有往来款项(下同)，合并财务报表编制抵消分录如下。

借：股本　　50 000 000

　　资本公积　　11 000 000

盈余公积　　　　　　　　　　　　　　　　　　　　1 000 000

未分配利润　　　　　　　　　　　　　　　　　　　1 000 000

贷：长期股权投资——N公司　　　　　　　　　　　　　63 000 000

③ 编制合并资产负债表工作底稿如表4-3所示。

表4-3　M公司合并资产负债表工作底稿

20×8年1月1日　　　　　　　　　　元

项　　目	M公司（投资后）	N公司	抵消分录		合并后余额
			借　方	贷　方	
资产类					
银行存款	32 000 000	40 000 000			72 000 000
应收账款	15 000 000	20 000 000			35 000 000
存货	18 000 000	12 000 000			30 000 000
长期股权投资——N公司	63 000 000			63 000 000	0
固定资产	60 000 000	31 000 000			91 000 000
资产合计	188 000 000	103 000 000		63 000 000	228 000 000
负债和所有者权益类					
应付账款	12 000 000	10 000 000			22 000 000
短期借款	50 000 000	30 000 000			80 000 000
股本	80 000 000	50 000 000	50 000 000		80 000 000
资本公积	20 000 000	11 000 000	11 000 000		20 000 000
盈余公积	13 000 000	1 000 000	1 000 000		13 000 000
未分配利润	13 000 000	1 000 000	1 000 000		13 000 000
负债和所有者权益合计	188 000 000	103 000 000	63 000 000		228 000 000

（2）被并企业的可辨认净资产公允价值不等于其账面价值。在实际交易中，母公司购买子公司全部股份时所支付的价格往往不等于子公司净资产的账面价值。因为子公司的账面价值不一定是公允价值，如果母公司按公允价值购买子公司的股权，也不会产生商誉，但在编制抵消分录时需将长期股权投资与子公司净资产公允价值对冲，也就是在冲销子公司股本、资本公积、盈余公积、未分配利润账面价值的同时，需要调整相关账面价值低估的项目。

【例4-2】　续用例4-1的资料，假定M公司20×8年1月1日的购买价格为75 000 000元，而N公司净资产在购买日的公允价值也为75 000 000元，其中存货的公允价值为15 000 000元，固定资产的公允价值为40 000 000元，其他资料不变。账面价值和公允价值的差额如表4-4所示。

表4-4 N公司资产负债项目账面价值和公允价值的差额

20×8年1月1日 元

项目	账面价值	公允价值	差额
存货	12 000 000	15 000 000	3 000 000
固定资产	31 000 000	40 000 000	9 000 000
合计	43 000 000	55 000 000	12 000 000

有关业务处理如下：

① 购买日20×8年1月1日，M公司在取得N公司时，应编制会计分录如下。

借：长期股权投资——N公司 75 000 000
　贷：银行存款 75 000 000

② 合并财务报表编制抵消分录如下。

借：股本 50 000 000
　资本公积 11 000 000
　盈余公积 1 000 000
　未分配利润 1 000 000
　存货 3 000 000
　固定资产 9 000 000
　贷：长期股权投资——N公司 75 000 000

③ 编制合并资产负债表工作底稿如表4-5所示。

表4-5 M公司合并财务报表工作底稿

20×8年1月1日 元

项目	M公司（投资后）	N公司	抵消分录		合并后余额
			借方	贷方	
资产类					
银行存款	20 000 000	40 000 000			60 000 000
应收账款	15 000 000	20 000 000			35 000 000
存货	18 000 000	12 000 000	3 000 000		33 000 000
长期股权投资——N公司	75 000 000			75 000 000	0
固定资产	60 000 000	31 000 000	9 000 000		100 000 000
资产合计	188 000 000	103 000 000	12 000 000	75 000 000	228 000 000
负债和所有者权益类					

续表

项目	M公司（投资后）	N公司	抵消分录		合并后余额
			借方	贷方	
应付账款	12 000 000	10 000 000			22 000 000
短期借款	50 000 000	30 000 000			80 000 000
股本	80 000 000	50 000 000	50 000 000		80 000 000
资本公积	20 000 000	11 000 000	11 000 000		20 000 000
盈余公积	13 000 000	1 000 000	1 000 000		13 000 000
未分配利润	13 000 000	1 000 000	1 000 000		13 000 000
负债和所有者权益合计	188 000 000	103 000 000	63 000 000		228 000 000

2. 投资成本大于被投资企业可辨认净资产的公允价值

投资成本大于被投资企业可辨认净资产公允价值又分为两种情况。

(1) 被并企业的可辨认净资产公允价值大于账面价值。在这种情形下，由于购买价格大于子公司净资产的公允价值，所以在编制抵消分录时会产生商誉。商誉不得摊销，但期末需做减值测试。同时，将子公司净资产公允价值大于账面价值的部分，增加相关账面价值低估的部分。

【例 4-3】 在例 4-1 资料的基础上，假定 M 公司 20×8 年 1 月 1 日的购买价格为 85 000 000 元，而 N 公司净资产在购买日的公允价值为 65 000 000 元，其中存货的公允价值为 15 000 000 元，固定资产的公允价值为 40 000 000 元，其他资料不变。账面价值和公允价值的差额见表 4-4。

有关业务处理如下：

① 购买日 20×8 年 1 月 1 日，M 公司在取得 N 公司时，应编制会计分录如下。

借：长期股权投资——N 公司　　85 000 000

　贷：银行存款　　85 000 000

②股权取得后 M 公司银行存款为 10 000 000 元，长期股权投资为 85 000 000 元，资产总额仍然为 188 000 000 元。在编制控制权取得日的合并财务报表的合并工作底稿时，由于 M 公司购入股权的成本高于取得 N 公司权益资本公允价值应有的份额，其差额在合并报表中单独列作“商誉”。合并财务报表编制抵消分录如下：

借：股本　　50 000 000

　　资本公积　　11 000 000

　　盈余公积　　1 000 000

　　未分配利润　　1 000 000

　　存货　　3 000 000

　　固定资产　　9 000 000

　　商誉　　　　　　　　　　　　　　　　　　　　　　　　10 000 000
　　贷：长期股权投资——N 公司　　　　　　　　　　　　　　　85 000 000

③ 编制合并资产负债表工作底稿如表 4-6 所示。

表 4-6　M 公司合并资产负债表工作底稿

20×8 年 1 月 1 日　　　　　　　　元

项　目	M 公司（投资后）	N 公司	抵消分录		合并后余额
			借　方	贷　方	
资产类					
银行存款	10 000 000	40 000 000			50 000 000
应收账款	15 000 000	20 000 000			35 000 000
存货	18 000 000	12 000 000	3 000 000		33 000 000
长期股权投资——N 公司	85 000 000			85 000 000	0
商誉			10 000 000		10 000 000
固定资产	60 000 000	31 000 000	9 000 000		100 000 000
资产合计	188 000 000	103 000 000	22 000 000	85 000 000	228 000 000
负债和所有者权益类					
应付账款	12 000 000	10 000 000			22 000 000
短期借款	50 000 000	30 000 000			80 000 000
股本	80 000 000	50 000 000	50 000 000		80 000 000
资本公积	20 000 000	11 000 000	11 000 000		20 000 000
盈余公积	13 000 000	1 000 000	1 000 000		13 000 000
未分配利润	13 000 000	1 000 000	1 000 000		13 000 000
负债和所有者权益合计	188 000 000	103 000 000	63 000 000		228 000 000

（2）被并企业的可辨认净资产公允价值小于账面价值。

该情形下，编制抵消分录时，在记录商誉的同时，将子公司净资产公允价值小于账面价值部分冲减相关账面价值的高估部分。

3. 投资成本小于被投资企业可辨认净资产的公允价值

（1）被并企业可辨认净资产公允价值大于账面价值

在这种情形下，由于购买价格小于被投资企业可辨认净资产的公允价值，应当对被购买方可辨认资产、负债的公允价值以及合并成本的计量进行复核，经复核后合并成本仍然小于被投资企业可辨认净资产的公允价值，其差额应计入当期损益，即营业外收入。关于子公司净资产公允价值大于账面价值的部分，应增加相关账面价值低估的项目。

【例 4-4】　在例 4-1 资料的基础上，假定 M 公司 20×8 年 1 月 1 日的购买价格为 45 000 000 元。而 N 公司净资产在购买日的公允价值为 75 000 000 元，其中存货的公允价值为 15 000 000 元，固定资产的公允价值为 40 000 000 元，其他资料不变。公允价值与账面价值的差额见表 4-4。

有关业务处理如下：

① 购买日20×8年1月1日，M公司应编制会计分录如下。

借：长期股权投资——N公司　　75 000 000
　贷：银行存款　　45 000 000
　　营业外收入　　30 000 000

② 股权取得后M公司银行存款为50 000 000元，长期股权投资为75 000 000元，资产总额仍然为218 000 000元。N公司资产负债表各项目按调整后公允价值列示。合并财务报表编制抵消分录如下。

借：股本　　50 000 000
　资本公积　　11 000 000
　盈余公积　　1 000 000
　未分配利润　　1 000 000
　存货　　3 000 000
　固定资产　　9 000 000
　贷：长期股权投资——N公司　　75 000 000

③ 编制合并资产负债表工作底稿如表4-7所示。

表4-7　M公司合并资产负债表工作底稿

20×8年1月1日　　元

项　目	M公司（投资后）	N公司	抵消分录 借　方	抵消分录 贷　方	合并后余额
资产类					
银行存款	50 000 000	40 000 000			90 000 000
应收账款	15 000 000	20 000 000			35 000 000
存货	18 000 000	12 000 000	3 000 000		33 000 000
长期股权投资——N公司	75 000 000			75 000 000	0
固定资产	60 000 000	31 000 000	9 000 000		100 000 000
资产合计	218 000 000	103 000 000	12 000 000	75 000 000	258 000 000
负债和所有者权益类					
应付账款	12 000 000	10 000 000			22 000 000
短期借款	50 000 000	30 000 000			80 000 000
股本	80 000 000	50 000 000	50 000 000		80 000 000
资本公积	20 000 000	11 000 000	11 000 000		20 000 000
盈余公积	13 000 000	1 000 000	1 000 000		13 000 000
未分配利润	43 000 000	1 000 000	1 000 000		43 000 000
负债和所有者权益合计	218 000 000	103 000 000	63 000 000		258 000 000

(2) 被并企业可辨认净资产的公允价值小于账面价值

此情形与情形(1)相似，购买价格小于子公司净资产的公允价值部分，在投资时调整股权投资成本，同时计入营业外收入。公允价值小于账面价值的部分，在编制抵消分录时冲减相关账面价值高估的项目。

(二) 母公司取得子公司部分股权的合并财务报表

一家公司要控制另一家公司，不一定要购入其100%的全部股份，只要购入50%以上的股份，或者低于50%但对其具有实质控制权，这两家公司就可以形成母子公司，需要编制合并财务报表。但是，与购买全部股权不同的是，由于母公司只购买了部分股权，所以，子公司就有一部分股权被其他股东所拥有，由于这部分股权不足一半，一般称为少数股东权益。在编制合并财务报表时，按照实体理论，对于这部分少数股权与多数股权一样，在合并资产负债表中的所有者权益项下单独列示。

母公司购买一家正在持续经营的子公司的部分股权，与购买全部股权的情况一样，它的购买价格可能等于子公司净资产的账面价值，也可能高于或者低于净资产的账面价值，其基本核算原理同取得子公司全部股权的会计处理，下面仅就购买价格等于子公司可辨认净资产公允价值乘以股份比例这一情况举例说明。

【例 4-5】 根据例 4-1 的资料，假设在 20×8 年 1 月 1 日 M 公司以 N 公司净资产的账面价值购入 N 公司发行在外的 80%的股份，N 公司资产和负债的公允价值等于账面价值，共支付价款 50 400 000 元。N 公司与 M 公司 20×8 年 1 月 1 日资产负债表的有关数据如表 4-2 所示。

有关业务处理如下：

① 购买日 20×8 年 1 月 1 日，M 公司应编制会计分录如下。

借：长期股权投资——N 公司　　50 400 000
　贷：银行存款　　50 400 000

② 合并财务报表编制抵消分录如下。

借：股本　　50 000 000
　　资本公积　　11 000 000
　　盈余公积　　1 000 000
　　未分配利润　　1 000 000
　贷：长期股权投资——N 公司　　50 400 000
　　　少数股东权益(63 000 000×20%)　　12 600 000

③ 编制合并资产负债表工作底稿如表 4-8 所示。

表 4-8 M公司合并资产负债表工作底稿

20×8年1月1日　　元

项　　目	M公司（投资后）	N公司	抵消分录		合并后余额
			借　方	贷　方	
资产类					
银行存款	44 600 000	40 000 000			84 600 000
应收账款	15 000 000	20 000 000			35 000 000
存货	18 000 000	12 000 000			30 000 000
长期股权投资——N公司	50 400 000			50 400 000	0
固定资产	60 000 000	31 000 000			91 000 000
资产合计	188 000 000	103 000 000		50 400 000	240 600 000
负债和所有者权益类					
应付账款	12 000 000	10 000 000			22 000 000
短期借款	50 000 000	30 000 000			80 000 000
股本	80 000 000	50 000 000	50 000 000		80 000 000
资本公积	20 000 000	11 000 000	11 000 000		20 000 000
盈余公积	13 000 000	1 000 000	1 000 000		13 000 000
未分配利润	13 000 000	1 000 000	1 000 000		13 000 000
少数股东权益				12 600 000	12 600 000
负债和所有者权益合计	188 000 000	103 000 000	63 000 000	12 600 000	240 600 000

三、多次交易分步实现的非同一控制下企业合并的会计处理

对于通过多次交易分步实现的非同一控制下企业合并，企业应在每一单项交易发生时，确认对被投资单位的投资。投资企业在持有被投资单位的部分股权后，通过增加持股比例等达到对被投资单位形成控制的，应分别每一单项交易的成本与该交易发生时被投资单位可辨认净资产公允价值的份额进行比较，确定每一单项交易中产生的商誉。达到企业合并时点应确认的商誉（或合并财务报表中应确认的商誉）为每一单项交易中应确认的商誉之和。

通过多次交易分步实现的非同一控制下企业合并，实务操作中，应按以下顺序进行处理。

（1）对长期股权投资的账面余额进行调整，达到企业合并前长期股权投资采用成本法核算的，其账面余额一般无须调整；达到企业合并前长期股权投资采用权益法核算的，应进行调整，将其账面价值恢复至取得投资时的初始投资成本，相应调整留存收益等。达到企业合并前将权益性投资作为交易性金融资产或可供出售金融资产核算的，也应对其

账面价值进行调整。

(2) 比较每一单项交易时的成本与交易时应享有被投资单位可辨认净资产公允价值的份额，确定每一单项交易应予确认的商誉或是应计入发生当期损益的金额。

(3) 对于被购买方在购买日与交易日之间可辨认净资产公允价值变动，相对于原持股比例应享有的部分，在合并财务报表(吸收合并是指购买方个别财务报表)中应调整所有者权益相关项目，其中属于原取得投资后被投资单位实现净损益增加的资产价值量，在合并财务报表中应调整留存收益，差额调整资本公积。

【例 4-6】　M 公司于 20×8 年以 60 000 000 元取得 N 公司 10%的股份，取得投资时 N 公司净资产的公允价值为 500 000 000 元。假定该项投资不存在活跃市场，公允价值无法可靠计量。因未以任何方式参与 N 公司的生产经营决策，M 公司对持有的该投资采用成本法核算。20×9 年，M 公司另支付 270 000 000 元取得 N 公司 50%的股份，能够对 N 公司实施控制。购买日 N 公司可辨认净资产公允价值为 525 000 000 元。N 公司自 20×8 年 M 公司取得投资后至 20×9 年购买进一步股份前实现的留存收益为 15 000 000 元，未进行利润分配。

(1) 购买日 A 公司首先应确认取得的对 B 公司的投资

借：长期股权投资　　　　270 000 000

　贷：银行存款等　　　　　　270 000 000

(2) 计算达到企业合并时点应确认的商誉

原持有 10%股份应确认的商誉＝60 000 000－500 000 000×10%＝10 000 000(元)

进一步取得 50%股份应确认的商誉＝270 000 000－525 000 000×50%＝7 500 000(元)

合并财务报表中应确认的商誉＝10 000 000＋7 500 000＝17 500 000(元)

(3) 资产增值的处理

原持有 10%股份在购买日对应的可辨认净资产公允价值＝525 000 000×10%＝52 500 000(元)

原取得投资时应享有被投资单位净资产公允价值的份额＝500 000 000×10%＝50 000 000(元)

两者之间差额 2 500 000 元在合并财务报表中属于被投资企业在投资以后实现留存收益的部分 1 500 000 元(15 000 000×10%)，调整合并财务报表中的盈余公积和未分配利润，剩余部分 1 000 000 元调整资本公积。

四、反向购买的处理

(一) 反向购买基本原则

非同一控制下的企业合并，以发行权益性证券交换股权的方式进行的，通常发行权益性证券的一方为购买方。但某些企业合并中，发行权益性证券的一方因其生产经营决策在合并后被参与合并的另一方所控制的，发行权益性证券的一方虽然为法律上的母公司，但其为会计上的被购买方，该类企业合并通常称为"反向购买"。例如，A 公司为一家规模较小的上市公司，B 公司为一家规模较大的公司。B 公司拟通过收购 A 公司的方式达到上市目的，但该交易是通过 A 公司向 B 公司原股东发行普通股用以交换 B 公司原股东持有的对 B 公司股权方式实现。该项交易后，B 公司原控股股东持有 A 公司 50%以上股权，A 公司持有 B 公司 50%以上股权，A 公司为法律上的母公司，B 公司为法律上的子公司，但从会计角度，A 公司为被购买方，B 公司为购买方。

1. 企业合并成本

反向购买中，法律上的子公司(购买方)的企业合并成本是指其如果以发行权益性证券的方式为获取在合并后报告主体的股权比例，应向法律上母公司(被购买方)的股东发行的权益性证券数量与其公允价值计算的结果。购买方的权益性证券在购买日存在公开报价的，通常应以公开报价作为其公允价值；购买方的权益性证券在购买日不存在可靠公开报价的，应参照购买方的公允价值和被购买方的公允价值两者之中有更为明显证据支持的一个作为基础，确定购买方假定应发行权益性证券的公允价值。

2. 合并财务报表的编制

反向购买后，法律上的母公司应当遵从以下原则编制合并财务报表。

(1) 合并财务报表中，法律上子公司的资产、负债应以其在合并前的账面价值进行确认和计量。

(2) 合并财务报表中的留存收益和其他权益余额反映的应当是法律上子公司在合并前的留存收益和其他权益余额。

(3) 合并财务报表中的权益性工具的金额应当反映法律上子公司合并前发行在外的股份面值以及假定在确定该项企业合并成本过程中新发行的权益性工具的金额。但是在合并财务报表中的权益结构应当反映法律上母公司的权益结构，即法律上母公司发行在外权益性证券的数量和种类。

(4) 法律上母公司的有关可辨认资产、负债在并入合并财务报表时，应以其在购买日确定的公允价值进行合并，企业合并成本大于合并中取得的法律上母公司(被购买方)可辨认净资产公允价值的份额体现为商誉，小于合并中取得的法律上母公司(被购买方)可辨认净资产公允价值的份额确认为合并当期损益。

(5) 合并财务报表的比较信息应当是法律上子公司的比较信息(即法律上子公司的前期合并财务报表)。

(6) 法律上子公司的有关股东在合并过程中未将其持有的股份转换为对法律上母公司股份的，该部分股东享有的权益份额在合并财务报表中应作为少数股东权益列示。因法律上子公司的部分股东未将其持有的股份转换为法律上母公司的股权，其享有的权益份额仍仅限于对法律上子公司的部分，该部分少数股东权益反映的是少数股东按持股比例计算享有法律上子公司合并前净资产账面价值的份额。另外，对于法律上母公司的所有股东，虽然该项合并中其被认为被购买方，但其享有合并形成报告主体的净资产及损益，不应作为少数股东权益列示。

上述反向购买的会计处理原则仅适用于合并财务报表的编制。法律上母公司在该项合并中形成的对法律上子公司长期股权投资成本的确定，应当遵从《企业会计准则第2号——长期股权投资》的相关规定。

【例4-7】M上市公司于20×9年9月30日通过定向增发本企业普通股对N企业进行控股合并，取得N企业100%股权。假定不考虑所得税影响。M公司及N企业在合并前简化资产负债表如表4-9所示。

表4-9　M公司及N企业合并前资产负债表　　元

	M公司	N企业
流动资产	20 000 000	44 000 000
非流动资产	220 000 000	601 000 000
资产总额	240 000 000	645 000 000
流动负债	11 000 000	14 000 000
非流动负债	4 000 000	31 000 000
负债总额	15 000 000	45 000 000
所有者权益		
股本	15 000 000	9 000 000
资本公积		
盈余公积	60 000 000	171 000 000
未分配利润	150 000 000	420 000 000
所有者权益总额	225 000 000	600 000 000

其他资料：

(1) 20×9年9月30日，M公司通过定向增发本企业普通股，以2股换1股的比例自N企业原股东处取得了N企业全部股权。M公司共发行了1 800万股普通股以取得N企业全部900万股普通股。

(2) M公司普通股在20×9年9月30日的公允价值为20元，N企业每股普通股当日的公允价值为40元。M公司、N企业每股普通股的面值为1元。

(3) 20×9年9月30日，M公司除非流动资产公允价值较账面价值高45 000 000元以外，其他资产、负债项目的公允价值与其账面价值相同。

(4) 假定M公司与N企业在合并前不存在任何关联方关系。

对于该项企业合并,虽然在合并中发行权益性证券的一方为 M 公司,但因其生产经营决策的控制权在合并后由 N 企业原股东控制,N 企业应为购买方,M 公司为被购买方。

1. 确定该项合并中 N 企业的合并成本

M 公司在该项合并中向 N 企业原股东增发了 1 800 万股普通股,合并后 N 企业原股东持有 M 公司的股权比例为 54.55%[1 800÷(1 500+1 800)],如果假定 N 企业发行本企业普通股在合并后主体享有同样的股权比例,则 N 企业应当发行的普通股股数为 750 万股(900÷54.55%−900),其公允价值为 300 000 000 元,企业合并成本为 300 000 000 元。

2. 企业合并成本在可辨认资产、负债的分配

企业合并成本	300 000 000
M 公司可辨认资产、负债:	
流动资产	20 000 000
非流动资产	265 000 000
流动负债	(11 000 000)
非流动负债	(4 000 000)
商誉	30 000 000

表 4-10 M 公司 20×9 年 9 月 30 日合并资产负债表 元

项目	金额
流动资产	64 000 000
非流动资产	866 000 000
商誉	30 000 000
资产总额	960 000 000
流动负债	25 000 000
非流动负债	35 000 000
负债总额	60 000 000
所有者权益:	
股本[3 300 万股(1 500+1 800)普通股]	16 500 000
资本公积	292 500 000
盈余公积	171 000 000
未分配利润	420 000 000
所有者权益总额	900 000 000

3. 上例中,N 企业的全部股东中假定只有其中的 90%以原持有的对 N 企业股权换取了 M 公司增发的普通股。M 公司应发行的普通股股数为 1 620 万股(900×90%×2)。企业合并后,N 企业的股东拥有合并后报告主体的股权比例为 51.92%(1 620÷3 120)。通过假定 N 企业向 M 公司发行本企业普通股在合并后主体享有同样的股权比例,在计

算N企业需发行的普通股数量时，不考虑少数股权的因素，故N企业应当发行的普通股股数为750万股(900×90%÷51.92%－900×90%)，N企业在该项合并中的企业合并成本为300 000 000元[(15 600 000－8 100 000)×40]，N企业未参与股权交换的股东拥有N企业的股份为10%，享有N企业合并前净资产的份额为60 000 000元，在合并财务报表中应作为少数股东权益列示。

（二）非上市公司购买上市公司股权实现间接上市的会计处理

非上市公司以所持有的对子公司投资等资产为对价取得上市公司的控制权，构成反向购买的，上市公司编制合并财务报表时应当区别以下情况处理。

1. 交易发生时，上市公司未持有任何资产负债或仅持有现金、交易性金融资产等不构成业务的资产或负债的，上市公司在编制合并财务报表时，购买企业应按照权益性交易的原则进行处理，不得确认商誉或确认计入当期损益。

2. 交易发生时，上市公司保留的资产、负债构成业务的，对于形成非同一控制下企业合并的，企业合并成本与取得的上市公司可辨认净资产公允价值份额的差额应当确认为商誉或是计入当期损益。

业务是指企业内部某些生产经营活动或资产负债的组合，该组合具有投入、加工处理过程和产出能力，能够独立计算其成本费用或所产生的收入等，目的在于为投资提供股利、降低成本或带来其他经济利益。有关资产或资产、负债的组合具备了投入和加工处理过程两个要素即可认为构成一项业务。对于取得的资产、负债组合是否构成业务，应当由企业结合实际情况进行判断。

非上市公司取得上市公司的控制权，构成反向购买的，上市公司在其个别财务报表中应当按照第四章的原则确定取得资产的入账价值。上市公司的前期比较个别报表应为其自身个别报表。

第三节 同一控制下控制权取得日合并财务报表的编制

同一控制下的企业合并形成母子公司关系的，合并方一般应在合并日编制合并财务报表，反映于合并日形成的报告主体的财务状况、视同该主体一直存在产生的经营成果等。合并日，是指合并方实际取得对被合并方控制权的日期。

一、同一控制下控制权取得日合并财务报表的编制原理

同一控制下的企业合并中，合并方在合并后取得对被合并方生产经营决策的控制权，

并且被合并方在企业合并后仍然继续经营的，合并方在合并日涉及两个方面的问题：一是对于因该项企业合并形成的对被合并方的长期股权投资的确认和计量问题；二是合并日合并财务报表的编制问题。在该法下确认初始投资成本时是以子公司净资产的账面价值入账，在编制合并资产负债表时也是按子公司净资产的账面价值合并。

（一）长期股权投资的确认和计量

按照《企业会计准则第2号——长期股权投资》的规定，同一控制下企业合并形成的长期股权投资，合并方应以合并日应享有被合并方账面所有者权益的份额作为形成长期股权投资的初始投资成本，借记"长期股权投资"科目，按享有被投资单位已宣告但尚未发放的现金股利或利润，借记"应收股利"科目，按支付的合并对价的账面价值，贷记有关资产或借记有关负债科目，以支付现金、非现金资产方式进行的，该初始投资成本与支付的现金、非现金资产的差额，相应调整资本公积（资本溢价或股本溢价），资本公积（资本溢价或股本溢价）的余额不足冲减的，相应调整盈余公积和未分配利润；以发行权益性证券方式进行的，长期股权投资的初始投资成本与所发行股份的面值总额之间的差额，应调整资本公积（资本溢价或股本溢价），资本公积（资本溢价或股本溢价）的余额不足冲减的，相应调整盈余公积和未分配利润。

（二）合并日合并财务报表的编制

同一控制下的企业合并形成母子公司关系的，合并方一般应在合并日编制合并财务报表，反映于合并日形成的报告主体的财务状况、视同该主体一直存在产生的经营成果等。考虑有关因素的影响，编制合并日的合并财务报表存在困难的，下列有关原则同样适用于合并当期期末合并财务报表的编制。

编制合并日的合并财务报表时，一般包括合并资产负债表、合并利润表及合并现金流量表。

1. 合并资产负债表

被合并方的有关资产、负债应以其账面价值并入合并财务报表（合并方与被合并方采用的会计政策不同的，指按照合并方的会计政策，对被合并方有关资产、负债经调整后的账面价值）。合并方与被合并方在合并日及以前期间发生的交易，应作为内部交易进行抵消。

同一控制下企业合并的基本处理原则是视同合并后形成的报告主体在合并日及以前期间一直存在，在合并资产负债表中，对于被合并方在企业合并前实现的留存收益（盈余公积和未分配利润之和）中归属于合并方的部分，应按以下规定，自合并方的资本公积转入留存收益。

（1）确认企业合并形成的长期股权投资后，合并方账面资本公积（资本溢价或股本溢价）贷方余额大于被合并方在合并前实现的留存收益中归属于合并方的部分，在合并资产负债表中，应将被合并方在合并前实现的留存收益中归属于合并方的部分自“资本公积”转入“盈余公积”和“未分配利润”。在合并工作底稿中，借记“资本公积”项目，贷记“盈余公积”和“未分配利润”项目。

（2）确认企业合并形成的长期股权投资后，合并方账面资本公积（资本溢价或股本溢价）贷方余额小于被合并方在合并前实现的留存收益中归属于合并方的部分的，在合并资产负债表中，应以合并方资本公积（资本溢价或股本溢价）的贷方余额为限，将被合并方在企业合并前实现的留存收益中归属于合并方的部分自“资本公积”转入“盈余公积”和“未分配利润”。在合并工作底稿中，借记“资本公积”项目，贷记“盈余公积”和“未分配利润”项目。

因合并方的资本公积（资本溢价或股本溢价）余额不足，被合并方在合并前实现的留存收益在合并资产负债表中未予全额恢复的，合并方应当在会计报表附注中对这一情况进行说明。

2. 合并利润表

合并方在编制购买日的合并利润表时，应包含合并方及被合并方自合并当期期初至合并日实现的净利润，双方在当期所发生的交易，应当按照合并财务报表的有关原则进行抵消。为了帮助企业的会计信息使用者了解合并利润表中净利润的构成，发生同一控制下企业合并的当期，合并方在合并利润表中的“净利润”项下应单列“其中：被合并方在合并前实现的净利润”项目，反映同一控制下企业合并规定的编表原则，导致由于该项企业合并自被合并方在合并当期带入的损益情况。另外，企业合并利润表还应在“综合收益总额”项目下单独列示“归属于母公司所有者的综合收益总额”项目和“归属于少数股东的综合收益总额”项目。

3. 合并现金流量表

合并日合并现金流量表的编制与合并利润表的编制原则相同。

二、同一控制下控制权取得日合并财务报表的编制应用举例

（一）母公司取得子公司全部股权的合并财务报表

母公司取得子公司的全部股权一般有两种情形：一是支付对价的账面价值与子公司净资产的账面价值相等；二是支付对价的账面价值与子公司净资产的账面价值不相等。以下分别情况说明合并资产负债表、合并利润表和合并现金流量表的编制。

1. 支付对价的账面价值等于子公司净资产的账面价值

在这种情形下，由于支付对价的账面价值与子公司净资产的账面价值相等，所以，母

公司在确认投资成本时，只需将子公司净资产的账面价值作为初始投资成本，支付对价与股权投资成本之间没有差额。在编制抵消分录时，将初始投资成本与子公司净资产的账面价值对冲即可。

【例 4-8】 假设 M 公司成立于 20×9 年 1 月 1 日，20×9 年 4 月 1 日 M 公司以发行 2 500 万股面值为 10 元的普通股换取 N 公司的全部股权，对 N 公司实行控股合并。M 公司与 N 公司 20×9 年 4 月 1 日各自的资产负债表、利润表和现金流量表如表 4-11、表 4-12 和表 4-13 所示。

表 4-11　M 公司与 N 公司的资产负债表

20×9 年 4 月 1 日　　　　元

项　　目	M 公司	N 公司
资产类		
银行存款	110 000 000	70 000 000
应收账款	105 000 000	50 000 000
存货	115 000 000	60 000 000
固定资产	250 000 000	100 000 000
资产合计	580 000 000	280 000 000
负债和所有者权益类		
应付账款	25 000 000	10 000 000
短期借款	30 000 000	20 000 000
股本	200 000 000	100 000 000
资本公积	50 000 000	30 000 000
盈余公积	25 000 000	20 000 000
未分配利润	250 000 000	100 000 000
负债和所有者权益合计	580 000 000	280 000 000

表 4-12　M 公司与 N 公司的利润表

20×9 年 1 月 1 日至 4 月 1 日　　　　元

项　　目	M 公司	N 公司
一、营业收入	2 000 000 000	800 000 000
减：营业成本	1 600 000 000	680 000 000
营业税金及附加	15 000 000	6 000 000
销售费用	80 000 000	24 000 000
管理费用	130 000 000	40 000 000
财务费用	45 000 000	15 000 000
加：投资收益	70 000 000	35 000 000

续表

项　　目	M公司	N公司
二、营业利润	200 000 000	70 000 000
加：营业外收入	60 000 000	20 000 000
减：营业外支出	20 000 000	10 000 000
三、利润总额	240 000 000	80 000 000
减：所得税费用	80 000 000	30 000 000
四、净利润	160 000 000	50 000 000

表 4-13　M公司与N公司的现金流量表

20×9年1月1日至4月1日　　　　元

项　　目	M公司	N公司
一、经营活动产生的现金流量		
销售商品、提供劳务收到的现金	1 700 000 000	700 000 000
经营活动现金流入小计	1 700 000 000	700 000 000
购买商品、接受劳务支付的现金	1 380 000 000	520 000 000
支付的各项税费	120 000 000	110 000 000
经营活动现金流出小计	1 500 000 000	630 000 000
经营活动产生的现金流量净额	200 000 000	70 000 000
二、投资活动产生的现金流量		
收回投资收到的现金	200 000 000	140 000 000
取得投资收益收到的现金	40 000 000	30 000 000
处置固定资产、无形资产和其他长期资产收回的现金净额	150 000 000	80 000 000
投资活动现金流入小计	390 000 000	250 000 000
投资支付的现金	400 000 000	180 000 000
购建固定资产、无形资产和其他长期资产支付的现金	200 000 000	100 000 000
投资活动现金流出小计	600 000 000	280 000 000
投资活动产生的现金流量净额	−210 000 000	−30 000 000
三、筹资活动产生的现金流量		
吸收投资收到的现金	150 000 000	50 000 000
取得借款收到的现金	50 000 000	30 000 000
筹资活动现金流入小计	200 000 000	80 000 000
偿还债务支付的现金	120 000 000	100 000 000
分配股利、利润或偿付利息支付的现金	30 000 000	10 000 000
筹资活动现金流出小计	150 000 000	110 000 000
筹资活动产生的现金流量净额	50 000 000	−30 000 000
四、现金及现金等价物净增加额	40 000 000	10 000 000
加：期初现金及现金等价物余额	70 000 000	60 000 000
五、期末现金及现金等价物余额	110 000 000	70 000 000

有关业务处理如下：

① 20×9 年 4 月 1 日，M 公司在取得全部股权时，应编制会计分录如下。

借：长期股权投资——N 公司　　250 000 000

　贷：股本　　250 000 000

② 在编制合并财务报表时，假设合并前 M 公司和 N 公司没有往来款项和内部交易事项，M 公司应编制抵消分录如下。

借：股本　　100 000 000

　资本公积　　30 000 000

　盈余公积　　20 000 000

　未分配利润　　100 000 000

　贷：长期股权投资——N 公司　　250 000 000

③ 编制合并财务报表工作底稿如表 4-14 所示。

表 4-14　M 公司合并财务报表工作底稿

20×9 年 4 月 1 日　　元

项　目	M 公司（投资后）	N 公司	抵消分录		合并后余额
			借　方	贷　方	
资产负债表					
资产类					
银行存款	110 000 000	70 000 000			180 000 000
应收账款	105 000 000	50 000 000			155 000 000
存货	115 000 000	60 000 000			175 000 000
长期股权投资——N 公司	250 000 000			250 000 000	0
固定资产	250 000 000	100 000 000			350 000 000
资产合计	830 000 000	280 000 000		250 000 000	860 000 000
负债和所有者权益类					
应付账款	25 000 000	10 000 000			35 000 000
短期借款	30 000 000	20 000 000			50 000 000
股本	450 000 000	100 000 000	100 000 000		450 000 000
资本公积	50 000 000	30 000 000	30 000 000		50 000 000
盈余公积	25 000 000	20 000 000	20 000 000		25 000 000
未分配利润	250 000 000	100 000 000	100 000 000		250 000 000
负债和所有者权益合计	830 000 000	280 000 000	250 000 000		860 000 000
利润表					
一、营业收入	2 000 000 000	800 000 000			2 800 000 000
减：营业成本	1 600 000 000	680 000 000			2 280 000 000
营业税金及附加	15 000 000	6 000 000			21 000 000
销售费用	80 000 000	24 000 000			104 000 000
管理费用	130 000 000	40 000 000			170 000 000
财务费用	45 000 000	15 000 000			60 000 000

续表

项　　目	M公司（投资后）	N公司	抵消分录		合并后余额
			借　方	贷　方	
加：投资收益	70 000 000	35 000 000			95 000 000
二、营业利润	200 000 000	70 000 000			260 000 000
加：营业外收入	60 000 000	20 000 000			80 000 000
减：营业外支出	20 000 000	10 000 000			30 000 000
三、利润总额	240 000 000	80 000 000			310 000 000
减：所得税费用	80 000 000	30 000 000			110 000 000
四、净利润	160 000 000	50 000 000			210 000 000
现金流量表					
一、经营活动产生的现金流量					
销售商品、提供劳务收到的现金	1 700 000 000	700 000 000			2 400 000 000
经营活动现金流入小计	1 700 000 000	700 000 000			2 400 000 000
购买商品、接受劳务支付的现金	1 380 000 000	520 000 000			1 900 000 000
支付的各项税费	120 000 000	110 000 000			230 000 000
经营活动现金流出小计	1 500 000 000	630 000 000			2 130 000 000
经营活动产生的现金流量净额	200 000 000	70 000 000			270 000 000
二、投资活动产生的现金流量					
收回投资收到的现金	200 000 000	140 000 000			340 000 000
取得投资收益收到的现金	40 000 000	30 000 000			70 000 000
处置固定资产、无形资产和其他长期资产收回的现金净额	150 000 000	80 000 000			230 000 000
投资活动现金流入小计	390 000 000	250 000 000			640 000 000
投资支付的现金	400 000 000	180 000 000			580 000 000
购建固定资产、无形资产和其他长期资产支付的现金	200 000 000	100 000 000			300 000 000
投资活动现金流出小计	600 000 000	280 000 000			880 000 000
投资活动产生的现金流量净额	−210 000 000	−30 000 000			−240 000 000
三、筹资活动产生的现金流量					
吸收投资收到的现金	150 000 000	50 000 000			200 000 000
取得借款收到的现金	50 000 000	30 000 000			80 000 000
筹资活动现金流入小计	200 000 000	80 000 000			280 000 000
偿还债务支付的现金	120 000 000	100 000 000			220 000 000
分配股利、利润或偿付利息支付的现金	30 000 000	10 000 000			40 000 000
筹资活动现金流出小计	150 000 000	110 000 000			260 000 000
筹资活动产生的现金流量净额	50 000 000	−30 000 000			20 000 000
四、现金及现金等价物净增加额	40 000 000	10 000 000			50 000 000
加：期初现金及现金等价物余额	70 000 000	60 000 000			130 000 000
五、期末现金及现金等价物余额	110 000 000	70 000 000			180 000 000

2. 支付对价的账面价值不等于子公司净资产的账面价值

(1) 支付对价的账面价值大于子公司净资产的账面价值

在这种情形下,由于初始投资成本为子公司净资产的账面价值,母公司的支付对价与初始投资成本之间就会存在差额,该差额应在投资时冲减母公司的资本公积。资本公积不足冲减的,冲减盈余公积和未分配利润。抵消分录不变。

【例 4-9】 沿用例 4-8 的资料,假设 20×9 年 4 月 1 日 M 公司以发行 2 800 万股面值为 10 元的普通股换取 N 公司的全部股权。其他资料不变。

有关业务处理如下:

① 20×9 年 4 月 1 日,M 公司在取得全部股权时,应编制会计分录如下。

	借方	贷方
借:长期股权投资——N 公司	250 000 000	
资本公积	30 000 000	
贷:股本		280 000 000

② 在编制合并财务报表时,M 公司应编制抵消分录如下。

	借方	贷方
借:股本	100 000 000	
资本公积	30 000 000	
盈余公积	20 000 000	
未分配利润	100 000 000	
贷:长期股权投资——N 公司		250 000 000

(2) 支付对价的账面价值小于子公司净资产的账面价值

在这种情形下,母公司的支付对价与初始投资成本之间的差额,应在投资时增加母公司的资本公积。抵消分录不变。

【例 4-10】 沿用例 4-8 的资料,假设 20×9 年 4 月 1 日 M 公司以发行 2 000 万股面值为 10 元的普通股换取 N 公司的全部股权。其他资料不变。

有关业务处理如下:

① 20×9 年 4 月 1 日,M 公司在取得全部股权时,应编制会计分录如下。

	借方	贷方
借:长期股权投资——N 公司	250 000 000	
贷:股本		200 000 000
资本公积		50 000 000

② 在编制合并财务报表时,M 公司应编制抵消分录如下。

	借方	贷方
借:股本	100 000 000	
资本公积	30 000 000	
盈余公积	20 000 000	
未分配利润	100 000 000	
贷:长期股权投资——N 公司		250 000 000

（二）母公司取得子公司部分股权的合并财务报表

在同一控制下母公司取得子公司非100%的控股权时，主要涉及少数股东权益和少数股东收益的确认。少数股东权益在合并利润表中与母公司的收益分开，单独记列。其他方面基本同母公司取得子公司的全部股权。

1. 支付对价的账面价值等于子公司净资产的账面价值乘以控股权比例

在这种情形下，母公司股权投资的初始成本等于子公司净资产的账面价值乘以控股权比例。在编制抵消分录时，股权投资成本与子公司净资产的账面价值对冲，差额即为少数股东权益。同时，应将子公司自年初至投资时的利润分为少数股东利润和多数股东利润。对于少数股东利润，在编制抵消分录时，应借记“少数股东损益”账户，贷记“少数股东权益”账户。

【例 4-11】 假设M公司成立于20×9年1月1日，20×9年4月1日M公司以发行2 000万股面值为10元的普通股换取N公司80%的股权。其他资料同例4-8。

有关业务处理如下：

(1) 20×9年4月1日M公司在取得80%股权时，应编制会计分录如下。

借：长期股权投资——N公司(250 000 000×80%)　　200 000 000
　贷：股本　　200 000 000

(2) 在编制合并财务报表时，M公司应编制抵消分录如下。

① 借：股本　　100 000 000
　　　资本公积　　30 000 000
　　　盈余公积　　20 000 000
　　　未分配利润　　100 000 000
　　贷：长期股权投资——N公司　　200 000 000
　　　　少数股东权益(250 000 000×20%)　　50 000 000

② 借：少数股东损益　　10 000 000
　　贷：少数股东权益　　10 000 000

③ 借：未分配利润　　10 000 000
　　贷：少数股东损益　　10 000 000

2. 支付对价的账面价值不等于子公司净资产的账面价值乘以控股权比例

在此种情形下，在确认初始股权投资成本时，按子公司净资产账面价值乘以股权比例确认，支付对价的账面价值与初始成本之间的差额增加或冲减资本公积，资本公积不足冲减的，冲减盈余公积和未分配利润。

【例 4-12】 沿用例4-8的资料，假设20×9年4月1日M公司以发行2 600万股面值为10元的普通股换取N公司80%的股权。其他资料不变。

(1) 20×9 年 4 月 1 日 M 公司在取得全部股权时,应编制会计分录如下。

借:长期股权投资——N 公司(250 000 000×80%)　　200 000 000
　　资本公积　　50 000 000
　　盈余公积　　10 000 000
　贷:股本　　260 000 000

(2) 在编制合并财务报表时,M 公司应编制抵消分录如下。

① 借:股本　　100 000 000
　　　资本公积　　30 000 000
　　　盈余公积　　20 000 000
　　　未分配利润　　100 000 000
　　贷:长期股权投资——N 公司　　200 000 000
　　　　少数股东权益(250 000 000×20%)　　50 000 000

② 借:少数股东损益　　10 000 000
　　贷:少数股东权益　　10 000 000

③ 借:未分配利润　　10 000 000
　　贷:少数股东损益　　10 000 000

练　　习

一、思考题

1. 编制合并财务报表必须符合哪些基本条件?
2. 合并财务报表的理论有哪些?它们之间有何不同?
3. 应纳入合并财务报表范围的子公司包括哪些?
4. 哪些子公司不应纳入合并财务报表的范围?
5. 合并报表工作底稿的编制包括哪些程序?
6. 什么是控制?合并财务报表中的控制有何特点?控制的具体标准是什么?

二、练习题

1. 单项选择题

(1) 合并财务报表的主体为(　　)。

A. 母公司　　B. 母公司和子公司组成的企业集团

C. 总公司　　D. 总公司和分公司组成的企业集团

(2) H公司持有甲公司80%的权益性资本，持有乙公司40%的权益性资本，持有丙公司60%的权益性资本；甲公司持有乙公司30%的权益性资本；丙公司持有乙公司20%的权益性资本。那么，H公司直接和间接控制乙公司的权益性资本的比例为(　　)。

A. 54%　　B. 64%　　C. 78%　　D. 90%

(3) 商誉形成的原因主要有(　　)。

A. 母、子公司的会计年度不一致

B. 母、子公司采用不同的会计政策

C. 母公司收购子公司的成本大于享有对子公司净资产公允价值的份额

D. 子公司存在潜在负债

(4) 甲公司拥有乙公司60%的股份，拥有丙公司30%的股份，乙公司拥有丙公司25%的股份，在这种情况下，甲公司编制合并会计报表时，应当将(　　)纳入合并会计报表的合并范围。

A. 乙公司　　B. 丙公司

C. 乙公司和丙公司　　D. 两家都不是

(5) 母公司对非同一控制下企业投资，如果需要在控制权取得日编制合并会计报表，则需编制(　　)。

A. 合并资产负债表　　B. 合并资产负债表和合并利润表

C. 合并现金流量表　　D. B和C

(6) 不属于编制合并会计报表的合并理论的是(　　)。

A. 所有权理论　　B. 权益结合法理论

C. 经济实体理论　　D. 母公司理论

(7) 编制合并会计报表的前提条件不包括(　　)。

A. 母公司与子公司统一会计报表决算日和会计期间

B. 母公司与子公司统一会计政策

C. 母公司与子公司的会计报表在合并前必须经注册会计师审计

D. 对子公司权益性资本应调整为权益法核算

(8) 国际会计准则委员会制定发布的有关合并会计报表的准则以及我国关于合并会计报表准则采用的合并理论为(　　)。

A. 所有权理论　　B. 经济实体理论

C. 子公司理论　　D. 母公司理论

(9) 在非同一控制下，子公司净资产的公允价值与账面价值之间的差额应该调整(　　)。

A. 母公司资本公积　　B. 子公司的资本公积

C. 母公司的未分配利润　　D. 子公司的未分配利润

(10) 在同一控制下进行购并日合并时，母公司应对子公司的净资产采用(　　)合并。

A. 账面价值　　B. 公允价值　　C. 可变现净值　　D. 现值

2. 计算与分录题

(1) P公司与S公司均为M公司的控股子公司，20×8年1月5日(合并日)，P公司以银行存款920 000元获得S公司60%的有表决权的股份。在合并过程中发生的审计费、评估费和法律咨询费等为50 000元，P公司以银行存款支付。P公司和S公司在合并日的资产负债表资料如表1所示。

表1　资产负债表资料　　元

资产项目	公司名称		权益项目	公司名称	
	P公司	S公司		P公司	S公司
银行存款	2 500 000	1 850 000	应付账款	1 800 000	800 000
原材料	2 600 000	1 000 000	长期借款	2 200 000	700 000
固定资产	6 000 000	1 000 000	应付债券	4 100 000	650 000
			负债合计	8 100 000	2 150 000
			股本	2 150 000	1 000 000
			资本公积	400 000	350 000
			盈余公积	350 000	250 000
			未分配利润	100 000	100 000
			股东权益合计	3 000 000	1 700 000
资产总额	11 100 000	3 850 000	权益总计	11 100 000	3 850 000

要求：编制合并日P公司合并资产负债表的调整抵消分录。

(2) 若上题中P公司不以银行存款而发行80万股的普通股(每股面值1元，每股市价2.5元，发行费20万元)去交换S公司60%的有表决权的股份，其他条件不变，请编制合并日P公司的合并资产负债表。

三、案例

1. W公司欲扩大规模、增强竞争力，以防止被兼并。现有两个可选择的方案：第一个方案是由股东追加投资1 000万元用两年时间进行生产设备的购置、厂房的建造，该生产线上马后，第一年可获利润200万元；第二个方案是现在就以银行借款1 600万元收购与本企业颇有竞争能力的C公司，借款利率为8%。收购成功后第一年起每年可增加利润200万元。如果你是决策者，你会选择哪一方案？为什么？

2. 公司以50万元收购了净资产为70万元的A公司。会计师甲认为20万元的负商誉应冲减固定资产等非流动资产的价值，会计师乙却认为应计入资本公积。如果不考虑现行会计制度的影响，你认为上述两种观点哪一种更为恰当？为什么？

B&E

第五章 合并财务报表——控制权取得日后合并财务报表的编制

本章范围

集团公司内部母公司与其所属子公司之间以及子公司之间，除股权投资以外还会发生各种内部交易事项，并反映在个别报表中。本章主要系统介绍控制权取得日后合并财务报表的具体编制、集团内部交易事项的类型以及内部交易事项对合并财务报表的影响。集团内部交易事项着重介绍编制合并财务报表时集团公司内部存货交易、内部往来业务和内部固定资产交易等事项的抵消原则和抵消方法，并简要介绍企业合并应予披露的事项。

学习目标

1. 掌握控制权取得日后合并财务报表的编制方法；
2. 理解集团公司内部交易事项的含义和类型；
3. 掌握编制合并财务报表时当期及连续各期内部交易抵消方法；
4. 熟悉合并财务报表附注披露的内容。

第一节　非同一控制下控制权取得日后合并财务报表的编制

合并报表准则规定，合并财务报表应当以母公司和其子公司的财务报表为基础，根据其他有关资料，按照权益法调整对子公司的长期股权投资后，由母公司编制。

在合并工作底稿中，按权益法调整对子公司的长期股权投资时，应按照《企业会计准则第2号——长期股权投资》所规定的权益法进行调整。在确认应享有子公司净损益的份额时，对于属于非同一控制下企业合并形成的长期股权投资，应当以在备查簿中记录的子公司各项可辨认资产、负债及或有负债等在购买日的公允价值为基础，对该子公司的净利润进行调整后确认；对于属于同一控制下的企业合并形成的长期股权投资，可以直接以该子公司的净利润进行确认，但是该子公司的会计政策或会计期间与母公司不一致的，仍需要对净利润进行调整。如果存在未实现内部交易损益，在采用权益法进行调整时还应该对未实现内部交易损益进行调整(参见本章第三节的相关内容)。

一、控制权取得日后第一年合并财务报表的编制

控制权取得日后的合并财务报表包括合并资产负债表、合并利润表、合并现金流量表和合并股东权益变动表。控制权取得日后合并财务报表抵消分录的类型包括：

(1) 各子公司的所有者权益项目与母公司长期股权投资抵消；

(2) 各子公司当年利润分配与母公司当年投资收益抵消；

(3) 母公司与子公司以及子公司之间的内部往来和内部交易事项予以抵消。

本节主要讨论(1)(2)两种类型的抵消业务，内部交易事项在第三节进行讨论。

(一) 对子公司拥有全部股权的合并财务报表的编制

当子公司为母公司的全资子公司时，编制合并财务报表时，因不存在少数股东权益，应将母公司按权益法调整后的长期股权投资与子公司的全部所有者权益予以抵消，母公司的投资收益与子公司利润分配各项目予以抵消。

【例 5-1】 续用上一章的例 4-1，假定 M 公司 20×8 年 1 月 1 日的购买价格为 63 000 000 元，而 N 公司净资产在购买日的公允价值也为 63 000 000 元，再假设 20×8 年子公司取得利润 8 400 000 元，分配股利 6 000 000 元。

按照准则规定，M 公司应按 N 公司的净利润确认投资收益。

1. M 公司应编制会计分录

(1) 借：长期股权投资　　　　8 400 000

　　贷：投资收益　　　　　　8 400 000

(2) 借：应收股利　　　　　　6 000 000

　　贷：长期股权投资　　　　6 000 000

这两笔分录编制后，M 公司长期股权投资的余额＝63 000 000＋8 400 000－6 000 000＝65 400 000(元)。

2. M 公司合并工作底稿中编制的抵消分录

(1) 将利润分配表中 N 公司利润分配项目与 M 公司投资收益抵消

借：投资收益　　　　8 400 000

贷：利润分配——现金股利　6 000 000

长期股权投资——N 公司　2 400 000

（2）将 M 公司的长期股权投资与 N 公司所有者权益项目抵消

借：股本　50 000 000

资本公积　11 000 000

盈余公积　1 000 000

未分配利润　1 000 000

贷：长期股权投资——N 公司　63 000 000

（3）将 N 公司个别所有者权益变动表中提取盈余公积的 M 公司所占份额与 M 公司"盈余公积"抵消

借：盈余公积　2 400 000

贷：利润分配——提取盈余公积　2 400 000

（4）将 N 公司"应付股利"与 M 公司"应收股利"中应收 N 公司股利抵消

借：应付股利　6 000 000

贷：应收股利　6 000 000

3. 合并工作底稿，见表 5-1

表 5-1　M 公司合并财务报表的工作底稿　元

项　　目	M 公司	N 公司	调整抵消分录		合并后数额
			借　方	贷　方	
利润表（20×8 年）和利润分配表					
营业收入	500 000 000	50 000 000			550 000 000
营业成本	200 000 000	12 000 000			212 000 000
营业税金及附加	38 400 000	4 000 000			42400 000
销售费用	40 000 000	5 000 000			45 000 000
管理费用	120 000 000	8 500 000			128 500 000
财务费用	10 000 000	10 000 000			20 000 000
投资收益——N 公司	8400 000		① 8 400 000		
营业利润	100 000 000	10 500 000			102 100 000
所得税费用（20%）	20 000 000	2 100 000			22 100 000
净利润	80 000 000	8 400 000			80 000 000
加：年初未分配利润	13 000 000	1 000 000	② 1 000 000		13 000 000
减：提取盈余公积	15 000 000	2 400 000		③ 2 400 000	15 000 000
减：分配股利	58 000 000	6 000 000		① 6 000 000	58 000 000
未分配利润	20 000 000	1 000 000			20 000 000

续表

项　目	M公司	N公司	调整抵消分录		合并后数额
			借　方	贷　方	
资产负债表(20×8年12月31日)					
现金	53 500 000	30 000 000			83 500 000
应收账款	20 000 000	25 000 000			45 000 000
应收股利	6 000 000			④ 6 000 000	
存货	25 000 000	20 000 000			45 000 000
固定资产	55 000 000	26 000 000			81 000 000
长期股权投资——N公司	65 400 000			① 2 400 000	
				② 63 000 000	
资产合计	224 900 000	101 000 000			254 500 000
应付账款	31 000 000	15 000 000			46 000 000
短期借款	45 900 000	14 600 000			60 500 000
应付股利		6 000 000	④ 6 000 000		
股本	80 000 000	50 000 000	② 50 000 000		80 000 000
资本公积	20 000 000	11 000 000	② 11 000 000		20 000 000
盈余公积	28 000 000	3 400 000	② 1 000 000		28 000 000
			③ 2 400 000		
未分配利润	20 000 000	1 000 000	② 1 000 000		20 000 000
负债和权益合计	224 900 000	101 000 000			254 500 000

当母公司的购买价格大于子公司净资产的公允价值时,合并将会产生商誉。产生商誉的合并与不产生商誉的合并基本相同,只是合并抵消分录稍有不同。

【例 5-2】 续用上一章例 4-1,假定 M 公司 20×8 年 1 月 1 日的购买价格为 75 000 000 元。其他资料同例 5-1。

M 公司在权益法下,长期股权投资的余额＝75 000 000＋8 400 000－6 000 000＝77 400 000(元),见表 5-2。

1. 在这种情形下上述第二笔抵消分录

借:股本	50 000 000
资本公积	11 000 000
盈余公积	1 000 000
未分配利润	1 000 000
商誉	12 000 000
贷:长期股权投资——N公司	75 000 000

2. 合并工作底稿，见表 5-2

表 5-2 M公司合并财务报表的工作底稿 元

项 目	M公司	N公司	调整抵消分录		合并后数额
			借 方	贷 方	
利润表(20×8 年)和利润分配表					
营业收入	500 000 000	50 000 000			550 000 000
营业成本	200 000 000	12 000 000			212 000 000
营业税金及附加	38 400 000	4 000 000			42 400 000
销售费用	40 000 000	5 000 000			45 000 000
管理费用	120 000 000	8 500 000			128 500 000
财务费用	10 000 000	10 000 000			20 000 000
投资收益——N公司	8 400 000		① 8 400 000		
营业利润	100 000 000	10 500 000			102 100 000
所得税费用(20%)	20 000 000	2 100 000			22 100 000
净利润	80 000 000	8 400 000			80 000 000
加：年初未分配利润	13 000 000	1 000 000	② 1 000 000		13 000 000
减：提取盈余公积	15 000 000	2 400 000		③ 2 400 000	15 000 000
减：分配股利	58 000 000	6 000 000		① 6 000 000	58 000 000
未分配利润	20 000 000	1 000 000			20 000 000
资产负债表(20×8 年 12 月 31 日)					
现金	53 500 000	30 000 000			83 500 000
应收账款	20 000 000	25 000 000			45 000 000
应收股利	6 000 000			④ 6 000 000	—
存货	25 000 000	20 000 000			45 000 000
长期股权投资——N公司	77 400 000			① 2 400 000 ② 75 000 000	—
商誉			② 12 000 000		12 000 000
固定资产	55 000 000	26 000 000			81 000 000
资产合计	236 900 000	101 000 000			266 500 000
应付账款	43 000 000	15 000 000			58 000 000
短期借款	45 900 000	14 600 000			60 500 000
应付股利		6 000 000	④ 6 000 000		—
股本	80 000 000	50 000 000	② 50 000 000		80 000 000
资本公积	20 000 000	11 000 000	② 11 000 000		20 000 000
盈余公积	28 000 000	3 400 000	② 1 000 000 ③ 2 400 000		28 000 000
未分配利润	20 000 000	1 000 000	② 1 000 000		20 000 000
负债和权益合计	236 900 000	101 000 000			266 500 000

（二）对子公司拥有部分股权的合并财务报表的编制

当纳入合并报表的子公司为非全资子公司时，应当将调整后母公司对子公司的权益性投资的数额与子公司所有者权益中属于母公司的数额抵消，子公司所有者权益中属于少数股东的份额，作为"少数股东权益"单独反映。

【例 5-3】 续例 5-2。假定 M 公司 20×8 年 1 月 1 日以购买价格 75 000 000 元购买 N 公司 80%的股权，其他资料不变。

1. M 公司在权益法下，编制会计分录

调整后净利润＝8 400 000×80%＝6 720 000(元)

(1) 借：长期股权投资　　6 720 000

　　贷：投资收益　　6 720 000

(2) 借：应收股利(6 000 000×80%)　　4 800 000

　　贷：长期股权投资　　4 800 000

长期股权投资的余额＝75 000 000＋6 720 000－4 800 000＝76 920 000(元)

2. M 公司合并工作底稿中编制的抵消分录

(1) 将利润分配表中 N 公司利润分配项目与 M 公司投资收益抵消

借：投资收益　　6 720 000

　　少数股东权益(6 000 000×20%)　　1 200 000

　贷：利润分配——现金股利　　6 000 000

　　　长期股权投资——N 公司　　1 920 000

这笔分录是 M 公司抵消投资收益和分派股利的合成。由于 N 公司分派股利会影响少数股东权益，所以对少数股东权益进行了调整。

(2) 将 M 公司的长期股权投资与 N 公司所有者权益项目抵消

借：股本　　50 000 000

　　资本公积　　11 000 000

　　盈余公积　　1 000 000

　　未分配利润　　1 000 000

　　商誉　　24 600 000

　贷：长期股权投资——N 公司　　75 000 000

　　　少数股东权益　　12 600 000

(3) 将 N 公司个别所有者权益变动表中提取盈余公积的 M 公司所占份额与 M 公司"盈余公积"抵消

借：盈余公积　　2 400 000

　　贷：利润分配——提取盈余公积　　　　　　　　　　　　　　　　2 400 000

(4) 将N公司"应付股利"与M公司"应收股利"中应收N公司股利抵消

借：应付股利　　　　　　　　　　　　　　　　　　　　　　4 800 000

　　贷：应收股利　　　　　　　　　　　　　　　　　　　　　　　4 800 000

(5) 将N公司实现的净利润中的少数股权所占比例与少数股东权益项目抵消

借：少数股东损益(8 400 000×20％)　　　　　　　　　　　　1 680 000

　　贷：少数股东权益　　　　　　　　　　　　　　　　　　　　　1 680 000

3. M公司合并财务报表工作底稿，见表5-3

表5-3　M公司合并财务报表工作底稿　　元

项　　目	M公司	N公司	调整抵消分录		合并后数额
			借　方	贷　方	
利润表(20×8年)和利润分配表					
营业收入	500 000 000	50 000 000			550 000 000
营业成本	200 000 000	12 000 000			212 000 000
营业税金及附加	38 400 000	4 000 000			42 400 000
销售费用	40 000 000	5 000 000			45 000 000
管理费用	120 000 000	8 500 000			128 500 000
财务费用	10 000 000	10 000 000			20 000 000
投资收益——N公司	6 720 000		① 6 720 000		—
营业利润	98 320 000	10 500 000			102 100 000
所得税费用(20％)	19 660 000	2 100 000			21 760 000
少数股东损益			⑤ 1 680 000		(1 680 000)
净利润	78 660 000	8 400 000			78 660 000
加：年初未分配利润	13 000 000	1 000 000	② 1 000 000		13 000 000
减：提取盈余公积	15 000 000	2 400 000		③ 2 400 000	15 000 000
减：分配股利	56 660 000	6 000 000		① 6 000 000	56 660 000
未分配利润	20 000 000	1 000 000			20 000 000
资产负债表(20×8年12月31日)					
现金	65 580 000	30 000 000			95 580 000
应收账款	20 000 000	25 000 000			45 000 000
应收股利	4 800 000			④ 4 800 000	—
存货	25 000 000	20 000 000			45 000 000
长期股权投资——N公司	76 920 000			① 1 920 000 ② 75 000 000	—
商誉			② 24 600 000		24 600 000

续表

项　　目	M 公司	N 公司	调整抵消分录		合并后数额
			借　方	贷　方	
固定资产	55 000 000	26 000 000			81 000 000
资产合计	247 300 000	101 000 000			291 180 000
应付账款	32 620 000	15 000 000			47 620 000
短期借款	66 680 000	14 600 000			81 280 000
应付股利		6 000 000	④ 4 800 000		1 200 000
股本	80 000 000	50 000 000	② 50 000 000		80 000 000
资本公积	20 000 000	11 000 000	② 11 000 000		20 000 000
盈余公积	28 000 000	3 400 000	② 1 000 000 ③ 2400 000		28 000 000
未分配利润	20 000 000	1 000 000	② 1 000 000		20 000 000
少数股东权益			① 1 200 000	② 12 600 000 ⑤ 1 680 000	13 080 000
负债和权益合计	247 300 000	101 000 000			291 180 000

二、控制权取得日后连续各期合并财务报表的编制

在首期编制合并财务报表时，已经将集团内部由于股权投资产生的母公司长期股权投资与子公司所有者权益、母公司投资收益与子公司利润分配项目等进行了抵消。但是，这种抵消仅仅是在合并工作底稿中进行的，并没有相应记入企业集团母公司及子公司的个别账户之中。因而，这些企业在以后年度仍然是以个别企业账簿记录为依据编制的个别财务报表，而合并财务报表也是以这些个别报表为基础编制的，所以，在第二期以及以后各期连续编制合并财务报表时，不仅要抵消企业集团在本年度发生的股权投资和内部交易事项，还要考虑以前年度企业集团内部业务对本年度个别报表的后续影响。

（一）对子公司拥有全部股权的合并财务报表的编制

【例 5-4】 续例 5-2，假设 20×9 年 N 公司实现净利润 9 000 000 元，宣告发放股利 8 000 000 元，见表 5-4。

1. M 公司 20×9 年的会计分录

（1）借：长期股权投资　　9 000 000

　　贷：投资收益　　9 000 000

(2) 借：应收股利　　8 000 000

　　贷：长期股权投资　　8 000 000

“长期股权投资”账户的余额如图 5-1 所示。

长期股权投资

20×8 年 1 月 1 日	75 000 000	20×8 年宣告股利	6 000 000
20×8 年确认投资收益	8 400 000		
20×8 年 12 月 31 日	77 400 000	20×9 年宣告股利	8 000 000
20×9 年确认投资收益	9 000 000		
20×9 年 12 月 31 日	78 400 000		

图 5-1　“长期股权投资”账户的余额

2. M 公司编制合并财务报表的抵消分录

(1) 将利润分配表中 N 公司利润分配项目与 M 公司投资收益抵消

借：投资收益　　9 000 000

　　未分配利润——年初　　8 400 000

　贷：利润分配——现金股利　　14 000 000

　　　长期股权投资　　3 400 000

该笔分录不仅将当年集团内部的投资收益及分配的股利抵消，同时应将上年的投资收益和分配的股利抵消。由于上年度的投资收益已转入利润分配——未分配利润，故将未分配利润——年初抵消，目的是使长期股权投资恢复到期初余额。

(2) 将 M 公司的长期股权投资与 N 公司所有者权益项目抵消

借：股本　　50 000 000

　　资本公积　　11 000 000

　　盈余公积　　1 000 000

　　未分配利润　　1 000 000

　　商誉　　12 000 000

　贷：长期股权投资——N 公司　　75 000 000

(3) 将 N 公司个别所有者权益变动表中提取盈余公积的 M 公司所占份额与 M 公司“盈余公积”抵消

借：盈余公积　　3 400 000

　贷：利润分配——提取盈余公积　　3 400 000

(4) 将 N 公司“应付股利”与 M 公司“应收股利”中应收 N 公司股利抵消

借：应付股利　　8 000 000

　贷：应收股利　　8 000 000

3．M公司合并财务报表工作底稿，见表5-4

表5-4　M公司合并财务报表工作底稿　　元

项　　目	M公司	N公司	调整抵消分录		合并后数额
			借　方	贷　方	
利润表（20×9年）和利润分配表					
营业收入	550 000 000	53 000 000			603 000 000
营业成本	220 000 000	15 000 000			235 000 000
营业税金及附加	44 000 000	4 200 000			48 200 000
销售费用	45 000 000	5 200 000			50 200 000
管理费用	140 000 000	16 350 000			156 350 000
财务费用	10 000 000	1 000 000			11 000 000
投资收益——N公司	9 000 000		①9 000 000		—
营业利润	100 000 000	11 250 000			102 250 000
所得税费用(20%)	20 000 000	2 250 000			22 250 000
净利润	80 000 000	9 000 000			80 000 000
加：年初未分配利润	20 000 000	1 000 000	①8 400 000 ②1 000 000		11 600 000
减：提取盈余公积	16 000 000	1 000 000		③3 400 000	13 600 000
减：分配股利	60 000 000	8 000 000		①14 000 000	54 000 000
未分配利润	24 000 000	1 000 000			24 000 000
资产负债表（20×9年12月31日）					
现金	34 000 000	37 000 000			71 000 000
应收账款	25 000 000	18 000 000			43 000 000
应收股利	8 000 000			④8 000 000	—
存货	30 000 000	26 000 000			56 000 000
长期股权投资——N公司	78 400 000			①3 400 000 ②75 000 000	—
商誉			②12 000 000		12 000 000
固定资产	50 000 000	20 000 000			70 000 000
资产合计	225 400 000	101 000 000			252 000 000
应付账款	29 000 000	16 000 000			45 000 000
短期借款	28 400 000	10 600 000			39 000 000
应付股利		8 000 000	④8 000 000		—
股本	80 000 000	50 000 000	②50 000 000		80 000 000
资本公积	20 000 000	11 000 000	②11 000 000		20 000 000
盈余公积	44 000 000	4 400 000	②1 000 000 ③3 400 000		44 000 000
未分配利润	24 000 000	1 000 000	②1 000 000		24 000 000
负债和权益合计	225 400 000	101 000 000			252 000 000

（二）对子公司拥有部分股权的合并财务报表的编制

【例 5-5】 续例 5-3，假定 M 公司 20×8 年 1 月 1 日以购买价格 75 000 000 元购买 N 公司 80%的股权，N 公司 20×9 年实现净利润 9 000 000 元，宣告发放股利 8 000 000 元，见表 5-5。

1. M 公司编制会计分录

调整后净利润＝9 000 000×80%＝7 200 000（元）

（1）借：长期股权投资　　7 200 000
　　贷：投资收益　　7 200 000

（2）借：应收股利（800×80%）　　6 400 000
　　贷：长期股权投资　　6 400 000

“长期股权投资”账户的余额如图 5-2 所示。

长期股权投资

20×8 年 1 月 1 日	75 000 000	20×8 年宣告股利	4 800 000
20×8 年确认投资收益	6 720 000		
20×8 年 12 月 31 日	76 920 000	20×9 年宣告股利	6 400 000
20×9 年确认投资收益	7 200 000		
20×9 年 12 月 31 日	77 720 000		

图 5-2 “长期股权投资”账户的余额

2. M 公司合并工作底稿中编制的抵消分录

（1）将利润分配表中 N 公司利润分配项目与 M 公司投资收益抵消

借：未分配利润——年初　　6 720 000
　　投资收益　　7 200 000
　　少数股东权益（1 400×20%）　　2 800 000
　贷：利润分配——现金股利　　14 000 000
　　长期股权投资——N 公司　　2 720 000

（2）将 M 公司的长期股权投资与 N 公司所有者权益项目抵消

借：股本　　50 000 000
　　资本公积　　11 000 000
　　盈余公积　　1 000 000
　　未分配利润　　1 000 000
　　商誉　　24 600 000
　贷：长期股权投资——N 公司　　75 000 000

少数股东权益　　12 600 000

(3) 将N公司个别所有者权益变动表中提取盈余公积的M公司所占份额与M公司"盈余公积"抵消

借：盈余公积　　3 400 000

　贷：利润分配——提取盈余公积　　3 400 000

(4) 将N公司"应付股利"与M公司"应收股利"中应收N公司股利抵消

借：应付股利　　6 400 000

　贷：应收股利　　6 400 000

(5) 将N公司实现的净利润中的少数股权所占比例与少数股东权益项目抵消

借：未分配利润——年初　　1 680 000

　　少数股东损益　　1 800 000

　贷：少数股东权益　　3 480 000

3. M公司合并财务报表工作底稿，见表5-5。

表5-5　M公司合并财务报表工作底稿　　元

项　目	M公司	N公司	调整抵消分录		合并后数额
			借　方	贷　方	
利润表(20×9年)和利润分配表					
营业收入	550 000 000	530 000 000			603 000 000
营业成本	220 000 000	15 000 000			235 000 000
营业税金及附加	44 000 000	4 200 000			48 200 000
销售费用	45 400 000	5 200 000			50 600 000
管理费用	140 000 000	16 350 000			156 350 000
财务费用	9 500 000	1 000 000			10 500 000
投资收益——N公司	7 200 000		①7 200 000		—
营业利润	98 300 000	11 250 000			102 350 000
所得税费用(20%)	19 660 000	2 250 000			21 910 000
少数股东损益			⑤1 800 000		1 800 000
净利润	78 640 000	9 000 000			78 640 000
加：年初未分配利润	20 000 000	1 000 000	①6 720 000 ②1 000 000 ⑤1 680 000		11 600 000
减：提取盈余公积	16 000 000	1 000 000		③3 400 000	13 600 000
减：分配股利	60 000 000	8 000 000		①14 000 000	54 000 000
未分配利润	22 640 000	1 000 000			22 640 000

续表

项　　目	M 公司	N 公司	调整抵消分录		合并后数额
			借　方	贷　方	
资产负债表(20×9 年 12 月 31 日)					
现金	33 880 000	40 000 000			73 880 000
应收账款	25 000 000	19 000 000			44 000 000
应收股利	6 400 000			④6 400 000	—
存货	30 000 000	22 000 000			52 000 000
长期股权投资——N 公司	77 720 000			①2 720 000	—
				②75 000 000	
商誉			②24 600 000		24 600 000
固定资产	50 000 000	20 000 000			70 000 000
资产合计	223 000 000	101 000 000			264 480 000
应付账款	26 600 000	16 000 000			42 600 000
短期借款	29 760 000	10 600 000			40 360 000
应付股利		8 000 000	④6 400 000		1 600 000
股本	80 000 000	50 000 000	②50 000 000		80 000 000
资本公积	20 000 000	11 000 000	②11 000 000		20 000 000
盈余公积	44 000 000	4 400 000	②1 000 000		44 000 000
			③3 400 000		
未分配利润	22 640 000	1 000 000	②1 000 000		22 640 000
少数股东权益			①2 800 000	②12 600 000	13 280 000
				⑦3 480 000	
负债和权益合计	223 000 000	101 000 000			264 480 000

第二节　同一控制下控制权取得日后合并财务报表的编制

一、控制权取得日后第一年合并财务报表的编制

控制权取得日后的合并财务报表包括合并资产负债表、合并利润表、合并现金流量表和合并股东权益变动表。控制权取得日后合并财务报表抵消分录的类型包括：

(1) 各子公司的所有者权益项目与母公司长期股权投资抵消；

(2) 股东权益变动表中的利润分配表中各子公司当年利润分配与母公司当年投资收益抵消；

(3) 母公司与子公司以及子公司之间的内部往来和内部交易事项予以抵消。

本节主要讨论(1)(2)两种类型的抵消业务，内部交易事项将在第三节进行讨论。

（一）对子公司拥有全部股权的合并财务报表的编制

【例 5-6】 续用上一章的例 4-1，假定 M 公司以 63 000 000 元的价格购买 N 公司的全部股份，且为同一控制下的企业合并。

由于在同一控制下，企业合并时按被并企业的账面价值入账的，所以，在权益法下，也无须对子公司的账面净利润进行调整。

1. M 公司在权益法下，应编制会计分录

(1) 借：长期股权投资　　8 400 000
　　贷：投资收益　　8 400 000
(2) 借：应收股利　　6 000 000
　　贷：长期股权投资　　6 000 000

长期股权投资余额＝63 000 000＋8 400 000－6 000 000＝65 400 000(元)

2. M 公司合并工作底稿中编制的抵消分录

(1) 将利润分配表中 N 公司利润分配项目与 M 公司投资收益抵消

借：投资收益　　8 400 000
　贷：利润分配——现金股利　　6 000 000
　　长期股权投资——N 公司　　2 400 000

(2) 将 M 公司的长期股权投资与 N 公司所有者权益项目抵消

借：股本　　50 000 000
　资本公积　　11 000 000
　盈余公积　　1 000 000
　未分配利润　　1 000 000
　贷：长期股权投资——N 公司　　63 000 000

(3) 将 N 公司个别所有者权益变动表中提取盈余公积的金额抵消

借：盈余公积　　2 400 000
　贷：利润分配——提取盈余公积　　2 400 000

(4) 将 N 公司“应付股利”与 M 公司“应收股利”中应收 N 公司股利抵消

借：应付股利　　6 000 000
　贷：应收股利　　6 000 000

3．M公司合并财务报表工作底稿，见表5-6。

表5-6 M公司合并财务报表工作底稿 元

项 目	M公司	N公司	调整抵消分录		合并后数额
			借 方	贷 方	
利润表(20×8年)和利润分配表					
营业收入	500 000 000	50 000 000			550 000 000
营业成本	200 000 000	12 000 000			212 000 000
营业税金及附加	38 400 000	4 000 000			42 400 000
销售费用	40 000 000	5 000 000			45 000 000
管理费用	120 000 000	8 500 000			128 500 000
财务费用	10 000 000	10 000 000			20 000 000
投资收益——N公司	8 400 000		①8 400 000		—
营业利润	100 000 000	10 500 000			102 100 000
所得税费用(20%)	20 000 000	2 100 000			22 100 000
净利润	80 000 000	8 400 000			80 000 000
加：年初未分配利润	13 000 000	1 000 000	②1 000 000		13 000 000
减：提取盈余公积	15 000 000	2 400 000		③2 400 000	15 000 000
减：分配股利	58 000 000	6 000 000		①6 000 000	58 000 000
未分配利润	20 000 000	1 000 000			20 000 000
资产负债表(20×8年12月31日)					
现金	53 500 000	30 000 000			83 500 000
应收账款	20 000 000	25 000 000			45 000 000
应收股利	6 000 000			④6 000 000	—
存货	25 000 000	20 000 000			45 000 000
固定资产	55 000 000	26 000 000			81 000 000
长期股权投资——N公司	65 400 000			①2 400 000 ②63 000 000	—
资产总计	224 900 000	101 000 000			254 500 000
应付账款	31 000 000	15 000 000			46 000 000
短期借款	45 900 000	14 600 000			60 500 000
应付股利		6 000 000	④6 000 000		—
股本	80 000 000	50 000 000	②50 000 000		80 000 000
资本公积	20 000 000	11 000 000	②11 000 000		20 000 000
盈余公积	28 000 000	3 400 000	②1 000 000 ③2 400 000		28 000 000
未分配利润	20 000 000	1 000 000	②1 000 000		20 000 000
负债和权益合计	224 900 000	101 000 000			254 500 000

(二) 对子公司拥有部分股权的合并财务报表的编制

【例 5-7】 假定 M 公司以 50 400 000 元的价格购买 N 公司 80%的股份,其他资料同例 5-6。

1. M 公司在权益法下,应编制会计分录

(1) 借: 长期股权投资(8 400 000×80%)　　6 720 000
　　贷: 投资收益　　6 720 000

(2) 借: 应收股利　　4 800 000
　　贷: 长期股权投资　　4 800 000

长期股权投资余额=50 400 000+6 720 000-4 800 000=52 320 000(元)

2. M 公司合并工作底稿中编制的抵消分录

(1) 将利润分配表中 N 公司利润分配项目与 M 公司投资收益抵消

借: 投资收益　　6 720 000
　少数股东权益(6 000 000×20%)　　1 200 000
　贷: 利润分配——现金股利　　6 000 000
　　长期股权投资——N 公司　　1 920 000

(2) 将 M 公司的长期股权投资与 N 公司所有者权益项目抵消

借: 股本　　50 000 000
　资本公积　　11 000 000
　盈余公积　　1 000 000
　未分配利润　　1 000 000
　贷: 长期股权投资——N 公司　　50 400 000
　　少数股东权益　　12 600 000

(3) 将 N 公司个别所有者权益变动表中提取盈余公积的金额抵消

借: 盈余公积　　2 400 000
　贷: 利润分配——提取盈余公积　　2 400 000

(4) 将 N 公司"应付股利"与 M 公司"应收股利"中应收 N 公司股利抵消

借: 应付股利　　4 800 000
　贷: 应收股利　　4 800 000

(5) 将 N 公司实现的净利润中的少数股权所占比例与少数股东权益项目抵消

借: 少数股东损益　　1 680 000
　贷: 少数股东权益　　1 680 000

3. M公司合并财务报表工作底稿，见表5-7

表5-7　M公司合并财务报表工作底稿　元

项　　目	M公司	N公司	投资抵消分录		合并后余额
			借　方	贷　方	
利润表(20×8年)和利润分配表					
营业收入	500 000 000	50 000 000			550 000 000
营业成本	200 000 000	12 000 000			212 000 000
营业税金及附加	38 400 000	4 000 000			42 400 000
销售费用	40 000 000	5 000 000			45 000 000
管理费用	120 000 000	8 500 000			128 500 000
财务费用	10 000 000	10 000 000			20 000 000
投资收益——N公司	6 720 000		①6 720 000		—
营业利润	98 320 000	10 500 000			102 100 000
所得税费用(20%)	19 660 000	2 100 000			21 760 000
少数股东收益			⑤1 680 000		(1 680 000)
净利润	78 660 000	8 400 000			78 660 000
加：年初未分配利润	13 000 000	1 000 000	②1 000 000		13 000 000
减：提取盈余公积	15 000 000	2 400 000		③2 400 000	15 000 000
减：分配股利	56 660 000	6 000 000		①6 000 000	56 660 000
未分配利润	20 000 000	1 000 000			20 000 000
资产负债表(20×8年12月31日)					
现金	65 580 000	30 000 000			95 580 000
应收账款	20 000 000	25 000 000			45 000 000
应收股利	4 800 000			④4 800 000	—
存货	25 000 000	20 000 000			45 000 000
固定资产	55 000 000	26 000 000			81 000 000
长期股权投资——N公司	52 320 000			①1 920 000 ②50 400 000	—
资产合计	222 700 000	101 000 000			266 580 000
应付账款	28 800 000	15 000 000			43 800 000
短期借款	45 900 000	14 600 000			60 500 000
应付股利		6 000 000	④4 800 000		1 200 000
股本	80 000 000	50 000 000	②50 000 000		80 000 000
资本公积	20 000 000	11 000 000	②11 000 000		20 000 000
盈余公积	28 000 000	3 400 000	②1 000 000 ③2 400 000		28 000 000
未分配利润	20 000 000	1 000 000	②1 000 000		20 000 000
少数股东权益			①1 200 000	②12 600 000 ⑤1 680 000	13 080 000
负债和权益合计	222 700 000	101 000 000			266 580 000

二、控制权取得日后连续各期合并财务报表的编制

在首期编制合并财务报表时,已经将集团内部由于股权投资产生的母公司长期股权投资与子公司所有者权益、母公司投资收益与子公司利润分配项目等进行了抵消。但是,这种抵消仅仅是在合并工作底稿中进行的,并没有相应记入企业集团母公司及子公司的个别账户之中。因而,这些企业在以后年度仍然是以个别企业账簿记录为依据编制的个别财务报表,而合并财务报表也是以这些个别报表为基础编制的。所以,在第二期以及以后各期连续编制合并财务报表时,不仅要抵消企业集团在本年度发生的股权投资和内部交易事项,还要考虑以前年度企业集团内部业务对本年度个别报表的后续影响。

(一)对子公司拥有全部股权的合并财务报表的编制

【例 5-8】 续例 5-6,假设 20×9 年 N 公司实现净利润 9 000 000 元,宣告发放股利 8 000 000 元,见表 5-8。

1. M 公司 20×9 年在权益法下的会计分录

(1) 借:长期股权投资　　9 000 000

　　贷:投资收益　　9 000 000

(2) 借:应收股利　　8 000 000

　　贷:长期股权投资　　8 000 000

"长期股权投资"账户的余额如图 5-3 所示。

长期股权投资

20×8 年 1 月 1 日	63 000 000	20×8 年宣告股利	6 000 000
20×8 年确认投资收益	8 400 000		
20×8 年 12 月 31 日	65 400 000	20×9 年宣告股利	8 000 000
20×9 年确认投资收益	9 000 000		
20×9 年 12 月 31 日	66 400 000		

图 5-3 "长期股权投资"账户的余额

2. M 公司编制合并财务报表的抵消分录

(1) 将利润分配表中 N 公司利润分配项目与 M 公司投资收益抵消

借:投资收益　　9 000 000

　　未分配利润——年初　　8 400 000

　贷:利润分配——现金股利　　14 000 000

　　　长期股权投资　　3 400 000

(2) 将 M 公司的长期股权投资与 N 公司所有者权益项目抵消

借：股本　50 000 000
　　资本公积　11 000 000
　　盈余公积　1 000 000
　　未分配利润　1 000 000
　贷：长期股权投资——N 公司　63 000 000

(3) 将 N 公司个别所有者权益变动表中提取盈余公积的金额抵消

借：盈余公积　3 400 000
　贷：利润分配——提取盈余公积　3 400 000

(4) 将 N 公司"应付股利"与 M 公司"应收股利"中应收 N 公司股利抵消

借：应付股利　8 000 000
　贷：应收股利　8 000 000

3. M 公司合并财务报表工作底稿，见表 5-8

表 5-8　M 公司合并财务报表工作底稿　元

项　　目	M 公司	N 公司	调整抵消分录		合并后数额
			借　方	贷　方	
利润表(20×9 年)和利润分配表					
营业收入	550 000 000	53 000 000			603 000 000
营业成本	220 000 000	15 000 000			235 000 000
营业税金及附加	44 000 000	4 200 000			48 200 000
销售费用	45 000 000	5 200 000			50 200 000
管理费用	140 000 000	16 350 000			156 350 000
财务费用	9 500 000	1 000 000			10 500 000
投资收益——N 公司	9 000 000		①9 000 000		—
营业利润	100 500 000	11 250 000			102 750 000
所得税费用(20%)	20 100 000	2 250 000			22 350 000
净利润	80 400 000	9 000 000			80 400 000
加：年初未分配利润	20 000 000	1 000 000	①8 400 000 ②1 000 000		11 600 000
减：提取盈余公积	16 000 000	1 000 000		③3 400 000	13 600 000
减：分配股利	60 000 000	8 000 000		①14 000 000	54 000 000
未分配利润	24 400 000	1 000 000			24 000 000
资产负债表(20×9 年 12 月 31 日)					
现金	53 000 000	30 000 000			83 000 000
应收账款	25 000 000	28 000 000			53 000 000
应收股利	8 000 000			④8 000 000	—
存货	30 000 000	22 000 000			52 000 000

续表

项　　目	M公司	N公司	调整抵消分录		合并后数额
			借　方	贷　方	
长期股权投资——N公司	66 400 000			①3 400 000 ②63 000 000	—
固定资产	50 000 000	21 000 000			71 000 000
资产总计	232 400 000	101 000 000			259 000 000
应付账款	36 000 000	16 000 000			52 000 000
短期借款	28 000 000	10 600 000			38 600 000
应付股利		8 000 000	④8 000 000		—
股本	80 000 000	50 000 000	②50 000 000		80 000 000
资本公积	20 000 000	11 000 000	②11 000 000		20 000 000
盈余公积	44 000 000	4 400 000	②1 000 000 ③3 400 000		44 000 000
未分配利润	24 400 000	1 000 000	②1 000 000		24 400 000
负债和权益合计	232 400 000	101 000 000			259 000 000

（二）对子公司拥有部分股权的合并财务报表的编制

【例5-9】 续例5-7，N公司20×9年实现净利润9 000 000元，宣告发放股利8 000 000元，见表5-9。

1. M公司在权益法下，编制会计分录

调整后净利润＝9 000 000×80％＝7 200 000(元)

(1) 借：长期股权投资　　　　7 200 000
　　贷：投资收益　　　　　　　7 200 000

(2) 借：应收股利(8 000 000×80％)　　6 400 000
　　贷：长期股权投资　　　　　　6 400 000

“长期股权投资”账户的余额如图5-4所示。

长期股权投资

20×8年1月1日	50 400 000	20×8年宣告股利	4 800 000
20×8年确认投资收益	6 720 000		
20×8年12月31日	52 320 000	20×9年宣告股利	6 400 000
20×8年确认投资收益	7 200 000		
20×9年12月31日	53 120 000		

图5-4 “长期股权投资”账户的余额

2. M公司编制合并财务报表的抵消分录

(1) 将利润分配表中N公司利润分配项目与M公司投资收益抵消

借：投资收益　　7 200 000
　　未分配利润——年初　　6 720 000
　　少数股东权益(14 000 000×20%)　　2 800 000
　贷：利润分配——现金股利　　14 000 000
　　　长期股权投资　　2 720 000

(2) 将M公司的长期股权投资与N公司所有者权益项目抵消

借：股本　　50 000 000
　　资本公积　　11 000 000
　　盈余公积　　1 000 000
　　未分配利润　　1 000 000
　贷：长期股权投资——N公司　　50 400 000
　　　少数股东权益　　12 600 000

(3) 将N公司个别所有者权益变动表中提取盈余公积的金额抵消

借：盈余公积　　3 400 000
　贷：利润分配——提取盈余公积　　3 400 000

(4) 将N公司"应付股利"与M公司"应收股利"中应收N公司股利抵消

借：应付股利　　6 400 000
　贷：应收股利　　6 400 000

(5) 将N公司实现的净利润中的少数股权所占比例与少数股东权益项目抵消

借：未分配利润——年初　　1 680 000
　　少数股东权益　　1 800 000
　贷：少数股东权益　　3 480 000

3. M公司合并财务报表工作底稿，见表5-9

表5-9　M公司合并财务报表工作底稿　　元

项　目	M公司	N公司	调整抵消分录		合并后数额
			借　方	贷　方	
利润表(20×9年)和利润分配表					
营业收入	550 000 000	53 000 000			603 000 000
营业成本	220 000 000	15 000 000			235 000 000
营业税金及附加	44 000 000	4 200 000			48 200 000
销售费用	45 000 000	5 200 000			50 200 000
管理费用	140 000 000	16 350 000			156 350 000
财务费用	9 500 000	1 000 000			10 500 000

续表

项　　目	M公司	N公司	调整抵消分录		合并后数额
			借　方	贷　方	
投资收益——N公司	7 200 000		①7 200 000		—
营业利润	98 700 000	11 250 000			102 750 000
所得税费用(20%)	19 740 000	2 250 000			21 990 000
少数股东权益			⑤1 800 000		(1 800 000)
净利润	78 960 000	9 000 000			78 960 000
加：年初未分配利润	20 000 000	1 000 000	①6 720 000 ②1 000 000 ⑤1 680 000		11 600 000
减：提取盈余公积	16 000 000	1 000 000		③3 400 000	13 600 000
减：分配股利	60 000 000	8 000 000		①14 000 000	54 000 000
未分配利润	22 960 000	1 000 000			22 960 000
资产负债表(20×9年12月31日)					
现金	53 000 000	30 000 000			83 000 000
应收账款	25 000 000	28 000 000			53 000 000
应收股利	6 400 000			④6 400 000	—
存货	30 000 000	22 000 000			52 000 000
长期股权投资——N公司	53 120 000			①2 720 000 ②50 400 000	
固定资产	50 000 000	21 000 000			71 000 000
资产合计	217 520 000	90 000 000			259 000 000
应付账款	3 380	1 600			49 800 000
短期借款	1 676	1 060			27 360 000
应付股利		800	④6 400 000		1 600 000
股本	8 000	5 000	②50 000 000		80 000 000
资本公积	2 000	1 100	②11 000 000		20 000 000
盈余公积	4 400	440	②1 000 000 ③3 400 000		44 000 000
未分配利润	2 296	100	②1 000 000		22 960 000
少数股东权益			①2 800 000	②12 600 000 ⑤3480 000	13 280 000
负债和权益合计	21 752	10 100			259 000 000

第三节　企业集团内部交易的会计处理

一、集团内部交易事项简述

(一) 集团内部交易事项的含义

企业集团内部交易　是指母公司与各子公司之间或各子公司之间的交易，按照所涉及的资产负债表项目可以分为企业集团内部存货交易、用于经营的资产交易、债权债务交易以及提供劳务等。

在日常经营中,企业集团的内部交易是经常会发生的,如果这种交易不是以成本作为价格,就会在母公司或者子公司的各自的财务报表上反映由内部交易所产生的损益。但是,因为合并主体的财务报表反映的是一个企业集团对外部的交易而形成的财务状况和经营成果,从整体上看,集团内部各公司之间的交易实质上仅仅是将资产转移了存放地点,不应该产生任何损益。所以,在合并财务报表的编制过程中,必须将内部交易的影响进行抵消和调整,从而使合并财务报表反映不包含内部交易的企业集团整体的财务状况和经营成果。否则,合并财务报表的某些项目将会被虚计或高估,只有在企业间存货或固定资产等向外界出售或消耗之后,企业集团才可确认损益。但应该注意的是,所有这些调整、抵消分录,只是为编制合并财务报表而反映在工作底稿上,并不记入母公司或子公司的账簿中。

(二) 集团内部交易事项的类型

1. 按内部交易事项是否涉及损益分类

按企业集团内部交易事项是否涉及损益可以分为:

(1) 涉及损益的内部交易事项。涉及损益的内部交易事项是指集团公司内部母公司与子公司及子公司之间发生的与损益有关的内部交易的事项。如母公司将其生产的产品出售给所属的子公司,导致母公司营业收入和营业成本增加。

涉及损益的内部交易事项按其损益是否实现,又可以分为已实现集团内部损益的交易事项和未实现集团内部损益的交易事项两种。前者是指集团公司内部母公司与子公司及各子公司之间发生了涉及损益的内部交易事项后,其购买方已于当期全部向集团外销售。后者是指集团公司内部母公司与子公司以及各子公司之间发生涉及损益的内部交易事项后,其购买方在当期尚未向集团外销售。

(2) 不涉及损益的内部交易事项。不涉及损益的内部交易事项是指集团内部母公司与子公司及子公司之间发生的交易只与资产负债表项目相关,与各公司的损益确定无关的事项,如集团公司内部的无息贷款业务、内部债权债务等,

2. 按内部交易事项的具体内容分类

按企业集团内部交易事项的具体内容可以分为:

(1) 企业集团内部存货交易;

(2) 企业集团内部债权债务;

(3) 企业集团内部固定资产交易;

(4) 企业集团内部无形资产交易;

(5) 其他内部交易。

二、集团内部存货交易的会计处理

企业集团的内部存货交易是集团内部母子公司之间或母公司所属子公司之间相互提供商品、产成品、半成品、原材料等存货的交易,是企业集团中最经常发生的内部交易。通常,母公司向其子公司的销售称为顺销,子公司对母公司的销售称为逆销,而母公司所属子公司之间的销售称为平销。

企业集团内部存货交易的价格,有的是按照成本,有的是高于或低于成本。对于母公司会计实体或子公司会计实体而言,这些内部交易与企业集团对外的存货交易一样,都将按正常的方式记录在母公司或子公司各自的账簿中,并在母公司或子公司各自的财务报表中反映这种存货交易所产生的损益。集团内部的存货交易一般有三种情况:

(1) 当期全部对集团外部销售;

(2) 当期全部未售出而形成期末存货;

(3) 当期部分对集团外部销售。

第一种情况不涉及未实现内部销售损益,但需在当期合并财务报表编制时抵消重复记录的销售收入和销售成本,后两种情况涉及未实现内部销售损益。因此,不仅影响当期合并财务报表的编制,所形成的期末存货因成为下期期初存货还影响下期合并财务报表的编制。

内部存货交易中,买方当期未售出存货形成的期末存货中包含两部分内容:一部分是真正的存货成本;另一部分为卖方的销售毛利。对于期末存货中包括的这部分销售毛利,从企业集团整体来看,并不是真正实现的损益。因为从整个企业集团来看,集团内部企业之间的商品购销活动实际上相当于企业内部物资调拨活动,既不会实现利润,也不会增加商品价值。按照实体理论,此部分被卖方确认的利润被称为未实现内部销售损益,属于母公司和少数股东的部分均未实现,应在编制合并财务报表时予以全额抵消。无论是顺销、逆销还是平销,均应全额抵消未实现内部销售损益。

(一) 集团内部存货交易发生当期的会计处理

【例 5-10】 母公司和其拥有 90%股份子公司的内部存货交易如下:

20×8 年,母公司以 200 000 000 元从外部购买一批商品,当年又以价格 240 000 000 元销售给子公司,另外假设子公司采用永续盘存制。以下分三种情况讨论:

(1) 本批存货子公司当年以价格 280 000 000 元全部对外出售,所有货款均以银行存款支付。

(2) 本批存货子公司当年完全没有对外出售。

(3) 本批存货子公司当年以价格 220 000 000 元对外出售了 75%。

1. 第一种情况：本批存货子公司全部对外出售

在购买企业从集团内部购入的存货当期全部对外出售的情况下，从销售企业来说，销售给集团内部的其他成员的商品与销售给集团外部企业的会计处理是相同的，即在销售时确认销售收入、销售成本、计算损益，并在个别利润表中反映。对于购买企业来说，当企业从内部购进的商品对外销售时，也要一方面确认销售收入；另一方面按内部转让价格结转销售成本，在个别利润表中分别作为销售收入和销售成本反映，并确认损益。也就是说，对于同一批存货，在销售企业和购买企业的个别利润表上都反映销售收入和销售成本。但从企业集团整体来看，这批存货只实现了一次销售，其销售收入只是购买企业对集团外销售所形成的销售收入，其销售成本只是集团内生产并销售该产品的企业的销售成本，企业集团内部的存货购销业务应属于存货调拨活动，使存货的存放地点发生了变动。因此在编制合并财务报表时，必须将销售企业的内部销售收入与购买企业按内部转让价格结转的销售成本予以抵消。

(1) 抵消企业集团内部交易所产生的营业收入和营业成本

借：营业收入　　240 000 000

　贷：营业成本　　240 000 000

(2) 将此业务的抵消分录体现在合并工作底稿中，如表 5-10 所示

表 5-10　合并工作底稿(部分)　　元

	母公司	子公司	合并抵消与调整分录		合并数
			借	贷	
利润表					
营业收入	240 000 000	280 000 000	240 000 000		280 000 000
营业成本	20 000 000	240 000 000		240 000 000	200 000 000
毛利	40 000 000	40 000 000			80 000 000

从合并数可以看出，合并财务报表只反映了集团从母公司这个口径按 200 000 000 元将存货购入，从子公司这个口径以 280 000 000 元将存货出售，所以集团所得的毛利为 80 000 000 元(280 000 000－200 000 000)。

2. 第二种情况：本批存货子公司当年完全没有对外出售

在内部购时的存货未实现对集团外销售的情况下，从销售企业来说，将存货转让给集团内成员时，已按一般的销售业务确认了销售收入，结转了销售成本，并列示于利润表中，购买企业按内部的销售价格记录了存货的成本。这一业务从企业整体的角度看，实际上只是商品存放地点发生了变化，没有真正地实现对企业集团销售，不能确认实现的销售收入，也没有发生销售成本，存货也不会因存放地点变动就发生增值。因此，在编制合并财

务报表时，应当将销售企业由此而确认的内部销售收入和结转的销售成本予以抵消，将集团内购买企业的存货成本还原为存货的原始成本，消除虚增的存货价值。

(1) 对此业务编制合并抵消及调整分录

① 抵消企业集团内部交易所产生的营业收入和营业成本

借：营业收入　　240 000 000

　贷：营业成本　　240 000 000

② 企业内部交易所产生的期末存货中的未实现毛利需要抵消，否则，从集团整体看，增加了存货的账面价值

借：营业成本　　40 000 000

　贷：存货　　40 000 000

以上两笔分录合并，得

借：营业收入　　240 000 000

　贷：营业成本　　200 000 000

　　存货　　40 000 000

(2) 将此业务的合并抵消及调整分录体现在合并工作底稿中，如表5-11所示

表5-11　合并工作底稿(部分)　　元

项　目	母 公 司	子 公 司	合并抵消分录		合 并 数
			借	贷	
利润表					
营业收入	240 000 000		240 000 000		0
营业成本	200 000 000			200 000 000	0
毛利	40 000 000				0
资产负债表					
存货		240 000 000		40 000 000	200 000 000

从合并数可以看出，合并财务报表只反映了集团从母公司这个口径按200 000 000元将存货购入，但是从子公司这个口径没有将存货出售，所以集团不能确认任何损益。

3. 第三种情况：本批存货子公司当年以价格220 000 000元对外出售了75%

购买企业从集团内部购进的存货部分对外销售，部分形成期末存货的情况可以将内部购买的商品分为两部分理解：一部分为当期购买的商品已全部对外销售；另一部分全部未对外销售而形成了期末存货。

本例中，该笔业务在母公司和子公司的个别报表中，分别做了如下记录：

母公司：营业收入240 000 000元，营业成本200 000 000元；

子公司：营业收入220 000 000元，营业成本180 000 000元，期末存货60 000 000元。

从企业集团的角度看，该笔业务的对外销售实际成本只能是150 000 000元（200 000 000×75%），实现的销售收入只有220 000 000元，期末存货成本50 000 000元（200 000 000×25%）。应抵消销售收入240 000 000元、销售成本230 000 000元（200 000 000+180 000 000−150 000 000）、存货10 000 000元。在合并工作底稿上应编制抵消分录如下：

借：营业收入　240 000 000

　贷：营业成本　230 000 000

　　存货　10 000 000

将此业务的合并抵消及调整分录体现在合并工作底稿中，如表5-12所示

表5-12　合并工作底稿（部分）　元

项　　目	母 公 司	子 公 司	合并抵消与调整分录		合 并 数
			借	贷	
利润表					
营业收入	240 000 000	220 000 000	①240 000 000		220 000 000
营业成本	20 000 000	180 000 000	②10 000 000	①240 000 000	150 000 000
毛利	40 000 000	40 000 000			70 000 000
资产负债表					
存货		60 000 000		②10 000 000	50 000 000

从合并数可以看出，合并财务报表只反映了集团从母公司这个口径按200 000 000元将存货购入，从子公司这个口径以220 000 000元将这批存货出售了75%，所以，集团所得的毛利为70 000 000元（220 000 000−200 000 000×75%）。对于集团而言，剩下的存货金额应为50 000 000元（200 000 000×25%），然而这批存货在子公司资产负债表中是60 000 000元，这是按照子公司以母公司的售价确定的，包含着母公司已实现但集团仍未实现的利润10 000 000元（60 000 000−50 000 000），因此，在编制合并财务报表时要抵消子公司存货中未实现的利润。

（二）连续编制合并财务报表时内部购销存货的会计处理

对于上期内部购进商品全部实现对外销售的情况，在本期连续编制合并财务报表时不需考虑对本期的影响。但在上期内部购进商品形成期末存货的情况下，由于本期编制合并财务报表时是以母公司和子公司本期个别财务报表为基础，而母公司和子公司个别财务报表中未实现内部销售利润是作为上期实现利润包括在年初未分配利润之中，因此，上期编制合并财务报表时抵消的内部购进存货中包含的未实现内部销售利润，也对本期的年初未分配利润产生影响。本期编制合并财务报表时必须在合并母、子公司年初未分配利润的基础上，将上期抵消的未实现内部销售利润对本期年初未分配利润的影响予以

抵消，调整本期年初未分配利润的数额。

在连续编制合并财务报表的情况下，首先必须将上期抵消的期末存货价值中包含的未实现内部销售利润对本期年初未分配利润的影响予以抵消，调整本期年初未分配利润的数额，然后再对本期内部购销存货进行抵消处理，其具体抵消处理程序和方法如下。

(1) 将上期抵消的存货价值中包含的未实现内部销售利润对本期年初未分配利润的影响进行抵消。即按照上期内部购进期末存货价值中包含的未实现内部销售利润的数额，借记“未分配利润——年初”项目，贷记“营业成本”项目。这一抵消分录，可以理解为上期内部购进的存货中包含的未实现内部销售利润在本期视同为实现利润，将上期未实现内部销售利润转为本期实现的利润，冲减当期的合并销售成本。

(2) 对于本期内发生集团内部购销业务，将内部销售收入、内部销售成本予以抵消。即按照销售企业内部销售收入的数额，借记“营业收入”项目，贷记“营业成本”项目。

(3) 将期末内部购进存货价值中包含的未实现内部销售利润予以抵消。对于内部购进形成的期末存货(包括上期结转形成的本期期末存货)，应按照购买企业期末内部交易存货价值中包含的未实现内部销售利润的数额，借记“营业成本”项目，贷记“存货”项目。这一抵消分录实际上可以理解为本期期末内部交易存货全部为本期购进商品形成的期末存货，按本期销售企业的销售毛利率进行抵消处理。

【例 5-11】 沿用例 5-10 的第三种情况，20×9 年子公司将上一年从母公司购得的存货全部出售；另外，母公司又以 300 000 000 元从集团外部购买一批商品，当年又以 360 000 000 元销售给子公司，假设子公司采用永续盘存制，该批存货子公司当年以价格 33 000 0000 元对外出售了 80%。其他关于母、子公司 20×9 年的利润资料如表 5-13 所示。

表 5-13 母、子公司利润资料简表 元

项 目	母 公 司	子 公 司
主营业务收入	360 000 000	330 000 000
主营业务成本	300 000 000	288 000 000
毛利	60 000 000	42 000 000

1. 母公司对当年业务(包括内部交易)的会计分录

(1) 母公司 20×9 年从集团外部购买一批商品

借：存货 300 000 000

　贷：银行存款 300 000 000

(2) 母公司当年又赊销给子公司，并结转主营业务成本

借：应收账款 360 000 000

　贷：主营业务收入 360 000 000

借：主营业务成本　　300 000 000

　贷：存货　　300 000 000

2. 子公司对当年业务(包括内部交易)的会计分录

(1) 子公司 20×9 年从母公司赊购商品

借：存货　　360 000 000

　贷：应付账款　　360 000 000

(2) 子公司当年将部分从母公司购买的商品对集团外出售，并结转主营业务成本

借：银行存款　　330 000 000

　贷：主营业务收入　　330 000 000

借：主营业务成本　　288 000 000

　贷：存货　　288 000 000

3. 对此业务编制合并抵消及调整分录

(1) 抵消母公司的年初未分配利润，因为前期集团的未实现利润包含在母公司的前期利润中，进而结转到母公司前期的期末未分配利润中；抵消子公司的主营业务成本，因为子公司期初包含上期未实现利润的存货已在本期对外交易中实现并结转为主营业务成本，将其主营业务成本冲销可使前期未实现利润在本期实现。

借：未分配利润——年初　　10 000 000

　贷：营业成本　　10 000 000

(2) 抵消企业集团当期内部交易所产生的主营业务收入、主营业务成本和期末存货中的未实现毛利

借：营业收入　　360 000 000

　贷：营业成本　　348 000 000

　　存货　　12 000 000

4. 将此业务的合并抵消及调整分录体现在合并工作底稿中，如表 5-14 所示。

表 5-14　合并工作底稿(部分)　　元

项　目	母公司	子公司	合并抵消与调整分录		合并数
			借	贷	
利润表					
营业收入	360 000 000	330 000 000	②360 000 000		330 000 000
营业成本	300 000 000	288 000 000		②348 000 000 ①10 000 000	230 000 000
毛利	60 000 000	42 000 000			100 000 000
利润分配表					
未分配利润——年初	×××	×××	①10 000 000		
资产负债表					
存货		72 000 000		②12 000 000	60 000 000

当母公司拥有子公司全部股权时，逆销所形成的集团公司内部未实现损益与顺销一样，都予以全部消除；当母公司仅拥有子公司部分股权时，由于逆销所形成的集团公司内部未实现损益体现在子公司会计报表中的净收益，母公司本身的收益(不含投资收益)则不受影响，未实现损益对母公司的影响是通过子公司期末净利润中包含未实现损益，进而影响母公司从子公司取得的投资收益。在编制合并财务报表时，不论销货的方向如何，内部交易的销售收入和销售成本总是需要抵消，特别是当子公司的净收益包含了未实现利润，即子公司的净利润高估时，属于少数股东的净利润应根据子公司已实现净利润计算。子公司的已实现净利润即为子公司个别利润表上的净利润减去内部交易所产生的期末存货中的未实现利润。

三、集团内部固定资产交易的会计处理

企业集团的内部固定资产交易是指集团内部母、子公司之间或各个子公司之间相互转让(包括出售或购买等)涉及固定资产的业务。根据卖方销售的是产品还是固定资产，可以将其划分为三种类型：第一种类型是企业集团内部企业将自身的固定资产销售给企业集团内的其他企业作为固定资产使用；第二种类型是企业集团内部企业将自身生产的产品出售给企业集团内的其他企业作为固定资产使用；第三种类型是企业集团内部企业将自身使用的固定资产出售给集团内的其他企业作为普通商品出售。

固定资产的使用往往跨越几个会计期间，内部交易的固定资产不仅与交易发生当期相关，而且与以后使用固定资产的会计期间相关，在编制合并财务报表时，不仅在该交易发生的当期要考虑固定资产内部转让价中包含的未实现内部销售利润的抵消，而且在以后持有该固定资产期间每年都要考虑内部转让价中包含的未实现内部销售利润的抵消。

固定资产在使用期内，是以其原值作为基数分期计提折旧的。由于购买企业的固定资产原价中含有未实现的内部销售利润，并据此计提了折旧，所以每期计提的折旧额必大于按建造成本的折旧额。因此，编制合并财务报表时，还应将多计提的折旧与多计的折旧费予以抵消。

(一) 固定资产内部交易发生当期抵消处理

1. 企业集团内部企业将自身的固定资产销售给企业集团内的其他企业作为固定资产使用

企业集团内部某企业将自用的固定资产变卖给企业集团内的其他企业作为固定资产使用，对于销售企业来说，其资产负债表中已表现为固定资产原价和累计折旧的减少，处理固定资产的净收益或净损失，作为营业外收入或营业外支出列示在利润表中，对于购买企业来说，在其个别财务报表中则按销售企业的转让价值记入固定资产增加。因而在购

买企业的固定资产原价中，既包括了该固定资产在原销售企业的净值也包括了销售企业因变卖该固定资产所实现的收益。但从整个企业集团看，这一交易属于企业集团的内部固定资产调拨性质，只是使用地点发生了变化，既不能实现收益，也不会使固定资产的净值发生变化。因此在编制财务报表时，必须将内部固定资产交易未实现的销售利润与固定资产净值的增加金额相抵消。

【例 5-12】 乙公司为甲公司的子公司，乙公司将净值为 200 000 元的某项固定资产，以 220 000 元的价格变卖给甲公司作为固定资产使用。甲公司的固定资产按 220 000 元入账。

对此，集团公司在编制合并财务报表时，应编制如下抵消分录：

借：营业外收入——处置固定资产损益　　20 000

　贷：固定资产原价　　20 000

上例中，假定甲公司从乙公司购入的固定资产使用期限为 4 年，预计净残值为零，乙公司采用平均年限法计提折旧，第一年多提取的折旧额为 5 000 元。编制合并财务报表时，应编制抵消分录如下：

借：累计折旧　　5 000

　贷：管理费用　　5 000

2. 企业集团内部企业将自身生产的产品销售给企业集团内的其他企业作为固定资产使用

企业集团内部企业将自身生产的产品销售给企业集团内的其他企业作为固定资产使用，对于销售企业来说，已将销售产品的收入和销售成本计入了当期的损益，列示在利润表中。购买固定资产的企业则按销售企业的销售价格作为固定资产原价列示在资产负债表中。但从整个企业集团角度出发，应相当于自建固定资产然后交付使用，不可能产生利润。作为固定资产生产企业（销售企业），既不能实现销售收入，也不会发生销售成本。因此，编制会计报表时，必须将该项交易所形成的内部销售收入和内部销售成本及未实现的内部销售利润予以抵消，使合并报表上反映的固定资产原价是内部转让企业的原价。

【例 5-13】 乙公司为甲公司的子公司，甲公司自产的产品成本价为 200 000 元，以 250 000 元的价格销售给乙公司作为固定资产使用。乙公司固定资产按 250 000 元入账。

对此，集团公司在编制合并财务报表时，应编制如下抵消分录：

(1) 抵消当年营业收入、营业成本及包含在固定资产内部转让价中的未实现内部销售利润。

借：营业收入　　250 000

　贷：营业成本　　200 000

　　固定资产原价　　50 000

(2) 假定乙公司从甲公司购入的固定资产使用期限为5年,预计净残值为零,乙公司采用平均年限法计提折旧,第一年多提取的折旧额为10 000元。编制合并财务报表时,应编制如下抵消分录。

借:累计折旧　　10 000

　　贷:管理费用　　10 000

企业集团内部成员企业将其使用的固定资产出售给企业集团内部其他企业作为商品销售的,对于销售企业来说,其个别财务报表中要反映固定资产原价和累计折旧的减少,同时还要反映固定资产处置净损益。对于购买企业来说,在其个别财务报表中反映为存货的增加。其存货成本至少包括两部分:一是在原销售企业中的净值,二是销售企业销售该固定资产所实现的净损益。但从整个企业集团来看,这一交易属于集团内部资产调拨性质,它既不产生损益,资产也不能发生增值或减值。因此,必须将销售企业因该项固定资产交易所实现的损益予以抵消,同时将购买企业存货成本中包含的未实现内部销售利润予以抵消。通过抵消,使其在合并财务报表中的存货成本仍然以原始成本反映。但是,由于这种类型的内部固定资产交易不经常发生,并且发生的数额一般不大,考虑到重要性原则,在编制合并财务报表时可以不进行抵消处理。

(二) 内部固定资产交易以后各期的抵消处理

在固定资产交易以后的各会计期间,对于内部交易的固定资产,购买企业仍然以其含有内部销售利润的原价在个别财务报表中列示。相应地销售企业以前年度由于该内部交易的固定资产所实现的内部销售利润,形成销售当期的净利润结转到以后各期的年初未分配利润,列示于个别利润分配表中。因此,在以后各期编制合并财务报表时,首先必须将其固定资产原价中包含的未实现的内部销售利润与销售企业的年初未分配利润予以抵消。其次,对于购买企业该固定资产在以前会计期间多计提的折旧而增加的费用使各期的利润减少,也已逐年结转影响到年初未分配利润,因此在编制合并财务报表时,还必须按照以前会计期间累计多计提的折旧额抵消期初累计折旧和年初未分配利润。最后,该内部交易固定资产在本期多计提折旧导致本期有关费用项目增加和累计折旧的增加,也应予以抵消。通过以上抵消,使该内部交易固定资产原价恢复为原销售企业的成本价,各期计提的累计折旧恢复为以不包含未实现内部销售利润的原价为基础计提的累计折旧额。其具体程序如下。

(1) 将内部交易固定资产原价中包含的未实现内部销售利润抵消,并调整年初未分配利润,即按照固定资产原价中包含的未实现内部销售利润的数额,借记"未分配利润——年初"项目,贷记"固定资产原价"项目。

(2) 将以前会计期间内部交易固定资产多计提的累计折旧抵消,并调整年初未分配利润。借记“累计折旧”项目，贷记“未分配利润——年初”项目。

(3) 将本期由于该内部交易固定资产的使用而多计提的折旧费用予以抵消，并调整本期计提的累计折旧额。借记“累计折旧”项目，贷记“管理费用”等费用项目。

【例5-14】 沿用例5-13，第二年至第四年集团公司在编制合并财务报表时，对甲、乙公司内部交易的固定资产应作的抵消如下。

1. 第二年编制合并财务报表时

(1) 将固定资产原价中包含的未实现内部销售利润抵消

借：未分配利润——年初　50 000

　贷：固定资产原价　50 000

(2) 将第一年多计提的折旧予以抵消

借：累计折旧　10 000

　贷：未分配利润——年初　10 000

(3) 将当年多计提的折旧予以抵消

借：累计折旧　10 000

　贷：管理费用　10 000

当年多计提的折旧和以前年度多计提的折旧也可以并成一笔抵消。

2. 第三年编制合并财务报表时

(1) 将固定资产原价中包含的未实现内部销售利润抵消

借：未分配利润——年初　50 000

　贷：固定资产原价　50 000

(2) 将多计提的折旧予以抵消

借：累计折旧　30 000

　贷：未分配利润——年初　20 000

　　管理费用　10 000

3. 第四年编制合并财务报表时

(1) 将固定资产原价中包含的未实现内部销售利润抵消

借：未分配利润——年初　50 000

　贷：固定资产原价　50 000

(2) 将多计提的折旧予以抵消

借：累计折旧　40 000

　贷：未分配利润——年初　30 000

　　管理费用　10 000

（三）内部交易固定资产清理期间的抵消处理

内部交易的固定资产，对于销售企业来说，交易实现的利润总是作为年初未分配利润的一部分结转到以后各会计期间。对于购买企业来说，每年多计提的折旧减少的利润也累计结转到以后各会计期间年初未分配利润。站在集团公司的角度，当固定资产使用期满时，销售企业销售固定资产未实现的年初未分配利润与购买企业多计提的折旧所减少的年初未分配利润已自然抵消；另外，购买企业在固定资产报废时，该固定资产原价和已计提的折旧也都通过"固定资产清理"账户予以转销，期末已不包含在资产负债表中。正常情况下，报废当年需要抵消的只有当年多计提的折旧费。由于固定资产的折旧年限是估计的使用年限，实际工作中固定资产清理的时间可能出现三种情况：(1)如期清理；(2)超期清理；(3)提前清理。所以需要分别讨论其有关的抵消问题。

1. 固定资产在使用期限届满进行清理时的会计处理

【例 5-15】 沿用例 5-13 的资料，乙公司从甲公司购进的固定资产在第五年如期报废，根据前述内部交易固定资产的抵消处理，则第五年编制合并财务报表时，应编制如下抵消分录：

(1) 将固定资产原价中包含的未实现内部销售利润抵消

借：未分配利润——年初　　50 000

　贷：固定资产原价　　50 000

(2) 将多计提的折旧予以抵消

借：累计折旧　　50 000

　贷：未分配利润——年初　　40 000

　　管理费用　　10 000

但是，在固定资产如期进行清理报废的情况下，内部交易的固定资产的折旧已提足，购买固定资产的企业将固定资产原价与其计提的折旧均已转账注销，固定资产原价中包含的未实现的内部销售利润和累计折旧中包含的因未实现内部销售利润多提的折旧在个别财务报表中均不复存在，不必再予以抵消。只有本期管理费用中包含的多计提的折旧费需要抵消。所以，在固定资产清理当年只需作抵消分录如下：

借：未分配利润——年初　　10 000

　贷：管理费用　　10 000

2. 固定资产在使用期限未满提前进行清理时的会计处理

内部交易固定资产使用期限未满，提前进行清理的情况下，购买企业将固定资产原价与其计提的折旧均已注销，固定资产原价中包含的未实现的内部销售利润和累计折旧中包含的因未实现销售利润多计提的折旧已不复存在，所以这些已不必再予以抵消。但是，

由于固定资产提前报废，购买企业固定资产清理净损益中含有固定资产原价中一部分未实现的内部销售利润，需要与销售企业的年初未分配利润予以抵消，此外，本期管理费用中包含的就未实现的因内部销售利润多计提的折旧费用也需要予以抵消。

【例 5-16】 沿用例 5-13 的资料，乙公司从甲公司购进的固定资产第四年进行清理。第四年集团公司编制合并财务报表时，应编制抵消分录如下：

(1) 抵消当年多计提的折旧

借：未分配利润——年初　　10 000

　贷：管理费用　　10 000

(2) 抵消多确认的清理净损失

借：未分配利润——年初　　10 000

　营业外支出　　10 000

3. 内部交易固定资产超期使用的会计处理

内部交易固定资产超期使用时，该固定资产在其预计的使用期内的最后一个会计期间，仍然要计提折旧，同时，该固定资产的原价及其已经计提的折旧仍然列示在购买企业的资产负债表中。所以，在最后一个会计期间，仍要将固定资产原价中包含的未实现内部销售利润予以抵消，以调整年初未分配利润，同时还要将以前各期多计提的折旧予以抵消，并将本期管理费用中多计提的折旧予以抵消。

【例 5-17】 以例 5-13 的资料为例，子公司从母公司购进的固定资产第七年报废。

(1) 第五年编制合并财务报表时

① 将固定资产原价中包含的未实现内部销售利润抵消

借：未分配利润——年初　　50 000

　贷：固定资产原价　　50 000

② 将多计提的折旧予以抵消

借：累计折旧　　50 000

　贷：未分配利润——年初　　40 000

　　管理费用　　10 000

(2) 第六年集团公司编制合并财务报表时

在内部交易的固定资产超期使用的各个会计期间内，虽然购买企业不再计提折旧，但由于固定资产仍在使用，并将其列示在资产负债表之中，所以集团公司在编制合并财务报表时，必须将该固定资产原价中包含的未实现利润与多计提的折旧予以抵消。销售企业年初未分配利润包含的未实现的利润与购买企业每年多确认的折旧费对年初未分配利润的累计影响已自然抵消。应编制如下抵消分录：

① 将固定资产原价中包含的未实现内部销售利润抵消

借：未分配利润——年初　　50 000

贷：固定资产原价　　50 000

② 将多计提的折旧予以抵消

借：累计折旧　　50 000

　贷：未分配利润——年初　　50 000

(3) 第七年，该固定资产进行清理，因购买企业将固定资产原价与其计提的折旧均已注销，该内部的固定资产对合并财务报表不再产生影响，也不必做任何抵消分录。

四、集团内部债券交易的会计处理

企业集团之间相互购售债券，属于内部债权债务，但与购销活动中形成的债权债务具有不同特点。一般情况下，购售债券会涉及利息收支问题，因此，集团公司在编制合并财务报表时，不仅要抵消集团内部相互购售的债券所形成的债权投资与应付债券，还要将因购售债券而发生的投资收益和财务费用予以抵消。

【例 5-18】 M 公司和 N 公司同属甲公司的控股子公司。20×9 年 1 月 1 日 M 公司购买了 N 公司当日发行的三年期的债券面值 400 000 元，年利率为 8%，该债券每年末计提利息，到期一次性还本付息。假定 N 公司筹集的资金用于生产经营。

20×9 年年末，该项业务 M 公司反映在资产负债表的长期债权投资为 432 000 元，其中面值 400 000 元，应计利息 32 000 元；反映在利润表上的投资收益为 32 000 元。

该项业务 N 公司反映在资产负债表的应付债券为 432 000 元，其中面值 400 000 元，应计利息 32 000 元；反映在利润表上的财务费用为 32 000 元。

20×9 年年末，集团公司编制合并财务报表时，应编制抵消分录如下：

(1) 将资产负债表上的内部长期债权投资与应付债券予以抵消

借：应付债券　　432 000

　贷：持有至到期投资　　432 000

(2) 将利润表上因内部投资与筹资活动形成的投资收益与财务费用予以抵消

借：投资收益　　32 000

　贷：财务费用　　32 000

如果 N 公司筹集的资金是用于固定资产投资，其利息计入在建工程，集团公司在编制合并财务报表时，则应将 M 公司的投资收益与 N 公司的在建工程的成本予以抵消。

借：投资收益　　32 000

　贷：在建工程　　32 000

此外，在连续各年编制合并财务报表的情况下，抵消分录的编制为

借：未分配利润——年初　　×××

　　投资收益　　×××

贷：在建工程　　×××

五、集团内部债权债务的会计处理

集团内部债权与债务项目，是指母公司与子公司、子公司相互之间因销售商品、提供劳务以及发生结算业务等原因产生的应收账款与应付账款、应收票据与应付票据、预付款项与预收款项、其他应收款与其他应付款、持有至到期投资与应付债券等项目。发生在母公司与子公司、子公司相互之间的这些项目，企业集团内部企业的一方在其个别资产负债表中反映为资产，而另一方则在其个别资产负债表中反映为负债。但从企业集团整体角度来看，它只是内部资金运动，既不能增加企业集团的资产，也不能增加负债。因此，为了消除个别资产负债表直接加总中的重复计算因素，在编制合并财务报表时应当将内部债权债务项目予以抵消。

（一）内部往来发生当期的抵消处理

在应收账款计提坏账准备的情况下，某一会计期间坏账准备的金额是以当期应收账款为基础计提的。在编制合并财务报表时，随着内部应收账款的抵消，与此相联系也须将内部应收账款计提的坏账准备予以抵消。内部应收账款抵消时，其抵消分录为：借记“应付账款”项目，贷记“应收账款”项目；内部应收账款计提的坏账准备抵消时，其抵消分录为：借记“应收账款——坏账准备”项目，贷记“资产减值损失”项目。

【例 5-19】　20×7 年 12 月 31 日，母公司个别资产负债表中的应收账款 950 000 元为 20×7 年向子公司销售商品发生的应收销货款的账面价值，母公司对该笔应收账款计提的坏账准备为 50 000 元。子公司个别资产负债表中应付账款 1 000 000 元为 20×7 年向母公司购进商品存货发生的应付购货款。20×7 年 12 月 31 日，在编制合并财务报表时，集团公司编制抵消分录如下：

1. 抵消集团内部往来

借：应付账款　　1 000 000

　贷：应收账款　　1 000 000

2. 坏账准备与资产减值损失的抵消

在坏账损失采用备抵法进行处理的情况下，债权企业均按应收款项的一定比例计提了坏账准备，并在个别财务报表中予以列示。在编制合并财务报表时，随着内部往来款项的抵消，相应也要将内部往来所计提的坏账准备予以抵消。

母公司编制合并财务报表时，应编制抵消分录如下：

借：坏账准备　　50 000

　贷：资产减值损失　　50 000

（二）内部往来业务以后各期的抵消处理

从合并财务报表来讲，内部应收账款计提的坏账准备的抵消是与抵消当期资产减值损失相对应的，上期抵消的坏账准备的金额，即上期资产减值损失抵减的金额，最终将影响本期合并所有者权益变动表中的年初未分配利润金额的增加。由于利润表和所有者权益变动表是反映企业一定会计期间经济成果及其分配情况的财务报表，其上期期末未分配利润就是本期所有者权益变动表年初未分配利润（假定不存在会计政策变更和前期差错更正的情况）。本期编制合并财务报表是以本期母公司和子公司当期的个别财务报表为基础编制的，随着上期编制合并财务报表时内部应收账款计提的坏账准备的抵消，以此个别财务报表为基础加总得出的年初未分配利润与上一会计期间合并所有者权益变动表中的未分配利润金额之间则将产生差额。为此，编制合并财务报表时，必须将上期因内部应收账款计提的坏账准备抵消而抵消的资产减值损失对本期年初未分配利润的影响予以抵消，调整本期年初未分配利润的金额。

在连续编制合并财务报表进行抵消处理时，首先，将内部应收账款与应付账款予以抵消，即按内部应收账款的金额，借记“应付账款”项目，贷记“应收账款”项目。其次，应将上期资产减值损失中内部应收账款计提的坏账准备对本期年初未分配利润的影响予以抵消，即按上期“资产减值损失”项目中抵消的内部应收账款计提的坏账准备的金额，借记“应收账款——坏账准备”项目，贷记“未分配利润——年初”项目。再次，对于个别本期财务报表中内部应收账款相对应的坏账准备增减变动的金额也应予以抵消，即按照本期个别资产负债表中期末内部应收账款相对应的坏账准备的增加额，借记“应收账款——坏账准备”项目，贷记“资产减值损失”项目，或按照本期个别资产负债表中期末内部应收账款相对应的坏账准备的减少金额，借记“资产减值损失”项目，贷记“应收账款——坏账准备”项目。

在第三期编制合并财务报表的情况下，必须将第二期内部应收账款期末余额相应的坏账准备予以抵消，以调整年初未分配利润的金额。然后，计算确定本期内部应收账款相对应的坏账准备增减变动的金额，并将其增减变动的金额予以抵消。其抵消分录与第二期编制的抵消分录相同。

【例 5-20】 沿用例 5-19 的资料。假定 20×8 年 12 月 31 日，母公司个别资产负债表中应收账款 1 900 000 元为向子公司销售商品发生的应收销货款的账面价值，母公司对该笔应收账款计提的坏账准备为 100 000 元。子公司个别资产负债表中应付账款 2 000 000 元为向母公司购进商品存货发生的应付购货款。20×8 年 12 月 31 日，母公司在编制合并财务报表时，应将内部应收账款与应付账款相互抵消，同时应将内部应收账款计提的坏账准备予以抵消，其抵消分录为

1. 抵消企业集团内部往来应收账款、应付账款

借：应付账款　　2 000 000

　贷：应收账款　　2 000 000

2. 抵消由企业集团内部往来形成的应收账款计提的坏账准备

上期计提 50 000 元，调整未分配利润——年初，本期补提 50 000 元，调整资产减值损失。

借：坏账准备　　100 000

　贷：未分配利润——年初　　50 000

　　资产减值损失　　50 000

【例 5-21】 沿用例 5-19 和例 5-20 的资料。假设 20×9 年 12 月 31 日，母公司个别资产负债表中应收账款 1 330 000 元为向子公司销售商品发生的应收销货款的账面价值，母公司对该笔应收账款计提的坏账准备为 70 000 元。子公司个别资产负债表中应付账款 1 400 000 元为向母公司购进商品存货发生的应付购货款。20×9 年 12 月 31 日，在编制合并财务报表时，应将内部应收账款与应付账款相互抵消，同时应将内部应收账款计提的坏账准备予以抵消，其抵消分录为

1. 抵消企业集团内部往来应收账款、应付账款

借：应付账款　　1 400 000

　贷：应收账款　　1 400 000

2. 抵消由企业集团内部往来形成的应收账款计提的坏账准备，前期已计提 100 000 元，调整未分配利润——年初，本期冲回 300 000 元，调整资产减值损失。

借：坏账准备　　70 000

　　资产减值损失　　30 000

　贷：未分配利润——年初　　100 000

内部应收票据与应付票据、预付款项与预收款项、其他应收款与其他应付款等的抵消处理，与内部应收账款与应付账款的抵消处理相同。

第四节　合并财务报表附注

一、合并财务报表附注概述

附注是合并财务报表不可或缺的组成部分，是对在合并资产负债表、合并利润表、合并现金流量表和合并所有者权益变动表等报表中列示项目的文字描述或明细资料，以及对未能在这些报表中列示项目的说明等。

财务报表中的数字是经过分类与汇总后的结果，是对企业发生的经济业务的高度简化和浓缩的数字，如果没有形成这些数字所使用的会计政策，没有理解这些数字所必需的披露，财务报表就不可能充分发挥效用。因此，附注与资产负债表、利润表、现金流量表、所有者权益变动表等报表具有同等的重要性，是财务报表的重要组成部分。报表使用者了解企业的财务状况、经营成果和现金流量，应当全面阅读附注。

附注披露应满足以下基本要求：

(1) 附注披露的信息应是定量、定性信息的结合，从而能从量和质两个角度对企业经济事项完整地进行反映，满足信息使用者的决策需求。

(2) 附注应当按照一定的结构进行系统合理的排列和分类，有顺序地披露信息。

(3) 附注相关信息应当与合并资产负债表、合并利润表、合并现金流量表和合并所有者权益变动表等报表中列示的项目相互参照，以从整体上更好地理解财务报表。

二、附注披露的内容

企业(母公司)应当按照规定披露合并财务报表附注信息，主要包括下列内容。

(一) 企业集团的基本情况

1. 企业注册地、组织形式和总部地址。

2. 企业的业务性质和主要经营活动，如企业所处的行业、所提供的主要产品或服务、客户的性质、销售策略、监管环境的性质等。

3. 母公司以及集团最终母公司的名称。

4. 财务报告的批准报出者和财务报告批准报出日。

(二) 财务报表的编制基础

(三) 遵循企业会计准则的声明

企业应当声明编制的财务报表符合企业会计准则的要求，真实、完整地反映企业的财务状况、经营成果和现金流量等有关信息，以此明确企业编制财务报表所依据的制度基础。

如果企业编制的财务报表只是部分地遵循了企业会计准则，附注中不得作出这种表述。

(四) 重要会计政策和会计估计

根据财务报表列报准则的规定，企业应当披露采用的重要会计政策和会计估计，不重要的会计政策和会计估计可以不披露。

1. 重要会计政策的说明

需要特别指出的是，说明会计政策时还需要披露下列两项内容。

(1) 财务报表项目的计量基础。会计计量属性包括历史成本、重置成本、可变现净值、现值和公允价值，这直接显著影响报表使用者的分析，这项披露要求便于使用者了解企业合并财务报表中的项目是按何种计量基础予以计量的，如存货是按成本还是可变现净值计量等。

(2) 会计政策的确定依据，主要是指企业在运用会计政策的过程中所作的对报表中确认的项目金额最具影响的判断。例如，企业如何判断持有的金融资产是持有至到期的投资而不是交易性投资等，这些判断对在报表中确认的项目金额具有重要影响。

2. 重要会计估计的说明

财务报表列报准则强调了对会计估计不确定因素的披露要求，企业应当披露会计估计中所采用的关键假设和不确定因素的确定依据，这些关键假设和不确定因素在下一会计期间内很可能导致对资产、负债账面价值进行重大调整。

(五) 会计政策和会计估计变更以及差错更正的说明

企业应当按照会计政策、会计估计变更和差错更正准则及其应用指南的规定，披露会计政策和会计估计变更以及差错更正的有关情况。

(六) 报表重要项目的说明

企业应当以文字和数字描述相结合，尽可能以列表形式披露报表重要项目的构成或当期增减变动情况，并且报表重要项目的明细金额合计，应当与报表项目金额相衔接。在披露顺序上，一般应当按照合并资产负债表、合并利润表、合并现金流量表、合并所有者权益变动表的顺序及其项目列示的顺序，分别交易性金融资产、应收款项、存货、可供出售金融资产、持有至到期投资、长期股权投资、投资性房地产、固定资产、无形资产、交易性金融负债、职工薪酬、应交税费、短期借款和长期借款、应付债券、长期应付款、营业收入、公允价值变动收益、投资收益、减值损失、营业外收入、营业外支出、所得税、政府补助、非货币性资产交换、股份支付、债务重组、借款费用、外币折算、企业合并等项目按照相关会计准则的规定进行披露。

(七) 或有事项

企业应当披露下列信息。

1. 预计负债

(1) 预计负债的种类、形成原因以及经济利益流出不确定性的说明。

(2) 各类预计负债的期初、期末余额和本期变动情况。

(3) 与预计负债有关的预期补偿金额和本期已确认的预期补偿金额。

2. 或有负债(不包括极小可能导致经济利益流出企业的或有负债)

(1) 或有负债的种类及其形成原因,供担保等形成的或有负债。

(2) 经济利益流出不确定性的说明。

(3) 或有负债预计产生的财务影响。包括未决诉讼、未决仲裁、对外提以及获得补偿的可能性;无法预计的,应当说明原因。

3. 企业通常不应当披露或有资产。但或有资产很可能会给企业带来经济利益的,应当披露其形成的原因、预计产生的财务影响等。

4. 在涉及未决诉讼、未决仲裁的情况下,按相关规定披露全部或部分信息预期对企业造成重大不利影响的,企业无须披露这些信息,但应当披露该未决诉讼、未决仲裁的性质,以及没有披露这些信息的事实和原因。

(八) 资产负债表日后事项企业应当披露的信息

1. 每项重要的资产负债表日后非调整事项的性质、内容,及其对财务状况和经营成果的影响。无法作出估计的,应当说明原因。

2. 资产负债表日后,企业利润分配方案中拟分配的以及经审议批准宣告发放的股利或利润。

(九) 关联方关系及其交易

(十) 风险管理

(十一) 母公司和子公司信息

1. 子公司的有关信息:子公司名称、注册地、业务性质、注册资本、本企业合计持股比例、本企业合计享有的表决权比例。

2. 母公司拥有被投资单位表决权不足半数但能对被投资单位形成控制的原因。

3. 母公司直接或通过其他子公司间接拥有被投资单位半数以上的表决权但未能对其形成控制的原因。

4. 子公司所采用的会计政策与母公司不一致的,母公司编制合并财务报表的处理方法。

5. 子公司与母公司会计期间不一致的,母公司编制合并财务报表的处理方法。

6. 本期不再纳入合并范围的原子公司,说明原子公司的名称、注册地、业务性质、母

公司的持股比例和表决权比例，本期不再成为子公司的原因。

原子公司在处置日和上一会计期间资产负债表日资产、负债和所有者权益的金额以及本期期初至处置日的收入、费用和利润的金额。

7. 子公司向母公司转移资金的能力受到严格限制的情况。

8. 作为子公司纳入合并范围的特殊目的主体的业务性质、业务活动等。

第五节　合并财务报表的编制综合举例

在介绍了合并财务报表的编制方法、一般程序与公司内部往来业务的抵消方法的基础上，本节举例说明合并资产负债表、合并利润表和股东权益变动表(利润分配项目)的编制方法。

一、首期合并财务报表编制举例

(一) 合并财务报表编制的基本资料

A 公司为 B 公司的母公司。A 公司以 1 000 000 元购买了 B 公司 80%的权益性资本。购买时，B 公司的注册资本为 1 000 000 元。20×8 年内，A 公司和 B 公司之间发生的经济往来业务如下：

(1) 1 月 1 日，A 公司购买了 B 公司当日发行的五年期债券 500 000 元，年利率为 8%，B 公司共发行债券 1 000 000 元。

(2) 年末，B 公司计提债券利息 80 000 元，均计入财务费用。

(3) 9 月 30 日，B 公司购买 A 公司生产的甲产品，作为固定资产使用，共计应支付 585 000 元(含增值税，税率 17%)，投入使用，款项尚未支付。A 公司该产品成本为 300 000 元，B 公司确定该固定资产使用年限为 5 年，预计净残值为零，采用直线法计提折旧。

(4) 10 月 15 日，A 公司购买了 B 公司一批产品，不含税销售价格为 1 000 000 元，增值税税率为 17%，账款一部分与 B 公司前欠货款抵消；另一部分尚未支付。B 公司该批产品的销售成本为 600 000 元，A 公司购入 B 公司的产品中，有 60%已生产为本企业的产品出售。

(5) A 公司和 B 公司均按应收账款年末余额的 10%提取坏账准备。

20×8 年，按权益法调整后 A 公司与 B 公司个别资产负债表、利润表和股东权益变动表(利润分配相关数据)分别如表 5-15、表 5-16 及表 5-17 所示(为了更清楚地反映内部交易的抵消内容，本例将“坏账准备”和“累计折旧”等调整账户的余额仍保留在资产负债表上)。

表 5-15 资产负债表

20×8 年 12 月 31 日　　　元

资　　产	A 公司	B 公司	负债和所有者权益	A 公司	B 公司
流动资产：			流动负债：		
货币资金	3 080 000	350 000	短期借款	100 000	70 000
交易性金融资产	200 000		应付票据	50 000	
应收票据	100 000	200 000	应付账款	1 200 000	
应收账款	1 000 000	500 000	预收账款	50 000	
减：坏账准备	100 000	50 000	应付职工薪酬	100 000	
应收账款净额	900 000	450 000	应付股利	1 000 000	400 000
预付账款	300 000	250 000			
应收股利	320 000		其他流动负债		
其他应收款			流动负债合计	2 500 000	470 000
存货	1 000 000	350 000	长期负债		
流动资产合计	5 900 000	1 600 000	长期借款	1 000 000	
非流动资产：			应付债券		1 080 000
长期股权投资	1 520 000		长期应付款	500 000	
其中：对子公司投资	1 520 000		其他非流动负债		
持有至到期投资	540 000		长期负债合计	1 500 000	1 080 000
长期投资合计	2 060 000		负债合计	4 000 000	1 550 000
固定资产			所有者权益：		
固定资产原价	2 500 000	1 600 000	实收资本	4 000 000	1 000 000
减：累计折旧	500 000	400 000	资本公积	100 000	
固定资产净值	2 000 000	1 200 000	盈余公积	900 000	200 000
在建工程		300 000	未分配利润	1 000 000	450 000
固定资产合计	2 000 000	1 500 000	所有者权益合计	6 000 000	1 650 000
无形资产		100 000			
长期待摊费用	40 000				
资产总计	10 000 000	3 200 000	负债和所有者权益总计	10 000 000	3 200 000

表 5-16 A 公司与 B 公司利润表

20×8 年度　　　元

项　　目	A 公司	B 公司
一、营业收入	8 020 000	3 100 000
减：营业成本	5 000 000	1 500 000
营业税金及附加	100 000	40 000
营业费用	200 000	160 000
管理费用	400 000	150 000

续表

项　　目	A公司	B公司
财务费用	200 000	100 000
资产减值损失	100 000	50 000
加：投资收益	880 000	
二、营业利润	2 900 000	1 100 000
加：营业外收入	150 000	100 000
减：营业外支出	50 000	
三、利润总额	3 000 000	1 200 000
减：所得税费用	1 000 000	150 000
四、净利润	2 000 000	1 050 000
五、每股收益		
六、其他综合收益		
七、综合收益总额		

表 5-17　股东权益变动表(利润分配项目)

20×8 年　　元

项　　目	A公司	B公司
一、上年年末余额	500 000	
加：会计政策变更		
二、年初未分配利润	500 000	
三、本年增减变动金额	2 000 000	1 050 000
1. 净利润	2 000 000	1 050 000
2. 直接计入所有者权益的利得与损失		
3. 所有者投入与减少资本		
4. 利润分配		
减：提取盈余公积	500 000	200 000
应付利润	1 000 000	400 000
四、年末未分配利润	1 000 000	450 000

（二）根据上述资料，按以下程序进行处理

第一步，将母公司和子公司个别财务报表的数据过入合并工作底稿，合并工作底稿如表 5-17 所示。

第二步，在合并工作底稿中将母公司和子公司财务报表各项目的数据加总，计算得出个别财务报表各项目加总后的合计数(见合并工作底稿)。

第三步，对于上述内部经济往来业务，编制抵消分录如下：

1. 抵消权益性资本及投资收益

借：投资收益 840 000
　　少数股东收益 210 000
　贷：提取盈余公积 200 000
　　　应付利润 400 000
　　　期末未分配利润 450 000

借：实收资本 1 000 000
　　盈余公积 200 000
　　商誉 200 000
　　期末未分配利润 450 000
　贷：长期股权投资 1 520 000
　　　少数股东权益 320 000

2. 将抵消的盈余公积按母公司持股比例转回

借：提取盈余公积 160 000
　贷：盈余公积 160 000

3. 内部存货交易抵消

借：营业收入 1 000 000
　贷：营业成本 840 000
　　　存货 160 000

4. 固定资产交易及多计提的折旧抵消

借：营业收入 500 000
　贷：营业成本 300 000
　　　固定资产原价 200 000

借：累计折旧 10 000
　贷：管理费用 10 000

5. 内部往来及坏账准备抵消

借：应付账款 585 000
　贷：应收账款 585 000

借：坏账准备 58 500
　贷：资产减值损失 58 500

6. 内部债券利息与投资收益抵消

借：投资收益 40 000
　贷：财务费用 40 000

7. 内部债券投资与应付债券抵消

借：应付债券　　540 000

　贷：持有至到期投资　　540 000

8. 应收股利与应付股利抵消

借：应付股利　　320 000

　贷：应收股利　　320 000

第四步，将抵消分录过入合并工作底稿。编制的合并工作底稿如表 5-18 所示。

表 5-18　A 公司合并工作底稿

20×8 年 12 月 31 日　　元

项　目	A 公司	B 公司	合计数	抵消分录		少数股东权益	合并数
				借　方	贷　方		
营业收入	8 020 000	3 100 000	11 120 000	③1 000 000 ④500 000			9 620 000
营业成本	5 000 000	1 500 000	6 500 000		③840 000 ④300 000		5 360 000
营业税金及附加	100 000	40 000	140 000				140 000
营业费用	200 000	160 000	360 000				360 000
管理费用	400 000	150 000	550 000		④10 000		540 000
财务费用	200 000	100 000	300 000		⑥40 000		260 000
资产减值损失	100 000	50 000	150 000		⑤58 500		91 500
加：投资收益	880 000		880 000	①840 000 ⑥40 000			0
营业利润	2 900 000	1 100 000	4 000 000	2 380 000	1 248 500		2 868 500
营业外收入	150 000	100 000	250 000				250 000
营业外支出	50 000		50 000				50 000
利润总额	3 000 000	1 200 000	4 200 000	2 380 000	1 248 500		3 068 500
所得税费用	1 000 000	150 000	1 150 000				1 150 000
净利润	2 000 000	1 050 000	3 050 000	2 380 000	1 248 500		1 918 500
少数股东本期收益						①210 000	210 000
归属于母公司所有者的净利润	2 000 000	1 050 000	3 050 000	2 380 000	1 248 500	210 000	1 708 500
未分配利润——年初	500 000		500 000				500 000
可供分配的利润	2 500 000	1 050 000	3 550 000	2 380 000	1 248 500	210 000	2 208 500
提取盈余公积	500 000	200 000	700 000	②160 000	①200 000		660 000
应付利润	1 000 000	400 000	1 400 000		①400 000		1 000 000
期末未分配利润	1 000 000	450 000	1 450 000	2 540 000	1 848 500	210 000	548 500
流动资产：							
货币资金	3 080 000	350 000	3 430 000				3 430 000
交易性金融资产	200 000		200 000				200 000
应收票据	100 000	200 000	300 000				300 000
应收账款	1 000 000	500 000	1 500 000		⑤585 000		915 000
减：坏账准备	100 000	50 000	150 000	⑤58 500			91 500

续表

项　　目	A公司	B公司	合计数	抵消分录		少数股东权益	合并数
				借　方	贷　方		
应收账款净额	900 000	450 000	1 350 000	58 500	585 000		823 500
预付账款	300 000	250 000	550 000				550 000
应收股利	320 000		320 000		⑧320 000		0
存货	1 000 000	350 000	1 350 000		③160 000		1 190 000
流动资产合计	5 900 000	1 600 000	7 500 000	58 500	1 065 000		6 493 500
长期股权投资：子公司投资	1 520 000		1 520 000		①1 520 000		0
持有至到期投资	540 000		540 000		⑦540 000		0
商誉				①200 000			200 000
固定资产							
固定资产原价	2 500 000	1 600 000	4 100 000		④200 000		3 900 000
减：累计折旧	500 000	400 000	900 000	④10 000			890 000
固定资产净值	2 000 000	1 200 000	3 200 000	10 000	200 000		3 010 000
在建工程		300 000	300 000				300 000
无形资产		100 000	100 000				100 000
长期待摊费用	40 000		40 000				40 000
资产总计	10 000 000	3 200 000	13 200 000	268 500	3 325 000		10 143 500
流动负债：							
短期借款	100 000	70 000	170 000				170 000
应付票据	50 000		50 000				50 000
应付账款	1 200 000		1 200 000	⑤585 000			615 000
预收账款	50 000		50 000				50 000
应付职工薪酬	100 000		100 000				100 000
应付利润	1 000 000	400 000	1 400 000	⑧320 000			1 080 000
流动负债合计	2 500 000	470 000	2 970 000	905 000			2 065 000
长期负债							
长期借款	1 000 000		1 000 000				1 000 000
应付债券		1 080 000	1 080 000	⑦540 000			540 000
长期应付款	500 000		500 000				500 000
长期负债合计	1 500 000	1 080 000	2 580 000	540 000			2 040 000
负债合计	4 000 000	1 550 000	5 550 000	1 445 000			4 105 000
所有者权益：							
实收资本	4 000 000	1 000 000	5 000 000	①1 000 000			4 000 000
资本公积	100 000		100 000				100 000
盈余公积	900 000	200 000	1 100 000	①200 000	②160 000		1 060 000
未分配利润	1 000 000	450 000	1 450 000	2 540 000	1 848 500	210 000	548 500①
归属母公司所有者权益	6 000 000	1 650 000	7 650 000	3 740 000	2 008 500	210 000	5 708 500
少数股东权益						①330 000	330 000
所有者权益合计	6 000 000	1 650 000	7 650 000	3 740 000	2 008 500	540 000	6 038 500
负债和所有者权益合计	10 000 000	3 200 000	13 200 000	5 185 000	2 008 500	120 000	10 143 500

① 未分配利润抵消数根据利润分配表合并抵消数和合并数填列。

第五步，编制合并财务报表。

根据以上合并工作底稿资料，编制合并资产负债表、合并利润表及股东权益变动表（利润分配项目）如表 5-19、表 5-20 和表 5-21 所示。

表 5-19　合并资产负债表

编制单位：A 公司　　　　20×8 年 12 月 31 日　　　　元

资　　产	年初数	年末数	负债及所有者权益	年初数	年末数
流动资产：			流动负债：		
货币资金		3 430 000	短期借款		170 000
交易性金融资产		200 000	应付票据		50 000
应收票据		300 000	应付账款		615 000
应收账款		915 000	预收账款		50 000
减：坏账准备		91 500	应付职工薪酬		100 000
应收账款净额		823 500	应付利润		1 080 000
预付账款		550 000	流动负债合计		2 065 000
应收股利		0	长期负债		
存货		1 190 000	长期借款		1 000 000
流动资产合计		6 493 500	应付债券		540 000
长期股权投资：子公司投资			长期应付款		500 000
持有至到期投资			长期负债合计		2 040 000
商誉		200 000	负债合计		4 105 000
固定资产			所有者权益：		
固定资产原价		3 900 000	实收资本		4 000 000
减：累计折旧		890 000	资本公积		100 000
固定资产净值		3 010 000	盈余公积		1 060 000
在建工程		300 000	未分配利润		548 500*
固定资产合计		3 310 000	归属母公司所有者权益		5 708 500
无形资产		100 000	少数股东权益		330 000
长期待摊费用		40 000	所有者权益合计		6 038 500
资产总计		10 143 500	负债和所有者权益合计		10 143 500

表 5-20　合并利润表与股东权益变动表（利润分配项目）

编制单位：A 公司　　　　20×8 年　　　　元

项　　目	上年累计数	本年累计数
一、营业收入		9 620 000
减：营业成本		5 360 000
营业税金及附加		140 000
减：营业费用		360 000
管理费用		540 000
财务费用		260 000

续表

项　　目	上年累计数	本年累计数
资产减值损失		91 500
加：投资收益		
二、营业利润		2 868 500
加：营业外收入		250 000
减：营业外支出		50 000
三、利润总额		3 068 500
减：所得税费用		1 150 000
四、净利润		1 918 500
五、每股收益		
六、其他综合收益		
七、综合收益总额		1 918 500
少数股东本期收益		210 000
八、归属母公司所有者净利润		1 708 500

表 5-21　合并股东权益变动表(利润分配项目)

20×9 年度　　　　元

项　　目	上年累计数	本年累计数
一、归属于母公司所有者净利润		1 708 500
加：未分配利润——年初		500 000
二、可供分配利润		2 208 500
减：提取盈余公积		660 000
应付利润		1 000 000
三、未分配利润		548 500

二、连续各期合并财务报表的编制

(一) 合并财务报表基本资料

仍采用 20×8 年的资料，继续编制由 A 公司和 B 公司组成的企业集团 20×9 合并财务报表。20×9 年 A 公司与 B 公司之间发生的经济业务如下：

(1) B 公司购入 A 公司一批产品，售价 600 000 元，增值税 102 000 元，尚有 300 000 元货款未付。A 公司该批产品成本为 360 000 元，B 公司年内已对集团外销售 50%，其余部分尚未销售。

(2) B 公司计提债券利息 80 000 元，计入财务费用，A 公司应得利息收入 40 000 元，

计入投资收益。

(3) B公司上年从A公司购进的固定资产，本期继续提取折旧。

(4) A公司欠B公司的货款585 000元已付清，A公司上年从B公司购入的产品本年已全部售出。

20×9年，A公司调整后与B公司个别资产负债表、利润表和利润分配表的数据分别如表5-22、表5-23和表5-24所示。

表5-22　资产负债表

20×9年12月31日　　元

资　　产	A公司	B公司	负债和所有者权益	A公司	B公司
流动资产：			流动负债：		
货币资金	4 957 600	500 000	短期借款	750 000	60 000
交易性金融资产	250 000		应付票据	150 000	
应收票据	50 000	70 000	应付账款	430 000	200 000
应收账款	1 200 000	400 000	预收账款	250 000	
减：坏账准备	120 000	40 000	应付职工薪酬	420 000	20 000
应收账款净额	1 080 000	360 000	应付股利	1 240 000	678 000
预付账款	120 000	270 000			
应收股利	542 400		其他流动负债		
其他应收款			流动负债合计	3 240 000	958 000
存货	2 000 000	800 000	长期负债		
流动资产合计	9 000 000	2 000 000	长期借款	1 100 000	
非流动资产：			应付债券	1 000 000	1 160 000
长期股权投资	1 705 600		长期应付款	1 500 000	
其中：对子公司投资	1 705 600		其他非流动负债		
持有至到期投资	580 000		长期负债合计	3 600 000	1 160 000
长期投资合计	2 285 600		负债合计	6 840 000	2 118 000
固定资产			所有者权益：		
固定资产原价	3 000 000	2 000 000	实收资本	4 000 000	1 000 000
减：累计折旧	700 000	480 000	资本公积	100 000	
固定资产净值	2 300 000	1 520 000	盈余公积	1 460 000	382 000
在建工程	700 000	330 000	未分配利润	2 000 000	500 000
固定资产合计	3 000 000	1 850 000	所有者权益合计	7 560 000	1 882 000
无形资产	100 000	80 000			
长期待摊费用	14 400	70 000			
资产总计	14 400 000	4 000 000	负债和所有者权益总计	14 400 000	4 000 000

表 5-23 A公司与B公司利润表

20×9年度 元

项 目	A公司	B公司
一、营业收入	10500 000	3 400 000
减：营业成本	6 000 000	1 800 000
营业税金及附加	150 000	40 000
营业费用	200 000	60 000
管理费用	980 000	280 000
财务费用	200 000	90 000
资产减值损失	20 000	－10 000
加：投资收益	1 000 000	10 000
二、营业利润	3 950 000	1 150 000
加：营业外收入	200 000	200 000
减：营业外支出	150 000	50 000
三、利润总额	4 000 000	1 300 000
减：所得税费用	1 200 000	390 000
四、净利润	2 800 000	910 000
五、每股收益		
六、其他综合收益		
七、综合收益总额		

表 5-24 股东权益变动表(利润分配项目)

20×9年 元

项 目	A公司	B公司
一、上年年末余额	2 800 000	910 000
加：未分配利润——年初	1 000 000	450 000
二、可供分配的利润	380 000	1 360 000
减：提取盈余公积	560 000	182 000
应付利润	1 240 000	678 000
三、年末未分配利润	2 000 000	500 000

(二)根据上述资料，按下列程序进行处理

第一步，将母公司和子公司个别财务报表的数据过入合并工作底稿，合并工作底稿如表5-24所示。

第二步，在合并工作底稿中将母公司和子公司财务报表各项目的数据加总，计算得出个别财务报表各项目加总后的合计数(见合并工作底稿)。

第三步,对于上述内部经济往来业务,编制抵消分录如下:

1. 抵消权益性资本及投资收益

借:投资收益 728 000
　　少数股东收益 182 000
　　未分配利润——年初 450 000
　贷:提取盈余公积 182 000
　　　应付利润 678 000
　　　期末未分配利润 500 000

借:实收资本 1 000 000
　　盈余公积 382 000
　　商誉 200 000
　　期末未分配利润 500 000
　贷:长期股权投资 1 705 000
　　　少数股东权益 376 400

2. 将抵消的盈余公积按母公司持股比例转回

借:未分配利润——年初 160 000
　　提取盈余公积 145 600
　贷:盈余公积 305 600

3. 抵消内部往来款项

借:应付账款 300 000
　贷:应收账款 300 000

借:应付股利 542 400
　贷:应收股利 542 400

4. 抵消上年应收账款计提的坏账准备和本年冲销的坏账准备

借:坏账准备 58 500
　贷:未分配利润——年初 58 500

借:资产减值损失 28 500
　贷:坏账准备 28 500

5. 抵消上期期末存货中包含的未实现内部销售利润

借:未分配利润——年初 160 000
　贷:营业成本 160 000

6. 抵消本期发生的内部交易确认的收入、成本和存货中包含的未实现的内部销售利润

借：营业收入　　600 000

　贷：营业成本　　480 000

　　存货　　120 000

7. 抵消内部交易固定资产原价中包含的未实现的内部销售利润和多计提的折旧

借：未分配利润——年初　　200 000

　贷：固定资产原价　　200 000

借：累计折旧　　50 000

　贷：管理费用　　40 000

　　未分配利润——年初　　10 000

8. 抵消内部债券投资及利息收入

借：应付债券　　580 000

　贷：持有至到期投资　　580 000

借：投资收益　　40 000

　贷：财务费用　　40 000

第四步，将抵消分录过入合并工作底稿。编制的合并工作底稿如表 5-25 所示。

表 5-25　A 公司合并工作底稿

20×9 年 12 月 31 日　　元

项　目	A 公司	B 公司	合计数	抵消分录		少数股东权益	合并数
				借　方	贷　方		
营业收入	10 500 000	3 400 000	13 900 000	⑥600 000			13 300 000
营业成本	6 000 000	1 800 000	7 800 000		⑤160 000 ⑥480 000		7 160 000
营业税金及附加	150 000	40 000	190 000				190 000
营业费用	200 000	60 000	260 000				260 000
管理费用	980 000	280 000	1 260 000		⑦40 000		1 220 000
财务费用	200 000	90 000	290 000		⑧40 000		250 000
资产减值损失	20 000	−10 000	10 000	④28 500			38 500
加：投资收益	1 000 000	10 000	1 010 000	①728 000 ⑧40 000			242 000
营业利润	3 950 000	1 150 000	5 100 000	1 396 500	720 000		4 423 500
营业外收入	200 000	200 000	400 000				400 000
营业外支出	150 000	50 000	200 000				200 000
利润总额	4 000 000	1 300 000	5 300 000	1 396 500	720 000		4 623 500
所得税费用	1 200 000	390 000	1 590 000				1 590 000

续表

项　　目	A公司	B公司	合计数	抵消分录		少数股东权益	合并数
				借　方	贷　方		
净利润	2 800 000	910 000	3 710 000	1 396 500	720 000		3 033 500
少数股东本期收益						①182 000	182 000
归属于母公司所有者的净利润	2 800 000	910 000	3 710 000	1 396 500	720 000		2 851 500
未分配利润——年初	1 000 000	450 000	1 450 000	①450 000	④58 500		548 500
				②160 000	⑦10 000		
				⑤160 000			
				⑦200 000			
可供分配的利润	3 800 000	1 360 000	5 160 000	2 366 500	788 500		3 400 000
提取盈余公积	560 000	182 000	742 000	②145 600	①182 000		705 600
应付利润	1 240 000	678 000	1 918 000		①678 000		1 240 000
期末未分配利润	2 000 000	500 000	2 500 000	2 512 100	1 648 500	182 000	14 544 000
流动资产：							
货币资金	4 957 600	500 000	5 457 600				5 457 600
交易性金融资产	250 000		250 000				250 000
应收票据	50 000	70 000	120 000				120 000
应收账款	1 200 000	400 000	1 600 000		③300 000		1 300 000
减：坏账准备	120 000	40 000	160 000	④58 500	④28 500		130 000
应收账款净额	1 080 000	360 000	1 440 000	58 500	328 500		1 170 000
预付账款	120 000	270 000	390 000				390 000
应收股利	542 400		542 400		③542 400		0
存货	2 000 000	800 000	2 800 000		⑥120 000		2 680 000
流动资产合计	9 000 000	2 000 000	11 000 000	58 500	990 900		10 067 600
长期股权投资：子公司投资	1 705 600		1 705 600		①1 705 600		0
持有至到期投资	580 000		580 000		⑧580 000		0
商誉				①200 000			200 000
固定资产							
固定资产原价	3 000 000	2 000 000	5 000 000		⑦200 000		4 800 000
减：累计折旧	700 000	480 000	1 180 000	⑦50 000			1 130 000
固定资产净值	2 300 000	1 520 000	3 820 000	50 000	200 000		3 670 000
在建工程	700 000	330 000	1 030 000				1 030 000
无形资产	100 000	80 000	180 000				180 000
长期待摊费用	14 400	70 000	8 440 000				84 400
资产总计	14 400 000	4 000 00	18 400 000	308 500	3 476 500		1 523 200
流动负债：							
短期借款	750 000	60 000	810 000				810 000
应付票据	150 000		150 000				150 000
应付账款	430 000	200 000	630 000	③300 000			330 000
预收账款	250 000		250 000				250 000

续表

项　　目	A公司	B公司	合计数	抵消分录		少数股东权益	合并数
				借　方	贷　方		
应付职工薪酬	420 000	20 000	440 000				440 000
应付利润	1 240 000	678 000	1 918 000	③542 400			1 375 600
流动负债合计	3 240 000	958 000	4 198 000	842 400			3 355 600
长期负债							
长期借款	1 100 000		1 100 000				1 100 000
应付债券	1 000 000	1 160 000	2 160 000	⑧580 000			1 580 000
长期应付款	1 500 000		1 500 000				1 500 000
长期负债合计	3 600 000	1 160 000	4 760 000	580 000			4 180 000
负债合计	6 840 000	2 118 000	8 958 000	1 422 400			7 535 600
所有者权益：							
实收资本	4 000 000	1 000 000	5 000 000	①1 000 000			4 000 000
资本公积	100 000		100 000				100 000
盈余公积	1 460 000	382 000	1 842 000	①382 000	②305 600		1 765 600
未分配利润	2 000 000	500 000	2 500 000	2 512 100	1 648 500	182 000	1 454 400*
归属母公司所有者权益	7 560 000	1 882 000	9 442 000	3 894 100	1 954 100	182 000	7 320 000
少数股东权益						①376 400	376 400
所有者权益合计	7 560 000	1 882 000	9 442 000	3 894 100	1 954 100	194 400**	7 696 400
负债和所有者权益合计	14 400 000	4 000 000	18 400 000	5 316 500	1 954 100	194 400	15 232 000

* 未分配利润抵消数根据利润分配表合并抵消数和合并数填列。

** 少数股东权益与少数股东权益的差额。

第五步，编制合并财务报表。

根据以上合并工作底稿资料，编制合并资产负债表、合并利润表及股东权益变动表(利润分配项目)如表5-26、表5-27和表5-28所示。

表 5-26　合并资产负债表

编制单位：A公司　　　　20×9年12月31日　　　　元

资　　产	年初数	年末数	负债及所有者权益	年初数	年末数
流动资产：			流动负债：		
货币资金	3 430 000	5 457 600	短期借款	170 000	810 000
交易性金融资产	200 000	250 000	应付票据	50 000	150 000
应收票据	300 000	120 000	应付账款	615 000	330 000
应收账款	915 000	1 300 000	预收账款	50 000	250 000
减：坏账准备	91 500	130 000	应付职工薪酬	100 000	440 000
应收账款净额	823 500	1 170 000	应付利润	1 080 000	1 375 600
预付账款	550 000	390 000	流动负债合计	2 065 000	3 355 600
应收股利	0	0	长期负债		

续表

资　　产	年初数	年末数	负债及所有者权益	年初数	年末数
存货	1 190 000	2 680 000	长期借款	1 000 000	1 100 000
流动资产合计	6 493 500	10 067 600	应付债券	540 000	1 580 000
长期股权投资：子公司投资			长期应付款	500 000	1500 000
持有至到期投资			长期负债合计	2 040 000	4 180 000
商誉	200 000	200 000	负债合计	4 105 000	7 535 600
固定资产			所有者权益：		
固定资产原价	3 900 000	4 800 000	实收资本	4 000 000	4 000 000
减：累计折旧	890 000	1 130 000	资本公积	100 000	100 000
固定资产净值	3 010 000	3 670 000	盈余公积	1 060 000	1 765 600
在建工程	300 000	1 030 000	未分配利润	548 500	1 454 400
固定资产合计	3 310 000	4 700 000	归属母公司所有者权益	5 708 500	7 320 000
无形资产	100 000	180 000	少数股东权益	330 000	376 400
长期待摊费用	40 000	84 400	所有者权益合计	6 038 500	7 696 400
资产总计	10 143 500	1 523 200	负债和所有者权益合计	10 143 500	1 523 200

表 5-27　合并利润表与股东权益变动表（利润分配项目）

编制单位：A 公司　　　　20×9 年　　　　元

项　　目	上年累计数	本年累计数
一、营业收入	9 620 000	13 300 000
减：营业成本	5 360 000	7 160 000
营业税金及附加	140 000	190 000
减：营业费用	360 000	260 000
管理费用	540 000	1 220 000
财务费用	260 000	250 000
资产减值损失	91 500	38 500
加：投资收益		242 000
二、营业利润	2 868 500	4 423 500
加：营业外收入	250 000	400 000
减：营业外支出	50 000	200 000
三、利润总额	3 068 500	4 623 500
减：所得税费用	1 150 000	1 590 000
四、净利润	1 918 500	3 033 500
五、每股收益		
六、其他综合收益		
七、综合收益总额	1 918 500	3 033 500
少数股东本期收益	210 000	182 000
八、归属母公司所有者净利润	1 708 500	2 851 500

表 5-28 合并股东权益变动表(利润分配项目)

20×9 年度 元

项 目	上年累计数	本年累计数
一、归属于母公司所有者净利润	1 708 500	2 851 500
加:未分配利润——年初	500 000	548 500
二、可供分配利润	2 208 500	3 400 000
减:提取盈余公积	660 000	705 600
应付利润	1 000 000	1 240 000
三、未分配利润	548 500	1 454 400

练 习

一、思考题

1. 在编制合并财务报表时为什么要抵消集团公司内部交易事项?

2. 股权取得日后当年合并财务报表与以后连续各期合并财务报表的编制不同点主要有哪些?

3. 集团公司内部交易的固定资产的抵消有何特点?

4. 合并财务报表编制中为什么要对已抵消的盈余公积予以转回?

5. 母公司对子公司拥有全部股权和部分股权情况下控制权取得日后合并财务报表编制方法有什么区别?

二、练习题

1. 单项选择题

(1) 集团内部交易形成固定资产编制合并抵消分录时与“固定资产原价”相互抵消项目可能有( )。

A. 营业外收入　B. 营业收入　C. 营业成本　D. 未分配利润——年初

(2) 在合并资产负债表中,将“少数股东权益”视为普通负债处理的合并方法的理论基础是( )。

A. 经济实体理论　B. 母公司理论　C. 所有权理论　D. 权益结合法理论

(3) 甲公司拥有乙和丙两家子公司。20×8 年 6 月 15 日,乙公司将其产品以市场价格销售给丙公司,售价为 100 万元(不考虑相关税费),销售成本为 76 万元。丙公司购入后作为固定资产使用，按 4 年的年限、采用年限平均法对该项资产计提折旧，预计净残值为零。甲公司在编制 20×9 年年末合并资产负债表时，应调减“累计折旧”项目的金额为(　　)万元。

A. 3　　B. 6　　C. 9　　D. 24

(4) 乙公司是甲公司的全资子公司，年末甲公司长期股权投资账面余额为 420 万元，乙公司实收资本账面价值为 120 万元，没有盈余公积和未分配利润。则甲、乙公司合并会计报表上“长期股权投资”项目的金额为(　　)万元。

A. 300　　B. 400　　C. 320　　D. 420

(5) 在连续编制合并会计报表的情况下，上期期末存货中有内部购进存货，在本期已经对外出售，应当进行的抵消处理为(　　)。

A. 借：未分配利润——年初
　　贷：营业成本

B. 借：未分配利润——年初
　　贷：存货

C. 借：营业收入
　　贷：营业成本

D. 借：营业收入
　　贷：存货

(6) 乙公司是甲公司的全资子公司，合并会计期间，甲公司销售给乙公司商品，售价为 2 万元，货款到年底时尚未收回，甲公司按规定在期末时按 5%计提坏账准备。则应编制的坏账准备抵消分录为(　　)。

A. 借：应收账款　　1 000
　　贷：资产减值损失　　1 000

B. 借：资产减值损失　　1 000
　　贷：坏账准备　　1 000

C. 借：资产减值损失　　1 000
　　贷：应收账款　　1 000

D. 借：坏账准备　　1 000
　　贷：应收账款　　1 000

(7) 在连续编制合并会计报表的情况下，对子公司以前年度提取的盈余公积应当(　　)。

A. 视为整个企业集团提取盈余公积与子公司当年提取盈余公积的抵消处理相同，减少盈余公积的合并数

B. 视为子公司的以前年度利润分配，因此应调整本年度的未分配利润——年初，减少盈余公积的合并数

C. 视为整个企业集团提取盈余公积，调整本年度的期末未分配利润，增加盈余公积的合并数

D. 视为子公司当年度的利润分配，调整期末未分配利润，增加盈余公积的合并数

(8) 在连续编制合并会计报表的情况下，上期抵消内部应收账款计提的坏账准备对本期的影响时，应编制抵消分录为(　　)。

A. 借：坏账准备
　　贷：资产减值损失

B. 借：坏账准备
　　贷：未分配利润——年初

C. 借：应收账款
　　贷：未分配利润——年初

D. 借：资产减值损失
　　贷：坏账准备

(9) 合并抵消分录(　　)。

A. 只影响母公司的总分类账

B. 只影响子公司的总分类账

C. 既影响母公司的总分类账，也影响子公司的总分类账

D. 既不影响母公司的总分类账，也不影响子公司的总分类账

(10) 根据我国《企业会计准则》的规定，母公司日常会计核算应采用(　　)，编制合并财务报表时，改为(　　)。

A. 权益法，成本法　　B. 权益结合法，成本法

C. 权益结合法，购买法　　D. 成本法，权益法

2. 计算与分录题

(1) M公司以银行存款500万元购买了D公司80%的股权，D公司20×8年年末实收资本400万元，盈余公积150万元，未分配利润50万元。20×8年M公司与D公司之间发生的经济业务如下：

① 7月1日，M公司以银行存款63万元购买了D公司当日发行的三年期债券面值60万元(D公司共发行债券面值100万元)，年利率为8%，该债券每年年末计息一次。

② 8月5日，M公司购买了D公司一批商品计20万元，款项尚未支付，D公司该批商品的销售成本为14万元，M公司所购商品的60%已经售出。

③ 9月30日，D公司购买M公司生产的产品一批作为固定资产使用，价款及税款为468万元，增值税税率为17%，当即投入使用，款项已经支付。D公司该固定资产的使用年限为5年，采用直线法计提折旧。M公司该批产品成本为320万元。

④ 年末，D公司计提债券利息4万元，计入财务费用，债券溢价按实际利率法摊销。

⑤ M公司和D公司均按应收账款年末余额的10%计提坏账准备。

要求：编制上述内部交易事项的抵消分录。

(2) 仍取上题有关资料，20×9年年末M公司对D公司长期股权投资账面价值为556万元，D公司20×9年年末实收资本400万元，盈余公积180万元，未分配利润90万元。20×9年M公司与D公司之间又发生了如下经济业务：

① D公司从M公司购进了一批产品，价款及税款共702万元，扣除上年M公司所欠货款后的余额以银行存款付清。M公司该批产品成本价480万元，D公司已将其中的80%出售。

② M公司已将上年从D公司购进的商品全部出售。

③ D公司20×9年实现净利110万元，已宣告分配现金股利40万元，股利尚未支付。

要求：根据20×8年和20×9年M公司和D公司的投资及内部交易事项，编制20×9年合并会计报表的抵消分录。

(3) A公司持有B公司70%的股权，A公司与B公司之间发生如下业务(假定款项全部结清)。

① 20×7年6月月末，A公司将自用的机器一台销售给B公司，机器的账面净值为10万元，销售价格为13万元，B公司将该机器作为固定资产使用，并采用直线法计提折旧，折旧年限为3年，不考虑残值。20×8年3月，A公司将成本60万元的产品销售给B公司，售价为75万元，B公司将所购商品当期对集团外销售70%。

② 20×9年B公司将上年从A公司购入的产品全部出售，并又从A公司购入商品3万元，当年销售其中的40%，A公司的销售毛利率不变。

③ 20×9年12月，B公司将20×7年从A公司购进的机器提前报废。

要求：编制20×8年和20×9年合并会计报表的抵消分录。

三、案例

1. A公司准备招聘一位财务主管，在招聘会上，总会计师提出以下问题与你共同讨论。

公司打算通过合并实现扩张计划，以发行普通股1万股换取W公司40%的股权。收取W公司股权后，总会计师决定采用成本法进行核算，所持理由是：

(1) 本公司只持有W公司40%的股权，对W公司不能起控制作用，不需要编制合并会计报表。

(2) 尽管W公司实现有利润，如果W公司不分配现金股利，本公司并不能获取现金流入，成本法核算的投资收益与现金流入相一致。

(3) W 公司出现资不抵债的情况下,本公司只负有限责任。

总会计师的观点是否正确?请说说你的观点。

2. A 公司 20×8 年 7 月从母公司购进设备一套,购进价格 500 000 元,母公司的毛利率为 30%。A 公司预计使用 5 年,不考虑残值。20×8 年年末母公司助理会计师张三编制合并抵消分录如下。

借:营业收入　　500 000

　贷:营业成本　　350 000

　　固定资产原价　　150 000

借:累计折旧　　15 000

　贷:管理费用　　15 000

20×9 年年末母公司编制合并抵消分录如下。

借:累计折旧　　30 000

　贷:管理费用　　30 000

公司财务总监在对会计处理进行审核后指出了张三在两个年度内所做的抵消分录的错误之处。请你根据上述两年的合并抵消分录,指出助理会计师张三处理得不恰当之处,并予以更正。

B&E

第3篇

跨国公司会计

B&E

第六章 外币业务会计

本章范围

外币业务会计是会计实务中的一项重要内容，本章将围绕外币与外汇、汇兑损益、远期外汇合同等内容系统地介绍企业在各种外币业务中的会计处理。首先阐述了外币、外汇、汇率等基本概念，汇率的标价方法及其不同种类；在简要概括汇兑损益的含义及类型的基础上，介绍了汇兑损益在不同情况下的会计处理原则和具体的账务处理方式；外币交易会计的单一交易观点与两项交易观点是必须掌握的基本内容；而远期外汇合同是本章的重点，将系统地介绍外币交易应收、应付款的套期保值和外币约定套期保值以及投资等业务的会计处理。

学习目标

1. 明确外币、外汇、汇率及汇兑损益等外币业务中的有关概念；
2. 了解外币交易会计的单一交易观点与两项交易观点及其各自的会计处理；
3. 掌握汇兑损益的含义、会计处理原则和具体的账务处理方式；
4. 掌握外币交易主要事项的会计处理；
5. 掌握外币购、销商品的应收、应付款及约定付款套期保值会计处理。

第一节　外币业务会计概述

一、外币与外币业务

在外币业务中，以下概念的把握是非常重要的。

记账本位币(bookkeeping base currency)　是指企业经营所处的主要经济环境中的货币。也就是会计主体在会计核算时所统一采用的作为会计计量基本尺度的记账货币。

在现代经济环境下，企业在经营活动中除了发生以本国货币计价的业务以外，往往还会涉及用其他国家货币计价的业务，为了在会计核算上统一反映各种不同货币计价的经济业务，需要在多种货币中选用一种统一的货币作为记账货币，这种作为会计基本计量尺度的货币就称为记账本位币。

按照我国2006年新修订的《企业会计准则第19号——外币折算》(以下简称《新准则19号》)的规定，国内企业通常应选择人民币作为记账本位币，业务收支以人民币以外的货币为主的企业，也可采用某种外国货币作为记账本位币，但是编报的财务报表应当折算为人民币。

企业选择的记账本位币一经确定，不得改变，除非与确定记账本位币相关的、企业经营所处的主要经济环境发生了重大变化。

按照国际会计惯例，选择记账本位币的基本原则是确定企业的"功能货币"，即以企业的功能货币作为记账本位币。

功能货币(functional currency)　"该主体从事经营活动的主要经济环境中的货币"[①]，即国际会计准则所称的"编报货币"。它是计量企业现金流通、经营成果的统一尺度。

外币(foreign currency)　企业所采用的记账本位币以外的货币。

外币业务(foreign currency transaction)　又称外币交易，是指某一会计主体以记账本外币以外的其他货币进行款项收付、往来核算和计价的经济业务。

企业外币业务种类繁多，从会计要素的角度来看，可对外币业务做如下分类。

(1) 企业资产变动引起的外币业务。主要指企业以外币计价和反映的各项资产所发生的增减业务，包括产品的购销、固定资产与无形资产的购置及长期投资等。

(2) 企业负债变动引起的外币业务。主要指以外币计价的各项流动负债和长期负债的增减业务，长期负债中的外币业务主要有企业向金融机构举借的长期外币借款、融资租入固定资产的长期应付外币款项。

(3) 企业所有者权益变动引起的外币业务。表现为投资者以外币投入的资本，包括以外币形式进行的利润分配。

(4) 收入增减引起的外币业务。主要指企业通过销售产品和提供劳务等所取得的各种以外币计价的营业收入。

(5) 费用增减引起的外币业务。如支付外币借款的利息，支付国外销售产品的各项运费、保险费和佣金等销售费用。

(6) 外币折算业务。把外币的金额重新表述为另一种货币。进行外币折算，并不是实际发生了兑换或交易外币经济业务，而仅仅是改变其计量单位。

企业在核算外币业务时，应当设置相应的外币账户，包括外币现金、外币银行存款、以外币结算的债权(如应收票据、应收账款、预付账款等)和债务(如短期借款、应付票据、应

① 美国财务会计准则委员会发布的第52号财务会计准则公告《外币交易》

付账款、预收账款、长期借款等)，应当与非外币的该相同账户分别设置，并分别核算。

二、外汇与汇率

1. 外汇的含义

外汇(foreign exchange)　以外币表示的能用于国际结算的支付手段——静态含义。

把一个国家的货币兑换成另一国家的货币，以清偿国际债权债务关系的一种支付行为——动态含义。

国际货币基金组织对外汇的概念是从以上静态和动态两方面进行解释的。实际上，"外汇"这个词是"国外汇兑"或"国际汇兑"的简称，即它包含"汇"与"兑"两方面的含义。"汇"是指资金在不同地区之间的移动，"兑"是指不同货币之间的兑换。

外汇具有两个特征：第一，必须是以外币表示的国外资产，凡是用本国货币表示的信用工具和有价证券不能视为外汇；第二，必须是可以自由地兑换成其他形式支付手段的外币资产，凡不能兑换成其他国家货币及支付手段的外国货币也不能视为外汇。也就是说，只有在国际上可以流通使用的外国货币才能作为外汇。

根据以上定义和特征，外汇具体包括以下内容：

(1) 可以自由兑换的外国货币，包括纸币、铸币等；

(2) 外币有价证券，包括政府公债、国库券、公司债券、股票、息票等；

(3) 外币收支凭证，包括票据、银行存款凭证、邮政储蓄凭证等；

(4) 其他外币资金。

外币与外汇是两个不同的概念，不能混用。在我国比较广泛使用的是"外汇"这个词，但从会计学研究的角度来看，企业的会计核算使用"外币"概念更为正确和明了。企业所发生的进、出口业务，必须按照约定的货币计价条件进行结算。从国外进口货物，必须支付货款给外国公司；反之，向国外出口货物，则要向外国公司收取货款。由于不同国家的货币制度不同，一国的货币不能在另一国流通使用，所以，外汇就成为清偿国际间债权债务的手段，并与黄金一样，成为各国的一种储备资产。

2. 汇率及其标价方法

汇率(exchange rate)　一国的货币兑换成另一国货币的折算比例，也称汇价、兑换率或外汇牌价。

国际间政治、经济、文化往来所引起的债权债务关系，都要在有关国家之间进行清算，这种清算会涉及多种货币，使得经济贸易往来的国际化与货币的国家化发生矛盾。"货币的目的是提供价值的标准、交换的媒介以及计量的单位。不同国家的货币以不同的效率执行前两种功能。"①为解决不同价值、不同名称货币之间兑换的矛盾，就要规定各国货币

① 弗洛伊德·A. 比姆斯，约翰·A. 布罗若夫斯基，克雷格·D. 舒尔德斯. 高级会计学. 上海：上海财经大学出版社，2002

之间的比率，外汇汇率由此而产生。

当两种或两种以上的货币进行兑换买卖时，如果没有一种标准的兑换价格，其买卖行为便无法成立，只有确定不同货币之间的汇率或汇价，才能使外币资产成为一种商品而进行交换。

确定两种不同货币之间的比价时，首先需要确定以哪一种货币为标准，由于确定的标准不同，产生了两种标价方法，即直接标价法和间接标价法。

直接标价法(direct quote method)　以一定单位(1 个或 100 个、1 000 个外币单位)的外国货币为标准，折合成若干本国货币来表示汇率。

在直接标价法下，外国货币的数额固定不变，汇率的涨跌都以相对的本国货币数额的变动表示。如 1 美元兑换 7.72 元人民币。当汇率上升时，表示要换得同样数额的外国货币需要付出更多的本国货币，反映出本国货币币值的下降；反之，当汇率下降时，表示换取同样数额的外国货币，可少付出本国货币，反映出本国货币币值的上升。因此，直接标价法也被称为应付标价法。目前世界上大多数国家，包括我国在内采用的都是直接标价法。如：中国银行于 2008 年 6 月 19 日公布的人民币与美元、港元、日元、欧元、英镑、瑞士法郎、澳大利亚元和加拿大元之间的汇率(100 外币兑换人民币)见表 6-1。

表 6-1　主要外币与人民币的汇率(直接标价法)

2008 年 6 月 19 日　　100

币　种	USDCNY	HKDCNY	JPYCNY	EURCNY	GBPCNY	CHFCNY	AUDCNY	CADCNY
RMB(元)	687.96	88.15	6.388	1 071.67	1 348.75	665.83	650.93	676.27

按照国际惯例，在汇率的标价中，数量固定不变的货币称为“基准货币”，而与之相对应数量发生变化的货币，则称为“标价货币”。也就是说，在直接标价法下，外币是基准货币，本币是标价货币。

间接标价法(indirect quote)　以一定单位的本国货币为标准，折合成若干单位的外币来表示汇率。

在间接标价法下，本币数额不变，汇率的涨跌都以相对的外币数额的变动来表示。当汇率上升时，表示对于同样数额的本国货币，能兑换到更多的外国货币，反映本国货币币值上升；反之，汇率下降时，表示同样数额的本国货币只能兑换到较少的外国货币，反映本国货币币值的下降。因此，间接标价法也称之为应收标价法。英国是长期以来一直采用间接标价法的国家。美国为了与国际外汇市场对美元的标价一致，于 1978 年 9 月 1 日起，改用了间接标价法，但对英镑的汇率仍沿用直接标价法。

以 2008 年 6 月 19 日纽约外汇市场的外汇牌价为例，美元对人民币、港元、日元、欧元、英镑、瑞士法郎、新加坡元和加拿大元的汇率(1美元兑换外币)如表6-2所示。

表6-2 美元对部分货币的汇率(间接标价法)

2008年6月19日　　1美元

币　种	RMBCNY	HKDCNY	JPYCNY	EURCNY	GBPCNY	CHFCNY	SGDCNY	CADCNY
兑换值	6.879 6	7.804 4	107.696	0.652 2	0.510 1	1.033 2	1.367 9	1.017 3

两种汇率标价方法虽然基础不同,但表示一国货币对外币汇率的高低的意义是相同的,实际上直接标价法与间接标价法所表示的汇率是互为倒数的关系。一般来讲,一个国家在一定时期内,其外汇汇率的标价方法只能采用其中的一种。应当指出,随着国际金融市场的迅速发展,世界主要外汇市场为了便于外币交易,银行之间对汇率的报价,都是以美元为标准来表示各国货币的价格,这已成为一种惯例,于是,事实上已形成了一种美元标价法。

3. 汇率的种类

汇率可按不同的标准进行分类,概括起来主要类别有如下几种。

(1) 按汇率制度分类

按照经济活动中所实行的汇率制度可分为固定汇率和浮动汇率。

固定汇率(fixed rate)　一国的货币与另一国货币的兑换比率是基本固定不变的。

在金本位制度下,通常是以货币的含金量作为制定汇率的基础,对比不同货币的含金量来制定不同货币之间的汇率。由于各国货币法定含金量不会经常变化,或波动幅度很小,故具有相对稳定性,称为固定汇率。1944年召开的"布雷顿森林会议"确定了固定汇率制,国际货币基金组织将各国货币与美元建立固定比价,直到20世纪70年代,随着美元的一再贬值,使固定汇率制逐步崩溃。

浮动汇率(float rate)　一国货币与另一国货币的兑换比率是根据外汇市场的供求情况而定,不受管理当局的限制。

随着固定汇率制的崩溃,不少国家相继实行浮动汇率制。在浮动汇率制下,政府原则上不对汇率变动进行干预,但事实上,如果汇率波动太大,对国家的外贸业务和国际收支等产生重大影响时,政府也会对汇率的波动进行一定的干预或施加影响。所以,浮动汇率制又分为"自由浮动"和"管理浮动"两种。当前,世界各国一般都实行管理浮动汇率制。

(2) 按银行经营外汇买卖的角度分类

大多数外汇交易都与银行发生关系,因此从银行买卖外汇的角度可分为买入汇率、卖出汇率、中间汇率和现钞汇率。

买入汇率(bid rate)　银行向客户买入外汇时所采用的折算汇率,也称买入价。

卖出汇率(ask rate)　银行向客户卖出外汇时所采用的折算汇率,也称卖出价。

在我国人民币与外币汇率采用直接标价法下，银行的买入汇率总要低于银行的卖出汇率。我国银行一般同时公布买入汇率和卖出汇率。买入价与卖出价的差额即为银行或经纪人买卖外汇的收益。此外，国内企业出口销售所取得的外汇在结算后可通过银行兑换为人民币，这一过程称为结汇，其外汇价格即结汇价，也就是银行的买入价；同时，企业用汇时，可以向银行以人民币按当日的卖出价购入外汇，称之为售汇，即售汇价，也就是银行的卖出价。

中间汇率(mid-rate)　银行公布的买入汇率和卖出汇率之间的平均数，也称中间价。在实际外币业务中常采用中间价，银行公布外汇牌价时常用 basic 表示。

表 6-3 中的汇率即为中国银行公布的(2007 年 2 月 20 日)美元、港元、日元、欧元、英镑及加拿大元与人民币的买入、卖出及中间价。

表 6-3　主要外币与人民币的买入、卖出及中间价(100 外币兑换人民币)①

项　目	USDCNY	HKDCNY	JPYCNY	EURCNY	GBPCNY	CADCNY
BASIC	687.96	88.15	6.388 0	1 071.67	1 348.75	676.27
BID	686.42	87.91	6.354 5	1 062.44	1 349.20	672.97
ASK	689.18	88.24	6.405 6	1 070.98	1 360.04	678.37

现钞汇率(cash rate)　银行买入或卖出外币现钞时所采用的汇率，也称现钞买卖价。由于外币现钞一般不能在本国流通，只能运到发行国去，才能充当流通和支付手段。在转运时，银行要承担运费、保险费，并垫付利息，所以现钞买入价最低，但现钞卖出价与外汇卖出价相同。

(3) 按汇率制定的方法分类

按照不同外币所采用的汇率制定方法可分为基本汇率和套算汇率。

基本汇率(basic rate)　根据本国货币与关键货币的价值之比而确定的汇率。

所谓关键货币是指在所有的外币中最为重要的一种外币，具体说要具备三个条件才能称之为关键货币，即：①本国国际收支中使用最多的一种货币；②本国外汇储备中所占比重最大的一种货币；③是国际上普遍可接受的货币。从各种主要外币的使用情况来看，美元是国际收支中使用最多的一种货币，所以一般国家都将美元作为确定汇率的关键货币。

套算汇率(cross rate)　根据基本汇率计算出的其中一种货币对其他国家货币之间的汇率。

在国际外汇市场上，由于美元的市场容量大，通常主要外汇市场只公布某一国家的货币对美元的比价，于是当交易的两个货币都不是美元时，就必须进行套算。例如，要知道

① BASIC 为中间价，BID 为买入价(结汇价)，ASK 为卖出价(售汇价)。

加拿大元与新加坡元之间的汇率，需通过这两种货币与美元的汇率进行套算。若已知USD 1=CAD 1.122 1，USD 1=SGD 1.534 2，则可计算出加拿大元与新加坡元之间的套算汇率为0.731 4，即1新加坡元等于0.731 4加拿大元。

(4) 按外汇交易的交割期限分类

外汇市场一般都可以进行现汇交易和期汇交易，由此而分为即期汇率和远期汇率。

即期汇率(spot rate) 外汇买卖成交后的当天或两个营业日之内进行交割的汇率，也称为现汇汇率，即现汇交易中即期交割的汇率。根据支付凭证的不同，现汇分为电汇、信汇和票汇，其汇率有所不同。由于电汇交款迅速，国际上大额款项大多采用电汇，世界各国外汇市场公布的现汇汇率，指的就是电汇汇率。

我国2006年新修订的《企业会计准则第19号——外币折算》从外币业务的会计处理角度做出了规定，中国人民银行公布的当日人民币外汇牌价的中间价为即期汇率。

远期汇率(forward rate) 外汇买卖成交后并不马上交割，而是约定在以后一定期限内进行交割时所采用的汇率，又称期汇汇率。在远期外汇交易中，买卖双方先按远期汇率签订买入或卖出外汇的合约，到了约定的期限，按规定的汇率进行交割。

远期外汇交易一般为1～6个月，也有少数长达1年的。其特点是无论到期日的即期汇率涨跌如何，都按照原约定的汇率交割。

升水(premium) 远期汇率与即期汇率之间的差额为远期差价，在直接标价法下，远期汇率大于即期汇率的差额称为升水。

贴水(discount) 在直接标价法下，远期汇率小于即期汇率的差额称为贴水。

升水(或贴水)可用绝对数表示，也可用相对数表示，当以P、D分别表示升水和贴水，以F_0和S_0分别表示远期汇率与即期汇率，n表示交割日距成交日的天数时，则其计算公式如下：

① 用绝对数表示

升水(贴水)=远期汇率－即期汇率

$$P(D) = F_0 - S_0$$

② 用百分比表示

$$\text{升水(贴水)} = \frac{\text{远期汇率} - \text{即期汇率}}{\text{即期汇率}} \times \frac{360}{n} \times 100\%$$

$$P(D) = \frac{F_0 - S_0}{S_0} \times \frac{360}{n} \times 100\%$$

由于汇率是变动的，因此不可避免会带来汇率风险，而远期外汇买卖的目的，就是为了避免或减轻由于汇率变动而给企业造成的损失。

(5) 按处理外币业务登记入账的时间分类

根据外币业务发生后会计处理并登记入账的时间可分为现行汇率和历史汇率。

现行汇率(current rate) 外币业务发生时的当天汇率，即企业将外汇款项记入账中或编制报表时采用的汇率。又常称之为记账汇率。

历史汇率(historical rate) 经济业务最初发生时的汇率，即最初取得外币资产或承担外币负债时记录入账的汇率，因此也被称为账面汇率。

现行汇率和历史汇率是相对而言的，期初记录业务时采用的是当时的现行汇率，但到期末时，汇率很可能已发生了变化，变化了的汇率即为新的现行汇率，账面上已记录的汇率则为历史汇率。

4. 汇率风险

汇率风险(exchange rate risk) 由于汇率的变动可能使持有外币资产或外币负债的一方遭受损失的危险性。

由于外汇汇率的变动，使外币作为一种金融资产的价值产生不稳定，而引起企业在外币业务的会计处理中，预期的现金流出或流入发生变化，对企业可能带来经济损失或利益。这种损失或利益，一般在会计上是用外币折算成记账本位币的差额来反映的。

汇率风险一般指下列三种情况：

交易风险(transaction risk) 外币交易而形成的风险。即由于外币制债权或债务在到期清偿时，汇率已发生变动而造成损失的风险。

折算风险(translation risk) 会计期末，企业所有外币账户余额按期末汇率进行调整，折算为记账本位币后与原来账面金额之间产生差异，由此给企业带来损失的风险。因为事实上这一损失并非产生于外币交易，仅仅是由于会计上进行折算所形成，所以也称为会计风险。

经济风险(economic risk) 公司的股票市场价值由于汇率变动而出现下降的风险。主要指因现在汇率变动而引起的企业未来现金流量变化的风险。

三、外币业务记账方法

企业所发生的以外币计价的业务，通常对外方的权利和义务结算要以原币为准，而在企业会计主体账系中，又必须按记账本位币记录入账和编制会计报表。由于原币与记账本位币大多不一致，记账时如何处理，国际上对此有两种记账方法，这就是外币统账制记账方法与外币分账制记账方法。

1. 外币统账制记账方法

外币统账制记账方法也称本位币记账法，是一种以本国货币为记账本位币的记账方法，在这种方法下，企业发生的外币业务都要折合为记账本位币加以反映，同时还要记录外币的金额，所以这种方法又称为复币记账法。根据 2006 年《企业会计准则第 19 号》的规定，在这种方法下对汇率的使用有两种处理方式，一种方式是采用交易发生日的即期汇率将外币金额折算为记账本位币金额反映；另一种方式是可以采用按照系统合理的方法确定的、与交易发生日即期汇率近似的汇率折算。

无论采用其中哪一种方法，在资产负债表日，企业所有外币账户余额都应当根据外币货币性项目和外币非货币性项目，分别予以相应的处理。

2. 外币分账制记账方法

外币分账制记账方法也称原币记账法，是指企业发生外币业务时，直接按各种原币金额记账，不再折合成记账本位币金额。在这种方法下，企业的本币业务与外币业务分设不同的账户体系来反映，即按币种各设总账和明细账。资产负债表日，分别对货币性项目和非货币性项目进行调整：货币性项目按资产负债表日即期汇率折算，非货币性项目按交易日即期汇率折算，产生的汇兑差额计入当期损益。这种记账方法适用于外币业务发生笔数很多的企业，如经办外汇业务的银行、融资租赁公司等金融机构。

第二节 汇兑损益

一、汇兑损益的含义及其分类

如果对企业外币业务的会计处理只是单一地采用历史汇率，而且外汇汇率是稳定不变的，那么外币业务的结算和兑换就非常简单，也不会发生由于汇率的不同而产生的损益。但是在浮动汇率制环境下，外汇汇率瞬息万变，使企业的外币交易变得十分复杂。由于汇率是变动的，而企业因购销业务发生的应收(应付)外币账款及其结算日期、企业举借的外币借款及其清偿日期等往往不一致，因此，以同样的外币金额在不同时点折合为记账本位币的金额就会不相等，从而产生差额，这一差额应当作为汇兑损益处理。

汇兑损益(exchange gains and losses)　企业发生的外币业务，由于账务处理的时间及其汇率的不同而产生的折合为记账本位币的差额，称为“外汇兑换损益”，简称汇兑损益。

汇兑损益从其本质上讲是由外币汇率的变动而形成的，具体表现为外币汇率之差与外币金额的乘积。企业由于外币业务而产生汇兑损益的情况很多，通常可分为如下几类。

1. 根据汇兑损益形成的不同分类

汇兑损益根据其形成的不同来划分，一般可分为交易外币汇兑损益、兑换外币汇兑损益和报表折算汇兑损益。

交易外币汇兑损益　在发生以外币计价的业务时，因收回债权或偿付债务、期末账户余额调整而产生的汇兑损益。具体说交易外币汇兑损益又包括折算损益和调整损益两种。折算汇兑损益是指企业对于外币购销业务进行会计处理中，以单一的等值货币来重新表述某种外币金额时所产生的汇兑损益。比如，我国某出口商向德国某进口商销售了一批货物，售价 10 000 欧元，款项尚未收到。设原始交易日的汇率为 EUR 100＝RMB 1 013，结算日人民币与欧元的汇率为 EUR 100＝RMB 1 018。于是，这一笔 10 000 欧元的销售款就由原账面上的 101 300 元增加到 101 800 元，形成了 500 元的汇兑损益，这就是外币折算汇兑损益。而在会计期末，企业需要将所有的外币性债权、债务及货币资金账户余额按照期末汇率进行调整，调整后的记账本位币金额与原账面本币金额之差即为调整汇兑损益。

兑换外币汇兑损益 当以一种货币实际交换成另一种货币时，由于二者价值上的差异而使交换过程中产生的损益即为兑换外币汇兑损益。如上述企业在将出口销售款 10 000 欧元收回后，若通过银行兑换成美元，在兑换过程中所出现的损益就是兑换外币汇兑损益。

报表折算汇兑损益 对于集团公司，往往要编制合并财务报表，而跨国公司要将分布在不同国家和地区的子公司财务报表进行合并，首先就要将以不同货币编制的报表折算为记账本位币，在这一折算过程中所产生的损益为报表折算汇兑损益。

2. 根据汇兑损益在当期是否实现分类

汇兑损益按其是否在本期实现，可分为已实现的汇兑损益和未实现的汇兑损益。

已实现的汇兑损益 所谓已实现的汇兑损益，是指产生汇兑损益的外币业务在报表编制日之前已完成结算，汇兑损益金额已最终确定。如应收的债权已经收回，应付的债务已经偿付。上述几种外币汇兑损益中的兑换外币汇兑损益，是在本期内用一种货币兑换另一种货币，兑换过程结束即兑换损益已形成，所以必然是已实现的汇兑损益。而交易外币汇兑损益则包括有已实现的和未实现的汇兑损益，要视其是否已在会计期末完成结算而定。

未实现的汇兑损益 产生汇兑损益的外币业务在报表编制日之前尚未完成结算，汇兑损益金额未最终确定，或仅仅是由于外币折算而形成的差额，这些都属于未实现的汇兑损益。在以上几种汇兑损益中，调整外币汇兑损益和报表折算汇兑损益一般是在期末对外币账户余额与报表项目进行折算形成的，其目的是说明期末会计报表上外币资产和负债以记账本位币反映的当前价值，然而实际上在本期并没有由于这两种会计处理而使企业获得现实的收益或受到损失，因此必然是未实现的汇兑损益。至于外币交易汇兑损益中的折算损益，如果应收的债权尚未收回或应付的债务尚未支付，此时记录在账上的汇兑损益也就是未实现的汇兑损益。

上述两种汇兑损益的分类，可通过图 6-1 反映其关系。

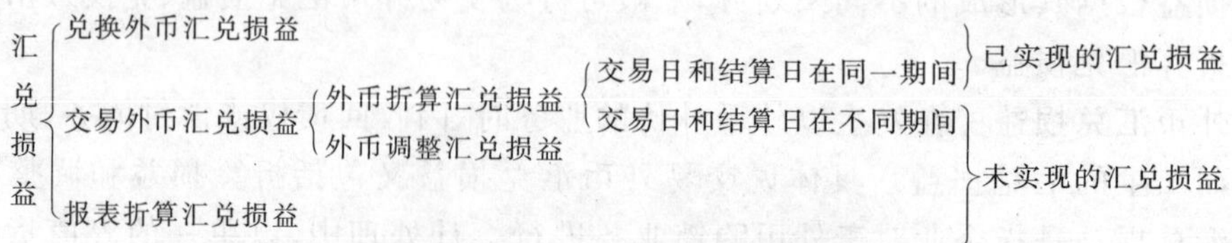

图 6-1 汇兑损益的分类

二、汇兑损益的核算原则

(一) 外币货币性项目与外币非货币性项目

根据我国2006年《企业会计准则第19号》第十一条规定,企业在资产负债表日,应当分别外币货币性项目和外币非货币性项目进行会计处理。

1. 外币货币性项目

货币性项目是指企业持有的货币资金和将以固定或可确定的金额收取的资产或者偿付的负债。货币性项目分为货币性资产和货币性负债。货币性资产包括库存现金、银行存款、应收账款、其他应收款、长期应收款等;货币性负债包括短期借款、应付账款、其他应付款、长期借款、应付债券、长期应付款等。

对于外币货币性项目,因结算或采用资产负债表日的即期汇率折算而产生的汇兑差额,计入当期损益,同时调增或调减外币货币性项目的记账本位币金额。

2. 外币非货币性项目

非货币性项目是指货币性项目以外的项目,包括存货、长期股权投资、固定资产、无形资产等。

对于外币非货币性项目在资产负债表日的处理,应当结合其所采用的计量基础予以分别对待。

(1) 以历史成本计量的外币非货币性项目。比如企业期初购入的存货,在交易发生日已按当时的即期汇率折算,那么在资产负债表日就不再按照当日的汇率进行调整,即不改变其原记账本位币金额。

对于以成本与可变现净值孰低计量的存货,如果其可变现净值以外币确定,则在确定存货的期末价值时,应先将可变现净值折算为记账本位币,再以记账本位币反映的存货成本进行比较。与此同时,在计提存货跌价准备时亦应当考虑汇率变动的影响。

(2) 以公允价值计量的外币非货币性项目。比如股票、基金等交易性金融资产,由于这些项目采用公允价值计量模式,所以也相应采用公允价值确定日的即期汇率进行折算,折算后的记账本位币金额与原记账本位币金额的差额,作为公允价值变动(含汇率变动)处理,计入当期损益。

(二) 不同外币业务下汇兑损益的处理

企业可能由各种外币业务的发生而产生汇兑损益,对此应当分不同的情况进行处理。

1. 企业筹建期间发生的汇兑损益

企业在筹备建立期间,由于办理各项手续、人员培训等方面发生的外币支出,由此而形成的汇兑损益应当计入“长期待摊费用”，待企业开始正常生产经营后再计入当期损益。

2. 企业在生产经营期间发生的汇兑损益

根据上述相关规定做出处理，对于外币业务较多的企业，其汇兑损益主要产生于企业的生产经营过程中，会计处理一般可以计入“汇兑损益”或“财务费用”账户，作为当期损益处理。当发生汇兑收益时，计入以上账户的贷方；反之，发生汇兑损失则计入其账户的借方。

3. 企业购建固定资产发生的汇兑损益

企业为购买或建造固定资产而举借外币借款，由此而产生的汇兑损益按照借款费用资本化的原则进行处理。具体说，企业为购建固定资产借入的外币专门借款，在每一会计期间，其本金和利息随着汇率的变动会产生汇兑损益，该汇兑损益根据不同情况有两种处理方式：

(1) 在购建的固定资产达到预定可使用状态前，予以资本化，计入所购建固定资产的成本。这里有三个条件，即①资产支出已发生；②借款费用已经发生；③为使资产达到预定可使用状态所必要的购建活动已开始。

(2) 在该项固定资产达到预定可使用状态后，计入当期财务费用。

4. 购置无形资产发生的汇兑损益

企业为购置专利、商标等无形资产发生的汇兑损益，应当计入相应的无形资产成本，并随该项无形资产的成本及其使用年限而分期摊销。

5. 报表折算产生的汇兑损益

企业在会计期末合并报表时，必须按照母公司记账本位币将子公司或分支机构的外币报表进行折算，由此产生的汇兑损益作为“外币报表折算差额”在合并的资产负债表中反映，作为所有者权益项目单独列示。

6. 企业在清算期间发生的汇兑损益

如果企业被清算，在此期间发生的汇兑损益作为“清算损益”处理。

另外应当说明的是，在汇兑损益的账务处理上，对于计入当期损益的汇兑损益，企业可通过“财务费用”下的汇兑损益账户进行核算。若企业外币业务量较大，也可单独设置“汇兑损益”账户核算。

第三节　外币交易的会计处理

一、外币购销交易会计处理的两种观点

企业发生以外币计价的购销业务时，就会产生相应外币制的应收、应付款项这一类债权债务，这类业务的会计处理将是两个过程的复合，前一过程是把外币购销额折算为本币金额，以将债权、债务记录入账；后一过程是为清偿债务或收回债权的外币资金结算的记

录。以出口销售业务为例(延期收款),销售成立日即以某一确定的汇率将外币货款记入"应收账款"账户,结算之日根据当天汇率(或其他汇率)结清该笔"应收账款",并反映其过程产生的汇兑损益。整个过程是简单明了的。但是在实际经济活动中,这两个过程往往会跨决算期,这就会产生3个日期之间前后汇率变动的差异。对此在会计上如何处理,国际上存在着两种不同的观点,即单一交易观点和两项交易观点。

1. 单一交易观点

单一交易观点(single transaction)　外币业务交易发生与日后货款结算是一项业务交易的两个不可分割的组成部分,汇率发生变化应对原交易记录进行相应的调整。

单一交易观点认为,由于汇率的变动,用记账本位币计价入账的购入商品成本或销售商品收入,在购销货款没有以外币结算之前,其价值是不确定的。因此在交易发生日和报表编制日,将购销商品的外币金额按当日汇率折合成记账本位币,这一折算金额都是暂时的。只有在外币购销货款结算以后,以结算日汇率折算的记账本位币金额,才是最终确定的购进商品成本或所销商品的收入,并应当对原来的记录做相应的调整。持单一交易观点的人注重的是交易的现金支付,而不是约定价格。在这一观点之下,由于交易发生日、报表编制日、交易结算日这三个时点汇率变动所产生的本币的差额,都应作为已入账的购入商品成本或销售收入的调整额,而不作为外币折算损益处理,这样在会计账上就不会出现独立表示的因汇率变动所致的差额,即汇兑损益。

2. 两项交易观点

两项交易观点(two transaction)　外币业务交易发生与日后货款结算是两个独立的事项,汇率发生变化不对原交易记录进行相应的调整。

两项交易观点认为,外币交易日确定的是购销业务,结算日产生的是一笔外币买卖业务,二者相对独立。外币的购货成本与销售收入的本国货币等值,应当取决于外币业务交易发生时的汇率,而与以后货款结算时汇率的变动无关。交易结算日由于汇率变动而产生的外币折算损益,计入"汇兑损益"或"财务费用——汇兑损益"账户,不调整购货成本和销售收入账户金额。但是,在两项交易观点下,对于未实现的汇兑损益存在着两种不同的处理方式:一种是当期确认,即将未实现的汇兑损益计入当期损益,列入当期利润表;另一种是作为递延损益,列入资产负债表,直到完成结算才作为已实现的损益入账。

【例6-1】　我国A公司20×8年12月10日向美国B公司销售一批商品,价款为100 000美元,货已发出。根据合同规定,货款将于20×9年1月24日支付。该期间汇率变动情况如下:

20×8年12月10日,　　USD 1=RMB 6.787 0

20×8年12月31日,　　USD 1=RMB 6.789 0

20×9年1月24日,　　USD 1=RMB 6.784 0

根据上述资料,按照单一交易观点和两项交易观点所形成的三种方法,分别处理如表 6-4 所示。

表 6-4　不同交易观点下的会计处理方法　　元

日　期	单一交易观点	两项交易观点	
		当期确认法	递　延　法
20×8 年 12 月 10 日	借：应收账款　678 700 (100 000×6.787 0) 贷：营业收入　678 700	借：应收账款　678 700 (100 000×6.787 0) 贷：营业收入　678 700	借：应收账款　678 700 (100 000×6.787 0) 贷：营业收入　678 700
20×8 年 12 月 31 日	借：应收账款　200 (100 000×0.002) 贷：营业收入　200	借：应收账款　200 (100 000×0.002) 贷：汇兑损益　200	借：应收账款　200 (100 000×0.002) 贷：递延汇兑损益 200
20×9 年 1 月 24 日	借：营业收入　500 贷：应收账款　500 (100 000×0.005) 借：银行存款　678 400 贷：应收账款　678 400	借：汇兑损益　500 贷：应收账款　500 (100 000×0.005) 借：银行存款　678 400 贷：应收账款　678 400	借：汇兑损益　500 贷：应收账款　500 (100 000×0.005) 借：银行存款　678 400 贷：应收账款　678 400 借：递延汇兑损益 200 贷：汇兑损益　200

3. 三种不同处理方法的比较

从上面举例中可以看到，两种观点下三种处理方法各有不同，其不同就在于对外币折算差额的处理不同。其中，单一交易观点的处理，是将外币折算差额作为对销售收入或购货成本的调整；在两项交易观点之下，不论是采用当期确认方法还是采用递延方法，凡是发生的外币折算损益，在会计处理上都同样作为汇兑损益入账。不同的仅仅是在账上反映的时期有所不同，前者当期就作为损益实现，后者递延作后期实现。以上三种处理方法反映在 20×8 年资产负债表和利润表上有关项目的金额有所不同，见表 6-5。

表 6-5　三种处理方法在报表上反映的差异　　元

项　　目	单一交易观点	两项交易观点	
		当期确认法	递　延　法
资产负债表项目			
应收账款	678 900	678 900	678 900
递延汇兑损益			200
利润表项目			
销售收入	678 900	678 700	678 700
汇兑损益（或财务费用）		200	

从表 6-5 可以看出，无论采用哪一种方法，在资产负债表上"应收账款"项目的金额都是 678 900 元。而"销售收入"所列金额，两项交易观点比单一交易观点要少 200 元，这 200 元即外币折算损益。

对于以上三种方法，两项交易观点在思路上比较清晰，方法简便，所以这一观点被大多数国家所采用，而两项交易观点下的当期确认法和递延法，如果未实现汇兑损益数额不大，时间跨度也较小，那么这两种方法的差异造成的影响并不大。比较而言，当期确认法更为简单，它使当期会计报表能及时反映汇率变动对企业财务状况的潜在影响。但是，当期确认法的运用也有其不利之处。若外币交易结算时间跨度大，且汇率变动幅度也较大，在这种情况下会导致企业当期收益中包含较大数额的未实现汇兑损益，从而影响企业经营成果的真实性，误导投资者。因此，对于长期性外币项目的未实现汇兑损益，选择递延法处理更为合理一些。

目前大多数国家都是采用的两项交易观点，而其中又以采用当期确认方法的为多。国际会计准则委员会在《国际会计准则第 21 号——汇率变动的影响》(IAS No. 21)规定，原则上采用两项交易观的第一种方法处理外币业务，但也未完全否定第二种方法。美国财务会计准则委员会在第 52 号公告《外币交易和外币报表折算的会计处理》中也建议采用两项交易观点，并要求采用当期确认法。我国同样也明确提出在外币交易的会计处理中采用两项交易观点，在当期确认汇兑损益，不递延。

二、外币交易其他事项的会计处理

根据上述相关处理原则，下面就主要几种外币业务类型分别介绍其会计处理。

1. 外币应收、应付事项及期末账户调整的会计处理

企业发生外币购销商品业务时，应根据折算汇率将外币金额折算为记账本位币金额，按照折算后的记账本位币金额登记有关账户；同时，按照外币金额登记相应的外币账户。将外币金额折算为记账本位币金额时，应采用外币业务发生日的即期汇率将外币金额折算为记账本位币金额，也可以采用按照系统合理的方法确定的、与交易发生日即期汇率近似的汇率折算。

期末(指月末、季末或年末)，对各种外币账户的期末余额，要按照期末市场汇率进行调整，将外币账户期末余额折合为记账本位币金额与调整前期末余额的差额，确认为汇兑损益。

【例 6-2】 A 公司 20×9 年 6 月初银行存款(美元户)、短期借款(美元户)、应收账款(美元户)和应付账款(美元户)的余额及折算为人民币的金额如表 6-6 所示。

表 6-6 有关美元账户期初余额 元

项 目	原 币	本 币	项 目	原 币	本 币
银行存款	100 000	780 000	应付账款	120 000	936 000
应收账款	150 000	1 170 000	短期借款	80 000	624 000

该公司以人民币为记账本位币，采用交易日即期汇率为记账汇率，月末按照市场汇率调整计算汇兑损益，当月末市场汇率为 USD 1=RMB 6.75。

公司本月发生下列业务：

(1) 8 日收回前期出口商品的货款 50 000 美元，当日即期汇率为 USD 1=RMB 6.60。

(2) 18 日用银行存款归还短期借款(美元户)40 000 美元；当日即期汇率为 USD 1=RMB 6.55。

(3) 22 日支付上月从 B 公司购入商品款，价款 60 000 美元；当日即期汇率为 USD 1=RMB 6.65。

(4) 26 日销售商品一批，价款 80 000 美元，款未收，当日即期汇率为 USD 1=RMB 6.74。

要求：

(1) 根据上述经济业务编制会计分录；

(2) 根据期末报表日汇率调整各账户余额。

处理如下：

(1) 编制会计分录

①借：银行存款——美元户　　330 000(50 000USD × 6.60)

　贷：应收账款——美元户　　330 000(50 000USD × 6.60)

② 借：短期借款——美元户　　262 000(40 000USD × 6.55)

　贷：银行存款——美元户　　262 000(40 000USD × 6.55)

③ 借：应付账款——美元户　　399 000(60 000USD × 6.65)

　贷：银行存款——美元户　　399 000(60 000USD × 6.65)

④ 借：应收账款——美元户　　539 200(80 000USD × 6.74)

　贷：营业收入　　539 200(80 000USD × 6.74)

(2) 根据期末汇率调整账户余额(以下以银行存款账户为例)

借：财务费用——汇兑损益　　111 500

　贷：银行存款——美元户　　111 500

借：财务费用——汇兑损益　　164 200

　贷：应收账款——美元户　　164 200

银行存款与应收账款的美元户明细账见表 6-7 和表 6-8。

表 6-7　银行存款——美元户　　元

日　期	项　目	借方			贷方			余额		
		原币	汇率	人民币	原币	汇率	人民币	原币	汇率	人民币
6月1日	月初余额							100 000	7.80	780 000
6月8日	收回货款	50 000	6.60	330 000				150 000		1 110 000
6月18日	归还借款				40 000	6.55	262 000	110 000		848 000
6月22日	支付货款				60 000	6.65	399 000	50 000		449 000
6月30日	合　计	50 000		330 000	100 000		661 000	50 000		449 000
6月30日	期末调整							50 000	6.75	337 500

表 6-8　应收账款——美元户　　元

日　期	项　目	借方			贷方			余额		
		原币	汇率	人民币	原币	汇率	人民币	原币	汇率	人民币
6月1日	月初余额							150 000	7.80	1 170 000
6月8日	收回货款				50 000	6.60	330 000	100 000		840 000
6月26日	销售商品	80 000	6.74	539 200				180 000		1 379 200
6月30日	合　计	80 000		539 200	50 000		330 000	180 000		1 379 200
6月30日	期末调整							180 000	6.75	1 215 000

2. 外币投资的会计处理

当企业收到投资者以外币投入的资本时，应当采用交易发生日的即期汇率将到账的外币资本金额折算为记账本位币金额，不采用合同约定汇率和即期汇率的近似汇率折算，外币投入资本与相应的货币性项目的记账本位币金额之间不产生外币资本折算差额。

【例 6-3】　某上市公司与外商签订的投资合同中规定外商分次投入外币资本。该上市公司于 20×9 年 1 月 2 日收到外商投入资本 60 万美元，当日汇率 USD 1＝RMB 6.82；同年 5 月 8 日收到外商投入资本 40 万美元，当日汇率 USD 1＝RMB 6.89。该公司以人民币作为其记账本位币。公司的外币账务处理均以当日汇率为记账汇率。

根据以上资料，编制会计分录如下：

(1) 20×9 年 1 月 2 日第一次收到外币资本

借：银行存款——美元户　　4 092 000(60 000USD × 6.82)

　贷：股本——某外商　　4 092 000

(2) 20×9 年 5 月 8 日第二次收到外币资本

借：银行存款——美元户　　2 756 000(40 000USD × 6.89)

　贷：股本——某外商　　2 756 000

3. 外币兑换的会计处理

外币兑换业务包括企业从银行买入外汇、把外汇卖给银行,也包括不同币种外币之间的互相兑换。后者可看做一种外币兑换成人民币后再将兑得款购入另一种外币,是两个过程的复合,此时两种外币买入价或卖出价各自会与企业的记账汇率产生差异,从而形成汇兑损益。

【例 6-4】 某企业 20×9 年 8 月 30 日由于业务需要,以人民币向银行买入 500 000 美元,当日美元的银行买入价为 USD 1=RMB 6.774 0,卖出价为 USD 1=RMB 6.778 0。该企业以人民币作为记账本位币,并以当日即期汇率为记账汇率。

根据上述资料,做如下会计处理:

借:银行存款——美元户　　3 388 000(500 000USD × 6.776 0)

　财务费用——汇兑损益　　1 000

　贷:银行存款——人民币户　　3 389 000(500 000USD × 6.778 0)

4. 以外币计价的进出口商品购销业务的会计处理

企业发生的以外币计价的进出口商品业务,在会计处理上应当根据该笔交易定价的相关条款,按照我国会计准则中存货和销售收入的确认标准,将外币金额按业务发生当日的即期汇率折算为记账本位币金额入账。下面以进口商品业务为例说明其会计处理。

【例 6-5】 某企业 20×9 年 8 月 3 日从美国购入甲材料一批,国外进价(F.O.B)总值 100 000 美元,同日存入国际信用证存款,开出信用证,当日美元与人民币的即期汇率为 USD 1=RMB 6.774 0。8 月 5 日为甲材料支付国外运费 2 500 美元、保险费 1 500 美元,当日美元与人民币的即期汇率为 6.775 0;8 月 30 日为甲材料支付进口关税 67 740 元,支付进口增值税 115 158 元。该企业以人民币作为记账本位币,并以当日即期汇率为记账汇率。

做如下会计处理:

(1) 20×9 年 8 月 3 日,开出信用证

借:其他货币资金——信用证存款　　677 400(100 000×6.774 0)

　贷:银行存款——人民币户　　677 400(100 000 × 6.774 0)

(2) 8 月 5 日为甲材料支付国外运费和保险费

借:物资采购——甲材料　　27 100(4 000×6.775 0)

　贷:银行存款——人民币户　　27 100(4 000×6.775 0)

(3) 8 月 30 日为甲材料支付进口关税、增值税

借:物资采购——甲材料　　67 740

　应交税金——应交增值税(进项税额)　　115 158

　贷:银行存款——人民币户　　182 898

(4) 收到银行转来美国供货商正本提单，审单无异议，银行付款，当日即期汇率为 6.774 0

借：物资采购——甲材料　　677 400

　贷：其他货币资金——信用证存款　　677 400

(5) 甲材料验收入库

借：原材料——甲材料　　772 240

　贷：物资采购——甲材料　　772 240

5. 长期外币借款的会计处理

在以上外币业务处理中，对于未实现的汇兑损益一般按照两项交易观点下的当期确认方法进行处理，但是对于长期货币性项目上的未实现汇兑损益，应当用当期确认法还是递延处理法，目前各国观点不统一。主张递延处理观点的理由是：由于长期货币性项目(特别是长期货币性负债)的期限常跨若干年度，在如此长的时期内，并且处在浮动汇率体制下，汇率变动方向很可能出现逆转。在这种情况下，当期确认法就可能使得上一会计期末确认的汇兑损益不可能实现，从而导致前后两个会计期的报告收益被歪曲。所以，在每一会计期末按期末汇率调整长期货币性项目的余额时，对于未实现的汇兑损益，应当予以递延摊销。第 21 号国际会计准则一方面主张在大多数情况下当期确认汇兑损益而不予递延，但同时也提出对长期货币性项目，由于汇率变动而形成的未实现汇兑损益，可予递延，并在该项目的有效期内系统地摊销。

下面举例说明长期借款在递延摊销法下的会计处理。

【例 6-6】 美国 A 公司于 20×7 年 1 月 1 日向银行借入 10 万英镑 3 年期的借款，该公司对于汇率变动产生的汇总损益采取递延处理。有关汇率如下。

20×7 年 1 月 1 日，　　USD 1.696 0=GBP 1

20×7 年 12 月 31 日，　　USD 1.699 0=GBP 1

20×8 年 12 月 31 日，　　USD 1.690 0=GBP 1

20×9 年 12 月 31 日，　　USD 1.695 0=GBP 1

并设英镑借款到期一次还本付息，年利率为 3%(利息按照单利计算)。

根据以上资料，作如下会计处理。

(1) 20×7 年 1 月 1 日，借入长期借款

借：银行存款(GBP 100 000)　　USD 169 600

　贷：长期借款(GBP)　　USD 169 600

(2) 20×7 年 12 月 31 日，按当日汇率调整长期英镑借款的美元等值，并计提借款利息

借：递延汇兑损益　　USD 300

　贷：长期借款(GBP)　　USD 300

借：汇兑损益　　USD 100

贷：递延汇兑损益　　USD 100

借：财务费用　　USD 5 097

贷：长期借款——利息(GBP)　　USD 5 097

(3) 20×8 年 12 月 31 日，按当日汇率调整长期英镑借款的美元等值，并计提借款利息

借：长期借款(GBP)　　USD 900

长期借款——利息(GBP)　　USD 27

贷：递延汇兑损益　　USD 927

借：递延汇兑损益　　USD 363.5

贷：汇兑损益　　USD 363.5

借：财务费用　　USD 5 070

贷：长期借款——利息(GBP)　　USD 5 070

(4) 20×9 年 12 月 31 日，按当日汇率调整长期英镑借款的美元等值，并偿还长期借款及借款利息

借：递延汇兑损益　　USD 530

贷：长期借款(GBP)　　USD 500

长期借款——利息(GBP)　　USD 30

借：汇兑损益　　USD 166.5

贷：递延汇兑损益　　USD 166.5

(5) 20×9 年 12 月 31 日偿还长期借款并支付借款利息

借：长期借款(GBP)　　USD 169 500

长期借款——利息(GBP)　　USD 10 170

利息费用(GBP)　　USD 5 085

贷：银行存款(GBP)　　USD 184 655

从上例中可以看出，在处理长期外币借款业务时，递延摊销法对于缓和汇率变动对分期报告损益的会计影响有着一定的作用，有利于企业收益的平稳化。

第四节　远期合同及相关会计问题

一、远期外汇合同会计处理的主要问题

(一) 远期外汇合同

远期外汇合同　外汇买卖双方分别承诺在未来特定时期以一定汇率买进或卖出一定数额外币的合同。

由于外汇是一种国际支付手段，而表示其价值的汇率会随着种种政治、经济因素发生

变动，由此使企业在交易后承担其应收或应付外币款项的汇率变动风险，为了避免这种风险，企业可以在外汇市场上与外汇经纪银行签订一项应付或应收某一外币的远期合同，以抵消汇率风险可能导致的损失。在远期外汇合同中，确定了买卖外汇的数量、汇率和将来交割外汇的时间。到交割日，买卖双方按合同规定，卖方交汇，买方付款，至此交易完成。远期外汇也称为期汇。远期外汇合同的两个主要特征是：交易对象的交割在未来进行；交易价格在合同中规定。

远期外汇合同成本　为了规避汇率变动的风险存在相应的成本，这项成本即运用期汇合同套期保值而对损益的影响数。通常，外汇经纪商或银行会设定不同于签约日期汇率的远期汇率，以抵偿其自身的风险，这些汇率之间的差异便产生了规避汇率变动风险的成本。

套期保值　是指企业为规避外汇风险、利率风险、商品价格风险、股票价格风险、信用风险等，指定一项或一项以上套期工具，使套期工具的公允价值或现金流量变动，预期抵消被套期项目全部或部分公允价值或现金流量变动。

外币业务中的套期保值则是指交易者为了避免汇率变动可能带来的风险，买入或卖出相当于所承担或持有的外币负债或资产的远期外汇，交割期限与资产变现或负债偿还的日期相匹配，使资产或负债以本币表示的价值免受汇率波动的影响，从而达到保值的目的。

套期工具　是指企业为进行套期而指定的、其公允价值或现金流量变动预期可抵消被套期项目的公允价值或现金流量变动的衍生工具、非衍生金融资产或负债。如远期合同。

被套期项目　指使企业面临公允价值或未来现金流量变动风险，且被指定为被套期对象的单项或一组具有类似风险特征的资产、负债、确定承诺、很可能发生的预期交易，或境外经营净投资。

通过期汇合同来避免或降低汇率风险，这是企业在外币业务中通常采取的一种基本方法。例如，进口商在向国外公司购货时，商品交易发生的同时，就与银行签订一项远期外汇合同，约定在未来的货款结算日按确定的远期汇率以本国货币购入所需外币。在合同到期日，尽管汇率已上升，但仍按原定远期汇率交割，从而使进口商在该笔业务的结算上不会受到由于汇率提高所带来的不利影响。而出口商在外币业务发生后，也可与银行签订期汇合同，按约定汇率卖出外币。在收妥货款后，按原定远期汇率交割，而不是合同到期日的即期汇率。若市场外汇汇率下降，出口商的销售收入不会受其影响。所以，期汇合同是进出口商和外汇债权、债务人用来规避外汇风险的一种有效措施。约定的合同期限大多在1～6个月，但也有长达1年以上的。

（二）远期汇率的计算

在本章第一节介绍了远期汇率的概念。远期外汇合同上载明的就是远期汇率，又称为履约汇率。当远期汇率与即期汇率相等时，我们说是远期平价。然而在现实中远期平价的现象很少见，远期汇率与即期汇率之间总存在一定的差异，即不是表现为升水就是贴水。在外汇市场上的远期汇率是怎样确定的呢？实际上，影响远期汇率的主要因素是不同外币之间的利率差，这种利率差就是在即期汇率基础上确定远期汇率的依据。

远期汇率的计算公式如下：

$$远期汇率=即期汇率\times两种货币利率差\times\frac{n}{360}+即期汇率$$

式中如果用 S_0 表示即期汇率，F_0 表示远期汇率，R_A 与 R_B 分别是 A、B 两种外币的利率，n 为以天数计的远期外汇期限。则上式可表示为

$$F_0=S_0\times(R_A-R_B)\times\frac{n}{360}+S_0$$

在运用以上公式计算远期汇率时，要注意所涉及两种货币所处位置的不同，要计算其远期汇率的货币称为目标货币，用以表达目标货币价值的货币称为参照货币。比如，要计算欧元相对美元的远期汇率，这时欧元就是目标货币，而美元是参照货币。于是，要将汇率报价转化为以单位欧元相当于多少美元的形式表示，例如，EUR 1＝USD 1.168 0，然后再计算远期汇率。

【例 6-7】 设欧元对美元的即期汇率（买入价）为 EUR 1＝USD 1.210 4，并设美国 90 天期的国库券利率为 3%，期限相同、风险程度相似的欧元债券的利率是 2%。则欧元对美元 90 天的远期汇率可计算如下：

$$\begin{aligned}F_0&=1.2104\times(3\%-2\%)\times\frac{90}{360}+1.2104\\&=0.00303+1.2104\\&=1.2134\end{aligned}$$

如果期汇合同是以一种外币购买另一种外币，则公式中的利率差是指两种不同外币利率的差异。比如用欧元购入美元，如果美元的利率高于欧元的利率，那么以欧元兑换美元的远期汇率必然是升水，时间越长，升水点越高。如果远期合同是用人民币购入外币，则利率差是指人民币与该种外币利率的差异。如上述，远期汇率高于即期汇率的差额称为升水，即溢价；反之，远期汇率低于即期汇率的差额称为贴水，即折价。例如，中国银行于 2010 年 9 月 21 日公布的人民币对美元、欧元及日元的即期和远期汇率及其升水、贴水，如表 6-9 所示。

表 6-9　美元、欧元及日元对人民币的远期汇率及升水、贴水　（日元为 100 单位价）

项　目	美　元		欧　元		日　元	
	金额	差额	金额	差额	金额	差额
即期汇率	6.692 8		8.776 7		7.803 9	
30 天远期汇率	6.706 2	＋134	8.754 6	－221	7.822 4	185
90 天远期汇率	6.702 5	－37	8.749 2	－54	7.825 9	35
180 天远期汇率	6.695 4	－71	8.736 6	－126	7.830 3	44

从表 6-9 中可以看出，远期汇率与即期汇率相比，美元与欧元表现为贴水，而日元有升水。如欧元对人民币的 30 天远期汇率为 8.754 6，与即期汇率的差异是－0.022 1，为贴水。实际业务中也常称此数据为远期汇率低于即期汇率“221 个点”。

（三）远期外汇合同会计处理的主要问题

国际上对于签订远期外汇合同时的会计处理有两种不同观点：一种观点认为对于合同所涉及的事项不必要正式登记入账。该观点认为，一个在将来交换经济资源的协议，在未履行之前，对双方而言目前还只是一个约定义务，并不需要正常的记账，要到其中一方完成协议的某一部分，因而对另一方有违约赔偿的重大强制力时才需要入账。另一种观点认为在签订远期外汇合同时要正式登记入账。其理由是一个期汇合同既是一个经济资源（企业可向交易对方要求支付不同的货币），又是一个经济债务（企业也要交出另一种货币）。而且，未完成的期汇合同的权利或义务，在不少发达国家可以转让，它具有市场价值，因此应当正式入账。美国《财务会计准则》的规定是持第二种观点，并要求将合同有关款项登记入账，以后由于升水、贴水所产生的损益分期摊销。所以下面按此观点介绍正式入账的会计处理。

在签订期汇合同时，买进或卖出远期外汇所发生的外币金额，也要折合成记账本位币入账。买进的远期外汇作为应收期汇合同款，卖出的远期外汇作为应付期汇合同款，按照合同签订日汇率折合为记账本位币入账。由于合同签订日、报表编制日和合同到期日汇率的不同而发生的折合为记账本位币的差额，应当作为外币折算损益处理。

对于升水与贴水，在会计上应当作为升水（贴水）损益处理，比如，在远期汇率低于即期汇率而产生贴水的情况下，向银行卖出远期外汇为折价卖出，产生的贴水损失记入“贴水损益”账户的借方；买进远期外汇为折价买进，产生的贴水收益记入“贴水损益”账户的贷方。另一种情况下，当远期汇率高于即期汇率而产生升水时，向银行卖出远期外汇为溢价卖出，产生的收益记入“升水损益”账户的贷方；买进远期外汇为溢价买进，产生的损失记入“升水损益”账户的借方。

应该指出，期汇合同的升水、贴水损益与期汇合同的外币折算损益是两个不同的概念，前者是指在签订一项远期外汇合同时，由于签订合同日的即期汇率与远期汇率不等所发生的差额；而后者是由于期汇合同日的即期汇率与报表编制日、结算日的即期汇率不等而产生的差额。所以，二者在会计上要做不同的处理。按照目前国际上通行的做法，买入或卖出远期外汇的升水或贴水损益，作为递延处理，在期汇合同期内分期摊销。对于所发生的外币折算损益，则按照前述外币交易会计的两项交易观点或单一交易观点的方法进行处理。

二、远期外汇合同套期保值的会计处理

为了避免在商品进、出口贸易中由于汇率变动使企业资产或负债遭受损失的风险，企业可通过与银行签订一项应付或应收某一外币的远期合同，以抵消汇率风险可能导致的损失。这一类经济业务又包括两种情况，其一是为购销商品（或劳务）而形成的应收、应付款事项进行的套期保值；其二是约定外币付款的套期保值。

签订远期外汇合同是一种特殊的外币交易，在实际运用中，对于核算中采用的会计科目可根据需要而设置。

（一）对购销商品而形成的应收、应付外币款项的套期保值

在发生以外币计价的购进或销售业务而货款尚未结算的情况下，企业就将面临汇率变动的风险。而企业通过与银行签订远期外汇合同的方式，采取套期保值的方法，向银行买进或卖出与货款等额的外币，从而避免结算日汇率变动可能发生的外汇风险。这种业务套期保值的特点是：商品交易已经发生；债权债务关系已经成立。

下面以进口业务外币应付款的套期保值为例。

在企业从国外进口商品的情况下，合同规定在若干天（月）以后用外币支付货款，如果该种外币走势看涨，则企业在未来付款时就会发生由于汇率提高而带来的汇兑损失，于是企业可以购入同期、等量的远期外汇而避免遭受汇兑损失的风险。

【例 6-8】 美国 A 公司于 20×9 年 5 月 31 日向德国 B 公司购买特种材料，货款按欧元结算，计 EUR 200 000，将于同年 7 月 30 日支付。为了避免汇率变动的风险，A 公司于同日与外汇经纪银行签订了一项按 EUR 1＝USD 1.327 0 购入 200 000 欧元、60 天期的期汇合同，设当时外汇市场有关汇率如下。

5 月 31 日即期汇率：　　EUR 1＝USD 1.326 5
6 月 30 日汇率：　　EUR 1＝USD 1.327 4
7 月 30 日汇率：　　EUR 1＝USD 1.327 9

从期汇合同签订日至结算日，全过程分为进口业务与期汇合同两条线同时进行，所做会计处理如下：

(1) 20×9 年 5 月 31 日，购入材料并与银行签订合同

① 将 20 万欧元的货款按当日汇率折合为美元入账

借：购货　　USD 265 300
　贷：应付账款（EUR 200 000）　　USD 265 300

② 按 60 天远期汇率将所购 200 000 欧元记录入账

借：应收期汇合同款（EUR 200 000）　　USD 265 300

递延升水损益　　USD 100

　贷：应付期汇合同款(美元)　　USD 265 400

(2) 20×9 年 6 月 30 日，报表编制日按当日汇率调整有关外币账户余额

借：汇兑损益　　USD 180

　贷：应付账款(EUR)　　USD 180

同时，

借：应收期汇合同款(EUR 200 000)　　USD 180

　贷：汇兑损益　　USD 180

并摊销应由本期分担的递延溢价支出的 50%。

借：溢价支出　　USD 50

　贷：递延升水损益　　USD 50

(3) 20×9 年 7 月 30 日，交易结算日也是合同到期日，分别进行处理

① 以银行存款支付期汇合同款

借：应付期汇合同款(美元)　　USD 265 400

　贷：银行存款——美元　　USD 265 400

同时，

借：银行存款——欧元(EUR 200 000)　　USD 265 580

　贷：应收期汇合同款(EUR 200 000)　　USD 265 480

　　　汇兑损益　　USD 100

② 以欧元支付德国出口商的货款

借：应付账款　　USD 265 480

　　汇兑损益　　USD 100

　贷：银行存款(EUR 200 000)　　USD 265 580

③ 将余下的 50%递延溢价支出摊销完毕

借：溢价支出　　USD 50

　贷：递延升水损益　　USD 50

以上处理表明，美国 A 公司在结算日实际支付的货款额为 265 400 美元，这虽然比按购货交易日汇率计算的数额多 100 美元，但可理解为该公司为避免更大的损失而采取保值措施所付出的成本。如果 A 公司不签订期汇合同，在实际结算日就必须按当日的汇率支付 265 580 美元，比签订期汇合同的付款额要多支付 180 美元，由此可看出远期外汇合同的保值作用。

（二）外币约定的套期保值

有时，交易双方可以签订一项在远期成交的商品购销合同，而不是即时进行购货与销货，通常将这种交易称为“外币约定”。外币约定的套期保值是指交易双方购销合同已经签订，货款以外币计价，商品所有权尚未转移，即商品将在合同约定日期交货并结算货款，这种现在签约而在以后履行的购销合同，不同于今日已交货只待日后付款的应收、应付外币账款。前者为一笔将来生效的远期约定，后者则在目前已是一笔确定的债权债务。由此可见，远期契约比上述应收、应付外币账款交易事项跨越的时间更长，风险程度更高。因此，有必要采取套期保值的方法，向银行买进或卖出远期外汇，以避免可能发生的汇率风险。

下面举例说明外币约定套期保值的会计处理。

【例 6-9】 美国 W 公司于 20×9 年 5 月 12 日与英国 D 公司签订了一项在远期交货的购货合同，购入商品价值计 10 万英镑，双方约定于 20×9 年 8 月 10 日交货以英镑结算。为了避免 3 个月后汇率变动可能发生的损失，W 公司在 5 月 12 日与银行签订期汇合同，购入为期 90 天、10 万英镑的远期外汇，用以清偿 8 月 10 日结算的货款。

有关汇率如下：

20×9 年 5 月 12 日，GBP 1＝USD 1.508 0（即期汇率）

20×9 年 5 月 12 日，GBP 1＝USD 1.509 0（远期汇率）

20×9 年 6 月 30 日，GBP 1＝USD 1.532 7

20×9 年 8 月 10 日，GBP 1＝USD 1.460 0

W 公司在期汇合同签订日与到期日之间会计处理如下。

(1) 20×9 年 5 月 12 日，因为该日 W 公司与英国 D 公司之间仅仅是签订合同，双方都未履行这项合同，即未交货也未支付，因而在商品购进业务上不做会计分录。但是，同日 W 公司与银行签订为期 90 天的期汇合同，应做相应的会计处理。购进 10 万英镑的远期外汇而发生的溢价支出，根据美国第 52 号财务会计准则，这项溢价可作为递延处理，在合同期内分期摊销。其会计分录如下。

借：应收期汇合同款(英镑)　　USD 150 800

　　递延升水损益　　USD 100

　贷：应付期汇合同款　　USD 150 900

(2) 20×9 年 6 月 30 日，由于汇率变动，由 20×9 年 5 月 12 日的 GBP 1＝USD 1.508 0 上升为 GBP 1＝USD 1.532 7，因而发生外币折算差额，这一差额应作为递延汇兑损益入账，并据以调整应收期汇合同款(英镑)。

借：应收期汇合同款(英镑)　　USD 2 470

贷：递延汇兑损益　　USD 2 470

(3) 20×9 年 8 月 10 日，合同到期，商品交易与期汇交易分别进行结算。

① 合同到期日，W 公司按照合同约定向银行支付 150 900 美元，偿付应付期汇合同款

借：应付期汇合同款(美元)　　USD 150 900

　贷：银行存款——美元　　USD 150 900

② 由于汇率由 6 月 30 日的 GBP 1＝USD 1.532 7 下降到 8 月 10 日的 GBP 1＝USD 1.460 0，英镑贬值 0.072 7 美元，W 公司所购的 10 万英镑也贬值 7 270 美元，此升值作为汇兑损益处理

借：银行存款——英镑　　USD 146 000

　　汇兑损益　　USD 7 270

　贷：应收期汇合同款(英镑)　　USD 153 270

③ 所购商品到货，W 公司按约定支付给英国 D 公司 10 万英镑，入库商品与应付货款按当日汇率入账

借：购货　　USD 146 000

　贷：银行存款——英镑　　USD 146 000

(4) 将购买远期外汇发生的溢价支出及汇兑损益进行转销，计入进口商品的成本

借：购货　　USD 4 900

　　递延汇兑损益　　USD 2 470

　贷：递延升水损益　　USD 100

　　　汇兑损益　　USD 7 270

上例说明，在买进远期外汇作套期保值后，汇率的涨跌对企业已无影响，购进商品的成本早已"锁定"在远期汇率的水平上了。同时，从上例也可看出，利用期汇合同方式其最终的实际结果，并非总是对企业有益，W 公司由于所购外汇的远期汇率高于合同到期日的实际汇率，从而使其购货成本增加 4 900 美元，但如果汇率变动的方向不同于上例，即合同到期日的实际汇率高于远期汇率，则 W 公司可从期汇合同中受益。购销双方均应当根据实际外汇市场变动情况，选择运用期汇合同。

我国《企业会计准则第 24 号——套期保值》对套期保值的会计处理做了相应规定(见本书第九章第四节)。

练 习

一、思考题

1. 如何理解外币与外汇？二者有无区别？
2. 怎样选择一个跨国公司的记账本位币？
3. 简要叙述汇率的主要分类。
4. 简述单一交易观点和两项交易观点的理论依据及其利弊。
5. 简述汇兑损益的含义、分类及其核算原则。
6. 什么是远期外汇合同？试述其基本原理和所发挥的作用。
7. 影响远期汇率的主要因素是什么？如何理解升水与贴水？
8. 远期外汇合同的套期保值包括哪些类型？
9. 简述外币交易的折算和兑换的区别与联系。
10. 企业应当如何根据自身业务的需要合理运用远期外汇合同？

二、练习题

1. 单项选择题

(1) 在进行外币业务的会计处理时，所指外币的含义是(　　)。

A. 本国货币以外的货币

B. 用于进、出口业务结算的货币

C. 记账本位币以外的货币

D. 美元

(2) 企业应收外币账款为 500 万美元，应付外币账款为 400 万美元，当外汇汇率下降时，将给企业带来(　　)。

A. 损失　　B. 收益　　C. 收益和损失均不会发生　　D. 无法断定

(3) 若 1.508 2 美元能兑换 1 英镑，则直接和间接标价的汇率(　　)。

A. 分别为 USD 1.508 2 和 GBP 1

B. 分别为 USD 1.508 2 和 GBP 0.663 0

C. 分别为 USD 1 和 GBP 1.508 2

D. 分别为 USD 1 和 GBP 0.663 0

(4) 在下列哪种情况下，以外币计价进口商品会发生汇兑损失？(　　)

A. 在购货日和支付日期间外币的即期买进汇率上升

B. 在购货日和支付日期间外币的即期卖出汇率上升

C. 在购货日和支付日期间外币的即期买进汇率下降

D. 在购货日和支付日期间外币的即期卖出汇率下降

(5) 企业进口设备一台，价值 50 万美元，款未付。设备进入安装，期末报表编制日美元汇率上升，其汇率变动产生的折合为记账本位币的差额，应借记(　　)。

A. 汇兑损益　　B. 投资收益　　C. 应付账款　　D. 设备成本

(6) 企业在外币业务中采取远期外汇合同方式，其目的是(　　)。

A. 获得汇兑收益　　　　B. 不出现损失

C. 减少或避免损失　　　　D. 便于结算

(7) 按照我国规定，企业筹建期间发生的汇兑损益应当记入(　　)。

A. 开办费　　　　B. 财务费用

C. 管理费用　　　　D. 长期待摊费用

(8) 两项交易观点区别于单一交易观点的主要方面是(　　)。

A. 做两次会计处理

B. 所采用的汇率不同

C. 设置"汇兑损益"账户

D. 对已入账的收入及成本进行调整

(9) 甲、乙币之间汇率的高低主要取决于(　　)。

A. 甲货币的市场需求量

B. 乙货币的市场需求量

C. 两种货币所代表国家的贸易顺、逆差

D. 两种货币的利率差

(10) 远期外汇合同的主要特点是(　　)。

A. 成交时外汇买卖价格已定

B. 实际交割日在未来

C. 在交割日之前双方不必支付货币

D. 以上三者都包括

2. 分录与计算题

(1) 某企业需将港币 10 000 元兑换成美元,港元银行存款的账面汇率为 RMB 1.120 0/HKD 1,美元的银行存款账面汇率为 RMB 8.254 0/USD 1。设当日有关汇率如下。

港元的银行买入价:RMB 0.880 0/HKD 1

港元的银行卖出价:RMB 0.890 0/HKD 1

美元的银行买入价:RMB 6.764 0/USD 1

美元的银行卖出价:RMB 6.774 0/USD 1

要求:计算所兑换的美元数,并做相应的会计分录。

(2) A 公司接受国外 B 公司的股权投资,投资合同约定,B 公司投入 25 万美元,收到投资额时美元对人民币的即期汇率为 USD 1=RMB 6.765 0。

要求:根据以上资料编制会计分录。

(3) 某企业期末有关外币(美元)账户余额如表 1 所示,期末现行汇率为 USD 1=RMB 6.74。该企业的记账本位币为人民币。

表 1 外币(美元)账户余额

账　　户	外币金额	账面汇率	折合人民币金额
现金	USD 10 000	USD 1=RMB 6.82	68 200
应收账款	USD 50 000	USD 1=RMB 6.85	342 500
应收票据	USD 25 000	USD 1=RMB 6.89	172 250
应付账款	USD 30 000	USD 1=RMB 6.82	204 600
应付票据	USD 20 000	USD 1=RMB 6.73	134 600
长期借款	USD 400 000	USD 1=RMB 6.80	2 720 000

要求:根据期末汇率调整各账户余额,编制相应的会计分录。

(4) 某企业于 20×8 年 1 月 1 日从国外某银行借入两年期借款 20 万美元,借款利率为 4%,到期一次还本付息。借入日美元对人民币的汇率为 USD 1=RMB 6.860 0;20×8 年 12 月 31 日的汇率为 USD 1=RMB 6.850 0;20×9 年 12 月 31 日的汇率为 USD 1=RMB 6.870 0。该企业采用递延法核算汇兑损益,将此借款的汇兑损益在两年内摊销完。

要求:据以上资料做会计分录。

(5) 20×9 年 1 月 1 日,一家美国公司向一英国公司购买商品,价值 50 万英镑。双方约定在当年 2 月 15 日付款,有关汇率如下:

20×9 年 1 月 1 日,GBP 1=USD 1.57

20×9 年 1 月 31 日，GBP 1＝USD 1.50

20×9 年 2 月 15 日，GBP 1＝USD 1.54

要求：

① 用单项交易观点编制会计分录；

② 用两项交易观点编制会计分录。

(6) 20×8 年 12 月 1 日，美国 ABC 公司向德国某公司购买价值 10 万欧元的商品，约定于 20×9 年 1 月 31 日交货，并以欧元结算。ABC 公司在 12 月 1 日与某外汇经纪银行签订期汇合同，购入为期 60 天，10 万欧元的远期外汇，用以清偿货款。有关汇率如下：

20×8 年 12 月 1 日，EUR 1＝USD 1.326 0（即期汇率）

20×8 年 12 月 1 日，EUR 1＝USD 1.322 0（远期汇率）

20×8 年 12 月 31 日，EUR 1＝USD 1.320 0

20×9 年 1 月 31 日，EUR 1＝USD 1.324 0

要求：为美国 ABC 公司编制该笔购进业务的会计分录。

(7) 美国 W 公司在 20×8 年 10 月 1 日向银行购入某种外币(FC)10 000，约定 120 天交割，年利率为 6%。当日即期汇率为 FC 1＝USD 0.50；该年 12 月 31 日即期汇率为 FC 1＝USD 0.54；20×9 年 2 月 1 日的即期汇率为 FC 1＝USD 0.50。

要求：

① 按分期确认未实现汇兑损益编制会计分录；

② 按递延摊销未实现汇兑损益编制会计分录。

(8) 设美国某公司出口 A 产品给日本一进口公司，交易日为 20×8 年 12 月 1 日，总金额 1 000 万日元，收款期 60 天，即 20×9 年 1 月 31 日。美国出口商与银行签订了一个 60 天售出 1 000 万日元的期汇合同。有关汇率如表 2 所示。

表 2　美元与日元间的汇率

项　　目	20×8 年 12 月 1 日	20×8 年 12 月 31 日	20×9 年 1 月 31 日
即期汇率	USD 0.008 47/JPY 1	USD 0.008 10/JPY 1	USD 0.007 92/JPY 1
30 天远期汇率	USD 0.008 27/JPY 1	USD 0.008 00/JPY 1	USD 0.007 90/JPY 1
60 天远期汇率	USD 0.008 10/JPY 1	USD 0.007 90/JPY 1	USD 0.007 80/JPY 1

要求：为美国公司编制该项业务的有关会计分录。

(9) 美国某公司于 20×8 年 12 月 1 日与外汇经纪银行签订一项 60 天期的期汇合同，以美元按照 USD 1.60/GBP 1 的远期汇率兑换 10 万英镑，有关汇率如下：

20×8 年 12 月 1 日,GBP 1=USD 1.54(即期汇率)

20×8 年 12 月 31 日,GBP 1=USD 1.56(30 天远期汇率)

20×9 年 1 月 29 日,GBP 1=USD 1.58(即期汇率)

要求:据以上资料编制有关会计分录。

(10) 美国 A 公司在英国有一家子公司,预计 20×9 年 12 月 31 日有净负债 10 万英镑,A 公司拟为该项负债进行套期保值,于 11 月 1 日与某外汇经纪银行按 USD 1.466 0/GBP 1 的 60 天远期汇率签订了一项应收 GBP 100 000 的远期合同。有关汇率如下:

20×9 年 11 月 1 日,USD 1.462 0/GBP

20×9 年 12 月 31 日,USD 1.460 0/GBP

英国子公司 20×9 年 12 月 31 日资产负债表上的实际净负债额为 GBP 90 000。

要求:根据以上资料为美国 A 公司远期外汇合同的签订及其执行编制相应的会计分录。

三、案例

1. 美国 W 公司于 20×8 年 11 月 8 日从德国进口一批商品,价值 EUR 200 000,双方约定按欧元结算,账款支付日为 20×9 年 1 月 7 日。此期间有关汇率如下:

20×8 年 11 月 8 日,EUR 1=USD 1.370 0

20×8 年 12 月 31 日,EUR 1=USD 1.360 0

20×9 年 1 月 7 日,EUR 1=USD 1.380 0

W 公司的会计员是单一交易观点的支持者,以上业务按此观点做了会计处理。

你是否同意该会计员的处理方式?如果你持的是两项交易观点,那么在两种不同观点的处理下,对 W 公司会计报表上的有关项目将产生怎样的影响?

2. 美国 A 公司于 20×7 年 1 月 1 日向银行借入 50 万英镑 3 年期借款,有关汇率如下:

20×7 年 1 月 1 日,GBP 1=USD 1.590 0

20×7 年 12 月 31 日,GBP 1=USD 1.620 0

20×8 年 12 月 31 日,GBP 1=USD 1.630 0

20×9 年 12 月 31 日,GBP 1=USD 1.610 0

该笔借款利率为 4%,到期一次还本付息。公司 20×7 年经营状况欠佳。公司会计员对长期借款未实现的汇兑损益采取了递延处理。但审计机构在进行年报审计时,指出这一处理方式不符合美国财务会计准则的有关规定。

要求:对 A 公司的会计处理方式进行评价。你是否同意采用递延法?为什么?说明理由。

3. 某公司为一跨国公司，在美国、德国、日本等国家设有子公司，而近几年来这些国家的利率波动很大，为了尽可能避免汇率变动带来的风险，该跨国公司应当如何设计防范外汇风险的方案？

要求：请从商品交易、投资、投机等不同方面谈汇率风险的防范措施。

4. 1993 年 7 月，蒂法尼珠宝公司与日本经销商——三越有限公司达成协议，由此从根本上改变了它在日本的业务，根据新的协议，蒂法尼珠宝公司全额拥有的子公司——蒂法尼日本珠宝公司，负责管理以前由三越公司经营的 29 个在日本当地的蒂法尼珠宝专营店。蒂法尼珠宝公司希望通过这一新的安排，即它自己负责销售以前批发给三越公司的数百万存货，达到用相对较高的零售价来增加销售收入的目的。但是，很明显，由于其销售收入是用日元实现的，日元对美元的汇率波动就会影响其在日本销售额的美元价值。由于在日本的珠宝销售额很大且仍在增长，汇率波动会对蒂法尼珠宝公司今后的业绩产生很大的影响。

在 1993 年 7 月以前，三越公司一直是蒂法尼珠宝产品在日本的主要经销商，它从蒂法尼珠宝公司批发部分商品，然后再向日本消费者零售，用相对较高的零售价实现利润。由于批发业务完全以美元计价，日元对美元的汇率波动不会增加蒂法尼珠宝公司预计现金流量的变动性。三越公司承担了从购买蒂法尼公司的存货到它最终销售存货、取得现金之间的汇率风险。

然而，作为新协议的结果，蒂法尼公司现在面临着以前由三越公司承担的汇率波动风险。过去的记录表明，日元对美元的汇率逐年，甚至逐月都会发生很大的波动(见表 3 至表 6)。统计数据表明从 1984 年到 1993 年的 10 年间，日元对美元大幅度升值。尽管这种升值的继续会增加蒂法尼公司日元现金流量的美元价值，但有可能日元最终被高估，而出现突然贬值。

日元对美元汇率发生急剧而突然的波动的可能性，促使蒂法尼公司的管理层面对汇率风险必须研究相应的对策。有管理者提出应当进入远期市场。

表 3　日元对美元的汇率(各月月末)

项目	1月	2月	3月	4月	5月	6月	7月	8月	9月	10月	11月	12月
1991 汇率	131.5	133.0	140.6	136.4	138.5	137.9	137.4	136.9	132.9	130.6	130.1	124.9
1992 汇率	125.6	129.2	132.9	133.3	127.8	125.9	127.2	123.1	120.1	123.5	124.8	124.9
1993 汇率	124.8	118.0	116.7	111.6	106.4							

表 4 1993 年欧洲美元的利率

时 间	1 个月	3 个月	6 个月	1 年
1993 年 1 月	3.125 0	3.250 0	3.375 0	3.687 5
1993 年 2 月	3.125 0	3.125 0	3.250 0	3.500 0
1993 年 3 月	3.125 0	3.187 5	3.312 5	3.562 5
1993 年 4 月	3.062 5	3.125 0	3.250 0	3.500 0
1993 年 5 月	3.187 5	3.312 5	3.437 5	3.812 5
1993 年 6 月	3.125 0	3.250 0	3.500 0	3.687 5

表 5 1993 年欧洲日元的利率

时 间	1 个月	3 个月	6 个月	1 年
1993 年 1 月	3.500 0	3.437 5	3.437 5	3.312 5
1993 年 2 月	3.218 8	3.281 3	3.218 8	3.218 8
1993 年 3 月	3.531 3	3.406 3	3.406 3	3.406 3
1993 年 4 月	3.218 8	3.218 8	3.281 3	3.312 5
1993 年 5 月	3.250 0	3.250 0	3.343 8	3.437 5
1993 年 6 月	3.187 5	3.187 5	3.187 6	3.250 1

表 6 1993 年日元对美元的汇率

时 间	即 期	远 期	
		1 个月	3 个月
1 月	124.800	124.845	124.865
2 月	118.000	118.015	118.025
3 月	116.650	116.665	116.675
4 月	111.600	111.605	111.605
5 月	107.250	107.255	107.230
6 月	106.350	106.355	106.330

要求：根据以上资料，假设你是蒂法尼公司的财务管理者，你将提出怎样的防范汇率风险的具体对策和方案。在着手进行规避汇率风险措施之前，首先应当让公司管理层认识汇率风险管理对公司的意义，然后明确风险管理的目标是什么，它能在多大程度上为公司规避风险。

B&E

第七章 外币报表折算

本章范围

外币报表折算是跨国公司会计实务中的一项重要内容，本章首先阐述了外币报表折算的含义及其意义，指出外币报表折算的主要目的是满足跨国企业集团合并报表的需要。在此基础上，介绍了两项主要内容：一是外币报表的折算方法，分别介绍了现行汇率法、流动与非流动项目法、货币与非货币性项目法以及时态法，对四种方法的优、缺点进行了分析和比较；二是外币报表折算差额的处理，总结了三种处理报表折算差额的方法。对于外币报表折算的国际惯例以及我国的基本做法，本章也做了简要的介绍。

学习目标

1. 理解外币报表折算的含义及其意义；
2. 掌握外币报表折算的现行汇率法和时态法；
3. 了解外币报表折算的流动与非流动项目法；
4. 了解外币报表折算的货币与非货币性项目法。

第一节　外币报表折算的意义及其主要会计问题

一、外币报表折算的意义

（一）外币报表折算的含义

外币报表折算　从事国际经营活动的公司，使用其记账本位币重新表述财务报表中按外币计量的资产、负债、收入和费用的会计程序和方法。

对于跨国公司而言，要定期将其分布在不同国家和地区的子公司及分支机构的会计报表进行合并,以全面综合地反映一个企业集团总的财务状况和经营成果。由于在国外的子公司通常是使用所在国本地货币编制会计报表,其编报货币与母公司的编报货币不同,因而在合并报表之前,先要将以外币表示的子公司会计报表折算为以母公司编报货币表示的会计报表,然后再进行合并。因此,外币会计报表的折算是从事国际经营活动的公司在会计处理上一个必不可少的步骤。

外币报表折算不同于外币兑换,后者是以一种货币兑换成另一种货币,它会发生实际货币的等值交换;而前者并不涉及不同货币的实际兑换,只是将会计报表中各项目的表述从一种货币单位转化为另一种货币单位。所以应当指出,从理论上讲,外币报表折算不影响报表中资产、负债的计量基础。外币报表的折算是为了满足报表使用者的需要,不涉及按照一定的会计原则重新计算原来的会计资料的问题。

(二)外币报表折算的意义

概括地说,进行外币报表折算主要有以下三方面的意义:

1. 满足编制合并报表的需要

跨国公司通过控制股权的方式达到合并经营的目的,从而使母公司与子公司之间形成特殊的经济关系。一方面,母公司与子公司各自是独立的法律实体或会计主体;另一方面,它们又共同结合成为一个经济实体,因此需要编制跨国公司的合并会计报表,以反映整个公司集团整体的财务状况。但是,由于母公司与其国外子公司的个别会计报表是用不同的货币表述的,因而在编制合并报表时,不能把母、子公司不同种类的货币数量在一起相加,必须使用一种统一的货币单位,才能把母、子公司的经营成果汇总起来。这就意味着必须将国外子公司按某种外币表述的会计报表折算为按另一种货币表述的会计报表。由于编制合并报表的主要目的是为了满足母公司股东和债权人的需要,所以,合并报表通常是以母公司报表所用货币来表述。

2. 满足各方面信息使用者的需要

编制会计报表的主要目的就是为不同的信息使用者提供他们所需要的信息,而对于各种信息使用者来说,概括起来可以分为两大类,一类是现实的投资者和债权人;另一类是潜在的投资者和债权人。对于前者,企业有义务向他们提供所需要的会计信息,并成为企业的一项基本会计工作;而对于后者,随着企业在国际间投资、融资业务的不断扩大,会计信息在国际间交流的重要性日益增强。企业为了在国际金融市场上融资,就必须向各国潜在的投资者和债权人提供相关的信息。也就是说,当企业需要在国外发行股票、债券时,就要将以本国货币编制的会计报表折算为按某种外国货币表述的会计报表,以便于国外潜在的投资者和债权人了解企业的财务状况,有助于他们作出投资决策,从而达到企业国际融资的目的。

3. 满足母公司对国外子公司财务状况、经营成果考核与评价的需要

子公司、分支机构的经营活动往往是母公司经济活动整体中的一个组成部分，母公司为了统一管理和控制整个公司的经营，必须考核、评价国外子公司的财务状况、经营成果以及财务状况的变动情况，需要将国外子公司用外币编制的会计报表转换为按母公司报告货币表述的会计报表。特别是对于跨国公司而言，在国外拥有多家子公司，且这些子公司通常是以所在国货币作为其功能货币，因此，要比较各子公司的财务状况与经营业绩，就需要将以不同外币表述的会计报表进行折算。

二、外币报表折算的主要会计问题

外币报表折算是一个相当复杂的会计问题，其难点主要在于汇率的变动，具体说主要存在两个会计问题。

1. 外币报表折算汇率的选择

如果外汇汇率是稳定不变的，那么外币报表折算是很简单的。然而，由于汇率的不断变动，在编制合并报表时，就存在着现行汇率、历史汇率和平均汇率。其中现行汇率是报表编制日的汇率；历史汇率是报表中各项目发生时的汇率，而由于不同项目发生的时间不一，使相对于各项目的历史汇率其具体值也各不相同；平均汇率一般是某一历史汇率与现行汇率的平均值。由于资产与负债、货币性项目与非货币性项目性质上的差异，使不同的报表项目对汇率变动的反映程度不尽相同。选用不同的汇率折算，其折算结果自然也不相同。因此，怎样恰当地选择折算汇率才更为合理，多年来一直为人们所争论，各国至今尚未形成一致的国际惯例。

2. 外币报表折算损益的处理

外币报表折算损益来源于采用一定汇率对报表进行的折算，不同的折算方式(即选用不同的折算汇率)下其折算损益数额也各不相同。比如，在确定的折算汇率条件下，如果折算汇率相对于原汇率是外币升值，则将使外币资产项目产生折算利得，而使负债项目产生折算损失。反之，如果折算汇率相对于原汇率是外币贬值，则将使外币资产项目产生折算损失，而使负债项目产生折算利得。最后综合起来其结果不是折算利得就是折算损失，关键是这一折算损益的出现打破了资产负债表的平衡，也带来了在会计上如何处理的问题。

第二节　外币报表折算方法

外币报表折算方法　针对企业外币报表所列示的各项资产、负债、收入和费用等项目，采用何种汇率折算以及外币折算损益如何处理所采取的相应对策。

从目前世界各国对外币报表折算的情况来看，还未形成一致公认的可接受的理论和方法，概括起来，主要有四种基本方法可供选择，这四种方法就是现行汇率法、流动与非流动项目法、货币与非货币性项目法以及时态法。

一、现行汇率法

现行汇率法(current rate method)　外币资产负债表中的所有资产、负债项目都根据报表编制日的汇率进行折算，资本项目按收到资本时的历史汇率折算，收益表中的收入和费用按确认这些项目时的汇率(或平均汇率)折算。

在现行汇率法下，外币报表上的资产、负债项目均按编表日的现行汇率(即期末汇率)进行折算，即使用统一的汇率，所以又称为单一汇率法。资本项目按投入时的历史汇率折算，使便于反映真实的投资。收益表中的收入、费用项目，从理论上说应当按确认这些项目时的现行汇率折算，但为了简化，通常也可按当期的平均汇率折算。

现行汇率法是在1967年英镑贬值后，由英格兰和威尔士特许会计师协会在1968年的会计实务公告中提出的，目前现行汇率法为众多国家所采用，主要是由于该方法具有如下优点：

第一，反映现实的价值。按现行汇率折算，使报表各项目反映的是现实的价值，向报表使用者提供的信息更为真实。

第二，折算方法简单易行。现行汇率法不需要区分出资产和负债中的一部分项目，另外按照历史汇率折算，因此比较于其他折算方法，在会计实务中现行汇率法更为简便。

第三，保持报表原结构不变。采用单一汇率对各资产、负债项目进行折算，实际上相当于所有项目乘上一个常数，因而折算后资产负债表的各项目仍能保持原外币报表中各项目之间的比例关系，不会改变子公司会计报表的各项财务比率。

尽管现行汇率法有上述优点，但仍存在着一些值得研究的问题。首先，在未改变整个会计计价原则即仍然采用历史成本计价的情况下，将外币报表上按历史成本表示的资产项目按编表日的现行汇率折算，其折算结果既不是资产的历史成本，也不是资产的现行市价，折算后的资产价值也就失去了意义。其次，现行汇率法对所有的外币资产、负债项目进行折算，这一做法无异于假定子公司以所在国货币表示的资产和负债都同样受到汇率风险的影响。这一假设是缺乏合理性的，因为国外的存货和固定资产一般是受当地通货膨胀的影响。在项目折算前如果不先进行物价水平的调整，将使折算后的结果出现前面同样的问题，即既不是历史成本，也不是现行成本。

二、流动与非流动项目法

流动与非流动项目法(current-noncurrent method)　即将资产与负债项目区分为流动性项目与非流动性项目两大类，流动性项目按现行汇率折算，非流动性项目按历史汇率

折算的外币报表折算方法。

在流动与非流动项目法下，要将外币资产负债表项目按其流动性质分为流动性项目与非流动性项目，并分别采用不同的汇率进行折算。对于流动性项目（流动资产与流动负债）按报表编制日的现行汇率折算；对于非流动性项目按原来入账时的历史汇率折算，即资产取得当时和负债成立或发生当时的汇率折算。比如，固定资产按购置时的历史汇率折算；实收资本项目按收到资本时的汇率折算；资产负债表上的留存收益属于平衡数，可倒挤确定；对于收益表的项目，除了固定资产的折旧费和摊销费用按相关资产入账时的历史汇率折算外，其他收入和费用项目均按当期平均汇率折算。但其中的销售成本，则需根据“期初存货＋本期购货－期末存货”的公式分别进行折算。期初存货按上期期末的现行汇率进行折算；本期购货按本期的平均汇率进行折算；期末存货按本期期末的现行汇率进行折算。

流动与非流动项目法的理论依据是，非流动资产在短期内不会转变为现金，非流动负债在短期内也不需偿还，所以它们不受现行汇率的影响。流动资产与流动负债按现行汇率折算，有利于对企业营运资本的分析，一个企业净营运资金的情况取决于折算过程中的结果是收益还是损失，若企业的流动资产大于流动负债，则在外币贬值时，将遭受折算损失；反之，在外币升值时，将产生折算利得。

但是，这种方法的缺点在于：第一，为什么不同的资产和负债项目要分别采用现行汇率和历史汇率折算，对此缺乏足够的理论依据。第二，流动项目的计价基础与折算汇率的不一致影响了折算后项目金额的意义。例如，存货若以历史成本计价，在这一方法下，存货所使用的折算汇率却不是历史汇率而是现行汇率。因此，折算后的存货金额既不能反映历史价值（由于使用现行汇率），也不能反映现实价值（由于使用历史成本），其结果使存货项目的金额失去意义。第三，非流动项目按历史汇率折算掩盖了汇率变动的影响，如长期负债。

三、货币性与非货币性项目法

货币性与非货币性项目法（monetary-nonmonetary method） 即将资产与负债项目区分为货币性项目与非货币性项目两大类，货币性项目按现行汇率折算，非货币性项目按历史汇率折算的外币报表折算方法。

所谓货币性项目，包括货币性资产与货币性负债。

货币性资产 以货币形态存在的各项资产称为货币性资产，如现金、银行存款、应收账款和应收票据等金额固定的长短期债权。

货币性负债 以货币形态存在的各项负债称为货币性负债，如应付账款、应付票据等金额固定的长短期债务。即凡是企业应偿付的、有确定货币金额的债务均属于货币性负债。

非货币性项目 除货币性项目以外的资产、负债项目，都是非货币性项目。如存货、固定资产、长期投资、无形资产等。

在货币性与非货币性项目法下，外币资产负债表中所有的货币性资产与货币性负债项目均应按期末现行汇率折算，而非货币性资产与非货币性负债项目，则按取得各项资产或承担各项负债时的历史汇率折算。对于投入资本各项目仍按照资本投入时的历史汇率折算，留存收益为平衡数。对于利润表项目的处理，与前述流动与非流动项目法相似。

货币性与非货币性项目方法最早是由美国密执安大学教授赫普沃思(Samuel Hepworth)于1956年提出的，1960年得到美国全国会计师协会的支持。提出采用这一方法的理由是：货币性项目的主要特征是其价值是按外币(子公司所在国货币)的固定金额表示的，因此一旦汇率发生变动，这些项目的本国货币等值就会发生变动。所以，子公司资产负债表中所有的货币性项目外币余额，应按报表编制日的现行汇率折算为本国货币等值。对于外币应收、应付款项等货币性资产和负债，这些债权或债务的币值会随着汇率变动而相应有所增减，因此这些项目按编表日的现行汇率进行折算，比较恰当地反映了汇率变动所产生的影响。而非货币性项目的特征是在汇率变动时，非货币性资产的价值随着当地通货贬值或升值后的物价涨跌而变动，因而它们按历史成本计量的价值应当按历史汇率折算。所以，货币性与非货币性项目法的支持者认为，和流动与非流动项目法比较，货币性与非货币性项目方法有一定的改进，该方法反映了汇率变动对不同资产、负债项目的影响。

然而，和流动与非流动项目法一样，货币性与非货币性项目法也是根据报表项目的分类而确定所采用的折算汇率的，也同样没有充分的依据说明这种分类与不同的折算汇率之间的直接联系。如果外币报表的非货币性项目是以现时价格反映的，则使用历史汇率折算就显得不合理了。比如，存货、投资项目如果是按现时价格反映的，就不宜采用历史汇率折算，因为这样的处理实际上是掩盖了在存货等项目上的汇率风险。

四、时态法

时态法(tempory method)　即按照外币报表上资产与负债项目的计价时间，分别采用现行汇率和历史汇率进行折算的方法。

按照时态法，凡是现金、应收应付款项目(包括长期负债)均按资产负债表编制日期的汇率折算，其他的资产和负债项目则视其计价的不同或采用历史汇率折算，或采用现行汇率折算。也就是说，以历史成本记录的资产和负债项目按历史汇率折算；以现时市价记录的资产和负债项目则按现行汇率进行折算。以存货为例，由于其计价方法有多种，可采用先进先出法、后进先出法、成本与市价孰低法，因而反映在资产负债表上的金额可能是按历史成本计价，也可能是按现行价格计价。于是，按历史成本反映的以历史汇率折算，按现行价格计价反映的以现行汇率进行折算。对于利润表项目的处理，也与流动与非流动法的处理相似。该方法由于所使用的汇率与报表项目计价的时间相关，因而称为时态法，或时间度量法。

时态法是1972年由美国的伦纳德·洛森(Leonard Lorensen)提出的，提出该方法的理论依据是：外币折算实际上是将外币报表项目按一种不同的货币单位重新表述的过程，在这一过程中，改变的应当只是计量单位，而不是被计量项目的计量属性。因此，外币报表项目应按各项目计量日期的实际汇率折算，这样才能保证折算后子公司会计报表项目的计量基础不发生变化。

时态法是针对货币性与非货币性项目法的缺陷提出来的，通过这两种方法的比较可以看出，二者在折算程序上实质上是类似的。但是，时态法在折算汇率的选择上较为灵活、合理。它可以随报表项目计量基础的变动而相应改变折算汇率。因此，该方法既具有货币性与非货币性项目法的优点，又弥补了后者的不足。使采用这一方法折算后的会计报表数据更恰当和有意义，易于被人们所接受。然而时态法也同样有其不足之处，由于采用该方法时对资产负债表各项目使用的折算汇率不同，因而使折算后的资产负债表各项目之间的比率关系不同于子公司原报表中的比率关系，从而有可能改变子公司原报表反映的财务状况。

五、外币报表折算方法的比较

上述四种外币报表折算方法中，现行汇率法采用单一的货币进行折算，称为单一汇率法；流动与非流动项目法、货币性与非货币性项目法及时态法针对报表各项目采用不同的汇率折算，属于多种汇率法。对外币报表采用不同的折算方法，从而会使同一份报表在折算后反映出不同的财务状况结果。比如，在流动与非流动项目方法下，反映公司的财务状况有赖于流动资产减流动负债后营运资金的多少；在货币性与非货币性项目方法下，公司的财务状况是以货币性资产减货币性负债后的净货币资产(正值)或负债(负值)来衡量；在时态法下则取决于子公司的资产(存货)采用的是历史成本计价，还是现行市价计价；至于在现行汇率方法下，子公司的财务状况是根据资产减负债后的净资产来衡量。

四种折算方法在汇率选择上的区别主要在资产负债表的项目上，而在利润表上项目的折算汇率选择基本上是相同的。表7-1列示了资产负债表项目在不同折算方法下所选用的汇率。

通过表7-1的比较，可以看出以上四种折算方法的共同点及其差异。

1. 四种折算方法的共同点

(1) 对于资产负债表中实收资本项目的折算，各种方法均按照收到资本时历史汇率折算；

(2) 对于货币性资产项目和货币性流动负债项目，各方法都是按照报表编制日的现行汇率折算。

表 7-1 外币资产负债表折算汇率比较

项目	现行汇率法	流动与非流动项目法	货币性与非货币性项目法	时态法
现金	现行汇率	现行汇率	现行汇率	现行汇率
应收账款	现行汇率	现行汇率	现行汇率	现行汇率
存货				
按成本计价	现行汇率	现行汇率	历史汇率	历史汇率
按市价计价	现行汇率	现行汇率	历史汇率	现行汇率
投资				
按成本计价	现行汇率	历史汇率	历史汇率	历史汇率
按市价计价	现行汇率	历史汇率	历史汇率	现行汇率
固定资产	现行汇率	历史汇率	历史汇率	历史汇率
无形资产	现行汇率	历史汇率	历史汇率	历史汇率
应付账款	现行汇率	现行汇率	现行汇率	现行汇率
长期负债	现行汇率	历史汇率	现行汇率	现行汇率
实收资本	历史汇率	历史汇率	历史汇率	历史汇率
留存收益	平衡数	平衡数	平衡数	平衡数

2. 主要差异

(1) 现行汇率法以全面(除了实收资本)采用现行汇率折算而区别于其他方法；

(2) 流动与非流动项目法以存货采用现行汇率和长期负债采用历史汇率折算而区别于货币性与非货币性项目法、时态法；

(3) 货币性与非货币性项目法以存货及投资在按市价计价情况下，采用历史汇率折算而区别于时态法。因此，当存货及投资项目按历史成本计价并采用现行汇率折算时，这两种方法就不存在差异了。

第三节 外币报表折算损益的处理

一、外币报表折算损益与外币交易汇兑损益的区别

外币报表折算损益 在对子公司外币资产负债表进行折算时，由于报表各项目采用不同的汇率折算而形成的差额，称为外币报表折算损益。

外币报表折算损益与前面所述的外币交易汇兑损益不同，二者的区别主要表现在以下几个方面：

1. 二者产生的途径不同

外币交易汇兑损益产生于两种情况：(1)在外币交易过程中产生；(2)在会计期末将外币账户余额按当日汇率折算为记账本位币时产生。而外币报表折算损益则是在国外子公司外币报表的基础上，将以一种货币表示的会计报表折算为另一种货币表示的报表所产生的差额。

2. 二者包含的内容性质不同

外币交易汇兑损益包括已实现的汇兑损益和未实现的汇兑损益，而外币报表折算损益则全部为未实现的损益。

3. 二者反映的形式不同

外币交易汇兑损益应在会计账簿中进行记录，而外币报表折算损益通常不记录在账簿之中，只是反映在折算后的会计报表之中。

二、影响外币报表折算损益的主要因素

外币报表折算所产生的损益，主要受以下三个因素的影响：

1. 外币报表的折算方法

由上述外币报表折算的四种方法可以看出，各种方法对报表不同项目的折算汇率的选用均有差异，由此而产生的折算损益金额也相应不同。

2. 暴露在汇率风险之下的报表项目性质

由于在外汇汇率的变动下，外币资产与外币负债所受到的影响有所不同。因此，子公司暴露在汇率变动风险之下的有关资产与负债相比的差额，即为净资产或净负债影响外币报表折算损益。

3. 汇率变动的方向

即外汇汇率的变动是升值还是贬值。

以上三个因素的影响又是紧密联系在一起的。由于受汇率变动影响的只是按照资产负债表日现行汇率折算的项目，而不包括按照历史汇率折算的项目，在不同的折算方法下，对不同的项目使用不同的汇率折算，使受汇率变动影响的资产和负债项目的范围不同，从而使暴露在外汇风险下的资产和负债项目也不相同。那么，如果暴露在外汇风险下的资产项目金额大于负债项目金额，当外币升值时将产生折算收益，而贬值时将产生折算损失；反之，如果暴露在外汇风险下的负债项目金额大于资产项目金额，则当外币升值时将产生折算损失，而贬值时将产生折算收益。当然，如果暴露在外汇风险之下的资产项目金额与负债项目金额相等，那么资产项目产生的折算损益就会被负债项目产生的折算损益所抵消，而这种情况极少出现。

三、外币报表折算损益的会计处理

外币报表折算损益的会计处理是外币会计中争论较多的一个难题，它与外币报表折算方法一样，在国际上存在着各种观点。概括起来目前主要有四种不同的处理方式。

1. 折算损益全部计入当期损益

将本期发生的外币报表折算损益，全部计入本期利润表。主张采用这一方法的人认为，汇率的变动是客观存在的，汇率变动已引起资产和负债折算后价值的改变，使资产的净值发生变动。而利润可界定为净资产的增加，因此，将外币报表折算后所产生的价值差额确认为本期损益，这一处理方式是合乎情理的。采用时态法进行外币报表折算时，就是将折算损益全部计入当期损益。

但是这一处理方式也受到人们的批评，批评者认为，报表折算只是将按一种货币反映的财务报表重新以另一种货币来表述的过程，折算损益就是这一转换过程的产物。而这种损益并未导致子公司现金流量的增减，所以将其计入当期损益就会歪曲子公司的收益信息，使利润表中的利润项目难以反映出公司的正常经营成果。特别是对于有较多的国外子公司的企业集团来说，这种影响更为突出。

2. 折算损益全部递延

将外币报表折算损益以单独项目列示于资产负债表内，作为递延处理。这种处理方法主要认为：外币报表折算损益只是将外币表示的资产、负债项目以母公司记账本位币重新计量所产生的调整额，而不是已经实现的损益。由于汇率的多变，本期表现为外币折算收益（或损失），至下期就有可能转变为外币折算损失（或收益），从而使二者相互抵消。因此，如果将这项未实现的损益计入当期损益，就有可能使会计报表使用者对公司的获利能力产生误解。而作为递延处理，则可避免这种情况。至于递延处理的做法，就是按照人为的标准将折算损益在若干个会计期间分摊。

针对递延法提出的批评是该方法缺乏足够的理论依据，因为产生于某一期间的报表折算损益，与其后的会计期间并没有关系。采用递延处理的结果是使子公司各期收益平稳化，实际上是掩盖了汇率变动的真实情况。

3. 作为所有者权益的调整项

由于以上两种折算损益处理方法均存在缺陷，从而导致第三种处理方法的出现，即将外币报表折算损益直接列入资产负债表的股东权益项目下，作为“折算调整额”，而不反映于利润表。其理由是外币报表折算损益并没有实现，这种处理方法使汇率变动因素不影响财务报表上所反映的本期收益。然而，也有人认为这种处理方法并不符合收益的总括观点，总括观点要求在利润表内应包括一切非正常和非营业性的损益项目。

4. 报表折算损失计入当期损益,折算利得递延

在实务中还存在另一种处理方法,即根据谨慎性原则的要求,对于折算损失或利得采取不同的处理。若为外币报表折算损失,计入当期损益,列于当期利润表;若为折算利得,则列示于资产负债表内,作为递延项目,用来抵消以后会计期间可能发生的损失。如在流动与非流动项目法下,就是采用这种方式处理折算损益。但这种方法也还是受到人们的批评,批评者认为报表折算差额属于未实现的损益,因此对折算损失和折算利得应采取同样的处理方式,确认折算损失而将折算利得递延这种方式是不合理的。

综上所述,外币报表折算损益究竟采用哪一种方法处理更为合理,目前仍是一个有待继续探讨的会计实务问题。结合上述外币报表折算的四种方法,折算汇率的选择与折算损益的处理,两者的结合方式如表 7-2 所示。

表 7-2　外币报表折算汇率的选择方法与折算损益处理方法的结合

折算损益的处理	现行汇率法	流动与非流动项目法	货币性与非货币性项目法	时态法
1. 折算损失和折算利得均予递延	√			
2. 折算损失和折算利得均计入当期损益			√	√
3. 折算损失计入当期损益,折算利得递延		√		

第四节　外币报表折算举例

在以上两节介绍了外币报表折算方法和折算损益的处理之后,本节将就各种方法的具体应用分别举例说明。

【例 7-1】 设 P 公司拥有一境外子公司,其会计报表编报货币为美元。该子公司 20×7 年度的收益及留存收益表、资产负债表如表 7-3 和表 7-4 所示。

表 7-3　收益及留存收益表　　万美元

项　　目	金　　额
一、产品销售收入	1 000
减:产品销售成本	700
产品销售费用	100
二、产品销售利润	200
加:其他业务利润	80
减:管理费用	70

续表

项　　目	金　　额
折旧费	40
财务费用	60
三、营业利润	110
加：投资收益	15
四、利润总额	125
减：所得税费用	40
五、净利润	85
加：期初留存收益	15①
六、可分配利润	100
减：股利分配	50②
七、期末留存收益	50

① 上期期末留存收益(已知数)，上期折算后的人民币数额为 125 万元。

② 设股利支付日的汇率为 USD 1＝RMB 6.90。

表 7-4　资产负债表　　万美元

资　　产	金　　额	负债及所有者权益	金　　额
货币资金	160	应付账款	140
应收账款	170	短期借款	160
存　货	200	长期负债	200
长期投资	120	实收资本	250
固定资产	150	留存收益	50
合　计	800	合　计	800

另设：20×9 年 12 月 31 日现行汇率为 USD 1＝RMB 6.81；20×9 年平均汇率为 USD 1＝RMB 6.85；子公司收到投入资本时的汇率为 USD 1＝RMB 7.45；子公司对外投资时的汇率为 USD 1＝RMB 7.40；存货购入时的汇率为 USD 1＝RMB 6.90；固定资产购入时的汇率为 USD 1＝RMB 7.35；长期负债发生时的汇率为 USD 1＝RMB 6.86。

一、现行汇率法

根据以上资料，下面按照现行汇率法将 P 公司以美元表示的收益及留存收益表、资产负债表折算为以人民币表示的报表。因为在现行汇率法下，报表折算差额是列入资产负债表而不是利润表，所以先折算收益及留存收益表，然后再折算资产负债表。

1. 收益及留存收益表

收益及留存收益表的折算均采用平均汇率，折算结果如表 7-5 所示。

表 7-5　收益及留存收益表　　万货币单位

项　　目	金额/美元	折算汇率	金额/人民币
一、产品销售收入	1 000	6.85	6 850
减：产品销售成本	700	6.85	4 795
产品销售费用	100	6.85	685
二、产品销售利润	200	—	1 370
加：其他业务利润	80	6.85	548
减：管理费用	70	6.85	479.50
折旧费	40	6.85	274
财务费用	60	6.85	411
三、营业利润	110	—	753.50
加：投资收益	15	6.85	102.75
四、利润总额	125	—	856.25
减：所得税	40	6.85	274
五、净利润	85	—	582.25
加：期初留存收益	15		120
六、可分配利润	100	—	702.25
减：股利分配	50	6.90	345
七、期末留存收益	50	—	357.25

2. 资产负债表

资产负债表中实收资本按历史汇率折算，所有的资产与负债项目均按编表日的现行汇率折算，折算损益递延处理，在资产负债表中单独列示，见表 7-6。

表 7-6　资产负债表　　万货币单位

资　产	美　元	汇　率	人民币	负债及所有者权益	美　元	汇　率	人民币
货币资金	160	6.81	1 089.60	应付账款	140	6.81	953.40
应收账款	170	6.81	1 157.70	短期借款	160	6.81	1 089.60
存　货	200	6.81	1 362	长期负债	200	6.81	1 362
长期投资	120	6.81	817.2	实收资本	250	7.45	1 862.5
固定资产	150	6.81	1 021.50	留存收益	50		357.25*
				外币折算损益			(176.75)
合　计	800	—	5 448	合　计	800	—	5 448

*留存收益项目根据表 7-5 结果填列。

外币折算损益＝5 448－(953.40＋1 089.60＋1 362＋1 862.5＋357.25)＝－176.75

二、流动与非流动项目法

由于在流动与非流动项目法下，报表折算差额直接列入利润表，所以下面先折算资产负债表，然后再折算收益及留存收益表。

1. 资产负债表

资产负债表中的流动资产与流动负债项目按编表日的现行汇率折算，其他非流动项目按历史汇率折算，年末留存收益根据会计恒等式的平衡关系倒挤求得。如表 7-7 所示。

表 7-7　资产负债表　　万货币单位

资　产	美　元	汇　率	人民币	负债及所有者权益	美　元	汇　率	人民币
货币资金	160	6.81	1 089.60	应付账款	140	6.81	953.40
应收账款	170	6.81	1 157.70	短期借款	160	6.81	1 089.60
存　货	200	6.81	1 362	长期负债	200	6.86	1 372
长期投资	120	7.40	888	实收资本	250	7.45	1 862.50
固定资产	150	7.35	1 102.50	留存收益	50		322.30
合　计	800	—	5 599.80	合　计	800	—	5 599.80

表 7-7 中，留存收益根据下式倒挤求得：

5 599.80－(953.40＋1 089.60＋1 372＋1 862.50)＝322.30

2. 收益及留存收益表

表中产品销售收入、产品销售成本、管理费用、财务费用与所得税等项目按年平均汇率折算，折旧费用按历史汇率折算，股利分配按支付日汇率折算。折算结果见表 7-8。

表 7-8　收益及留存收益表　　万货币单位

项　目	金额/美元	折算汇率	金额/人民币
一、产品销售收入	1 000	6.85	6 850
减：产品销售成本	700	6.85	4 795
产品销售费用	100	6.85	685
二、产品销售利润	200	—	1 370
加：其他业务利润	80	6.85	548
减：管理费用	70	6.85	479.50
折旧费	40	7.35	294
财务费用	60	6.85	411
折算损益			14.95
三、营业利润	110	—	718.55
加：投资收益	15	6.85	102.75
四、利润总额	125	—	821.30
减：所得税费用	40	6.85	274

续表

项　　目	金额/美元	折算汇率	金额/人民币
五、净利润	85	—	547.30
加：期初留存收益	15*		120
六、可分配利润	100	—	667.30
减：股利分配	50	6.90	345
七、期末留存收益	50	—	322.30

表 7-8 中的期末留存收益数据来自于折算后的资产负债表，"可分配利润"、"净利润"、"利润总额"、"营业利润"及"折算损益"等项目则是按以下方法倒挤求得。

可分配利润＝期末留存收益＋股利分配＝322.30＋345＝667.30

净利润＝可分配利润－期初留存收益＝667.30－120＝547.30

利润总额＝净利润＋所得税费用＝547.30＋274＝821.30

营业利润＝利润总额－投资收益＝821.30－102.75＝718.55

折算损益＝产品销售收入－产品销售成本－销售费用＋其他业务利润－折旧费用－财务费用－管理费用－营业利润

＝6 850－4 795－685＋548－294－411－479.50－718.55＝14.95

三、货币性与非货币性项目法

当 P 公司采用货币性与非货币性项目法对以美元表示的外币报表进行折算时，由于该方法通常是将折算损益直接列入当期利润表，所以要先折算资产负债表，然后再折算收益及留存收益表。

1. 资产负债表

货币性资产与货币性负债按编表日的现行汇率折算，存货、固定资产、长期投资等非货币性项目按其发生时的历史汇率折算，留存收益根据平衡关系倒挤求得，折算过程及其结果见表 7-9。

表 7-9　资产负债表　　万货币单位

资　产	美　元	汇　率	人民币	负债及所有者权益	美　元	汇　率	人民币
货币资金	160	6.81	1 089.60	应付账款	140	6.81	953.40
应收账款	170	6.81	1 157.70	短期借款	160	6.81	1 089.60
存　货	200	6.90	1 380	长期负债	200	6.81	1 362
长期投资	120	7.40	888	实收资本	250	7.45	1 862.50
固定资产	150	7.35	1 102.50	留存收益	50		350.30①
合　计	800		5 617.80	合　计	800		5 617.80

① 留存收益＝5 617.80－(953.40＋1 089.60＋1 362＋1 862.50)＝350.30

2. 收益及留存收益表

收益及留存收益表项目的折算与上述流动与非流动项目法相同，即产品销售收入、产品销售成本、管理费用、财务费用与所得税等项目按年平均汇率折算，折旧费用按历史汇率折算，股利分配按支付日汇率折算。折算过程及折算后的报表见表7-10。

表7-10　折算后收益及留存收益表　　万货币单位

项　　目	金额/美元	折算汇率	金额/人民币
一、产品销售收入	1 000	6.85	6 850
减：产品销售成本	700	6.85	4 795
产品销售费用	100	6.85	685
二、产品销售利润	200	—	1 370
加：其他业务利润	80	6.85	548
减：管理费用	70	6.85	479.50
折旧费	40	7.35	294
财务费用	60	6.85	411
折算损益			(13.05)
三、营业利润	110	—	746.55
加：投资收益	15	6.85	102.75
四、利润总额	125	—	849.30
减：所得税	40	6.85	274
五、净利润	85	—	575.30
加：期初留存收益	15		120
六、可分配利润	100	—	695.30
减：股利分配	50	6.90	345
七、期末留存收益	50	—	350.30

表7-10中的期末留存收益数据来自于折算后的资产负债表，“可分配利润”、“净利润”、“利润总额”、“营业利润”及“折算损益”等项目则是按以下方法倒挤求得。

可分配利润＝期末留存收益＋股利分配＝350.30＋345＝695.30

净利润＝可分配利润－期初留存收益＝695.30－120＝575.30

利润总额＝净利润＋所得税＝575.30＋274＝849.30

营业利润＝利润总额－投资收益＝849.30－102.75＝746.55

折算损益＝产品销售收入－产品销售成本－销售费用＋其他业务利润－折旧费用－财务费用－管理费用－营业利润

＝6 850－4 795－685＋548－294－411－479.50－746.55

＝－13.05

四、时态法

当P公司采用时态法进行外币报表折算时，折算损益一般直接列入当期利润表。

1. 资产负债表

在采用时态法折算时，货币性资产、货币性负债项目按编表日的现行汇率折算，其他项目根据其发生的时间选择采用现行汇率或历史汇率折算。设P公司的200万美元的存货中，有100万美元为按市价计价，另外100万美元为按历史成本计价；长期投资为按历史成本计价。折算过程及折算后资产负债表如表7-11所示。

表7-11　资产负债表　　万货币单位

资　产	美　元	汇　率	人民币	负债及所有者权益	美　元	汇　率	人民币
货币资金	160	6.81	1 089.60	应付账款	140	6.81	953.40
应收账款	170	6.81	1 157.70	短期借款	160	6.81	1 089.60
存货	200		1 371	长期负债	200	6.81	1 362
按成本计价	100	6.90	690	实收资本	250	7.45	1 862.50
按市价计价	100	6.81	681	留存收益	50		341.30①
长期投资	120	7.40	888				
固定资产	150	7.35	1 102.50				
合计	800		5 608.80	合计	800		5 608.80

① 留存收益＝5 608.80－(953.40＋1 089.60＋1 362＋1 862.50)＝341.30

2. 收益及留存收益表

收益及留存收益表的折算方法同上，折算过程及折算后报表如表7-12所示。

表7-12　折算后收益及留存收益表　　万货币单位

项　　目	金额/美元	折算汇率	金额/人民币
一、产品销售收入	1000	6.85	6 850
减：产品销售成本	700	6.85	4 795
产品销售费用	100	6.85	685
二、产品销售利润	200	—	1 370
加：其他业务利润	80	6.85	548
减：管理费用	70	6.85	479.50
折旧费	40	7.35	294
财务费用	60	6.85	411
折算损益			(4.05)

续表

项　　目	金额/美元	折算汇率	金额/人民币
三、营业利润	110	—	737.55
加：投资收益	15	6.85	102.75
四、利润总额	125	—	840.30
减：所得税	40	6.85	274
五、净利润	85	—	566.30
加：期初留存收益	15		120
六、可分配利润	100	—	686.30
减：股利分配	50	6.90	345
七、期末留存收益	50	—	341.30

表 7-12 中的期末留存收益数据来自于折算后的资产负债表，"可分配利润"、"净利润"、"利润总额"、"营业利润"及"折算损益"等项目则是按以下方法倒挤求得。

可分配利润＝期末留存收益＋股利分配＝341.30＋345＝686.30

净利润＝可分配利润－期初留存收益＝686.30－120＝566.30

利润总额＝净利润＋所得税＝566.30＋274＝840.30

营业利润＝利润总额－投资收益＝840.30－102.75＝737.55

折算损益＝产品销售收入－产品销售成本－销售费用＋其他业务利润－折旧费用－财务费用－管理费用－营业利润

＝6 850－4 795－685＋548－294－411－479.50－737.55＝－4.05

从上述举例结果可以看出，采用 4 种不同的折算方法使报表折算后的结果各不相同，首先是不同折算方法所产生的折算差额不同；其次从主要报表项目来看，资产总额和净利润项目数值均有差异，见表 7-13。

表 7-13　4 种方法折算结果比较　　万货币单位

报表折算方法	资　　产	净利润	折算差额
现行汇率法	5 448	582.25	(177.25)
流动与非流动项目法	5 599.80	547.30	14.95
货币性与非货币性项目法	5 617.80	575.30	(13.05)
时态法	5 608.80	566.30	(4.05)

表 7-13 中数据表明，外币报表的折算采用不同方法，不仅产生了不同的折算差额，而且还导致折算后的资产总额和净利润出现差异，由此说明母公司在对国外子公司的外币报表进行折算时，对折算方法的选择必须合理分析，慎重采用。

第五节　各国对外币报表折算的有关规定

一、外币报表折算的国际惯例

外币报表折算是一个非常复杂的问题，从目前的情况来看，各国的观点不尽一致。根据美国学者与国际会计公司对世界上 53 个国家和地区所进行的一项调查，各国对外币报表折算方法的采用情况结果如下：

采用现行汇率法有：美国、法国、德国、日本、荷兰、瑞士、新加坡、英国、中国香港、加拿大、澳大利亚、印度等 23 个国家和地区。

采用流动与非流动项目法的有：新西兰、南非、伊朗、巴基斯坦等 7 个国家和地区。

采用货币与非货币性项目法的有：芬兰、巴哈马、韩国、新西兰等 10 个国家和地区。

采用时态法的有：美国、巴拿马、英国、加拿大、阿根廷等 13 个国家和地区。

由上可发现，采用现行汇率法与时态法的国家和地区占了大多数，而且呈增加的趋势，正成为外币报表折算的国际惯例。另外还应当注意到，有的国家并不单纯采用一种方法，而是两种方法并存，这种现象在会计实务中比较常见。

二、美国的外币报表折算

美国的公认会计准则从“功能货币”概念的角度论述了外币报表折算方法的适用性，在美国第 52 号会计准则公告《外币折算》中，明确地为外币报表折算规定了应当达到的两项目标：第一，在合并报表中反映每一个被合并主体从事经营的以主要通货（功能货币）计量的财务成果和财务关系；第二，提供与汇率变动对企业的现金流量以及业主权益的预期经营影响相一致的信息。

上述两项目标无疑是以功能货币的确定为前提的，这里的功能货币是指子公司在国外从事经营活动所使用的货币。第 52 号财务会计准则还提出了一些指标作为确定功能货币的标准：(1)现金流量指标；(2)销售价格指标；(3)销售市场指标；(4)费用指标；(5)财务指标；(6)公司间交易指标。

功能货币的选择，反映了国外子公司在经营管理上所持的货币观点。即母公司货币观点与子公司货币观点。

母公司货币观点　如果某一国外主体（子公司）的经营活动不过是母公司经营活动的延伸，就如同母公司直接从事这样的国外经营活动，则它的功能货币将是母公司的报告货币（母公司本国货币）。这一观点称为母公司货币观点。

根据母公司货币观点，对子公司外币报表的折算应当选用时态法。

子公司货币观点 如果某一国外主体（子公司）的经营活动相对来说是自主的，并在所在东道国形成一个整体而独立于母公司的经营活动，它的功能货币通常就是所在国货币，也可能是子公司在经营活动中主要使用的另一个国家的货币。这一观点称为子公司货币观点。

第52号财务会计准则要求，国外主体（子公司）的功能货币一经选定，必须一贯使用，除非该主体经济环境的改变明显表明其功能货币已经改变。在改变功能货币时，必须在财务报表下的注释中充分披露。

三、国际会计准则委员会的有关规定

为改进和协调各国对外币报表折算的处理方法，国际会计准则委员会（IASC）继美国公布第52号会计准则后，于1983年7月颁布了国际会计准则第21号（IAS21）——“汇率变动影响会计”，该准则于1985年1月生效。1989年，IAS21被列入国际会计准则委员会“财务报表可比性”计划的修订项目中。1993年11月，国际会计准则委员会通过重新修订的IAS21，改名为“汇率变动的影响”，该准则于1995年1月生效。2003年12月，改组后的国际会计准则理事会（IASB）对IAS21进行改进，改进后的IAS21有关外币折算方法的规定如下。

（一）以“功能货币”和“列报货币”取代“报告货币”

“功能货币”定义为“经营主体所处的主要经济环境中的货币”，要求主体以功能货币计量经营成果和财务报表，而“外币”即指功能货币以外的货币。列报货币则定义为“列报财务报表采用的货币”。

主体可以用任何一种或几种货币列报其财务报表。如果该列报货币与主体的功能货币不同，应当将以功能货币计量的经营成果和财务状况折算为列报货币。

（二）不再区分“构成主体经营整体组成部分的国外经营”和“国外实体”

IASB认为，构成报告主体整体经营组成部分的国外经营的功能货币和母公司的功能货币总是一致的，因为对构成整体组成部分的国外经营而言，“从事的业务如同报告企业经营的延伸”，与在一个不同于母公司所在地的主要经济环境中进行经营是矛盾的。由此可以断定，没有必要对构成整体组成部分的国外经营的经营成果和财务状况进行折算以便将其并入母公司的财务报表中——它们将一直以母公司的功能货币计量。此外，也无须区分构成整体组成部分的国外经营和国外主体。当国外经营的功能货币与其母公司不同时，它应当是一个国外主体。

（三）折算方法

将境外公司的经济环境分为两大类：恶性通货膨胀的经济环境和非恶性通货膨胀的经济环境。

当主体的功能货币不是恶性通货膨胀经济中的货币时，其经营成果和财务状况应按照以下程序折算为另一币种的列报货币：

(1) 每一份列报的资产负债表（包括比较资产负债表）中的资产、负债，应以相应资产负债表日的期末汇率进行折算；

(2) 每一份列报的收益表（包括比较收益表）中的收益和费用项目，应以交易发生日的汇率进行折算（如果汇率不产生重大波动，则可采用平均汇率）；

(3) 产生的所有汇兑差额应确认为单独列示的权益项目。

如果主体的功能货币是恶性通货膨胀经济中的货币，其财务报表应当先按《IAS29——恶性通货膨胀经济中的财务报告》的要求进行重述，再将所有金额（即资产、负债、权益项目、收益和费用项目，包括比较项目金额）按最近资产负债表日的期末汇率进行折算。但是折算成非恶性通货膨胀经济中的货币的比较项目金额除外，此时，比较金额应当是在相关以前年度财务报表中作为当年金额列示的那些金额（即无须根据期后发生的价格变动或汇率变动进行调整）。

四、我国对外币财务报表的折算

（一）我国现行会计准则对外币报表折算的规定

在外币报表的折算方法上，近一些年来我国逐步向国际会计惯例靠拢，并开始制定了一些相关规定。我国外币财务报表折算，包括境外子公司以外币表示的财务报表的折算以及境内子公司采用与母公司记账本位币不同的外币编报财务报表的折算。根据我国于2006年新修订的《企业会计准则第19号——外币折算》的相关规定，企业在将境外子公司财务报表并入母公司财务报表时，应当按照下列要求进行折算。

1. 资产负债表中的资产和负债项目，采用资产负债表日的即期汇率折算；所有者权益项目除了“未分配利润”项目外，其他项目采用发生时的即期汇率折算。

2. 利润表中的收入和费用项目，采用交易发生日的即期汇率折算；也可以采用按照系统合理的方法确定的、与交易发生日即期汇率近似的汇率折算。

3. 上述折算过程中产生的外币财务报表折算差额，在资产负债表中所有者权益项目下单独列示。

4. 当企业处在恶性通货膨胀的经济环境下，对于境外子公司的财务报表折算，应当按照下列步骤进行处理。

(1) 对资产负债表项目运用一般物价指数予以重述，对利润表项目运用一般物价指数变动予以重述；

(2) 按照最近资产负债表日的即期汇率进行折算；

(3) 当境外经营不再处于通货膨胀的经济环境时，应当停止重述，按照停止之日的价格水平重述的财务报表进行折算。

5. 企业在处置境外经营时，应当将资产负债表中所有者权益项目下列示的、与该境外经营相关的外币财务报表折算差额，自所有者权益项目转入处置当期损益；部分处置境外经营的，应当按处置的比例计算处置部分的外币财务报表折算差额，转入处置当期损益。

6. 在企业境外经营为其子公司的情况下，企业在编制合并财务报表时，应按少数股东在境外经营所有者权益中所享有的份额计算少数股东应分担的外币报表折算差额，并入少数股东权益列示于合并资产负债表。母公司含有实质上构成对子公司(境外经营)净投资的外币货币性项目的情况下，在编制合并财务报表时，应分别以下两种情况编制抵消分录：

(1) 实质上构成对子公司净投资的外币货币性项目以母公司或子公司的记账本位币反映，则该外币货币性项目产生的汇兑差额应转入"外币报表折算差额"；

(2) 实质上构成对子公司净投资的外币货币性项目以母、子公司的记账本位币以外的货币反映，则应将母、子公司此项外币货币性项目产生的汇兑差额相互抵消，差额计入"外币报表折算差额"。

如果合并财务报表中各子公司之间也存在实质上构成对另一子公司(境外经营)净投资的外币货币性项目，在编制合并财务报表时应比照上述原则编制相应的抵消分录。

(二) 我国现行外币报表折算方式的举例

我们仍采用上一节例 7-1 的资料，当 P 公司采用我国现行会计准则时，对于外币报表可按如下方式进行折算。

收益及留存收益表

若 P 公司对收益及留存收益表的折算采用报告期的平均汇率，折算过程及折算后的报表如表 7-14 和表 7-15 所示。

表 7-14　折算后收益及留存收益表　　万货币单位

项　　目	金额/美元	折算汇率	金额/人民币
一、产品销售收入	1 000	6.81	6 810
减：产品销售成本	700	6.81	4 767
产品销售费用	100	6.81	681
二、产品销售利润	200	—	1 362

续表

项　　目	金额/美元	折算汇率	金额/人民币
加：其他业务利润	80	6.81	544.80
减：管理费用	70	6.81	476.70
折旧费	40	6.81	272.40
财务费用	60	6.81	408.60
三、营业利润	110	—	749.10
加：投资收益	15	6.81	102.15
四、利润总额	125	—	851.25
减：所得税费用	40	6.81	272.40
五、净利润	85	—	578.85
加：期初留存收益	15		120
六、可分配利润	100	—	698.85
减：股利分配	50	6.81	340.50
七、期末留存收益	50	—	358.35

表 7-15　资产负债表　　万货币单位

资　产	美　元	汇　率	人民币	负债及所有者权益	美　元	汇　率	人民币
货币资金	160	6.81	1 089.60	应付账款	140	6.81	953.40
应收账款	170	6.81	1 157.70	短期借款	160	6.81	1 089.60
存　货	200	6.81	1 362	长期负债	200	6.81	1 362
长期投资	120	6.81	817.20	实收资本	250	7.45	1 862.50
固定资产	150	6.81	1 021.50	留存收益	50		358.35①
				外币折算差额			(177.85)
合　计	800		5 448	合　计	800		5 448

① 留存收益项目根据表 7-14 结果填列。

外币折算差额＝5 448－(953.40＋1 089.60＋1 362＋1 862.50＋358.35)＝－177.85

练　　习

一、思考题

1. 试简述外币会计报表折算的含义及其意义。
2. 外币会计报表的折算方法有哪几种？各种折算方法有什么特点？

3. 外币会计报表折算差额有哪几种处理方式?

4. 何谓功能货币?国外子公司的功能货币是本地货币(所在国)时,其报表折算应当采取怎样的对策?

5. 你认为怎样的外币报表折算方法最为合理?

6. 时态法的理论依据是什么?其灵活性反映在哪里?试举例说明。

7. 外币交易汇兑损益与外币报表折算损益有何区别?外币报表折算损益主要受哪些因素影响?

8. 你对美国财务会计准则委员会的第52号准则(外币会计报表的折算)有何评价?

9. 在采用现行汇率方法下,当外汇汇率如何变化时就会产生外币报表折算利得或折算损失?

10. 简述我国现行外币会计报表折算的一般要求。

二、练习题

1. 单项选择题

(1) 一个外国子公司的功能性货币可以是下述中的任一个,除了(　　)。

A. 当地货币　　B. 母公司记账本位币

C. 子公司用于记账的货币　　D. 子公司交易中所出现过的任何一种货币

(2) 外币报表折算损益与汇兑损益的主要区别是(　　)。

A. 外币报表折算损益是未实现的损益,而汇兑损益是已实现的损益

B. 汇兑损益应在会计账簿中记录反映,外币报表折算损益通常不记录在账簿之中

C. 外币报表折算损益产生于对外币报表的折算,而汇兑损益产生于外币交易过程

D. 汇兑损益受交易期间内汇率变动的影响,而外币报表折算损益仅受报表日汇率变动的影响

(3) 按照我国会计实务,在外币报表折算中,对于期末未分配利润项目,是按照(　　)进行折算。

A. 现行汇率　　B. 历史汇率　　C. 平均汇率　　D. 以上都不是

(4) 一美国企业的德国子公司以欧元作为其功能性货币,由此从子公司的角度看,美元为(　　)。

A. 它的当地货币　　B. 它的记账货币　　C. 外币　　D. 以上都不是

(5) 不论采用何种外币报表折算方法,折算后的数值都无差异的是(　　)。

A. 应收账款　　B. 存货　　C. 设备　　D. 长期借款

(6) 一英国公司对一国外子公司有 100 万英镑的投资，子公司以当地货币编制报表。若英镑相对于子公司所在国的货币贬值，根据这一信息，可以预期报表折算存在(　　)。

A. 折算利得　　　　B. 折算损失

C. 权益调整使所有者权益增加　　　　D. 权益调整使所有者权益减少

(7) 在外币报表折算中，通常可以将下列哪一个项目采用平均汇率折算？(　　)

A. 现金　　B. 存货　　C. 未分配利润　　D. 销售收入

(8) 下列说法正确的是(　　)。

A. 暴露在汇率变动风险之下的有关资产和负债相比的差额影响折算损益数值的大小

B. 外币报表折算差额递延处理符合谨慎性原则和配比原则

C. 根据第 21 号国际会计准则，国外实体类型的子公司，应采用时态法折算会计报表

D. 所谓功能性货币是指国外主体从事经营活动环境内的货币

(9) 在采用时态法进行外币报表折算时，下列哪一项应当以历史汇率折算？(　　)

A. 以市价计价的存货　　　　B. 以成本计价的存货

C. 以市价计价的投资　　　　D. 应付债券

(10) 在四种外币报表折算方法中，(　　)最有利于保持原会计报表各项目之间的比例关系。

A. 现行汇率法　　　　B. 流动与非流动项目法

C. 货币与非货币性项目法　　　　D. 时态法

2. 报表折算题

(1) P 公司在新加坡拥有一全资子公司，于 20×9 年 1 月 1 日向该子公司提供 20 000 美元的贷款，当时美元与新加坡元的汇率为 USD 1＝SGD 1.56，此子公司的功能货币为当地货币。20×9 年平均汇率为 USD 1＝SGD 1.58，年末汇率为 USD 1＝SGD 1.60。

① 分别设此项贷款为短期贷款、长期贷款；

② 设 P 公司采用现行汇率法和流动与非流动项目法。

要求：在以上情况下，折算后的子公司报表上相应的项目数值应当为多少？折算损益为多少？

(2) 美国某跨国公司在加拿大有一子公司，子公司 20×9 年 12 月 31 日的收益表与留存收益表、资产负债表等资料如表 1 和表 2 所示。

表 1 收益表与留存收益表

20×9 年 12 月 31 日 加拿大元

项　　目	金　　额
产品销售收入	1 400 000
产品销售成本	805 000
销售费用	100 000
折旧费用	60 000
管理费用	150 000
税前利润	285 000
所得税费用	170 000
税后利润	115 000
期初未分配利润	150 000
可分配利润	265 000
股利分配	90 000
期末未分配利润	175 000

表 2 资产负债表

20×9 年 12 月 31 日 加拿大元

资　产	金　额	负债及所有者权益	金　额
现　金	80 000	应付账款	125 000
应收账款	120 000	应付票据	100 000
存　货	250 000	长期负债	200 000
长期投资	400 000	股本	450 000
固定资产	200 000	留存收益	175 000
合　计	1 050 000	合　计	1 050 000

有关汇率资料如下：

20×9 年 12 月 31 日　USD 1＝CAD 1.12

20×9 年 1 月 1 日　USD 1＝CAD 1.10

20×9 年年初存货购入时　USD 1＝CAD 1.09

20×9 年年末存货购入时　USD 1＝CAD 1.13

股票发行日　USD 1＝CAD 1.14

股利支付日　USD 1＝CAD 1.12

固定资产购入时　USD 1＝CAD 1.15

债券发行日　USD 1＝CAD 1.16

长期投资时　USD 1＝CAD 1.11

另外，上一年度折算结果，按时态法折算的留存收益为 USD 109 500，按现行汇率法

折算的留存收益为 USD 109 000。存货于年初、年末分别购入 CAD 125 000。

要求：分别采用时态法和现行汇率法将子公司的会计报表折算为以美元反映的会计报表。

(3) 设美国某公司在德国有一子公司，该子公司 20×9 年 12 月 31 日的财务报表如表 3 和表 4 所示。

表 3 收益及留存收益表

20×9 年 12 月 31 日　　欧元

项　　目	金　　额
产品销售收入	6 000
产品销售成本	4 000
产品销售费用	600
折旧费用	400
税前利润	1 000
所得税	300
税后利润	700
期初未分配利润	1 500
股利分配	200
期末未分配利润	2 000

表 4 资产负债表

20×9 年 12 月 31 日　　欧元

资　产	金　额	负债及所有者权益	金　额
现金	400	应付账款	1 200
应收账款	800	长期负债	3 300
存货	1 800	股本	2 500
长期投资	1 000	留存收益	2 000
固定资产	5 000		
合　计	9 000	合　计	9 000

有关汇率如下：

20×9 年 1 月 1 日　　USD 1＝EUR 0.75

20×9 年 12 月 31 日　　USD 1＝EUR 0.79

股利支付日　　USD 1＝EUR 0.77

股票发行日　　USD 1＝EUR 0.80

固定资产取得日　　USD 1＝EUR 0.74

存货购买日　　USD 1＝EUR 0.76

长期债券发行日　　　　USD 1＝EUR 0.78

长期投资时　　　　　　USD 1＝EUR 0.75

要求：根据以上资料分别采用流动与非流动项目法、货币与非货币性项目法将子公司会计报表折算为以美元表示的会计报表。

三、案例

1. 某一班级同学在学习完"外币报表折算"这一章之后，对四种折算方法进行了讨论。认为流动与非流动项目法有较明显的缺陷，而货币与非货币性项目法基本上可以归入时态法。因此对外币报表折算方法的采用，主要就在现行汇率法与时态法之间进行选择了。然而在对这两种方法选择的投票表决上，几乎各占一半。

在辩论中你将支持哪一种意见？还是都不同意？请解释其理由。

2. 某一美国跨国公司在南美洲某国设立了一家子公司，控股权超过50%，但子公司所在国近几年来物价指数一直处在40%左右的水平。

根据美国财务会计准则委员会的第52号会计准则，该子公司应当以哪一种货币作为其功能性货币？

3. 美国A公司以冶炼和加工生产铜产品为主要经营业务，该公司从智利进口铜矿石，然后在国内冶炼加工，生产出成品后在国际市场销售。20×8年A公司在智利投资建立了一家子公司——B公司(全资)，B公司从事铜矿石的冶炼，将冶炼出的铜成品售给A公司以继续进行深加工。B公司生产所需要的原料、人力、设备等生产要素均由子公司在智利取得，从对A公司的销售结算中获得赢利。

A公司在对B公司会计报表进行合并时，应当采用何种折算方法？请说明理由。

4. CHA公司为中国一家跨行业多种经营的跨国公司，在菲律宾收购了S公司，占S公司52%的股权。S公司的生产原料、人工、生产设备多在当地取得，产品由S公司自行销售，销售及其成本费用等基本业务均采用当地货币记录并结算，S公司与CHA公司之间直接的交易比例很小。S公司在股利分配上持"多留少派"的股利政策。

根据我国目前对外币报表折算的有关规定，S公司应当采取哪一种外币报表折算方法？请分析其原因。

B&E

第八章 分部报告与中期财务报告

本章范围

分部报告属于其他财务报告的范畴，通常作为会计报表附注的一个组成部分予以披露。本章主要介绍了分部报告的概念以及分部报告的产生与发展历程；详细阐述了经营分部的认定、报告分部的确定标准和分部报告的内容以及分部报告信息披露。就中期报告而言，本章在简要介绍中期财务报告概念及编制理论的基础上，详细阐述了我国中期财务报告的编制原则、编制方法和编报要求以及中期财务报告的确认和计量等问题。

学习目标

1. 了解分部报告的概念及其产生发展历程；
2. 掌握经营分部的认定；
3. 掌握报告分部的确定；
4. 了解中期财务报告概念及编制理论；
5. 掌握中期财务报告的确认和计量。

第一节　分部报告

一、分部报告概述

（一）分部报告的概念

分部报告　是指在企业的财务会计报告中，按照确定的企业内部组成部分提供的有关各组成部分收入、资产和负债等信息的报告。即将企业按照其组成部分或分部进行分解，在这一分部的基础上报告每个分部的财务信息。

分部报告属于其他财务报告的范畴，通常作为会计报表附注的一个组成部分予以披露。在只编制个别财务报表的情况下，分部报告的披露以合并财务报表为基础列报。编制分部报告体现了会计信息质量相关性原则的要求。

（二）分部信息披露的意义

1. 更好地理解企业的经营业绩

不同经营分部的信息披露，有利于报表使用者可以对企业个体分部业绩与非多元化经营公司，或与其他多元化经营公司的分部进行比较，从而更好地理解企业的经营业绩。

2. 更好地评估企业的风险和收益

合并财务报表通常不能提供不同经营分部的赢利能力、增长趋势及风险等重要信息，而不同经营分部通常并不具有同样风险的经营环境或同样报酬的经营机会。如果充分披露分部信息，使用者就有可能把特定公司信息与外部信息结合起来，更好地评估企业的风险和收益，从而有助于他们从整体上对企业作出更有根据的判断。

3. 有助于宏观经济管理

大型企业的生产经营对国家的宏观经济有很大影响。国家宏观经济管理部门可通过分部报告所提供的信息，进行宏观分类统计，了解各经营分部的经济发展状况，分析和考核国民经济总体的运行情况及经济发展中存在的问题，制定科学合理的经济政策、法规，适时进行宏观经济调控。

4. 有助于企业经营管理

对于跨地区、多元化经营的企业来说，企业的整体风险与回报是由企业生产经营分部、各生产经营地区的风险和回报所构成的。企业生产的各种产品及提供的服务所具有的风险和回报是不相同的，在不同地区的生产经营也具有不同的风险和回报。企业管理当局可以通过分部报告了解企业各经营分部的风险及经营业绩，有助于比较、评价和考核其各经营分部的赢利能力预测其在不同行业、部门和地区的投资风险和发展前景，及时发现其在经营中存在的问题，了解其各部分生产经营、获利能力、投资风险、发展前景等情况，从而便于公司管理层制定公司发展计划，做出投资及筹资决策。

（三）分部信息披露的产生和发展

美国是最早制定分部信息披露制度的国家。早在1939年，美国就已经鼓励企业对国外经营分部进行单独的披露。1964年，美国参议院司法委员会下属的反托拉斯和反垄断委员会举行有关跨行业经营的企业集团听证会，会后建议美国证券交易委员会(SEC)要求公司披露每一经营分部所赚取的收入和费用。1967年，美国会计委员会在第二号报告书(APB Statement)《多样化企业补充财务信息的披露》中，鼓励但不强制多样化企业披露有关行业分部的补充财务信息。1976 年，美国财务会计准则委员会（FASB）发布了第 14 号准则《企业分布的财务报告》，要求企业披露行业分部信息和地区分部信息，同时还要求企业对外销及主要客户的有关信息进行披露。但因该准则中对行业分部的定义过于模糊而受到批评，结果导致财务报表使用者认为企业集团报告的行业分部过少。1997 年，FASB 针对上述缺陷，发布了第 131 号准则《企业分部和相关信息的披露》，取代了原来的第 14 号准则。该准则提出了管理法，认为应按主要经营决策和评估业绩对内部各部门进行组织的方式为基础来界定分部，从而实现了内外报告的标准相同。

国际会计准则委员会于 1981 年发布了 IAS14《按分部编报财务资料》，并于 1997 年进行了修订，修订后称为《分部报告》。它要求企业按照主要报告形式和次要报告形式分别披露业务分部和地区分部。修订后的准则提供了更多界定分部的指南，同时认为，企业内部组织结构和内部财务报告系统是界定分部的基础。与美国会计准则第 14 号相比，《分部报告》没有要求披露出口销售和主要客户的分部信息。

我国分部信息披露制度起步较晚。1994 年，我国证监会颁布了《公开发行股票公司信息披露的内容与格式准则第 2 号——年度报告的内容和格式（试行）》，要求上市公司对占其 10%以上（含 10%）的经营活动及其所在行业分别作出介绍，并按不同地区或国家来反映公司主营业务收入的构成。1999 年证监会对此进行了修订，要求以《会计报表附注指引》的方式按行业类别披露相关数据。2002 年修订稿基本延续了以前的要求，并增加了公司应披露前五名供应商（客户）的采购金额（销售金额）占年度采购金额（销售金额）比例的规定。2002 年证监会颁布了《公开发行证券的公司信息披露内容与格式第 3 号——半年度报告》，要求在半年度报告中披露分部信息。我国财政部也提出了分部报告的要求。1998 年，财政部在其《股份有限公司会计制度》的第四部分会计报表格式中，提出分部营业利润和资产表，作为利润表的附表列示，但对此只简要说明按照行业分部和地区分部编制，没有任何其他指导性说明。2000 年，财政部在其颁布的《企业会计制度 2001》中，仍将分部报表作为利润表的附表，但按业务分部和地区分部分别编制两张附表，并在其编制说明中，详细解释了业务分部、地区分部及确定报告分部的标准等，但并未完整地解释分部收入、分部费用的界定及如何披露等问题。2001 年，财政部发布征求意见稿《企业会计准则——分部报告》，对分部信息披露作了系统而全面的规定。2006 年，我国发布了《企业会计准则第 35 号——分部报告》，要求企业存在多种经营或跨地区经营的，应当披露分部信息。而且企业还应当以对外提供的财务报表为基础披露分部信息，特别是对外提供合并财务报表的企业，应当以合并财务报表为基础披露分部信息。2009 年，我国财政部印发《会计准则解释第 3 号》中指出：企业应当以内部组织结构、管理要求、内部报告制度为依据确定经营分部，以经营分部为基础确定报告分部。原有关确定地区分部和业务分部以及按照主要报告形式、次要报告形式披露分部信息的规定不再执行。

二、分部的认定

分部是指构成企业整体的一部分，其经营活动及经营成果在实质和技术上能够与企业其他部分分离的经济实体。子公司、分公司、产品线、地区等就财务报告的目的而言，均可能被视为分部。

（一）分部的认定模式

1. “风险—报酬”分部认定模式

以修订后的国际会计准则第 14 号准则（IAS14）为代表的分部识别模式属于“风险—报酬”分部识别模式。我国目前分部报告准则采用的也是这一种模式。该模式认为，分部的划分应该以风险和报酬为标准。风险和报酬不同的业务或地区，不能将其归类为同一分部。同一分部的风险和报酬应该是相近的，不应存在重大的不同；不同分部的风险和报酬应该是不同的。因此，在这种模式下，风险和报酬的差异性成为划分分部的基础。

在“风险—报酬”模式下，企业风险和报酬的主要来源成为其主要的分部报告形式，风险和报酬的次要来源成为其次要的分部报告形式。

“风险—报酬”模式强调按风险和报酬的差异性来划分分部并进行报告，从而加强了同一行业不同企业及同一企业不同期间分部信息的可比性，并增强了分部信息的可理解性，同时，还增强了财务报表使用者对企业未来现金流量的预测。此外，该种模式产生的分部信息使按行业收集数据成为可能，从而能够为宏观经济统计提供数据，满足政府宏观控制的需要。

2. “管理法”分部认定模式

“管理法”分部界定模式以美国 1997 年会计准则第 131 号（FASB131）为代表。该模式认为，外部分部报告中分部的界定，应该与企业内部管理报告中分部的划分完全一致，即我们应该直接根据企业内部产品或劳务管理构架提供分部报告信息。这种方法同样强调应按风险和报酬的差异性来界定分部，但同时也认为，由于管理层直接参与企业的经营活动，并在制定和执行企业发展战略中就已经考虑了风险和报酬问题，且已将这种考虑落实到企业内部组织管理结构和报告系统的建立中。因而，企业内部管理组织结构和报告系统是关于风险和报酬的最佳来源。管理层为作出经营决策和评估业绩而对内部各部门进行组织的方式，表明了管理层认为重要的风险和机会。在“管理法”下，分部界定和企业内部组织管理结构与报告系统是完全统一的。

“管理法”认为，按照风险和报酬的差异性来划分分部存在一定的缺陷，不同企业对风险和报酬的差异性的理解可能是不一致的，这可能导致不同企业之间的分部信息不具备可比性。在“管理法”下，并不直接区分主要报告形式和次要报告形式，而是按内部组织结构来划分分部，可能经常采取业务分部和地区分部同时报告的混合形式。

"管理法"模式能够增强用户预测管理层的行为和反应能力。财务报表使用者能够借助于按"管理法"模式为基础编制的分部信息来认识企业，了解企业为实现其战略目标是如何组织和管理的，从而能够对管理层的经营能力形成合理评价。另外，按内部报告系统对分部的界定来进行对外报告，极大地节省了企业仅为对外报告的目的而重新划分和界定分部的成本。同时，管理层将更好地在对外报告中解释企业的经营计划及其成果，使分部信息披露与管理当局的讨论及分析中的陈述保持一致，从而能够避免报表使用者的误解。

从我国目前的现实环境来看，采用"管理法"的环境还不完善。"管理法"不仅要求企业有较高的管理水平，而且也对国家的监管水平要求很高，而我国的现实情况还达不到这一要求，单独按企业内部组织结构披露分部信息显然是不可行的，因为不同企业的管理方式各不相同，造成各企业提供的分部信息缺乏横向可比性；另外，对于政府来讲，监管的难度较大。下面我们主要介绍"风险—报酬"分部识别模式下分部的划分及其报告。

（二）我国会计准则关于分部的认定

分部的认定是分部报告的关键。我国会计准则规定，企业应当以内部组织结构、管理要求、内部报告制度为依据确定经营分部，以经营分部为基础确定报告分部。

1. 经营分部的认定

经营分部 是指企业内同时满足下列条件的组成部分：

(1) 该组成部分能够在日常活动中产生收入、发生费用；

(2) 企业管理层能够定期评价该组成部分的经营成果，以决定向其配置资源、评价其业绩；

(3) 企业能够取得该组成部分的财务状况、经营成果和现金流量等有关会计信息。

2. 经营分部的合并

通常情况下，一个企业的内部组织和管理结构，以及向董事会或者类似机构的内部报告制度，是企业确定分部的基础。经济特征不相似的经营分部，应当分别确定为不同的经营分部。企业存在相似经济特征的两个或多个经营分部，例如，具有相近的长期财务业绩，包括具有相近的长期平均毛利率、资金回报率、未来现金流量等；确定经营分部考虑的因素类似等，在同时满足下列条件时，可以合并为一个经营分部。

(1) 各单项产品或劳务的性质，包括产品或劳务的规格、型号、最终用途等。通常情况下，产品或劳务的性质相同，其风险、报酬率及其成长率通常可能较为接近，一般可将其划分到同一经营分部中。而对于性质完全不同的产品或劳务，则不能将其划分到同一经营分部中。

(2) 生产过程的性质，包括采用劳动密集或资本密集方式组织生产、使用相同或相似设备和原材料、采用委托生产或加工方式等。生产过程的性质影响到产品的成本构成及特性。对于其生产过程相同或类似的，可以将其划分为一个经营分部，如按资本密集型和劳动密集型划分经营部门。

(3) 产品或劳务的客户类型，包括大宗客户、零散客户等。一般来说，对于购买产品或接受劳务的同一类型的客户，如果其销售条件基本相同，因此带来的风险和回报也基本相同，可以划分为一个经营分部。而不同的客户，其销售条件不同，可能导致不同的经营风险及回报率。

(4) 销售产品或提供劳务的方式，包括批发、零售、自产自销、委托销售、承包等。企业销售产品的方式不同，其承受的风险和回报也不相同。一般来说，在采用直销方式销售产品或提供劳务的情况下，所发生的直接销售费用较高；而在采用代销方式销售产品或提供劳务的情况下，将发生代理销售费用。在赊销的情况下，将有利于销售规模的扩大，但发生的收账费用也会相应增加，并且发生坏账损失的风险也加大；现款销售方式下不会存在信用风险，但销售规模的扩大有限。

(5) 生产产品或提供劳务受法律、行政法规的影响，包括经营范围或交易定价限制等。企业生产产品或提供劳务总是处于一定的经济法律环境之下，其所处的环境必然对其经营活动产生影响。对在不同法律环境下生产的产品或提供的劳务进行分类，进而向会计信息使用者提供不同法律环境下产品生产或劳务的信息，有利于会计信息使用者对企业未来的发展走向作出判断和预测；对相同或相似法律环境下的产品生产或劳务提供进行归类，以提供其经营活动所生成的信息，同样有利于明晰地反映该类产品生产和劳务提供的会计信息。

【例 8-1】 ABC 公司是一家全球性公司，总部设在美国，主要生产 A、B、C、D 四个品牌的空调、电风扇、加湿器等，每种产品均由独立的业务部门完成。生产的产品主要销往中国大陆、中国香港、美国等地。ABC 公司各项业务 20×9 年 12 月 31 日的有关资料如表 8-1 所示。假定 ABC 公司管理层定期评价各业务部门的经营成果，以配置资源、评价业务；各品牌空调的生产过程、客户类型、销售方式等类似；经预测，生产空调的 4 个部门今后 5 年内平均销售毛利率与 20×9 年差异不大。

表 8-1 ABC 公司有关业务资料 万元

项　目	品牌 A	品牌 B	品牌 C	品牌 D	电风扇	加湿器	合计
营业收入	106 000	130 000	100 000	95 000	260 000	230 000	921 000
其中：对外交易收入	100 000	120 000	80 000	90 000	180 000	150 000	720 000
分部间营业收入	6 000	10 000	20 000	5 000	80 000	80 000	201 000
营业费用	74 200	92 300	69 000	66 500	156 000	142 600	600 600

续表

项　　目	品牌 A	品牌 B	品牌 C	品牌 D	电风扇	加湿器	合计
其中：对外交易费用	60 000	78 300	57 000	62 000	149 000	132 000	538 300
分部间交易费用	14 200	14 000	12 000	4 500	7 000	10 600	62 300
营业利润	31 800	37 700	31 000	28 500	104 000	87 400	
销售毛利率/%	30	29	31	30	40	38	
资产	350 000	400 000	300 000	250 000	650 000	590 000	2 540 000

本例中，ABC公司的各组成部分能够分别在日常活动中产生收入、发生费用，ABC公司管理层定期评价各组成部分的经营成果以配置资源、评价业绩，ABC公司能够取得各组成部分的财务状况、经营成果和现金流量等会计信息。因此，各组成部分满足经营分部的定义，可以分别确定为不同的经营分部。与此同时，ABC公司生产A、B、C、D品牌空调的4个部门，销售毛利率分别是30%、29%、31%、30%，即具有相近的长期财务业绩；4个品牌空调的生产过程、客户类型、销售方式等类似，具有相似的经济特征。因此，ABC公司在确定经营分部时，可以将生产4个品牌空调的组成部分予以合并，作为一个经营分部。

三、报告分部的确定

可认定的分部并不一定需要单独列报，需要披露的分部，称为报告分部或列报分部。作为报告分部，除了必须是可被单独识别外，还取决于其是否具有重要性。

（一）报告分部的10%重要性标准

1. 三项测试的重要性标准

报告分部的确定应当以经营分部为基础，经营分部满足下列条件之一的，企业应当将其确定为报告分部：

（1）该分部的收入占所有分部收入合计的10%或者以上

分部收入　是指可归属于分部的对外交易收入和对其他分部交易收入。分部收入主要由可归属于分部的对外交易收入构成，通常为营业收入。可以归属分部的收入来源于两个渠道：一是可以直接归属于分部的收入，即直接由分部的业务交易而产生；二是可以间接归属于分部的收入，即将企业交易产生的收入在相关分部之间进行分配，按属于某分部的收入金额确认为分部收入。

分部收入通常不包括下列项目：①利息收入（包括因预付或借给其他分部款项而确认的利息收入）和股利收入（采用成本法核算的长期股权投资取得的股利收入），但分部的日常活动是金融性质的除外；②营业外收入；③处置投资产生的净收益，但分部的日常活动是金融性质的除外；④采用权益法核算的长期股权投资确认的投资收益，但分部的日常活动是金融性质的除外。

(2) 该分部的分部利润(亏损)的绝对额，占所有赢利分部利润合计额或者所有亏损分部亏损合计额的绝对额两者中较大者的10%或者以上

分部利润(亏损) 是指分部收入减去分部费用后的余额。不属于分部收入和分部费用的项目，在计算分部利润(亏损)时不得作为考虑的因素。

分部费用 是指可归属于分部的对外交易费用和对其他分部交易费用。分部费用主要由可归属于分部的对外交易费用构成，通常包括营业成本、营业税金及附加、销售费用等。与分部收入的确认相同，归属于分部的费用也来源于两个渠道：一是可以直接归属于分部的费用，即直接由分部的业务交易而发生；二是可以间接归属于分部的费用，即将企业交易发生的费用在相关分部之间进行分配，按属于某分部的费用金额确认为分部费用。

分部费用通常不包括下列项目：①利息费用(包括因预收或向其他分部借款而确认的利息费用)，如发行债券等，但分部的日常活动是金融性质的除外；②营业外支出；③处置投资发生的净损失，但分部的日常活动是金融性质的除外；④采用权益法核算的长期股权投资确认的投资损失，但分部的日常活动是金融性质的除外；⑤与企业整体相关的管理费用和其他费用。

(3) 该分部的分部资产占所有分部资产合计额的10%或者以上

分部资产 是指分部经营活动使用的可归属于该分部的资产，不包括递延所得税资产。如果与两个或多个经营分部共用资产相关的收入和费用也分配给这些经营分部，该共用资产应分配给这些经营分部。共用资产的折旧费或摊销在计量分部经营成果时被扣减的，该资产应包括在分部资产中。企业在计量分部资产时，应当按照分部资产的账面价值进行计量，即按照扣除相关累计折旧或摊销额以及累计减值准备后的金额计量。

通常情况下，分部资产与分部利润(亏损)、分部费用等之间存在一定的对应关系，即：①如果分部利润(亏损)包括利息或股利收入，分部资产中就应当包括相应的应收账款、贷款、投资或其他金融资产。②如果分部费用包括某项固定资产的折旧费用，分部资产中就应当包括该项固定资产。③如果分部费用包括某项无形资产或商誉的摊销额或减值额，分部资产中就应当包括该项无形资产或商誉。

2. 低于10%重要性标准的选择

经营分部未满足三个重要性判断标准的，可以按照下列规定进行处理：

(1) 企业管理层认为披露该经营分部信息对会计信息使用者有用的，可以将其确定为报告分部。在这种情况下，不考虑该分部的规模，无论该分部是否满足10%的重要性

标准，企业可以根据需要直接将其指定为报告分部。

（2）将该经营分部与一个或一个以上的具有相似经济特征、满足经营分部合并条件的其他经营分部合并，作为一个报告分部。对经营分部10%的重要性测试可能会导致企业存在大量未满足10%数量临界线的经营分部，在这种情况下，如果企业没有直接将这些经营分部指定为报告分部，可以将一个或一个以上具有相似经济特征、满足经营分部合并条件的一个以上的经营分部合并成一个报告分部。

（3）不将该经营分部直接指定为报告分部，也不将该经营分部与其他未作为报告分部的经营分部合并为一个报告分部的，企业在披露分部信息时，应当将该经营分部的信息与其他组成部分的信息合并，作为其他项目单独披露。

【例8-2】 ABC公司是一家生产家用电器的大型企业，有5个经营分部，20×9年12月31日的资产及20×9年度的收入、损益等相关资料如表8-2所示。

表8-2　ABC公司分部资料摘录　　万元

项　　目	电视机	冰箱	洗衣机	空调	消毒柜	合计
营业收入	431 000	260 000	230 000	69 000	4 000	994 000
其中：对外交易收入	390 000	180 000	150 000	50 000	4 000	774 000
分部间营业收入	41 000	80 000	80 000	19 000	0	220 000
营业费用	302 000	156 000	142 600	55 200	4 500	660 300
其中：对外交易费用	257 300	149 000	132 000	47 200	4 500	590 000
分部间交易费用	44 700	7 000	10 600	8 000	0	70 300
营业利润	129 000	104 000	87 400	13 800	(500)	
资产	1 300 000	650 000	590 000	250 000	6 000	2 796 000

以下通过三项测试确定报告分部。

（1）收入测试

该公司各分部收入测试如表8-3所示。

表8-3　ABC公司各分部收入测试确定报告分部计算表　　万元

分部	分部对外收入	分部之间收入	比较符号	测试值指标（994 000×10%）	是否列为报告分部
电视机	390 000	41 000	≥	99 400	是
冰箱	180 000	80 000	≥	99 400	是
洗衣机	150 000	80 000	≥	99 400	是
空调	50 000	19 000	≤	99 400	否
消毒柜	4 000	0	≤	99 400	否
合计	774 000	220 000			

所有分部对外销售总额为 774 000 万元，分部之间销售额为 220 000 万元，总计 994 000 万元。以全部销售额 10%的标准 99 400 万元测试，空调分部和消毒柜分部小于测试值 99 400 万元。因此，空调分部和消毒柜分部不是报告分部。

(2) 资产测试

该公司各分部资产测试如表 8-4 所示。

表 8-4 ABC 公司各分部资产测试确定报告分部计算表 万元

分部	可识别分部资产	比较符号	测试值指标（2 796 000×10%）	是否列为报告分部
电视机	1 300 000	≥	279 600	是
冰箱	650 000	≥	279 600	是
洗衣机	590 000	≥	279 600	是
空调	250 000	≤	279 600	否
消毒柜	6 000	≤	279 600	否
合计	2 796 000			

所有分部的资产总额为 2 796 000 万元，以全部资产总额 10%的标准 279 600 万元测试，空调和消毒柜分部不是报告分部。

(3) 损益测试

该公司各分部损益测试如表 8-5 所示。

表 8-5 ABC 公司各分部损益测试确定报告分部计算表 万元

分部	分部营业利润	分部营业亏损	比较符号	测试值指标（334 200×10%）	是否列为报告分部
电视机	129 000		≥	33 420	是
冰箱	104 000		≥	33 420	是
洗衣机	87 400		≥	33 420	是
空调	13 800		≤	33 420	否
消毒柜		(500)	≤	33 420	否
合计	334 200	(500)			

赢利的电视机、冰箱、洗衣机和空调分部的营业利润之和为 334 200 万元，亏损的消毒柜分部的营业亏损额是 500 万元，营业利润的绝对值较大，因此，以利润绝对值 334 200 万元的 10%计算，测试值为 33 420 万元。电视机、冰箱和洗衣机分部为报告分部，空调、消毒柜分部不是报告分部。

（二）报告分部的75%标准

企业的经营分部达到规定的10%重要性标准确认为报告分部后，确定为报告分部的各经营分部的对外交易收入合计额占合并总收入或企业总收入的比重应当达到75%的比例。如果未达到75%的标准，企业必须增加报告分部的数量，将其他未作为报告分部的业务分部或地区分部纳入报告分部的范围，直到该比重达到75%。此时，其他未作为报告分部的经营分部很可能未满足前述规定的3个10%的重要性标准，但为了使报告分部的对外交易收入合计额占合并总收入或企业总收入的总体比重能够达到75%的比例要求，也应当将其确定为报告分部。

例如，在表8-3中，ABC公司对外收入的75%为580 500万元（774 000×75%），3个报告分部即电视机、冰箱和洗衣机分部的对外收入合计为720 000万元，已超过合并收入的75%。因此不必要再增加报告分部。空调和消毒柜分部无须单独列报，可以将其并入与之最相关的某一分部，或者将其与集团的其他活动（如以成本法或权益法报告的其他投资）一起列入其他分类。

（三）报告分部的数量

根据前述的确定报告分部的原则，企业确定的报告分部数量可能超过10个，此时，企业提供的分部信息可能变得非常烦琐，不利于会计信息使用者理解和使用。因此，报告分部的数量通常不应当超过10个。如果报告分部的数量超过10个，企业应当考虑将具有相似经济特征、满足经营分部合并条件的报告分部进行合并，以使合并后的报告分部数量不超过10个。

（四）为提供可比信息报告分部的确定

企业在确定报告分部时，除应当遵循相应的确定标准以外，还应当考虑不同会计期间分部信息的可比性和一贯性。对于某一经营分部，在上期可能满足报告分部的确定条件从而确定为报告分部，但本期可能并不满足报告分部的确定条件。此时，如果企业认为该经营分部仍然重要，单独披露该经营分部的信息能够更有助于会计信息使用者了解企业的整体情况，则不需考虑该经营分部的重要性标准，仍应当将该经营分部确定为本期的报告分部。

对于某一经营分部，在本期可能满足报告分部的确定条件从而确定为报告分部，但上期可能并不满足报告分部的确定条件未确定为报告分部。此时，出于比较目的提供的以前会计期间的分部信息应当重述，以将该经营分部反映为一个报告分部，即使其不满足确定为报告分部的条件。如果重述需要的信息无法获得，或者不符合成本效益原则，则不需要重述以前会计期间的分部信息。

四、分部报告的信息披露

企业披露的分部信息，应当有助于会计信息使用者评价企业所从事经营活动的性质和财务影响以及经营所处的经济环境。

（一）作为报告分部信息组成部分的应披露信息

（1）确定报告分部考虑的因素、报告分部的产品和劳务的类型。

（2）每一报告分部的利润（亏损）总额相关信息，包括利润（亏损）总额组成项目及计量的相关会计政策信息。

该信息包括利润（亏损）总额组成项目及计量的相关会计政策信息。企业管理层在计量报告分部利润（亏损）时运用了下列数据，或者未运用下列数据但定期提供给企业管理层的，应当在附注中披露每一报告分部的下列信息：①对外交易收入和分部间交易收入。②利息收入和利息费用。但是，报告分部的日常活动是金融性质的除外。报告分部的日常活动是金融性质的，可以仅披露利息收入减去利息费用后的净额，同时披露这一处理方法。③折旧费用和摊销费用，以及其他重大的非现金项目。④采用权益法核算的长期股权投资确认的投资收益。⑤所得税费用或所得税收益。⑥其他重大的收益或费用项目。

企业应当在附注中披露计量每一报告分部利润（亏损）的下列会计政策：①分部间转移价格的确定基础；②相关收入和费用分配给报告分部的基础；③确定报告分部利润（亏损）使用的计量方法发生变化的性质，以及这些变化产生的影响。

（3）每一报告分部的资产总额、负债总额相关信息，包括资产总额组成项目的信息，以及有关资产、负债计量的相关会计政策。

该信息包括资产总额组成项目的信息，以及有关资产、负债计量相关的会计政策。企业管理层在计量报告分部资产时运用了下列数据，或者未运用下列数据但定期提供给企业管理层的，应当在附注中披露每一报告分部的下列信息：①采用权益法核算的长期股权投资金额；②非流动资产（不包括金融资产、独立账户资产、递延所得税资产）金额。报告分部的负债金额定期提供给企业管理层的，企业应当在附注中披露每一报告分部的负债金额。企业应当在附注中披露将相关资产或负债分配给报告分部的基础。

分部负债　分部经营活动形成的可归属于该分部的负债，不包括递延所得税负债。如果与两个或多个经营分部共同承担的负债相关的费用分配给这些经营分部，该共同承担的负债应当分配给这些经营分部。

（二）其他应披露信息

除上述已经作为报告分部信息组成部分披露的外，企业还应当披露下列信息：

（1）每一产品和劳务或每一类似产品和劳务的对外交易收入。但是，披露相关信息

不切实可行的除外。企业披露相关信息不切实可行的，应当披露这一事实。

（2）企业取得的来自于本国的对外交易收入总额以及位于本国的非流动资产（不包括金融资产、独立账户资产、递延所得税资产，下同）总额，企业从其他国家取得的对外交易收入总额以及位于其他国家的非流动资产总额。但是，披露相关信息不切实可行的除外。企业披露相关信息不切实可行的，应当披露这一事实。

（3）企业对主要客户的依赖程度。企业与某一外部客户交易收入占合并总收入或企业总收入的10%或以上，应当披露这一事实，以及来自该外部客户的总收入和相关报告分部的特征。

（4）报告分部收入总额应当与企业收入总额相衔接；报告分部利润（亏损）总额应当与企业利润（亏损）总额相衔接；报告分部资产总额应当与企业资产总额相衔接；报告分部负债总额应当与企业负债总额相衔接。

（5）企业在披露分部信息时，应当提供前期比较数据。对于某一经营分部，如果本期满足报告分部的确定条件确定为报告分部，即使前期没有满足报告分部的确定条件未确定为报告分部，也应当提供前期的比较数据。但是，提供比较数据不切实可行的除外。企业内部组织结构改变导致报告分部组成发生变化的，应当提供前期比较数据。但是，提供比较数据不切实可行的除外。企业未提供前期比较数据的，应当在报告分部组成发生变化的当年，同时披露以新的报告分部和旧的报告分部为基础编制的分部信息。

不论企业是否提供前期比较数据，均应披露这一事实。

（三）分部报告格式

分部报告信息披露的基本格式如表8-6所示。

表8-6 分部报表（经营分部）

编制单位： 日期 元

项目	××经营分部		××经营分部		…	其他业务		分部间抵消		未分配项目		合计	
一、营业收入合计	本年	上年	本年	上年		本年	上年	本年	上年	本年	上年	本年	上年
其中：对外营业收入													
分部间营业收入													
二、营业成本合计													
其中：													
对外营业成本													
分部间营业成本													
三、期间费用合计													
四、营业利润合计													
五、资产总额													
六、负债总额													

五、上市公司分部报告样例

我们以中国石油天然气股份有限公司披露的 2009 年年度报告(资料来源于上海证券交易所网站)为例,将其披露内容及格式摘录如下。

(一) 经营分部具体界定

自 2009 年 1 月 1 日起,中国石油天然气股份有限公司按照以下方式对业务板块进行划分:

(1) 原油和石油产品的炼制,基本及衍生化工产品、其他化工产品的生产和销售业务纳入炼油与化工板块管理;

(2) 炼油产品的销售及贸易业务纳入销售板块管理。

本集团主要经营与石油相关的产品、服务与活动。根据产品和服务的类别以及上述重新划分的业务板块,本集团的经营分部包括:勘探与生产板块、炼油与化工板块、销售板块及天然气与管道板块。同期比较数据已经按新的板块划分进行了重新表述。另外,本集团根据具有相同风险的主体所在区域,对区域信息的划分也进行了重新表述。

勘探与生产板块从事原油及天然气的勘探、开发、生产和销售;炼油与化工板块从事原油及石油产品的炼制,基本及衍生化工产品、其他化工产品的生产和销售;销售板块从事炼油产品的销售及贸易业务;天然气与管道板块从事天然气、原油和成品油的输送及天然气的销售;其他板块从事资金管理、融资、总部管理、研究开发及为本集团其他业务板块提供商务服务。

(二) 分部报表

1. 分部报表说明

(1) 各业务板块之间的销售主要按市场价格进行。公司管理层按照该划分评价板块经营业绩,并分配公司资源。

(2) 板块间抵消主要是抵消板块间的往来及投资。

(3) 非流动资产主要包括除金融工具和递延所得税资产之外的非流动资产。

2. 经营分部资料

经营分部资料如表 8-7 和表 8-8 所示。

表 8-7　经营分部资料(2009 年)　　人民币百万元

2009 年	勘探与生产	炼油与化工	销售	天然气与管道	其他	合计
营业额	405 326	501 300	768 295	77 658	1 372	1 753 951
减：板块间销售	(308 649)	(381 522)	(35 489)	(8 756)	(260)	(734 676)
外部营业额	96 677	119 778	732 806	68 902	1 112	1 019 275
折旧、折耗及摊销	(64 595)	(11 824)	(7 088)	(7 694)	(1 058)	(92 259)
经营利润/(亏损)	105 019	17 308	13 265	19 046	(11 194)	143 444
融资成本						
外汇收益						552
外汇损失						(1 335)
利息收入						1 459
利息支出						(5 272)
融资成本净额						(4 596)
应占联营公司及合营公司的利润	590	53	519	8	14	1 184
税前利润						140 032
所得税费用						(33 473)
本年利润						106 599
板块资产	756 122	256 040	237 534	198 774	1 095 827	2 544 297
其他资产						289
在联营公司及合营公司的投资	22 183	579	5 393	68	—	28 223
板块间抵消(a)						(1 122 521)
总资产						1 450 288
资本性支出及收购						
-资本性支出	129 017	42 558	18 174	74 754	2 333	266 836
-收购(附注 21)	—	—	15 296	—	—	15 296
						282 132
板块负债	280 573	98 590	142 254	92 538	357 107	971 062
其他负债						56 412
板块间抵消(a)						(484 887)
总负债						542 587

表 8-8　经营分部资料(2008 年)

2008 年	勘探与生产	炼油与化工	销售	天然气与管道	其他	合计
营业额	626 367	560 729	778 141	63 315	1 418	2 029 970
减：板块间销售	(500 522)	(396 410)	(53 557)	(6 706)	(171)	(957 366)
外部营业额	125 845	164 319	724 584	56 609	1 247	1 072 604

续表

2008 年	勘探与生产	炼油与化工	销售	天然气与管道	其他	合计
折旧、折耗及摊销	(58 927)	(22 796)	(5 871)	(6 310)	(855)	(94 759)
经营利润/(亏损)	240 470	(93 830)	7 982	16 057	(11 108)	159 571
融资成本						
外汇收益						1 774
外汇损失						(2 855)
利息收入						2 277
利息支出						(3 044)
融资成本净额						(1 848)
应占联营公司及合营公司的利润	4 561	(609)	314	5	19	4 290
税前利润						162 013
所得税费用						(35 211)
本年利润						126 802
板块资产	662 454	290 758	197 950	121 368	973 128	2 245 658
其他资产						497
在联营公司及合营公司的投资	24 021	1 686	3 074	20	49	28 850
板块间抵消(a)						(1 078 770)
总资产						1 196 235
资本性支出	157 194	30 619	4 974	36 848	2 742	232 377
板块负债	264 230	70 879	132 340	53 294	334 972	855 715
其他负债						27 667
板块间抵消(a)						(534 987)
总负债						348 395

3. **区域信息**

区域信息如表 8-9 所示。

表 8-9 区域信息 人民币百万元

截至 12 月 31 日年度	营业额		非流动资产(b)	
	2009 年	2008 年	2009 年	2008 年
中国大陆	790 748	824 703	1 073 865	902 370
其他	228 527	247 901	78 078	63 878
	1 019 275	1 072 604	1 151 943	966 248

第二节　中期财务报告

一、中期财务报告概述

（一）中期财务报告的概念

中期财务报告是指以中期为基础编制的财务报告。中期是指短于一个完整的会计年度的报告期间，它可以是一个月、一个季度或者半年，也可以其他短于一个会计年度的期间。

中期财务报告具有以下特征：

1. 中期财务报告涵盖的会计期间是以中期为基础的

中期财务报告既有可能是月度财务报告，也有可能是季度财务报告，还有可能是半年度财务报告。另外，年初至本中期末的财务报告也属于中期财务报告。

2. 中期财务报告应当公允地反映企业中期期末的财务状况和中期经营成果及其现金流量

作为财务报告的一种，中期财务报告不仅包括能公允地反映企业中期期末的财务状况和中期经营成果及其现金流量的财务报表及其附注内容，还应当包括那些有助于理解企业中期期末的财务状况和中期经营成果及其现金流量的其他相关信息。例如，国家利率政策、汇率政策变动对企业的影响，国家税收优惠政策变化对企业的影响等。

（二）中期的界定

《中华人民共和国会计法》规定，会计年度自公历1月1日起至12月31日止。根据这一规定，中期一般是在某一会计年度之内、但短于一个完整的会计年度的报告期间。如一个月、一个季度、半年或其他短于一个会计年度的期间。在特殊情况下，会计中期的确定如下。

1. 某个日期开业情况下中期的确定

企业在某一会计年度中的某个日期开业，则企业应将开业日至中期期末视为一个中期。例如，ABC企业某年8月8日，经当地工商行政管理部门批准开始营业，则该企业按季度提供的首个中期财务报告的期间应为8月8日至9月30日。ABC企业应将8月8日至9月30日这一期间视为一个中期，编制第三季度的中期财务报告。

2. 停歇业情况下中期的确定

企业在确定中期时不应排除歇业的时间。例如，ABC企业2月20日至4月10日对其经营场所进行装修，则该企业对外提供的半年度财务报告的期间应为1月1日至6月

30 日，不应当将歇业的期间排除在中期的计算之外。

3. 企业改制情况下中期的确定

企业在确定中期时不应受改制的影响。如果某一股份有限公司在会计年度中间发行股票或者改制上市，此时，公司对中期的界定不能因此而受到影响，还应当按照正常的公历年度予以确定。

（三）中期财务报告的构成

中期财务报告至少应当包括资产负债表、利润表、现金流量表及其报表附注。其中：

(1) 资产负债表、利润表、现金流量表及其报表附注是中期财务报告应当编制的法定内容，对其他财务报表或者相关信息，如所有者权益（或股东权益）变动表等，企业可以根据需要自行决定。

(2) 中期资产负债表、利润表、现金流量表的格式和内容，应当与上年度财务报表相一致。但如果当年新施行的会计准则对财务报表格式和内容作了修改的，中期财务报表应当按照修改后的报表格式和内容编制，与此同时，在中期财务报告中提供的上年度比较财务报表的格式和内容也应当作相应的调整。

(3) 中期财务报告中的附注相对于年度财务报告中的附注而言，是适当简化的。中期财务报表附注的编制应当遵循重要性原则，如果某一信息没有在中期财务报告中的附注中披露，就会影响到中期财务报告财务信息使用者据此做出正确的经济决策，那么就认为这一信息是重要的，企业应当在中期财务报告附注中予以披露。但准则中规定应该披露的信息不受此限。

（四）编制中期财务报告的意义

1. 及时向信息使用者提供重要会计信息

对外披露的财务报告信息的有用性在很大程度上取决于会计信息的及时性。对于非常可靠的信息，如果提供的时间相对滞后，它的价值也会大打折扣，因此，会计信息的使用者希望能够尽可能快地获得企业的财务状况、经营成果和现金流量的相关信息，用以预测公司未来的赢利和发展能力，从而作出相关的经济决策。企业的年度财务会计报告，只能等到年度终了后 120 天内才能对外提供，这样难以满足使用者及时掌握企业会计信息的需求。而中期财务报告可以在很大程度上满足这一要求，可用来弥补年度报告时间间隔过长的缺陷，从而提高信息质量。中期财务会计报告，有助于会计信息的使用者了解企业的中期财务现状、经营成果和现金流量情况，为其决策及时提供有用的信息。

2. 建立更完善的上市公司信息披露制度

中期财务报告是会计信息披露制度的一个组成部分，编制中期财务报告可以更广泛

地满足国内外信息使用者对更高质量的会计信息的需求，同时也有助于健全更完善的上市公司信息披露制度，提高证券市场效率，促进资源的有效配置。随着中期财务报告编制理论和编制方法的不断完善，上市公司的信息披露制度也将逐步的健全。

3. 有助于规范上市公司的行为

财务报告制度是公司业绩评价和监督机制的有机组成部分，定期的财务报告制度，使信息的使用者得以评价公司的经营业绩和管理效率，可对公司管理者所从事的生产经营活动是否符合投资者和债权人等相关人的利益实施有效监控。中期财务报告的及时性使这种监控更加及时，有助于及时发现问题，寻求相应措施，规范公司经营者的行为。

（五）我国中期财务报告准则的国际趋同

我国2006年颁布的《企业会计准则第32号——中期财务报告》与《国际会计准则第34号——中期财务报告》（以下简称IAS34）相比，已基本实现了一致，包括中期的定义、报告的内容以及报告的理论基础和报告频率等方面的规定都趋于一致，但也还有一些区别。

首先，在报告格式方面，IAS34将中期财务报告的最基本内容界定为包括简明的财务报表和选择的说明性附注，这主要是考虑了及时性和成本效益原则，也可避免重复以前已报告过的信息。同时该准则也表明，不禁止、不阻拦企业提供完整报表。我国中期财务报告准则则作了最低披露要求的规定。企业的中期财务报告的3张会计报表应是完整的，会计报表的格式与内容应与上年度的会计报表相一致；会计报表附注至少应披露14项与理解企业经营成果和财务状况相关的内容。

其次，在报告内容方面，IAS34第5条规定：中期报告要包括资产负债表、损益表、股东权益变动表、现金流量表与会计政策和说明性附注。我国中期财务报告准则规定，中期财务报告至少应包括资产负债表、利润表、现金流量表和会计报表附注。我国准则并未要求编制中期股东权益变动表。

在附注信息披露方面，IAS34和我国的会计准则都要求企业对中期会计报表附注应当以“年初至本中期末”为基础编制，只是在具体信息披露我国的规定比IAS34多了重大会计差错及其更正、存在控制关系的关联企业发生变化的情况、合并范围发生变化的情况及其他事项等内容。

对于年度编报合并会计报表的企业，IAS34要求中期财务报告按合并基础来编制，但该准则“既不要求，也不禁止”其提供母公司的单独报表。我国的中期财务报告准则规定，对于应当编制合并会计报表的企业而言，如果企业在上年度财务报告中除了提供合并会计报表之外，还提供了母公司会计报表，那么在其中期财务报告中除了应当提供合并报表之外，还应当提供母公司会计报表。

二、中期财务报告涉及的主要问题

中期报告要和年度报告采用同样的会计政策，只是报告的期间较短一些。然而，是将会计中期作为一个独立的会计期间，采用与年度财务报告一致的方法政策，还是将会计中期作为整个年度的一部分，应用与年度财务报告一致的方法、政策？不同的理解对中期财务报告的确认与计量会有很大的影响。这些问题主要体现在以下四个方面。

（一）收入

某些季节性很强的企业（如农业企业、旅游企业等）因其生产与销售的季节性波动而使收入在各中期期间有很大的升降变化，这种收入如果按照收入发生时确认的原则，就可能会对年度内收入或者利润的预测产生误导。因此，季节性、周期性收入在中期的确认与计量是一个值得考虑的问题。

（二）与收入相匹配的成本

与收入的问题一样，季节性的成本费用是直接计入当期，还是按全年业务总量情况平均分摊的各中期？也是编制中期报告必须要明确的问题。

（三）费用

有些费用是在年度中不均匀发生的，如大修理费用、重组费用，在某一期发生的这些费用是直接计入当期还是根据费用收益期间在不同的中期中进行估计和递延？也是必须要加以解决的问题。

（四）中期所得税处理

中期所得税的处理主要涉及到两方面的问题：一是中期财务报告中是否有必要确认所得税？二是如果确认，应如何计量？

当前，会计界对如何处理上述问题，主要有两种理论方法：独立论和整体论。

三、中期财务报告的理论基础

（一）独立论

独立论认为每一中期报告期间是与年度期间相对独立的基本会计期间，因而其编制每一期的中期报告时，将此期间视为一个会计年度期间一样而采用相同的会计政策与会计方法，其会计估计、成本分配、各个应计项目的处理与年终编制报表的政策方法一致。

这种理论的优点在于中期报告所反映的经营业绩和财务状况比较可靠，不容易被操纵；缺点在于可能会导致各中期收入与费用的不合理配比和各中期收益的非正常波动，影响对企业业绩的正常评价与预测。

（二）整体论

整体论认为中期不是独立的，只是整个会计年度的一部分，因此每一中期会计估计、成本分配、各应计项目的处理都必须考虑到全年将要发生的情况，受对年度经营成果判断的影响。中期报告期内某一事项如果影响整个年度，则要根据一定的分配基础估计，并在各中期报告期间分配。这种理论的优点在于可以避免因人为割裂会计期间而导致的各期间收益的非正常波动，从而有利于年度收益的预测，提高中期财务报告信息的有用性；缺点是可能导致年度内各中期收益的平滑，公司管理层容易操控收益，影响收益信息的可靠性。

国际上，美国采用的是“整体论”，英国、加拿大、国际会计准则委员会主要采用的是“独立论”。当前，从各国中期报告会计准则制定实践来看，一般都不是纯粹采用一种观点，往往是两者并用，有所侧重。我国《企业会计准则第 32 号——中期财务报告》侧重于“独立论”。如“企业在确认、计量和报告各中期财务报表项目时，对项目重要性程度的判断，应当以中期财务数据为基础，不应以年度财务数据为基础”，再如“企业在中期财务报表中应采用与年度财务报表相一致的会计政策”都体现了“独立论”的思想，但“财务报告的频率不应当影响年度结果的计量”表明了一个中期是一个会计年度的一部分。

四、中期财务报告的编制原则及要求

（一）中期财务报告的编制原则

1. 重要性原则

企业在确认、计量和披露各中期会计报表项目时，应当遵循重要性原则。企业在判断重要性程度时，应以中期财务数据为基础，而不能以预计的年度财务数据为基础。这里所指的“中期财务数据”既包括本中期的财务数据，也包括年初至本中期末的财务数据。企业不得以预计的年度财务数据为基础对中期会计报表项目进行重要性的判断。因为有些对于预计的年度财务数据显得不重要的信息对于中期财务数据而言可能是重要的。因此需要在中期财务报告中披露这些信息。企业在运用重要性原则时，应当避免在中期财务报告中由于不确认、不披露或者忽略某些信息而对信息使用者的决策产生误导。另外，重要性程度的判断需要根据具体情况作具体分析和职业判断。通常，在判断某一项目的重要性程度时，应当将项目的金额和性质结合在一起予以考虑，而且在判断项目金额的重要性时,应当以资产、负债、净资产、营业收入、净利润等直接相关项目数字作为比较基础,并综合考虑其他相关因素。

中期会计计量在更大程度上依赖于估计,由于中期财务报告的编报时间一般比年度财务报告短,有关编报的要求相对于年度财务报告而言也有所放宽,所以,在编制中期财务报告的过程中,对重要性进行评估时,中期会计计量相对于年度财务数据的计量而言,在更大程度上依赖估计。如果以预计的年度财务数据为基础判断重要性程度,则会漏掉对重要事项的揭示。企业应当保证所提供的中期财务报告包括了与企业中期末财务状况和中期经营成果及其现金流量相关的信息。

2. 一致性原则

中期财务报告与年度财务报告的会计政策应保持一致,不得在中期内随意变更,以保持会计政策的前后各期的一致性,提高会计信息的可比性和有用性。不仅所采用的会计政策应当与年度财务报表所采用的会计政策相一致,包括会计要素确认和计量原则相一致。企业如果在中期进行会计政策和会计估计变更,应当按照《企业会计准则第28号——会计政策、会计估计变更和差错更正》的规定进行处理。如果在上年度资产负债表日之后发生了会计政策变更,且该变更了的会计政策在本年度会计报表中采用,则中期财务报告应当采用该变更了的会计政策。

3. 及时性原则

为了体现企业编制中期财务报告的及时性原则,中期财务报告计量相对于年度财务数据的计量而言,在很大程度上依赖于估计。例如,企业通常在会计年度末对存货进行全面、详细的实地盘点,因此,对年末存货可以达到较为精确的计价。但是在中期末,由于时间上的限制和成本方面的考虑,有时不大可能对存货进行全面、详细的实地盘点,在这种情况下,对于中期末存货的计价就可在更大程度上依赖于会计估计。

(二)中期财务报告的编制要求

1. 中期财务报告中编制财务报表的要求

企业在中期财务报告中所提供的资产负债表、利润表、现金流量表应当是完整的财务报表,其格式和内容应当与上年度财务报表相一致。如果法律、行政法规或者章程对当年度财务报表的格式和内容进行了修改,则中期财务报表应当按照修改后的报表格式和内容编制,同时,在中期财务报告中提供的上年度比较财务报表的格式和内容也应当作相应的调整。

在中期财务报告中,如果企业除了提供资产负债表、利润表和现金流量表外,还愿意提供其他报表,如资产减值准备明细表、股东权益增减变动表、应交增值税明细表等财务报表。此时,企业提供的这些财务报表格式和内容也应当与上年度有关财务报表的格式和内容保持一致。

2. 中期财务报告中编制合并报表和提供母公司财务报表的要求

企业上年度编制合并财务报表，中期期末应当编制合并财务报表。上年度财务报告除了包括合并财务报表，还包括母公司财务报表的，中期财务报告也应当包括母公司财务报表。上年度财务报告包括了合并财务报表，但报告中期内处置了所有应纳入合并范围的子公司的，中期财务报告只需要提供母公司财务报表，但上年度比较财务报表仍应当包括合并财务报表，上年度可比中期没有子公司的除外。具体而言：

(1) 编制上年度中期合并财务报表的企业，其中期财务报告中也应当编制合并财务报表，而且合并财务报表的合并范围、合并原则、编制方法和合并财务报表的格式与内容等也应当与上年度合并财务报表相一致。但当年新企业会计准则有新的规定除外。

(2) 企业中期合并财务报表合并范围发生变化的，则应当区分以下情况进行处理。

第一，如果企业在报告中期内处置了所有子公司，而且在报告中期又没新增子公司，那么企业在其中期财务报告中就不必编制合并财务报表。尽管如此，企业提供的上年度比较财务报表仍然应当同时提供合并财务报表和母公司财务报表。除非在上年度可比中期末，企业没有子公司。

第二，中期内新增符合合并财务报表合并范围要求的子公司。在这种情况下，企业在中期末就需要将该子公司的个别财务报表纳入合并财务报表的合并范围中。

(3) 应当编制合并财务报表的企业，如果在上年度财务报告中除了提供合并财务报表之外，还提供了母公司财务报表，如上市公司，那么在其中期财务报告中除了应当提供合并财务报表之外，还应当提供母公司财务报表。

3. 中期财务报告中编制比较财务报表的要求

为了提高财务报表信息的可比性、相关性和有用性，企业在中期末除了编制中期末资产负债表、中期利润表和现金流量表之外，还应当提供前期比较财务报表。中期财务报告应当按照下列规定提供比较财务报表：

(1) 本中期末的资产负责表和上年度末的资产负责表。

(2) 本中期的利润表、年初至本中期末的利润表以及上年度可比期间的利润表。其中，上年度可比期间的利润表包括：上年度可比中期的利润表和上年度年初至上年可比中期末的利润表。

(3) 年初至本中期末的现金流量表和上年度年初至上年可比本期末的现金流量表。

【例 8-3】 ABC 企业按要求需要提供半年度中期财务报告，则该企业在截至 20×9 年 6 月 30 日的上半年的财务报告中应当提供的财务报表如表 8-10 所示。

表 8-10　半年度中期财务报告比较表时间列表

报表类别	当期报表时间(或者期间)	比较报表时间(或者期间)
资产负债表	20×9 年 6 月 30 日	20×8 年 12 月 31 日
利润表	20×9 年 1 月 1 日-6 月 30 日	20×8 年 1 月 1 日-6 月 30 日
现金流量表	20×9 年 1 月 1 日-6 月 30 日	20×8 年 1 月 1 日-6 月 30 日

【例 8-4】　XYZ 企业按照要求需提供季度财务报告，则该企业在截至 20×9 年 3 月 31 日、6 月 30 日和 9 月 30 日分别提供的各季度财务报告(即第 1、2、3 季度财务报告)中就应当分别提供如表 8-11 所示的财务报表。

表 8-11　季度中期财务报告比较表时间列表

季度	报表类别	当期报表时间(或者期间)	比较报表时间(或者期间)
第一季度	资产负债表	20×9 年 3 月 31 日	20×8 年 12 月 31 日
	利润表	20×9 年 1 月 1 日-3 月 31 日	20×8 年 1 月 1 日-3 月 31 日
	现金流量表	20×9 年 1 月 1 日-3 月 31 日	20×8 年 1 月 1 日-3 月 31 日
第二季度	资产负债表	20×9 年 6 月 30 日	20×8 年 12 月 31 日
	利润表(本中期)	20×9 年 4 月 1 日-6 月 30 日	20×8 年 4 月 1 日-6 月 30 日
	利润表(年初至本中期末)	20×9 年 1 月 1 日-6 月 30 日	20×8 年 1 月 1 日-6 月 30 日
	现金流量表	20×9 年 1 月 1 日-6 月 30 日	20×8 年 1 月 1 日-6 月 30 日
第三季度	资产负债表	20×9 年 9 月 30 日	20×8 年 12 月 31 日
	利润表(本中期)	20×9 年 7 月 1 日-9 月 30 日	20×8 年 7 月 1 日-9 月 30 日
	利润表(年初至本中期末)	20×9 年 1 月 1 日-9 月 30 日	20×8 年 1 月 1 日-9 月 30 日
	现金流量表	20×9 年 1 月 1 日-9 月 30 日	20×8 年 1 月 1 日-9 月 30 日

由于在第一季度中，“本中期”与“年初至本中期末”的期间是相同的，所以在第一季度报告中只需提供一张利润表，因为在第一季度，本中期利润表即为年初至本中期末利润表，相应地，上年度的比较财务报表就只需提供一张利润表。

企业在中期内如果由于新的会计准则或有关法规的要求，对会计报表项目的列报或分类进行了调整或修订，或者企业出于便于报表使用者阅读和理解的需要，对会计报表项目作了调整，从而导致本年度中期会计报表项目及其分类与比较会计报表项目及其分类出现不同，比较会计报表中的有关金额应当按照本年度中期会计报表的要求予以重新分类，同时还应在会计报表附注中说明会计报表项目重新分类的原因及其内容。

如果企业因原始数据收集、整理或者记录等方面的原因，导致无法对比较会计报表中的有关金额进行重新分类。在这种情况下，可以不对比较会计报表重新分类。但是，应当在本年度中期会计报表附注中说明不能进行重新分类的原因。

企业如果在中期内发生了会计政策变更或者重大会计差错更正事项，则应当调整相关比较会计报表期间的净损益和其他相关项目，视同该项会计政策在比较会计报表期间一贯采用或者该重大会计差错在产生的当期已经得到了更正。对于比较会计报表可比期间以前的会计政策变更的累积影响数或者重大会计差错，应当根据规定调整比较会计报表最早期间的其实留存收益，会计报表其他相关项目数字也应当一并调整。

对于在本年度中期内发生的调整以前年度损益事项，企业应当调整本年度会计报表相关项目的年初数，同时，中期财务报告中相应的比较会计报表也应当为已经调整以前年度损益后的报表。

【例 8-5】 ABC 上市公司需要编制季度会计报表，在 20×9 年第 2 季度存货计价方法由先进先出法变更为个别计价法。在提供 20×9 年第 2 季度的比较会计报表时，此项会计政策变更应视为在比较会计期间一直采用。因此，该上市公司提供的需要作调整的比较会计报表有：20×8 年末的资产负债表；20×8 年第 2 季度的利润表；20×8 年度 1 月 1 日至 6 月 30 日的利润表；20×8 年度 1 月 1 日至 6 月 30 日的现金流量表。除此之外，该上市公司还应调整 20×8 年度年初由于该会计政策变更所导致的期初未分配利润的影响额。

（三）中期财务报告附注的编制要求和内容

1. 中期财务报告附注的编制要求

(1) 中期财务报告附注应当以年初至本期末为基础披露

企业编制中期财务报告的目的主要是为了向中期财务报告使用者提供自上年度资产负债表日之后所发生的重要事项或者交易，所以，中期财务报表附注的编制应当以“年初至本中期末”为基础，除此之外，还应当在财务报表附注中披露对于本中期财务状况、经营成果和现金流量来说重要的交易或者事项。

(2) 中期会计报表附注应当遵循重要性原则

由于财务报告提供的频率加大，中期财务报告编报时间较短，其信息面临着马上被下一期中期财务报告更新的挑战，所以，在中期财务报告中，要像年度财务报告要求的那样详尽披露会计报表附注信息，必要性不大，也不现实。因此，本准则要求企业在中期会计报表附注中应当重点披露有助于理解企业中期内财务状况、经营成果和现金流量变化情况的重要事项或者交易。对于那些会影响中期财务报告信息使用者的经济决策并且又未在财务报告的其他部分披露的重要信息企业应当在中期会计报表附注中予以披露。

2. 中期财务报表附注应当披露的内容

企业中期财务报表附注至少应当包括以下内容：

(1) 中期财务报表所采用的会计政策与上年度财务报表相一致的声明。会计政策发生变更的,应当说明会计政策变更的性质、内容、原因及影响数;无法进行追溯高速的,应当说明原因。

(2) 中期财务报表所使用会计折算成本中期发生了会计估计变更的,应当说明变更的内容、原因及影响数;影响数不能确定的,应当说明原因。

(3) 本中期发现的前期差错,说明差错的性质(差错的事项、原因和更正方法)及更正金额,包括前期差错影响项目的名称、对净损益的影响金额以及对其他项目的影响;无法进行追溯重述的,应当说明原因。

(4) 企业经营的季节性或者周期性特征。有些企业的生产经营活动受季节性因素的影响比较大,为了使中期财务报告使用者更准确地了解企业的财务状况、经营成果和现金流量,企业应当在中期财务报表附注中披露其经营的季节性特征。

(5) 存在控制关系的关联方发生变化的情况。关联方之间发生交易的,应当披露关联方关系的性质、交易类型和交易要素。

(6) 合并财务报表的合并范围发生变化的情况。如果企业合并财务报表的合并范围在本中期内发生增减变化,企业应当在其中期财务报表附注中披露合并范围发生变化的原因及其内容。

(7) 对性质特别或者金额异常的财务报表项目说明。某一财务报表项目是否是性质特别或金额异常,需要企业根据具体情况做出分析判断。这些性质比较特殊的项目,对中期财务报告使用者的经济决策有用,因此,企业应当在中期财务报表附注中披露这些性质特别项目的内容、金额及其影响等。

(8) 证券发生、回购和偿还情况。企业在本中期发生、回购或者偿还债务性证券或者发生权益性证券的交易或者事项时,企业应当在中期财务报表附注中披露本中期发行、回购和偿还的证券种类、日期、金额等相关信息。

(9) 向企业所有者分配利润的情况,包括在中期内实话的利润分配和已提出或者已批准但尚未实施的利润分配情况。

(10) 根据《企业会计准则第 35 号——分部报告》规定应当披露分部报告信息的,应当披露主要报告形式的分部收入与分部利润(亏损)。企业在中期财务报表附注中披露上述信息时,应当同时披露本中期和年初至期末的相关财务数据,与此同时,企业还应当提供上年度可比期间(包括可比本中期和年初至本中期末)的相关财务数据。

(11) 中期资产负债表日至中期财务报告批准报出日之间发生的非调整事项。企业在中期财务报表附注中披露这些事项时,应当说明这些事项的内容、估计会对企业财务状况和经营产生的影响等。如果无法估计这些事项对中期财务报表数据的影响数,则应当在中期财务报表附注中说明其原因。

(12) 中期资产负债表日以后所生的或有负债和或有资产的变化情况。

(13) 企业结构变化情况，包括企业合并，对被投资单位具有重大影响、共同控制或者控制关系的长期股权投资的购买或者处置，终止经营等。对于这些事项，企业应当在中期财务报表附注中说明内容和对企业财务状况、经营成果、现金流量的影响等。

(14) 其他重大交易或者事项，包括重大的长期资产转让及其出售情况、重大固定资产和无形资产取得情况、重大的研究和开发支出、重大的资产减值损失情况等。

企业在提供上述第 5 条和第 10 条有关关联方交易、分部收入与分部利润(亏损)信息时，应当同时提供本中期(或者本中期末)和本年度年初至中期末的数据，以及上年度可比本中期(或者可比期末)和可比年初至本中期末的比较数据。

五、中期财务报告的确认和计量

(一) 中期财务报告的确认和计量的基本原则

1. 中期财务报告中各会计要素的确认和计量原则应当与年度财务报表所采用的原则相一致。即企业在中期根据所发生交易或者事项，对资产、负债、所有者权益(股东权益)、收入、费用和利润等各会计要素进行确认和计量时，应当符合相应会计要素定义和确认、计量标准，不能因为财务报告期间的缩短(相对于会计年度而言)而改变。

2. 在编制中期财务报告时，中期会计计量应当以年初至本中期末为基础，财务报告的频率不应当影响年度结果的计量。也就是说，无论企业中期财务报告的频率是月度、季度还是半年度，企业中期会计计量的结果最终应当与年度财务报表中的会计计量结果相一致。为此，企业中期财务报表的计量应当以年初至本中期末为基础，取企业在中期应当以年初至本中期末作为中期会计计量的期间基础，而不应当以本中期作为会计计量的期间基础。

3. 企业在中期不得随意变更会计政策，应当采用与年度财务报表相一致的会计政策。如果上年度资产负债表日之后按规定变更了会计政策，且该变更后的会计政策将在本度财务报表中采用，中期财务报表应当采用该变更后的会计政策。

4. 在中期会计计量过程中，会计估计变更的处理应当符合规定。对于会计估计变更，在同一会计年度内，以前中期财务报表项目在以后中期发生了会计估计变更的，以后中期财务报表应当反映该会计估计变更后的金额，但对以前中期财务报表项目金额不作调整。

(二) 季节性、周期性或者偶然性取得的收入的确认和计量

企业因季节性、周期性或者偶然性取得的收入，如股利收入、特许权使用费收入、补贴收入等，通常集中在会计年度的各个中期内，对于这些收入，企业应当在发生时予以确认

和计量,不应当在中期财务报表中予以预计或者递延,但会计年度末允许预计或者递延的除外。

(三)会计年度中不均匀发生费用的确认和计量

在编制中期财务报告时,企业在会计年度中不均匀发生的费用,应当在发生时予以确认和计量,不应在中期财务报表中预提或者待摊,但会计年度末允许预提或者待摊的除外。通常情况下,与企业生产经营和管理活动有关的费用往往是在一个会计年度的各个中期内均匀发生的,各中期之间发生的费用不会有较大差异。但是对于一些费用,如员工培训费等,往往集中在会计年度的个别中期内。对于这些会计年度中不均匀发生的费用,企业应当在发生时予以确认和计量,不应当在中期财务报表中予以预提或者待摊。如果会计年度内不均匀发生的费用在会计年度末允许预提或者待摊,则在中期末也允许预提或者待摊。

六、中期会计政策变更的处理

企业在中期发生了会计政策变更的,应当按照《企业会计准则第 28 号——会计政策会计估计变更的差错更正》规定处理,并在财务报表附注中作相应披露。会计政策变更的累积影响数能够合理确定,且涉及本会计年度以前中期财务报表相关项目数字的,应当予以追溯调整,视同该会计政策在整个会计年度一贯采用;同时,上年度可比财务报表也应当作相应调整。除非国家规定了相关会计处理方法,一般情况下,企业应当对根据本准则第 7 条要求提供的以前年度比较财务报表最早期间的期初留存收益和这些财务报表其他相关项目的数字进行追溯调整;同时,涉及本会计年度内会计政策变更以前各中期财务报表相关项目数字的,也应当予以追溯调整,视同该会计政策在整个会计年度和可比财和报表期间一贯采用。反之,会计政策变更的影响数不能合理是确定,以及不涉及本会计年度以前中期财务报表相关项目数字的,应当采用未来适用法。同时,在财务报表附注中说明会计政策变更的性质、内容、原因及其影响数,如果累积影响数不能合理确定的,也应当说明理由。

(一)会计政策变更发生在会计年度内第一季度的处理

企业的会计政策变更发生在会计年度的第一季度,则企业除了计算会计政策变更的累积影响数并作相应的账务处理之外,在财务报表的列报方面,只需要根据变更后的会计政策编制第一季度和当年度以后季度财务报表,并对根据本准则要求提供的以前年度比较财务报表最早期间的期安留存收益和这些财务报表的期货相关项目数字作相应调整即可。

在财务报表附注的披露方面,应当披露会计政策变更对以前年度的累积影响数(包括对比较财务报表最早期间期初留存收益的影响数和以前年度可比中期损益的影响数)和对第一季度损益的影响数,在当年度第一季度之后的其他季度财务报表附注中,则应当披露第一季度发生的会计政策变更对当季度损益的影响数的年初至本季度末损益的影响数。

(二)会计政策变更发生在会计年度内第一季度之外的其他季度的处理

企业的会计政策变更发生在会计年度内第一季度之外的其他季度,如第二季度、第三季度等,其会计处理相对于会计政策变更发生在第一季度而言要复杂一些。企业除了应当计算会计政策变更的累积影响数并作响应的账务处理之外,在财务报表的列报方面,还需要调整以前年度比较财务报表最早期间的期初留存收益和比较财务报表其他相关项目的数字,以及时在会计政策变更季度财务报告中或者变更以后季度财务报告中所涉及的本会计年度内发生会计政策变更之前季度财务报表相关项目的数字。

在附注披露方面,企业需要披露会计政策变更对以前年度的累积影响数,主要有:(1)对比较财务报表最早期间期初留存收益的影响数;(2)以前年度可比中期损益的影响数,包括可比季度损益的影响数和可比年初至季度末损益的影响数;(3)对当年变更季度,年初至变更季度末损益的影响数;(4)当年度会计政策变更前各季度损益的影响数。此外,在发生会计政策变更以后季度财务报表附注中需要作相应披露。

七、中期财务报告的基本格式

我国财政部发布的《企业会计准则第 32 号——中期财务报告》和证监会发布的《公开发行股票公司信息披露的内容与格式准则(第 3 号)》都对中期财务报告的内容和格式作了详细规定,综合起来,上市公司的中期财务报告由重要提示,公司基本情况,股本变动和主要股东持股情况,董事、监事、高级管理人员情况,管理层讨论与分析,重要事项,财务会计报告(未经审计)和备查文件目录构成。

(一)重要提示

公司要在本重要提示中说明公司董事会、监事会及董事、监事、高级管理人员保证本报告所载资料不存在虚假记载、误导性陈述或者重大遗漏,并对其内容的真实性、准确性和完事性承担个别及连带责任;说明公司中期财务报告未经审计。除此之外,还要说明董事会的出席情况。

（二）公司基本情况

公司基本情况主要披露公司中英文名称、股票上市交易年、股票简称及代码、公司注册地址、公司网址、电子信箱、法定代表人、董事会秘书、信息披露报纸、信息披露网址、半年度报告备置地点、公司聘请的会计师事务所名称等其他相关资料。

（三）股本变动和主要股东持股情况

该部分主要披露以下四个方面内容：

(1) 在报告期内公司的股份总额及股本结构变动的情况；

(2) 截至本报告期末，公司股东的总数及其分布；

(3) 截至本报告末，公司前十名股东、前十名流通股股东持股情况的说明；

(4) 报告期内公司控股股东的变更。

（四）董事、监事、高级管理人员情况

该部分主要披露董事、监事、高级管理人员的持股变动情况，以及董事、监事、高级管理人员新聘或解聘情况。

（五）管理层讨论与分析

该部分主要包括报告期经营成果与财务状况简要分析、报告期投资情况、公司主营业务和净利润警示。

（六）重要事项

在这个部分公司披露的内容主要包括诸如董事会及监事会的成员结构变动情况，利润分配方案，报告期内公司重大诉讼、仲裁事项，重大关联交易事项，报告期内公司发生重大托管、承包、租赁其他公司资产，重大担保合同，报告期公司或持有公司股份5%以上的股东是否发生或以前期间发生任何延续到报告期对公司经营成果、财务状况可能产生重要影响的承诺事项，独立董事就资金占用及对外担保的专项说明等各类重大事项。

（七）财务会计报告（未经审计）

该部分主要披露以下内容；

(1) 本公司中期报告未经审计；

(2) 资产负责表、利润表、现金流量表及会计报表附注。

（八）备查文件目录

（1）载有董事长亲笔签名的报告文本；
（2）载有单位负责人、财务总监以及计划财务部部长签名并盖章的财务报告文本；
（3）报告期内在中国证监会指定报刊上公开揭露的所有文件文本；
（4）公司章程；
（5）其他有关资料。
具体报告样例可登录上海证券交易所、深圳证券交易所等网站查阅上市公司公告。

练　　习

一、思考题

1. 企业为什么要在财务报表附注中反映企业分部信息？
2. 如何界定经营分部？
3. 如何确定报告分部？
4. 什么是中期财务报告？中期财务报告应该披露哪些信息？
5. 试述中期财务报告的理论基础，分析不同理论基础对中期财务报告的信息披露的影响。
6. 中期财务报编制的原则是什么？其在编制方法上与年度财务报告有何联系与区别？
7. 简述会计政策、会计估计在中期财务报告中的运用
8. 编制中期财务报告时，对于会计年度中不均匀发生的费用如何确认？

二、练习题

1. 单项选择题

（1）对于报告经营分部来说，（　　）不需要披露，并同时调整为相应的合并数目。

A. 分部资产　　B. 分部负债　　C. 分部盈亏　　D. 分部收入

（2）如果集团某分部的收入、资产和营业利润均占整个集团的（　　）以上，就没有必要提供分部报告。

A. 10%　　B. 75%　　C. 90%　　D. 20%

（3）下列选项中，不属于中期财务报表的是（　　）。

A. 月度报表　　B. 季度报表　　C. 半年度报表　　D. 年度报表

(4) 已经纳入分部报表范围的各个分部对外营业收入总额应达到企业营业收入总额的75%,否则需要(　　)。

A. 不再对外提供分部报告

B. 将更多分部纳入分部报告编制范围

C. 按已经纳入并低于营业收入总额75%提供分部报告

D. 无规定

(5) 中期财务会计报告中,(　　)可以适当简化,但应当遵循重要性原则。

A. 利润表　　B. 资产负债表

C. 现金流量表　　D. 会计报表附注

(6) 对于应当编制合并会计报表的上市公司,其中期财务报告应当(　　)

A. 提供合并会计报表

B. 母公司会计报表

C. 同时提供合并会计报表和母公司会计报表

D. 母公司股东权益变动表

(7) 在(　　)下,将中期阶段视为一个财务年度的一部分。

A. 整体法　　B. 独立法　　C. 购买法　　D. 权益法

(8) 中期财务报告编报的独立观最显著的特点是(　　)。

A. 会计资料具有可靠性

B. 不对有关费用进行均衡化

C. 收入与费用得到合理配比

D. 将每一个中期视为一个独立的会计期间

(9) 以下选项中,不属于中期财务报告的质量特征的是(　　)。

A. 相关性　　B. 及时性　　C. 稳健性　　D. 重要性

(10) 以下不属于中期财务报告应当提供比较财务报表的是(　　)。

A. 本中期末的资产负债表和上年度末的资产负债表

B. 年初至本中期末的现金流量表和上年度年初至可比本中期末的现金流量表

C. 年初至本中期末的股东权益变动表和上年度年初至可比本中期末的股东权益变动表

D. 本期的利润表、年初至本中期末的利润表以及上年度可比期间的利润表

三、案例

(1) 华兴保险公司是一家提供涵盖生存、养老、医疗、死亡、残疾等多种保障范围的保险公司,该公司有4个行业分部,2008年12月31日的资产与2008年度的收入,损益等

相关资料如表 1 所示。

表 1　华兴公司分部资料摘录　　万元

项　　目	个人长期险	团体长期险	短期险	其他	合计
营业收入	150	370	40	110	670
其中：对外交易收入	150	170	40	60	420
分部间营业收入	0	200	0	50	250
营业费用	125	315	50	60	550
其中：对外交易费用	125	140	50	35	350
分部间交易费用	0	175	0	25	200
营业利润	25	55	(10)	50	120
资产	200	250	60	500	1 010

要求：

① 根据 10%重要性标准确认报告分部；

② 根据 75%判定标准确认报告分部。

(2) 兴发公司为一家水果生产和销售企业，需要对外提供季度财务报告。公司水果的收获和销售主要集中在每年的第三季度。该公司在 20×8 年 1 月 1 日至 9 月 30 日间累计实现净利润 400 万元，其中第一季度发生亏损 1 400 万元，第二季度发生亏损 1 200 万元，第三季度实现净利润 3 000 万元。第三季度末的存货(库存水果)为 150 万元，公司考虑到该批存货已经过了销售旺季，可变现净值已经远低于账面价值，故确认了存货跌价损失 120 万元。

要求：根据重要性原则，兴发公司是否应当在第三季度的中期财务报告中披露该事项？

(3) 请读者参考我国上市公司公开披露的年度报表(可在证券交易所网站查阅)的报表附注中分部信息披露的内容以及上市公司公开披露的中期财务报告的内容，结合我国财政部颁布的分部报告及中期报告准则，从上市公司自愿信息披露及资本市场强制披露方面，探讨我国现行的上市公司信息披露体系的特点及不足。

B&E

第九章
金融工具会计

本章范围

本章以我国财政部发布的四项与金融工具有关的会计准则，即《金融工具的确认和计量》、《金融资产转移》、《套期保值》和《金融工具列报》为依据，在介绍金融工具的定义和分类等基本概念的基础上，详细地阐述了金融工具的确认和计量、金融资产转移的确认和计量、套期保值的基本概念以及三种套期活动的原理及其会计处理，并对金融工具的列报和披露进行了介绍。本章的重点和难点是金融工具的分类和计量、金融资产转移的确认和计量以及套期保值会计问题。

学习目标

1. 了解金融工具的定义和分类；
2. 掌握金融工具的确认和计量的基本原理；
3. 掌握几种主要的衍生金融工具的会计处理；
4. 掌握金融资产转移确认和计量的基本原理；
5. 掌握套期保值会计的原理和会计处理；
6. 了解金融工具的列报和披露。

第一节　金融工具概述

一、金融工具的定义

金融工具(financial instrument)　是指形成一个企业的金融资产，并形成其他单位的金融负债或权益性工具的合同。例如，赊销商品对于销售方来说将形成一项金融资产(应收账款)，而对于购买方来说，则形成了一项金融负债(应付账款)；公司普通股的发行对于发行方来说形成一项权益工具(股本),而对于购买方来说则形成一项金融资产(股权投资)。金融工具的定义中又涉及三个概念,即金融资产、金融负债和权益性工具。金融资产是从金融工具持有者的角度来定义的,而金融负债和权益性工具则是从金融工具发行者的角度来定义的。

金融资产(financial asset) 金融资产是指企业的下列资产。

(1) 现金。

(2) 持有的其他单位的权益工具,如股权投资。

(3) 从其他单位收取现金或其他金融资产的合同权利。如应收账款、应收票据等属于金融资产。但企业的存货、固定资产和无形资产等不是金融资产。控制这些有形和无形资产能够产生现金或另一金融资产流入的机会,但并不会引起收取现金或其他金融资产的现时权利。类似的,预付账款产生的未来经济利益是收取商品或劳务,而不是收取现金或另一金融资产,因此也不属于金融资产。

(4) 在潜在有利条件下,与其他单位交换金融资产或金融负债的合同权利。如期权的持有者以低于市场价格购入另一家公司的股票的权利。

(5) 将来须用或可用企业自身权益工具进行结算的非衍生工具的合同权利,企业根据该合同将收到非固定数量的自身权益工具。

(6) 将来须用或可用企业自身权益工具进行结算的衍生工具的合同权利,但企业以固定金额的现金或其他金融资产换取固定数量的自身权益工具的衍生工具合同权利除外。其中,企业自身权益工具不包括本身就是在将来收取或支付企业自身权益工具的合同。

金融负债(financial liability) 金融负债是指企业的下列负债。

(1) 向其他单位交付现金或其他金融资产的合同义务。如应付账款、应付票据等是金融负债。而递延收益、因或有事项确认的预计负债等不是金融负债,因为与之相联系的经济利益的流出是货物或劳务的交付,而不是支付现金或其他金融资产。

(2) 在潜在不利条件下,与其他单位交换金融资产或金融负债的合同义务。如期权的发行者按照低于市场价格出售股票的义务。

(3) 将来须用或可用企业自身权益工具进行结算的非衍生工具的合同义务,企业根据该合同将交付非固定数量的自身权益工具。

(4) 将来须用或可用企业自身权益工具进行结算的衍生工具的合同义务,但企业以固定金额的现金或其他金融资产换取固定数量的自身权益工具的衍生工具合同义务除外。其中,企业自身权益工具不包括本身就是在将来收取或支付企业自身权益工具的合同。

权益工具(equity instrument)　权益工具是指能证明拥有某个企业在扣除所有负债后的资产中的剩余权益的合同。比如,企业发行的普通股,以及企业发行的、使持有者有权以固定价格购入固定数量本企业普通股的认股权证等。

金融工具包括基本金融工具和衍生金融工具。

基本金融工具的基本特征如下。

(1) 取得或发生通常伴随着资产的流入或流出。基本金融工具在取得或发生时,通常要伴随资产的流入或流出。如企业赊销商品,获得应收账款;存入款项,获得银行存款;支付现金,获得长期债券;付出现金,购入股票;从银行贷得款项,发生银行借款,等等。取得或发生通常伴随着资产的流入或流出,是基本金融工具区别于衍生金融工具的基本特征。

(2) 价值由基础变量本身的价值决定。基本金融工具合约价值由基础变量本身的价值决定。比如,公司债券作为债券发行公司与债券持有人之间的合约,其价值由债券本身的价值决定。价值由基础变量本身的价值决定,是基本金融工具区别于衍生金融工具的另一项重要特征。

基本金融工具的内容包括:现金、银行存款、大额可转让存单和信用证;普通股和优先股;应收账款、应收票据、应付账款、应付票据、投资、应付债券、银行借款、可转换债券等。

二、衍生工具的定义及分类

(一) 衍生工具的定义

衍生工具(derivatives instrument)　是指具有下列特征的金融工具或其他合同:(1)其价值随特定利率、金融工具价格、商品价格、汇率、价格指数、费率指数、信用等级、信用指数或其他类似变量的变动而变动,变量为非金融变量的,该变量与合同的任一方不存在特定关系;(2)不要求初始净投资,或与对市场情况变化有类似反应的其他类型合同相比,要求很少的初始净投资;(3)在未来某一日期结算。

在理解衍生工具的定义时,应注意以下几点。

(1) 通常情况下,衍生工具的价值变动取决于基础变量(underlying)的变动

例如人民币债券远期合同的价值变动取决于人民币基准利率的变化、股票期权的价值取决于股票价格的变化。衍生工具的结算金额,也往往通过基础变量作用于衍生工具的名义金额来确定,其中,“名义金额”既指一定数量的货币金额,也可能指一定数量的股份,还可能指衍生工具合同所特定的一定数量的其他内容。在有的情况下,衍生工具的结算金额也可能不需要通过名义金额确定,而是通过合同中明确的结算条款加以确定。例

如，某项衍生金融工具合同规定的“当参考利率上升 0.2%时，合同甲方应支付固定金额给合同的乙方”，就是一项结算条款。

(2) 不要求初始净投资或相对于对市场条件具有类似反应的其他类型的合同所要求的初始净投资要少

衍生工具的初始净投资，是指签订某项金融工具合同时所要求的净现金流出。企业成为某项衍生工具的一方，一般不要求初始净投资。例如，企业与其他企业签订一项将来买入股票的远期合同，就不需要在签订合同时支付将来购买股票所需要的等值现金。在其他情况下，企业从事衍生工具交易可能需要进行现金支付，即需要相对较少的初始净投资。例如，企业从市场上购入认股权证，就需要先支付一笔款项。企业支付的这笔款项，相对于企业在行权时购入相应股份所需要支付的款项，其金额是很小的。

许多衍生工具，例如期货合同和在交易所交易的期权，要求按照交易规则设立保证金账户。应注意的是，这种保证金账户不是衍生工具初始净投资的一部分。保证金账户是为对方或清算方所提供抵押品的一种形式，其所有权仍归属于企业。

(3) 在未来某一日期结算

这表明衍生工具的结算需要经历一段特定期间，但是，这并不是说衍生工具只能在未来某一个时点进行一次结算。事实上，衍生工具往往可在未来多个日期进行结算。例如，利率互换可能涉及合同到期前多个结算日期。此外，部分期权可能由于是价外期权到期不行权，这也是一种在未来日期进行结算的方式。

(二) 衍生金融工具的分类

目前，国际金融市场上的衍生金融工具已有 1 200 多种。按基础工具的种类不同、交易方式不同、交易方法不同，可以有以下几种分类。

1. 按照基础工具的种类分类

按照基础工具的种类不同，衍生金融工具可以分为：①股权衍生工具。它们以股票或股票指数为基础工具，主要包括股票期货、股票期权、股票指数期货和股票指数期权以及上述的混合。②货币衍生工具。它们以各种货币为基础工具，主要包括远期外汇合同、货币期货、货币期权、货币互换以及上述的混合。③利率衍生工具。它们以利率或利率的载体为基础工具，主要包括远期利率协议、利率期货、利率期权、利率互换以及以上的混合。

2. 按照基础工具的交易形式分类

按照基础工具的交易形式不同，衍生金融工具可以分为：①交易双方风险收益对称的衍生金融工具。这些衍生金融工具交易双方的风险收益对称，都负有在将来某一日期按一定条件进行交易的义务，如远期合同(包括远期外汇合同、远期利率协议等)、期货合同(包括货币期货、利率期货、股票指数期货等)、互换合同(包括货币互换、利率互换等)。

②交易双方风险收益不对称的衍生金融工具。这些衍生金融工具交易双方的风险收益不对称,合约购买方有权选择履行合同与否。例如,货币期权、利率期权、股票期权、股票指数期权等即属于此类。

3. 按照衍生金融工具本身交易的方法及特点分类

按照衍生金融工具本身交易的方法及特点分类,衍生金融工具可以分为:①金融远期,如远期外汇合同、远期利率协议等。②金融期货,如外汇期货、利率期货和股票指数期货等。③金融期权,如现货期权、期货期权等。④金融互换,如货币互换、利率互换等。这种分类是衍生金融工具最基本、最常见的分类。本书后面的介绍就采用此种分类法。

应注意的是:上述分类并不是一成不变的,随着衍生金融工具的发展,上述分类的界限可能日益模糊。

(三) 几种典型的衍生金融工具

1. 金融远期

金融远期(financial forward) 是指交易双方在未来某一时日按照事先约定的条件进行交割的合同。远期合同规定了标的物的种类、交易的日期、交易的价格和数量,但其具体条款可因交易双方的不同需要而不同。

由于远期合同不具备其他衍生工具虚拟交易、风险巨大等特点,很多人在探讨衍生工具时常不把它列入讨论之列。但金融远期不仅具备衍生工具由基础工具衍生、价格根据基础工具价格决定等特点,金融远期还是其他衍生工具的基础。期货合同就是在远期合同的基础上产生的,只不过它将远期合同标准化后集中交易,从而具有了不同的功能和作用。期权交易买卖的也是标准的远期合同,也同样事先固定交易价格。互换交易双方互换的也是将来进行清算的远期合同。由此可知,上述三种衍生工具均可认为是远期合同的延伸或变形,金融远期在衍生工具中占有十分重要的地位。

2. 金融期货

金融期货(financial future) 是指买卖双方在有组织的交易所内以公开竞价方式达成的,在未来某一时间交收标准数量特定金融工具的合同。金融期货和商品期货在很多方面都是类似的,它们的不同之处在于投资载体不同,一个为金融资产,另一个为特定标准的商品。

期货合同虽然与远期合同颇为相似,但两者间却存在着许多方面的差异。可以简单地把期货合同说成是标准化了的远期合同,两者主要有以下差别:

(1) 远期交易合同中的商品数量、规格、价格、交割日期等都是由交易双方协商确定,没有统一的交割日期。期货交易合同除了价格这一唯一的变量以外,商品数量、规格等级、交割日期等都是严格标准化了的，交易双方都不得随意变更期货合约的这些规定。

(2) 远期交易的对象是实际的商品或金融资产，期货交易的对象是期货合约。

(3) 远期交易没有固定的交易地点，而期货交易必须在指定的期货交易所内进行。

(4) 远期交易在未到期前不能随意转手，必须按远期合同规定在到期时进行实际交割。期货交易在到期前可多次转手，允许交易双方通过相反方向的买卖方式解除原合同中承担的责任和义务，使得双方均能通过期货市场来避免和转移价格风险。

(5) 期货交易者需支付给结算机构一定数量的保证金，作为履约的保证。交易开始时，买卖双方交纳初始保证金，在期货合同的有效期内采用逐日计算盈亏，如果交易者账户余额低于维持保证金数额，交易所或经纪人则要求交易者存入一笔资金，从而使账户余额达到初始保证金水平。远期交易一般不需交纳保证金，但可能由某一方按合约金额的一定比例支付给对方一笔定金。

3. 金融期权

金融期权(financial option)　是一种法律合同，赋予购买者在行使选择权时，依据某一事先约定的价格向出售者购买或出售一定数量指定标的物的(期货或现货)权利，这种权利可以不行使，但一旦行使，则出售者必须履行合同。期权合同与期货合同的差别体现在以下几个方面。

(1) 从履约方来看，期权合同的购买者仅被赋予行使买入权或卖出权的权利，不负有履约的义务，履约的义务由出售者单方面承担。因此，期权购买者需支付期权费给出售者，作为他承受履约义务的代价。而期货合同不论买方或卖方，两者都负有履约的义务，买方不需要支付任何报酬给卖方。

(2) 从风险与收益的对称性来看，在期货市场，合同买、卖双方的风险与收益是对称的。在期权市场则是不对称的，期权购买者可能遭受的损失最多只是期权费，而他却保有一切的获利机会；期权出售者所能获得的最大利润只是期权费，但却承担着一定的亏损风险。

(3) 从是否需要支付保证金来看，期货合同的买卖双方均需支付保证金；而购买期权时，不需支付任何保证金。

如果金融期权是约定方有权购买金融资产，则该金融期权称为看涨期权(Call Option)或购买选择权；反之，金融期权如果是约定销售金融资产，则为看跌期权(Put Option)或出售选择权。无论是看涨期权不是跌期权，又可以分为欧式期权和美式期权，欧式期权的买方只能在到期日行使权力，而美式期权的买方可以在到期日前的任何一天随时履约。

4. 金融互换

金融互换(financial swap)　是指两个或两个以上的当事人按共同约定的条件，在特

定时间内交换一定支付款项的金融合同。金融互换的形式很多,其中两种最基本的互换类型是货币互换和利率互换。

(1) 货币互换

货币互换(currency swap) 指交易双方交换不同币种,但期限相同的固定利率贷款。在货币互换中,贷款的本金和利率是一起交换的。例如,甲公司为美国母公司,在日本有一子公司,需要使用日元,但该公司因新成立没有资信记录,贷款利率较高,另有乙公司为日本母公司,在美国有一子公司,需要使用美元,但取得美元贷款的利率也较高。因此,甲乙双方协议,由甲公司先借入美元,再贷给乙的美国子公司;同时,由乙公司先借入日元,再贷给甲的日本子公司;合同结束时,再互相归还本金。

(2) 利率互换

利率互换(interest rate swap) 指交易双方在债务币种相同的情况下互相交换不同形式的利率。例如,甲公司和乙公司都希望取得一笔美元的贷款,它们在固定利率和浮动利率资金市场上借款所负担的利率参见表 9-1。

表 9-1 甲公司和乙公司借款利率表

公 司	固定利率	浮动利率
甲	8.00%	6 个月 LIBOR* +0.30%
乙	9.50%	6 个月 LIBOR+1.00%

* LIBOR 为伦敦银行同业拆借利率(London interbank offered rate)的缩写。

由表 9-1 可知,甲公司在固定利率市场中可以得到比乙公司低 1.5%的贷款,但在浮动利率市场中其相对于乙公司的优势只有 0.7%。可以说,甲公司在固定利率市场中有比较优势,乙公司在浮动利率市场有比较优势。假设甲公司需要浮动利率借款,乙公司需要固定利率借款,如果甲公司和乙公司分别以固定利率和浮动利率借款,然后交换各自的利息负担,甲公司承诺定期支付乙公司以浮动利率 LIBOR 计算的利息,而乙公司承诺支付甲公司 8%的固定利率,则双方都能达到节约利息开支的目的。这一利率互换过程参见图 9-1。

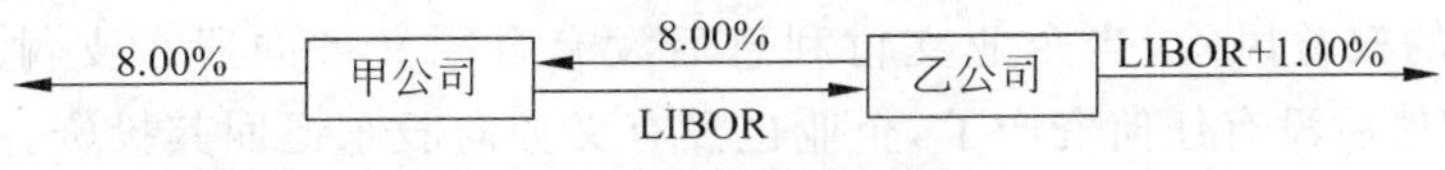

图 9-1 公司间利率互换

利率互换后,甲公司实际利息负担为 LIBOR,比直接以浮动利率从资金市场上借款节约利息开支 0.3%,乙公司实际利息负担为 9%,比直接以固定利率从资金市场上借款节约利息开支 0.5%。

互换交易产生的原因是互换双方在国际金融市场上具有各自的比较优势，通过互换交易可使双方发挥各自的优势，从而起到降低利率风险或降低融资成本的目的。需注意的是，互换合同作为非标准化的合同，可以直接在客户之间签订。但是，实际上大部分互换是通过银行或其他金融中介机构进行的。

三、金融负债和权益性工具之间的区分

在编制财务报表时，一个重要的问题是确保金融负债没有划分为权益性工具，权益性工具没有划分为金融负债。一些报告企业在筹集资金时，总是倾向于将金融工具作为权益进行核算，即使该金融工具从实质上看应该属于负债。这是因为，把金融工具作为金融负债而不是权益性工具将会影响到：①企业的杠杆比率；②企业是否违反债务契约；③对金融工具的定期支付是作为利息还是作为股利；④对资本充足率的要求。我国在《企业会计准则 37 号——金融工具列报》中要求企业正确区分金融负债和权益性工具。

企业发行金融工具，应当按照该金融工具的实质，以及金融资产、金融负债和权益工具的定义，在初始确认时将该金融工具或其组成部分确认为金融资产、金融负债或权益工具。在具体区分金融负债和权益工具时，应根据以下几种情况确定。

（一）企业发行的、将来不以自身权益性工具进行结算的金融工具满足下列条件之一的，应当在初始确认时确认为权益工具

1. 该金融工具没有包括交付现金或其他金融资产给其他单位的合同义务。

2. 该金融工具没有包括在潜在不利条件下与其他单位交换金融资产或金融负债的合同义务。

从以上确认标准可以看出，区分金融负债与权益工具的关键特征是合同义务的存在。如果有以上合同义务的存在，就应作为金融负债进行处理，如果没有以上合同义务的存在，则作为权益工具。

【例 9-1】 发行普通股

公司 A 准备筹集 1 000 万元资金，它通过向社会公众发行普通股来筹集这笔资金。股东承担有关的权益风险，当企业支付利息后没有合同义务向股东支付股利，企业清算时，如果负债清偿后没有任何资产了，企业也没有义务向股东退回其投资。在这种情况下，公司 A 所发行的普通股为公司 A 的权益工具，因为公司 A 对其普通股股东没有合同义务。

【例 9-2】 发行非赎回、非累积优先股

公司 A 决定发行优先股而不是普通股来筹集资金。它发行了每股 1 元的不可赎回优先股 1 000 万元，优先股的股利率为每年 5%（非累积）。当企业清算时，优先股先于普

通股得到清偿。在这种情况下，公司 A 没有合同义务向优先股股东支付股利或返回现金。所以该优先股属于公司 A 的权益工具。

【例 9-3】 发行累积、可赎回优先股

公司 A 发行了每股发行价格为 1 元的优先股 1 000 万元。优先股的股利率为每年 5%(累积)。当企业清算时，优先股先于普通股得到清偿。优先股的股东有权要求公司 A 用现金赎回该股份。在这种情况下，公司 A 有合同义务向优先股股东支付股利或返回现金，即公司 A 必须支付股利，即使今年的利润不足以支付，以后年度仍然有支付股利的义务，当股东要求赎回时，公司必须支付现金赎回股票。因此，该优先股属于公司 A 的金融负债。

【例 9-4】 发行累积、非可赎回优先股

公司 A 发行了 1 000 万元每股发行价格为 1 元的优先股。优先股的股利率为每年 5%(累积)。当企业清算时，优先股先于普通股得到清偿。公司 A 可以选择用现金赎回该股份。在这种情况下，公司 A 只有向优先股股东支付股利的合同义务，而是否用现金赎回股份的选择权掌握在公司 A 手里。因此，该优先股不属于公司 A 的金融负债，而应作为权益工具进行处理。

从以上的例子可以看出，判断金融工具是金融负债还是权益工具的关键在于发行方合同义务的存在。另外还有一点应注意的就是实质重于形式原则的运用。如例 3 中的优先股，虽然其法定形式表现为权益，但实质上是负债。如果一项金融工具赋予其持有人将其回售给发行人以获取现金或其他金融资产的权利(可回售工具，puttable instrument)，则该金融工具是一项金融负债，即使这一可回售工具在法律形式上赋予持有人拥有发行人资产中剩余利益的权利，但是持有人将金融工具回售给发行人以获得现金或其他金融工具的选择权的存在，意味着这一可回售工具符合金融负债的定义。例如，开放式共同基金、单位信托、合伙以及某些合作企业可能赋予其单位证券持有人或成员在任何时候赎回他们在发行人中的权益的权利，以获得与他们在发行人资产价值中所拥有的份额相等的现金或其他金融资产。

(二) 企业发行的、将来须用或可用自身权益工具进行结算的金融工具满足下列条件之一的，应当在初始确认时确认为权益工具

1. 该金融工具是非衍生工具，且企业没有义务交付非固定数量的自身权益工具进行结算。

【例 9-5】 假设上市公司 A 有义务向 B 交付价值为 100 000 元的自身普通股，公司 A 将要发行的股票数量取决于其股票的价格。当合同结算日的股票价格为每股 1 元时，公司将交付 100 000 股普通股；当合同结算日的股票价格为每股 0.5 元时，公司将交付 200 000股普通股。

在本例中，自始至终，公司A有义务交付价值100 000元的股份给B。因此，金融工具的持有者B没有暴露在权益风险下，因为不管股票价格怎么变动，它都可以收到价值为100 000元的股票。所以对公司A而言应确认一项金融负债。

2. 该金融工具是衍生工具，且企业只有通过交付固定数量的自身权益工具换取固定数额的现金或其他金融资产进行结算。其中，所指权益工具不包括需要通过收取或交付企业自身权益工具进行结算的合同。

【例9-6】 假设上市公司A发行了股票期权给B，赋予B在3个月时间内按每股1元的价格购买100 000股A公司股票的权利。

本例中，该衍生金融工具满足上述定义，它是一种需要通过固定数量的自身权益工具换取固定数额现金的衍生金融工具，因此，对公司A而言，应将其确认为权益工具。假设在期权的授予日，股票的市场价格为1元。如果在3个月的时间内，A公司的股票价格超过1元，B将行权，公司A将发行股票给B并收到100 000元。然而，如果3个月内公司的股票价格跌至1元以下，B不会行权，A也没必要发行股份。在这里，金融工具的持有者B需承担权益风险，因为该衍生工具暴露在股票价格的波动之下。B需要支付期权费给公司A，公司A则应将期权费计入权益。

（三）对于是否通过交付现金、其他金融资产进行结算，需要由发行方和持有方均不能控制的未来不确定事项（如股价指数、消费价格指数变动等）的发生或不发生来确定的金融工具（即附或有结算条款的金融工具），发行方应当将其确认为金融负债。但是，满足下列条件之一的，发行方应当确认为权益工具

1. 可认定要求以现金、其他金融资产结算的或有结算条款相关的事项不会发生。

2. 只有在发行方发生企业清算的情况下才需以现金、其他金融资产进行结算。

（四）对于发行方或持有方能选择以现金净额或以发行股份交换现金等方式进行结算的衍生金融工具，发行方应当将其确认为金融资产或金融负债，但所有可供选择的结算方式表明该衍生金融工具应当确认为权益工具的除外

（五）复合金融工具

企业非衍生金融工具包含负债和权益成分的，应当在初始确认时将负债和权益成分进行分拆，分别进行处理。在进行分拆时，应当先确定负债成分的公允价值并以此作为其初始确认金额，再按照权益工具整体的发行价格扣除负债成分初始确认金额后的金额确定权益成分的初始确认金额。发行该非衍生金融工具发生的交易费用，应当在负债成分和权益成分之间按照各自的相对公允价值进行分摊。

例如,可转换成固定数量企业普通股的可转换债券或类似工具就是一项复合金融工具。从发行人的角度看,这种金融工具由两部分组成:一项金融负债(交付现金或其他金融资产的合同安排)和一项权益工具(一项买入期权,赋予持有人在特定时期内将负债转换成固定数量主体普通股的权力)。发行这种金融工具的经济效果实质上与以下做法一样:同时发行一项可提前偿付的债务性工具和一项购买普通股的认股权证;或者发行一项附可单独出售的认股权证的债务性工具。因此,在所有情况下,企业均应在其资产负债表内分别列报负债和权益部分。

【例 9-7】 某公司 20×9 年 1 月 1 日按每份面值 1 000 元发行了 2 000 份可转换债券,取得总收入 2 000 000 元。该债券期限为 3 年,票面年利率为 6%,利息按年支付;每份债券均可在债券发行 1 年后转换为 250 股该公司普通股。该公司发行该债券时,二级市场上与之类似但没有转股权的债券的市场利率为 9%。假定不考虑其他相关因素。

该公司应先对负债部分的未来现金流量进行折现,以确定初始入账金额(折现率应为 9%),再将债券发行收入与负债部分的公允价值之间的差额分配到权益部分。据此,负债部分的初始入账金额 $=2\,120\,000\times(1+9\%)^{-3}+120\,000\times(1+9\%)^{-1}+120\,000\times(1+9\%)^{-2}=1\,848\,122$(元);权益部分的初始入账金额 $=2\,000\,000-1\,848\,122=151\,878$(元)。

四、金融资产和金融负债的分类

金融资产和金融负债分类,与其计量密切相关。企业应当按照准则的规定,结合自身业务和风险管理特点,将取得的金融资产或承担的金融负债在初始确认时分类为:①以公允价值计量且其变动计入当期损益的金融资产或金融负债;②持有至到期投资;③贷款和应收款项;④可供出售金融资产;⑤其他金融负债。上述分类一经确定,不应随意变更。

(一) 以公允价值计量且其变动计入当期损益的金融资产或金融负债

以公允价值计量且其变动计入当期损益的金融资产或金融负债(a financial asset or financial liability at fair value through profit or loss)可进一步分为交易性金融资产或金融负债和直接指定为以公允价值计量且其变动计入当期损益的金融资产或金融负债。

1. 金融资产或金融负债满足下列条件之一的,应当划分为交易性金融资产或金融负债。

(1) 取得该金融资产或承担该金融负债的目的,主要是为了近期内出售或回购。例如,企业为充分利用闲置资金、以赚取差价为目的从二级市场购入的股票、债券、基金等,就属于交易性金融资产。

(2) 属于进行集中管理的可辨认金融工具组合的一部分,且有客观证据表明企业近期采用短期获利方式对该组合进行管理。

(3) 衍生工具,包括远期合同、期货合同、互换和期权,以及具有远期合同、期货合同、互换和期权中一种或一种以上特征的工具,不作为有效套期工具的,也应划分为交易性金融资产或金融负债。但是,被指定且为有效套期工具的衍生工具、属于财务担保合同的衍生工具、与在活跃市场中没有报价且其公允价值不能可靠计量的权益性工具投资挂钩并须通过交付该权益工具结算的衍生工具除外。

2. 直接指定为以公允价值计量且其变动计入当期损益的金融资产或金融负债。只有符合下列条件之一的金融资产或金融负债,才可以在初始确认时指定为以公允价值计量且其变动计入当期损益的金融资产或金融负债。

(1) 该指定可以消除或明显减少金融资产或金融负债的计量基础不同所导致的相关利得或损失在确认和计量方面不一致的情况。例如,企业准备运用某项衍生工具对采用摊余成本计量的金融资产进行套期保值,但由于套期有效性未能达到《企业会计准则第24号——套期保值》规定的条件而无法运用套期会计方法。在这种情况下,将该金融资产直接指定为以公允价值计量且其变动计入当期损益类,可以更好地反映企业风险管理的实际,提供更相关的会计信息。

(2) 企业风险管理或投资策略的正式书面文件已载明,该金融资产组合、该金融负债组合或该金融资产和金融负债组合,以公允价值为基础进行管理、评价并向关键管理人员报告。在活跃市场中没有报价、公允价值不能可靠计量的权益性工具投资,不得指定为以公允价值计量且其变动计入当期损益的金融资产。活跃市场,是指同时具有下列特征的市场:①市场内交易的对象具有同质性;②可随时找到自愿交易的买方和卖方;③市场价格信息是公开的。

(二) 持有至到期投资

1. 持有至到期投资的分类标准

持有至到期投资(held-to-maturity investments) 是指到期日固定、回收金额固定或可确定,且企业有明确意图和能力持有至到期的非衍生金融资产。例如,企业从二级市场上购入的固定利率三年期国债、浮动利率两年期债券等,如符合持有至到期投资的条件,可以划分为持有至到期投资;购入的股权投资因其没有固定的到期日,不符合持有至到期投资的条件,不能划分为持有至到期投资。持有至到期投资通常具有长期性质,但期限较短(1年以内)的债券投资,如符合持有至到期投资的条件,也可将其划分为持有至到期投资。

下列非衍生金融资产不应当划分为持有至到期投资:①初始确认时被指定为以公允价值计量且其变动计入当期损益的非衍生金融资产;②初始确认时被指定为可供出售的非衍生金融资产;③贷款和应收款项。

企业应当在资产负债表日对持有意图和能力进行评价。如没有明确意图或能力将金融资产持有至到期,则不能将金融资产划分为持有至到期投资。

存在下列情况之一的，表明企业没有明确意图将金融资产投资持有至到期。

(1) 持有该金融资产的期限不确定。这种情形包括由于金融资产本身没有一个确定的到期时间而引起的持有期限不确定，也包括由于金融资产本身有确定的到期日，但企业无法确定其持有的时间，如打算在到期日之前出售而无法确定出售日期。

(2) 发生市场利率变化、流动性需要变化、替代投资机会及其投资收益率变化、融资来源和条件变化、外汇风险变化等情况时，将出售该金融资产。由于上述变化随时都可能发生，如果企业不打算在发生变化时仍然持有该项投资，那么，企业持有该金融资产的期限也就无法确定。但是，无法控制、预期不会重复发生且难以合理预计的独立事项引起的金融资产出售除外。

(3) 该金融资产的发行方可以按照明显低于其摊余成本的金额清偿。在这种情况下，企业持有金融资产的时间不能由其持有的意图来确定，而是会受到该金融资产发行方的影响，企业能够持有至到期的可能性不大，因为发行方极有可能在到期日之前进行清偿。

(4) 其他表明企业没有明确意图将该金融资产持有至到期的情况。

存在下列情况之一的，表明企业没有能力将具有固定期限的金融资产投资持有至到期。

① 没有可利用的财务资源持续地为该金融资产投资提供资金支持，以使该金融资产投资持有至到期。

② 受法律、行政法规的限制，使企业难以将该金融资产持有至到期。

③ 其他表明企业没有能力将具有固定期限的金融资产投资持有至到期的情况。

2. 持有至到期投资重分类为可供出售金融资产

企业将尚未到期的某项持有至到期投资在本会计年度内出售或重分类为可供出售金融资产的金额，相对于该类投资在出售或重分类前的总额较大时，应当将该类投资的剩余部分重分类为可供出售金融资产，且在本会计年度及以后两个完整的会计年度内不得再将该金融资产划分为持有至到期投资。但是，下列情况除外：

(1) 出售日或重分类日距离该项投资到期日或赎回日较近(如到期前3个月内)，市场利率变化对该项投资的公允价值没有显著影响。

(2) 根据合同约定的定期偿付或提前还款方式收回该投资几乎所有初始本金后，将剩余部分予以出售或重分类。

(3) 出售或重分类是由于企业无法控制、预期不会重复发生且难以合理预计的独立事项引起。此种情况主要包括：

① 因被投资单位信用状况严重恶化，将持有至到期投资予以出售。例如，在外部信用等级评定机构降低了发行人信用评级后出售金融资产，如果通过与初始确认时的信用等级进行比较而判定，信用评级的降低证明了发行人信用状况的严重恶化，那么这项金融资产的出售并不会使主体将其他投资持有至到期的意图受到怀疑。

② 因相关税收法规取消了持有至到期投资的利息税前可抵扣政策，或显著减少了税前可抵扣金额，将持有至到期投资予以出售。

③ 因发生重大企业合并或重大处置，为保持现行利率风险头寸或维持现行信用风险政策，将持有至到期投资予以出售。

④ 因法律、行政法规对允许投资的范围或特定投资品种的投资限额做出重大调整，将持有至到期投资予以出售。

⑤ 因监管部门要求大幅度提高资产流动性，或大幅度提高持有至到期投资在计算资本充足率时的风险权重，将持有至到期投资予以出售。

（三）贷款和应收款项

贷款和应收款项(loans and receivables) 是指在活跃市场中没有报价、回收金额固定或可确定的非衍生金融资产。贷款和应收款项主要是指金融企业发放的贷款和其他债权。非金融企业销售商品或提供劳务形成的应收款项等债权，只要符合贷款和应收款项的定义，均可划分为此类。贷款和应收款项类金融资产在活跃市场中没有报价。企业所持证券投资基金或类似基金，不应当划分为贷款和应收款项。

（四）可供出售金融资产

可供出售金融资产(available-for-sale financial assets) 通常是指企业没有划分为以公允价值计量且其变动计入当期损益的金融资产、持有至到期投资、贷款和应收款项的金融资产。例如，购入的在活跃市场上有报价的股票、债券等，企业基于风险管理需要且有意图将其作为可供出售金融资产的，可划分为此类。基于特定的风险管理或资本管理需要，企业也可将某项金融资产直接指定为可供出售金融资产。

（五）其他金融负债

其他金融负债是除了以公允价值计量且其变动计入当期损益的负债以外的负债。通常情况下，企业发行的债券、因购买商品产生的应付账款、长期应付款等，应当划分为其他负债。

第二节 金融工具的确认与计量

一、金融工具的确认

（一）金融工具的初始确认

企业成为金融工具合同的一方时，应当确认一项金融资产或金融负债。对衍生工具而言，企业应将衍生工具中的所有合约权利和义务在资产负债表中确认为资产和负债。

企业在成为远期合约的一方时应确认金融资产或金融负债，并不说明所有的执行中合约均应在签订日（承诺日）确认。在现行实务中，由于购销商品或劳务的确定承诺而将购入的资产或承担的负债，直到协议的一方已履约以至于该履约方有权收到一项资产或有义务支付一项资产时，才能予以确认。可见，对一般的商品或劳务合约，仍维持着通常的惯例。然而，金融工具作为一种合约之所以能够被表内确认，关键在于其本身就是一种现实的或潜在的债权债务关系。一般的合约，以购销合约为例，当合同签订生效时，签约双方必须承担合同所规定的权利和义务，但是在合同履行之前，并不构成双方的债权债务关系。也就是说，对于购销双方来讲，双方债权债务关系的成立是以商品所有权是否转移为前提的。金融工具合约则不然。金融工具合约一旦生效，在双方当事人之间就自然形成现实的或潜在的债权债务关系。也正是这个原因，在一般国际会计惯例中也同样将商品期货合约作为表内确认。

对金融工具确认的情形有：

(1) 成为合同的一方，并因而拥有了收取现金的法定权利或承担了支付现金的法定义务时，应无条件地将应收款项或应付款项确认为资产或负债。

(2) 由于商品或劳务的确定承诺而将获得的资产或承担的负债，通常直到至少合同一方履约才予以确认。例如，收到确定订单的企业通常不在承诺时就确认一项资产（发出订单的企业也不在承诺时就确认一项负债），而是直到所定购的商品或劳务已装运、交付或提供时才予以确认。

(3) 远期合同应在承诺日而不是结算日确认为一项资产或一项负债。当企业成为远期合同的一方时，权利和义务的公允价值通常相等，这样该远期合同的公允价值净额为零。如果权利和义务的公允价值净额不是零，则该合同应被确认为一项资产或负债。

(4) 期权合同应在持有人或签出人成为该期权合同的一方时确认为一项资产或负债。

(5) 计划的未来交易，不管其发生的可能性有多大，都不是企业的资产或负债，因为企业尚未成为合同的一方。

（二）金融工具的终止确认

终止确认，是指将金融资产和金融负债从企业的账户和资产负债表内予以转销。

1. 金融资产的终止确认

金融资产满足下列条件之一的，应该终止确认：

(1) 收取该金融资产现金流量的合同权利终止；

(2) 该金融资产已转移，且符合《企业会计准则第 23 号——金融资产转移》规定的金融资产终止确认条件。

2. 金融负债的终止确认

金融负债的现时义务全部或部分已经解除的，才能终止确认该金融负债或其一部分。企业将用于偿付金融负债的资产转入某个机构或设立信托，偿付债务的现时义务仍存在的，不应当终止确认该金融负债，也不能终止确认转出的资产。

企业（债务人）与债权人之间签订协议，以承担新金融负债方式替换现存金融负债，且新金融负债与现存金融负债的合同条款实质上是不同的，应当终止确认现存金融负债，并同时确认新金融负债。企业对现存金融负债全部或部分的合同条款做出实质性修改的，应当终止确认现存金融负债或其一部分，同时将修改条款后的金融负债确认为一项新金融负债。

金融负债全部或部分终止确认的，企业应当将终止确认部分的账面价值与支付的对价（包括转出的非现金资产和承担的新金融负债）之间的差额，计入当期损益。

企业回购金融负债一部分的，应当在回购日按照继续确认部分和终止确认部分的相对公允价值，将该金融负债整体的账面价值进行分配。分配给终止确认部分的账面价值与支付的对价（包括转出的非现金资产和承担的新金融负债）之间的差额，计入当期损益。

二、不同类别金融资产和金融负债的计量

对于取得或承担的金融资产和金融负债，企业应当分别按照不同类别进行计量。

（一）以公允价值计量且其变动计入当期损益的金融资产

企业划分为以公允价值计量且其变动计入当期损益金融资产的股票、债券、基金，以及不作为有效套期工具的衍生工具，应当按照取得时的公允价值作为初始确认金额，相关的交易费用在发生时计入当期损益。取得以公允价值计量且其变动计入当期损益金融资产所支付价款中包含的已宣告发放的现金股利或债券利息，应单独作为应收项目。

交易费用(transaction costs)　指可直接归属于购买、发行或处置金融工具新增的外部费用。新增的外部费用(incremental costs)，是指企业不购买、发行或处置金融工具就不会发生的费用。交易费用包括支付给代理机构、咨询公司、券商等的手续费和佣金及其他必要支出，不包括债券溢价、折价、融资费用、内部管理成本及与交易不直接相关的费用。

企业在持有以公允价值计量且其变动计入当期损益金融资产期间取得的利息或现金股利，应当确认为投资收益。资产负债表日，企业应将以公允价值计量且其变动计入当期损益的金融资产或金融负债的公允价值变动计入当期损益。处置该金融资产或金融负债时，将处置时的该金融资产或金融负债的公允价值与初始入账金额之间的差额确认为投资收益，同时调整公允价值变动损益。

对企业为交易目的所持有的股票投资、债券投资和基金投资等交易性金融资产，企业

应设置“交易性金融资产”科目核算。对直接指定为以公允价值计量且其变动计入当期损益的金融资产,也在本科目核算。该科目应按交易性金融资产的类别和品种,分别“成本”、“公允价值变动”等进行明细核算。

【例 9-8】 20×8 年 1 月 1 日,企业购入面值为 10 000 元、利率为 4%的债券,划分为交易性金融资产。取得债券时,支付价款 10 400 元(含已宣告发放利息 400 元),另支付交易费用 200 元。

(1) 根据以上信息,做购入债券的会计处理

借:交易性金融资产——成本　　10 000
　投资收益　　200
　应收利息　　400
　贷:银行存款　　10 600

(2) 20×8 年 1 月 10 日,收到最初支付价款中所含的利息 400 元

借:银行存款　　400
　贷:应收利息　　400

(3) 20×8 年 12 月 31 日,该债券的公允价值为 10 800 元

借:交易性金融资产——公允价值变动　　800
　贷:公允价值变动损益　　800

(4) 20×9 年 1 月 5 日,收到 20×8 年利息 400 元

借:银行存款　　400
　贷:投资收益　　400

(5) 20×9 年 3 月 4 日,将该债券处置(售价为 11 500 元)

借:银行存款　　11 500
　公允价值变动损益　　800
　贷:交易性金融资产——成本　　10 000
　　　　　　　　　——公允价值变动　　800
　　投资收益　　1 500

(二) 持有至到期投资

持有至到期投资,应当按取得时的公允价值和相关交易费用之和作为初始确认金额。支付的价款中包含已宣告发放债券利息的,应单独确认为应收项目。

持有至到期投资应当采用实际利率法,按摊余成本进行后续计量。

实际利率法(effective interest method) 实际利率法是指按照金融资产或金融负债(含一组金融资产或金融负债)的实际利率计算其摊余成本及各期利息收入或利息费用的方法。

实际利率(effective interest rate) 实际利率是指将金融资产或金融负债在预期存续期间或适用的更短期间内的未来现金流量,折现为该金融资产或金融负债当前账面价值所使用的利率。

在确定实际利率时,应当在考虑金融资产或金融负债所有合同条款(包括提前还款权、看涨期权、类似期权等)的基础上预计未来现金流量,但不应当考虑未来信用损失。金融资产或金融负债合同各方之间支付或收取的、属于实际利率组成部分的各项收费、交易费用及溢价或折价等,应当在确定实际利率时予以考虑。金融资产或金融负债的未来现金流量或存续期间无法可靠预计时,应当采用该金融资产或金融负债在整个合同期内的合同现金流量。实际利率应当在取得持有至到期投资时确定,在随后期间保持不变。实际利率与票面利率差别很小的,也可按票面利率计算利息收入,计入投资收益。处置持有至到期投资时,应将所取得对价的公允价值与该投资账面价值之间的差额确认为投资收益。

金融资产(负债)的摊余成本(amortized cost of a financial asset or financial liability) 金融资产或者金融负债的摊余成本,是指该金融资产或金融负债的初始确认金额经下列调整后的结果:(1)扣除已偿还的本金;(2)加上或减去采用实际利率法将该初始确认金额与到期日金额之间的差额进行摊销形成的累计摊销额;(3)扣除已发生的减值损失(仅适用于金融资产)。

企业应设置"持有至到期投资"来核算持有至到期投资的摊余成本,并按持有至到期投资的类别和品种,分别"成本"、"利息调整"和"应计利息"等进行明细核算。

【例 9-9】 20×5 年 1 月 1 日,A 公司购买了一种 5 年期的债务工具,公允价值为 1 000 元(包含交易费用)。该债务工具的面值为 1 250 元,年票面利率为 4.7%(即每年支付利息 59 元),按年支付利息。有关资料见表 9-2。该债务工具归类为持有至到期投资。假定计算确定的实际市场利率为 10%。

表 9-2 某债务工具的摊余成本、利息收入和现金流量资料 元

A. 年份	B. 年初摊余成本	C. 利息收入(B×10%)	D. 现金流量	E. 年末摊余成本(B+C−D)
20×5	1 000	100	59	1 041
20×6	1 041	104	59	1 086
20×7	1 086	109	59	1 136
20×8	1 136	113	59	1 190
20×9	1 190	119	59+1 250	0

(1) 20×5 年 1 月 1 日购入债务性工具时

借:持有至到期投资——成本 1 250

  贷:银行存款 1 000

持有至到期投资——利息调整　　250

(2) 20×5年12月31日确认利息收入时

借：持有至到期投资——利息调整　　41

应收利息　　59

贷：投资收益　　100

如果该债券投资为一次还本付息债券投资，则"应收利息"科目应改为"持有至到期投资——应计利息"科目。

(3) 20×6年12月31日确认利息收入时

借：持有至到期投资——利息调整　　45

应收利息　　59

贷：投资收益　　104

(4) 20×7年12月31日确认利息收入时

借：持有至到期投资——利息调整　　50

应收利息　　59

贷：投资收益　　109

(5) 20×8年12月31日确认利息收入时

借：持有至到期投资——利息调整　　54

应收利息　　59

贷：投资收益　　113

(6) 20×9年12月31日确认利息收入时

借：持有至到期投资——利息调整　　60

应收利息　　59

贷：投资收益　　119

(7) 20×9年12月31日收回投资时

借：银行存款　　1 250

贷：持有至到期投资——成本　　1 250

(三) 贷款和应收款项

贷款和应收款项应按取得时的公允价值和相关交易费用之和作为初始确认金额。金融企业按当前市场条件发放的贷款，应按发放贷款的本金和相关交易费用之和作为初始确认金额。非金融企业对外销售商品或提供劳务形成的应收债权，应按从购货方应收的合同或协议价值作为初始入账金额。

贷款持有期间所确认的利息收入，应当根据实际利率计算。实际利率应在取得贷款时确定,在随后期间保持不变。实际利率与合同约定的名义利率差别不大的,也可按名义利率计算利息收入。资产负债表日,贷款和应收款项应当以摊余成本计量。企业收回或处置贷款和应收款项时,应按取得的价款与该贷款和应收款项账面价值之间的差额,确认为当期损益。

(四) 可供出售金融资产

可供出售金融资产应当按取得该金融资产的公允价值和相关交易费用之和作为初始确认金额。支付的价款中包含了已宣告发放的债券利息或现金股利的,应单独确认为应收项目。

可供出售金融资产持有期间取得的利息或现金股利,应当计入投资收益。资产负债表日,可供出售金融资产应当以公允价值计量,且公允价值变动计入资本公积(其他资本公积),在该金融资产终止确认时转出,计入当期损益。

处置可供出售金融资产时,应按取得的价款与原直接计入所有者权益的公允价值变动累计额对应处置部分的金额,与该金融资产账面价值之间的差额,确认为投资收益。

对企业可供出售的股票投资、债券投资等金融资产,应设置"可供出售金融资产"科目核算,并按可供出售金融资产的类别和品种,分别"成本"、"利息调整"、"应计利息"、"公允价值变动"等进行明细核算。可供出售金融资产发生减值的,可单独设置"可供出售金融资产减值准备"科目。

(五) 其他金融负债

其他金融负债是指除以公允价值计量且其变动计入当期损益的负债以外的负债。通常情况下,企业发行的债券、因购买商品产生的应付账款、长期应付款等,应当划分为其他金融负债。其他金融负债应当按其公允价值和相关交易费用之和作为初始入账金额。其他金融负债通常采用摊余成本进行后续计量。

(六) 嵌入衍生金融工具

嵌入衍生工具(embedded derivatives) 是指嵌入到非衍生工具(即主合同)中,使混合工具的全部或部分现金流量随特定利率、金融工具价格、商品价格、汇率、价格指数、汇率指数、信用等级、信用指数或其他类似变量的变动而变动的衍生工具。嵌入衍生工具与主合同(host contract)构成混合工具,如可转换公司债券等。

1. 嵌入衍生工具的计量

企业可以将混合工具指定为以公允价值计量且其变动计入当期损益的金融资产或金融负债。但是,下列情况除外:

(1) 嵌入衍生工具对混合工具的现金流量没有重大改变；

(2) 类似混合工具所嵌入的衍生工具，明显不应当从相关混合工具中分拆。

2. 嵌入衍生工具的分拆

嵌入衍生工具相关的混合工具没有指定为以公允价值计量且其变动计入当期损益的金融资产或金融负债，且同时满足下列条件的，该嵌入衍生工具应当从混合工具中分拆，作为单独存在的衍生工具处理：

(1) 与主合同在经济特征及风险方面不存在紧密关系；

(2) 与嵌入衍生工具条件相同，单独存在的工具符合衍生工具定义。

无法在取得时或后续的资产负债表日对其进行单独计量的，应当将混合工具整体指定为以公允价值计量且其变动计入当期损益的金融资产或金融负债。

紧密关系(close relationship) 是指嵌入衍生工具与主合同之间在经济特征和风险方面存在相似性。判断嵌入衍生工具与主合同是否存在紧密联系，要分析嵌入衍生工具和主合同的性质。如果主合同没有明确的或事先确定的到期日，并且代表了在某一企业净资产中的剩余权益，则该主合同的经济特征和风险就是权益工具的经济特征和风险，而且嵌入衍生工具需要拥有与同一企业相关的权益特征才能被视为与主合同紧密相关。如果主合同不是一项权益工具并且符合金融工具的定义，则该主合同的经济特征和风险即债务工具的经济特征和风险。

三、金融资产或金融负债的重分类及重分类日的会计处理

企业在初始确认时将某金融资产或某金融负债划分为以公允价值计量且其变动计入当期损益的金融资产或金融负债后，不能重分类为其他类金融资产或金融负债；其他类金融资产或金融负债也不能重分类为以公允价值计量且其变动计入当期损益的金融资产或金融负债。

(一) 持有至到期投资重分类为可供出售金融资产

1. 因持有意图或能力发生改变而进行的重分类

企业因持有意图或能力发生改变，使某项投资不再适合划分为持有至到期投资的，应当将其重分类为可供出售金融资产，并以公允价值进行后续计量。在重分类日，该投资的账面价值与公允价值之间的差额计入所有者权益，在该可供出售金融资产发生减值或终止确认时转出，计入当期损益。具体来说，企业按规定将持有至到期投资重分类为可供出售金融资产的，应在重分类日或转换日，按该项持有至到期投资的公允价值，借记“可供出售金融资产”科目，按已经提取的减值准备，借记“持有至到期投资减值准备”科目，按持有至到期投资的账面余额，贷记“持有至到期投资”科目，按其差额，借记或贷记“资本公

积——其他资本公积”科目。

【例 9-10】 20×9 年 11 月 30 日，A 上市公司因持有意图和能力发生改变，原作为持有至到期投资的债券投资不再符合持有至到期投资进行核算的条件，按照规定应重分类为可供出售金融资产进行核算。当日，该持有至到期投资的账面余额为 530 000 元，已计提减值准备 50 000 元，公允价值为 500 000 元。假定不考虑其他因素，A 上市公司的会计处理如下。

借：可供出售金融资产　　500 000
　　持有至到期投资减值准备　　50 000
　贷：持有至到期投资　　530 000
　　　资本公积——其他资本公积　　20 000

2. 持有至到期投资部分出售或重分类的金额较大时的处理

持有至到期投资部分出售或重分类的金额较大，且不属于例外情况，使该投资的剩余部分不再适合划分为持有至到期投资的，企业应当将该投资的剩余部分重分类为可供出售金融资产，并以公允价值进行后续计量。重分类日，该投资剩余部分的账面价值与其公允价值之间的差额计入所有者权益，在该可供出售金融资产发生减值或终止确认时转出，计入当期损益。

（二）可供出售金融资产重分类为持有至到期投资

企业因持有意图或能力发生改变，或公允价值不再能够可靠计量，或持有期限已超过“两个完整的会计年度”，使金融资产或金融负债不再适合按照公允价值计量时，可以将该金融资产或金融负债改按成本或摊余成本计量，该成本或摊余成本为重分类日该金融资产或金融负债的公允价值或账面价值。具体来说，企业按规定将可供出售金融资产重分类为持有至到期投资的，应在重分类日或转换日，按可供出售金融资产的公允价值，借记“持有至到期投资”科目，贷记“可供出售金融资产”科目。

与该金融资产相关、原直接计入所有者权益的利得或损失，应当按照下列规定处理。

（1）该金融资产没有固定到期日的，应当在该金融资产的剩余期限内，采用实际利率法摊销，计入当期损益。即按采用实际利率法摊销的金额，借记或贷记“资本公积——其他资本公积”科目，贷记或借记“投资收益”等科目。该金融资产的摊余成本与到期日之间的差额，也应当在该金融资产的剩余期限内，采用实际利率法摊销，计入当期损益。即按采用实际利率法摊销的金额，借记或贷记“持有至到期投资”科目，贷记或借记“投资收益”科目。该金融资产在随后的会计期间发生减值的，原直接计入所有者权益的相关利得或损失，应当转出计入当期损益。

（2）该金融资产没有固定到期日的，仍应保留在所有者权益中，在该金融资产被处置时转出，计入当期损益。该金融资产在随后的会计期间发生减值的，原直接计入所有者权益的相关利得或损失，应当转出计入当期损益。

四、金融资产减值

企业应当在资产负债表日对以公允价值计量且其变动计入当期损益的金融资产以外的金融资产的账面价值进行检查，有客观证据表明该金融资产发生减值的，应当计提减值准备。

（一）金融资产减值的证据

表明金融资产发生减值的客观证据，是指金融资产初始确认后实际发生的、对该金融资产的预计未来现金流量有影响，且企业能够对该影响进行可靠计量的事项。金融资产发生减值的客观证据，包括下列各项：

（1）发行人或债务人发生严重财务困难。

（2）债务人违反了合同条款，如偿付利息或本金发生违约或逾期等。

（3）债权人出于经济或法律等方面因素的考虑，对发生财务困难的债务人做出让步。

（4）债务人很可能倒闭或进行其他财务重组。

（5）因发行方发生重大财务困难，该金融资产无法在活跃市场继续交易。

（6）无法辨认一组金融资产中的某项资产的现金流量是否已经减少，但根据公开的数据对其进行总体评价后发现，该组金融资产自初始确认以来的预计未来现金流量确已减少且可计量，如该组金融资产的债务人支付能力逐步恶化，或债务人所在国家或地区失业率提高、担保物在其所在地区的价格明显下降、所处行业不景气等。

（7）债务人经营所处的技术、市场、经济或法律环境等发生重大不利变化，使权益工具投资人可能无法收回投资成本。

（8）权益工具投资的公允价值发生严重或非暂时性下跌。

（9）其他表明金融资产发生减值的客观证据。

（二）金融资产减值的确认和计量

1. 以摊余成本计量的金融资产的减值

以摊余成本计量的金融资产发生减值时，应当将该金融资产的账面价值减记至预计未来现金流量（不包括尚未发生的未来信用损失）现值，减记的金额确认为资产减值损失，计入当期损益。

预计未来现金流量现值，应当按照该金融资产的原实际利率折现确定，并考虑相关担保物的价值（取得和出售该担保物发生的费用应当予以扣除）。原实际利率是初始确认该金融资产时计算确定的实际利率。对于浮动利率贷款、应收款项或持有至到期投资，在计算未来现金流量现值时可采用合同规定的现行实际利率作为折现率。短期应收款项的预计未来现金流量与其现值相差很小的，在确定相关减值损失时，可不对其预计未来现金流量进行折现。

对单项金额重大的金融资产应当单独进行减值测试，如有客观证据表明其已发生减值，应当确认减值损失，计入当期损益。对单项金额不重大的金融资产，可以单独进行减值测试，或包括在具有类似信用风险特征的金融资产组合中进行减值测试。

单独测试未发生减值的金融资产(包括单项金额重大和不重大的金融资产)，应当包括在具有类似信用风险特征的金融资产组合中再进行减值测试。已单独确认减值损失的金融资产，不应包括在具有类似信用风险特征的金融资产组合中进行减值测试。

(1) 商业银行贷款减值损失的计量

根据《企业会计准则第 22 号——金融工具确认和计量》的规定，商业银行对贷款进行减值测试，应根据本银行的实际情况分为单项金额重大和非重大的贷款。对单项金额重大的贷款，应单项进行减值测试；对单项金额不重大的贷款，可以单独进行减值测试，或者将其包含在具有类似信用风险特征的贷款组合中进行减值测试。

商业银行进行贷款减值测试时，可以根据自身管理水平和业务特点，确定单项金额重大贷款的标准，比如，可以将本金大于或等于一定金额的贷款作为单项金额重大的贷款，此标准以下的贷款属于单项金额非重大的贷款。单项金额重大贷款的标准一经确定，不能随意变更。

商业银行对于单项金额重大的贷款，有客观证据表明其发生了减值的，应当计算资产负债表日的未来现金流量现值(以初始确认时确定的实际利率作为折现率)，该现值低于其账面价值之间的差额确认为贷款减值损失。

商业银行采用组合方式对贷款进行减值测试的，可以根据自身风险管理模式和数据支持程度，选择合理的方法确认和计量减值损失。

(2) 一般企业应收款项减值损失的计量

对于单项金额重大的应收款项，应当单独进行减值测试，有客观证据表明其发生了减值的，应当根据其未来现金流量现值低于其账面价值的差额，确认减值损失，计提坏账准备。

对于单项金额非重大的应收款项以及经单独测试后未减值的单项金额重大的应收款项，可以按类似信用风险特征划分为若干组合，再按这些应收款项组合在资产负债表日余额的一定比例计算确定减值损失，计提坏账准备。根据此种方式计算确定的坏账准备，应当反映各项目实际发生的减值损失，即各项组合的账面价值超过其未来现金流量现值的金额。

企业应当根据以前年度与之相同或相类似的、具有类似信用风险特征的应收款项组

合的实际损失率为基础，结合现时情况确定本期各项组合计提坏账准备的比例，据此计算本期应计提的坏账准备。

持有至到期投资减值损失的计量比照贷款和应收款项减值损失的计量规定办理。

【例 9-11】 20×9 年 12 月 31 日，B 上市公司测试某持有至到期投资发生减值，减值金额为 18 000 元。B 上市公司的会计处理如下。

借：资产减值损失　　18 000

　贷：持有至到期投资减值准备　　18 000

2. 无活跃市场报价且公允价值不能可靠计量的权益工具投资的减值

在活跃市场中没有报价且其公允价值不能可靠计量的权益工具投资，或与该权益工具挂钩并须通过交付该权益工具结算的衍生金融资产发生减值时，应当将该权益工具投资或衍生金融资产的账面价值，与按照类似金融资产当时市场收益率对未来现金流量折现确定的现值之间的差额，确认为减值损失，计入当期损益。

3. 可供出售金融资产减值的确定

分析判断可供出售金融资产是否发生减值，应当注重该金融资产公允价值是否持续下降。通常情况下，如果可供出售金融资产的公允价值发生较大幅度下降，或在综合考虑各种相关因素后，预期这种下降趋势属于非暂时性的，可以认定该可供出售金融资产已发生减值，应当确认减值损失。

可供出售金融资产发生减值的，即使该金融资产没有终止确认，在确认减值损失时，应当将原直接计入所有者权益的公允价值下降形成的累计损失一并转出，计入投资损失。该转出的累计损失，为可供出售金融资产的初始取得成本扣除已收回本金和已摊销金额、当前公允价值和原已计入损益的减值损失后的余额。

（三）金融资产减值损失的转回

(1) 对以摊余成本计量的金融资产确认减值损失后，如有客观证据表明该金融资产价值已恢复，且客观上与确认该损失后发生的事项有关(如债务人的信用评级已提高等)，原确认的减值损失应当予以转回，计入当期损益。但是，该转回后的账面价值不应当超过假定不计提减值准备情况下该金融资产在转回日的摊余成本。

(2) 对于已确认减值损失的可供出售债务工具，在随后的会计期间公允价值已上升且客观上与确认原减值损失确认后发生的事项有关的，原确认的减值损失应当予以转回，计入当期损益。

(3) 可供出售权益工具投资发生的减值损失，不得通过损益转回。但是，在活跃市场中没有报价且其公允价值不能可靠计量的权益工具投资，或与该权益工具挂钩并须通过交付该权益工具结算的衍生金融资产发生的减值损失，不得转回。

对金融工具的初始计量、后续计量、重分类以及金融资产减值的总结见表 9-3。

表 9-3 金融工具的计量

金融资产和金融负债的分类	初始计量	后续计量	重分类	利得和损失	减 值
以公允价值计量且其变动计入当期损益的金融资产和金融负债	公允价值	公允价值	不允许	计入当期损益	不适用
持有至到期投资	公允价值加交易费用	摊余成本	可以或者必须重分类为可供出售金融资产	计入当期损益	资产减值损失计入当期损益
贷款和应收款项	公允价值加交易费用	摊余成本	不允许	计入当期损益	资产减值损失计入当期损益
可供出售金融资产	公允价值加交易费用	公允价值	重分类为持有至到期投资（按成本或摊余成本计量）	计入权益	资产减值损失计入当期损益
其他金融负债	公允价值加交易费用	摊余成本	不允许	计入当期损益	不适用

五、公允价值的确定

公允价值(fair value)　是指在公平交易中，熟悉情况的交易双方自愿进行资产交换或者债务清偿的金额。在公平交易中，交易双方应当是持续经营企业，不打算或不需要进行清算、重大缩减经营规模，或在不利条件下仍进行交易。

（一）存在活跃市场的金融工具公允价值的确定

存在活跃市场的金融资产或金融负债，活跃市场中的报价应当用于确定公允价值。活跃市场中的报价是指易于定期从交易所、经纪商、行业协会、定价服务机构等获得的价格，且代表了在公平交易中实际发生的市场交易的价格。

对于存在活跃市场的金融工具来说，确定公允价值时应当注意以下要点。

(1) 如果企业可以在多个活跃市场获得金融工具的不同标价，则应按最有利价格原则确定公允价值。最有利价格是指企业通过合理的方式在市场中获得的最优价格，对金融资产而言，是指资产的较高脱手价格，对金融负债而言，是指负债的较低脱手价格。

(2) 如果出于某种原因，金融工具当时的市价无法获得，就要看在最近交易日与报告日之间是否发生经济情况的重大变化。如果经济情况没有发生重大变化，则可以使用最近交易日的市场标价作为金融工具的公允价值；如果经济情况发生了重大改变，则应参照本质相同的其他金融工具的当前公允价值来确定公允价值。因为类似金融工具现行价格中已经包含了经济状况改变的信息。在参照金融工具本身近期市价或类似金融工具当期市价来确定其公允价值的过程中，还需要根据实际情况对相关的影响因素（如信用风险差异、利率差异、期限差异、提前偿付风险差异等）进行调整。

（3）如果在公开交易市场上挂牌交易的金融工具由于过分集中在某部分造市者手中，或是由于其他原因而使交易“清淡”，这时金融工具即使处于公开市场也不一定符合“活跃”的要求，其金额也不一定“公允”，可能包含造市者某些特殊的目的。为了真实地反映金融工具的公允价值，在这种情况下不宜再直接采用市场标价，公允价值可参照估值技术的方法确定。

在实务中，企业可以按照以下方法确定金融资产或金融负债的公允价值。

（1）在活跃市场上，企业已持有的金融资产或拟承担的金融负债的报价，应当是现行出价；企业拟购入的金融资产或已承担的金融负债的报价，应当是现行要价。

（2）企业持有可抵消市场风险的资产和负债时，可采用市场中间价确定可抵消市场风险头寸的公允价值；同时，用出价或要价作为确定净敞口的公允价值。

（3）金融资产或金融负债没有现行出价或要价，但最近交易日后经济环境没有发生重大变化的，企业应当采用最近交易的市场报价确定该金融资产或金融负债的公允价值。

最近交易日后经济环境发生了重大变化时，企业应当参考类似金融资产或金融负债的现行价格或利率，调整最近交易的市场报价，以确定该金融资产或金融负债的公允价值。企业有足够的证据表明最近交易的市场报价不是公允价值的，应当对最近交易的市场报价作出调整，以确定该金融资产或金融负债的公允价值。

（4）金融工具组合的公允价值，应当根据该组合内单项金融工具的数量与单位市场报价共同确定。

（5）活期存款的公允价值，应当不低于存款人可支取时应付的金额；通知存款的公允价值，应当不低于存款人要求支取时应付金额从可支取的第一天起进行折现的现值。

（二）金融工具不存在活跃市场时公允价值的确定

金融工具不存在活跃市场的，企业应当采用估值技术确定其公允价值。采用估值技术得出的结果，应当反映估值日在公平交易中可能采用的交易价格。估值技术包括参考熟悉情况并自愿交易的各方最近进行的市场交易中使用的价格、参照实际上相同的其他金融工具的当前公允价值、现金流量折现法和期权定价模型等。

企业应当选择市场参与者普遍认同，且被以往市场交易实际价格验证具有可靠性的估值技术确定金融工具的公允价值。

(1) 采用估值技术确定金融工具的公允价值时,应当尽可能使用市场参与者在金融工具定价时考虑的所有市场参数,包括无风险利率、信用风险、外汇汇率、商品价格、股价或股价指数、金融工具价格未来波动率、提前偿还风险、金融资产或金融负债的服务成本等,尽可能不使用与企业特定相关的参数。

(2) 企业应当定期使用没有经过修正或重新组合的金融工具公开交易价格校正所采用的估值技术,并测试该估值技术的有效性。

(3) 金融工具的交易价格应当作为其初始确认时的公允价值的最好证据,但有客观证据表明相同金融工具公开交易价格更公允,或采用仅考虑公开市场参数的估值技术确定的结果更公允的,不应当采用交易价格作为初始确认时的公允价值,而应当采用更公允的交易价格或估值结果确定公允价值。

(三) 初始取得或源生的金融资产或金融负债公允价值的确定

金融资产的初始取得或源生,或者金融负债的产生是一种市场交易行为,该市场交易为估计金融工具的公允价值提供了基础。初始取得或源生的金融资产或承担的金融负债,应当以市场交易价格作为确定其公允价值的基础。

债务工具的公允价值,应当根据取得日或发行日的市场情况和当前市场情况,或其他类似债务工具(即有类似的剩余期限、现金流量模式、标价币种、信用风险、担保和利率基础等)的当前市场利率确定。

债务人的信用风险和适用的信用风险贴水在债务工具发行后没有改变的,可使用基准利率估计当前市场利率确定债务工具的公允价值。债务人的信用风险和相应的信用风险贴水在债务工具发行后发生改变的,应当参考类似债务工具的当前价格或利率,并考虑金融工具之间的差异调整,确定债务工具的公允价值。

(四) 活跃市场上无报价的权益工具投资的公允价值的确定

在活跃市场上没有报价的权益工具投资,以及与该类权益工具挂钩且必须通过交付该类权益工具结算的衍生工具,符合以下条件之一时,表明其公允价值能够可靠地计量:(1)该金融工具公允价值合理估计数的变动区间很小。(2)该金融工具公允价值变动区间内,各种用于确定公允价值估计数的概率能够合理地确定。

在很多情况下,对于没有活跃市场标价的金融工具,以及与这种无标价权益工具挂钩并必须通过交付这种无标价权益工具进行结算的衍生工具,其投资的合理公允价值估计数范围的变动可能并不大。一般情况下,对于企业从外部某方获得的金融工具,估计其公允价值是可能的。但是,如果该权益投资的合理公允价值估计数范围很大,并且各估计数的概率无法合理地评估，则企业就不能以公允价值计量该金融工具。

第三节　金融资产转移

一、金融资产转移的概念和分类

（一）金融资产转移的情形

金融资产转移(financial asset transfer)　是指企业(转出方)将金融资产让与交付给该金融资产发行方以外的另一方(转入方)。这里所指的金融资产，既包括单项的金融资产，也包括一组具有类似风险特征的金融资产。例如，企业将销售商品形成的应收款项采用附追索权方式出售给商业银行、将金融资产转出设立信托等。企业金融资产转移，包括下列情形。

1. 将收取金融资产现金流量的权利转移给另一方，如附追索权的贷款转移等。

2. 将金融资产转移给另一方，但保留收取金融资产现金流量的权利，并承担将收取的现金流量支付给最终收款方的义务，同时满足下列条件：

(1) 从该金融资产收到对等的现金流量时，才有义务将其支付给最终收款方。企业发生短期垫付款，但有权全额收回该垫付款并按照市场上同期银行贷款利率计收利息的，视同满足本条件。

(2) 根据合同约定，不能出售该金融资产或作为担保物，但可以将其作为对最终收款方支付现金流量的保证。

(3) 有义务将收取的现金流量及时支付给最终收款方。企业无权将该现金流量进行再投资，但按照合同约定在相邻两次支付间隔期内将所收到的现金流量进行现金或现金等价物投资的除外。企业按照合同约定进行再投资的，应当将投资收益按照合同约定支付给最终收款方。

上述条件不符合我们对资产和负债的定义。条件(1)表明企业没有负债，因为它没有支付现金的现时义务，而条件(2)和条件(3)表明企业没有资产，因为它不能控制与被转让资产有关的未来经济利益。因此，可以确认一项金融资产的转移。

【例 9-12】　A 企业为 B 企业提供了一项 10 000 元的 5 年带息贷款，而后，A 企业与 C 企业达成一项协议，A 企业同意向 C 企业交付从 B 企业收到的所有本金和利息的 80%，除此之外没有其他的支付义务，作为对价 C 企业向 A 企业支付 8 000 元的现金。

对于贷款的履行，A 企业没有向 C 企业提供担保，即如果不能从 B 企业收回款项，A 企业没有任何向 C 企业支付现金的义务，并且 A 企业没有保留对从 B 企业收到的现金的 80%的权利。这种情况下，A 企业应该报告一项 2 000 元的贷款资产，而对于已经转让给了C企业的8 000元,应该终止确认。

(二)金融资产转移的分类

企业应当将金融资产转移区分为金融资产整体转移和部分转移两种情形,并分别进行会计处理。金融资产部分转移是相对于金融资产整体而言的。例如,企业将一组具有类似信用风险特征贷款的应收利息转移认为是部分转移,是相对于该组贷款应收本金和应收利息构成的整体而言的。如果不考虑其他因素,仅将该组贷款的应收利息看作一个整体,那么部分转移将是按该应收利息的一定比例进行转移。

对于金融资产的部分转移而言,通常包括下列三种情形。

(1)将金融资产所产生现金流量中特定、可辨认部分转移,如企业将一组类似贷款的应收利息转移等。例如,如果企业签订了一项利率剥离合同,并且交易对方拥有获取利息现金流量的权利,但没有获取债务工具本金现金流量的权利。

(2)将金融资产所产生全部现金流量的一定比例转移,如企业将一组类似贷款的本金和应收利息合计的一定比例转移等。例如,如果企业签订协议并且交易对方因此获得了债务工具全部现金流量的90%的份额的权利。如果交易对方不止一个,只要出让企业所转让的份额与资产的现金流量完全成比例,则不要求每个交易对方都具有成比例的现金流量份额。

(3)将金融资产所产生现金流量中特定、可辨认部分的一定比例转移,如企业将一组类似贷款的应收利息的一定比例转移等。例如,如果企业签订协议并且交易对方因此获得了取得金融资产利息现金流量90%份额的权利。如果交易对方不止一个,只要出让企业所转让的份额与可明确辨认的现金流量完全成比例,则不要求每个交易对方都具有成比例的现金流量份额。

二、金融资产转移的确认

(一)金融资产转移终止确认的条件

在评价一项金融资产是否应该终止确认时,首先应评价该金融资产的风险和报酬是否转移,然后再评价是否发生控制权的转移。

如果企业已将金融资产所有权上几乎所有的风险和报酬转移给转入方的,应当终止确认该金融资产;如果企业将金融资产转出,但同时保留了金融资产所有权上几乎所有的风险和报酬的,不应当终止确认该金融资产。终止确认,是指将金融资产或金融负债从企业的账户和资产负债表内予以转销。例如,企业按现行市场价格将所持有的股权投资通过二级市场售出,表明其收取股权投资的现金流量合同权利终止,因而应终止确认;企业持有的看涨期权逾期未行使，也表明其收取看涨期权衍生金融资产现金流量合同权利终止，应予终止确认。

（二）金融资产所有权上几乎所有风险和报酬转移的判断条件

企业在判断是否已将金融资产所有权上几乎所有的风险和报酬转移给了转入方时，应当比较转移前后该金融资产未来现金流量净现值及时间分布的波动使其面临的风险。

企业面临的风险因金融资产转移发生实质性改变的，表明该企业已将金融资产所有权上几乎所有的风险和报酬转移给了转入方，如不附任何保证条款的金融资产出售等。企业面临的风险没有因金融资产转移发生实质性改变的，表明该企业仍保留了金融资产所有权上几乎所有的风险和报酬，如将贷款整体转移并对该贷款可能发生的信用损失进行全额补偿等。

在通常情况下，企业是否转让或保留了所有权上几乎所有的风险和报酬是很明显的，不需要进行任何的计算。在其他情况下，则有必要通过计算和比较企业在转让前和转让后的未来净现金流量现值变动的风险。在计算金融资产未来现金流量净现值时应当考虑所有合理、可能的现金流量波动，并采用适当的现行市场利率作为折现率。净现金流量的所有合理可能的变动都应予以考虑，并且对那些更可能发生的结果给予更多的重视。

（1）以下事项表明企业已将金融资产所有权上几乎所有风险和报酬转移给了转入方，应该终止确认该项金融资产。

① 企业以不附追索权方式出售金融资产；

② 企业将金融资产出售，同时与买入方签订协议，在约定期限结束时按当日该金融资产的公允价值回购；

③ 企业将金融资产出售，同时与买入方签订一项看跌期权合约（即买入方有权将该金融资产返售给企业），但从合约条款判断，该看跌期权是一项重大价外期权（即期权合约的条款设计，使得金融资产的买方极小可能会到期行权）；

④ 附重大价外看涨期权的金融资产出售，持有该看涨期权的卖方在期权到期时或到期前行权的可能性极小。

（2）例 9-13 表明企业保留了金融资产所有权上几乎所有风险和报酬，不应当终止确认相关金融资产。

① 企业采用附追索权方式出售金融资产；

② 企业将金融资产出售，同时与买入方签订协议，在约定期限结束时按当日该固定价格或是原售价加合理回报将该金融资产回购；

③ 企业将金融资产出售，同时与买入方签订一项看跌期权合约（即买入方有权将该

金融资产返售给企业)，但从合约条款判断，该看跌期权是一项重大价内期权(即期权合约的条款设计，使得金融资产的买方很可能会到期行权)；

④ 附重大价内看涨期权的金融资产出售，持有该看涨期权的金融资产卖方很可能在期权到期时或到期前行权；

⑤ 企业(银行)将信贷资产或应收账款项整体转移，同时保证对金融资产买方可能发生的信用损失进行全额补偿。

【例 9-13】 A 企业源生了一个 5 年期带息贷款组合，一共 50 000 元，而后，A 企业与 C 企业达成一项协议，作为收到 40 000 元付款的交换，A 企业同意向 C 企业交付它从贷款组合中收取的最初 40 000 元，加上利息。

A 企业保留了对占有最后的 10 000 元的本金及其利息的权利，即它只保留了一项次级化的剩余权利。如果 A 企业因为债务人的违约只收到了 40 000 元的本金及其利息，则 A 企业要把收到的全部现金交付给 C 企业，而自己得不到任何现金。如果 A 企业收到了 45 000 元的本金及其利息，则扣除付给 C 企业的以外，还可以保留 5 000 元本金及利息。在这种情况下，A 企业因为次级化的保留权利使其承担了净现金流量所有可能变动的风险，因而保留了所有以上几乎所有的风险和报酬，因此，应该继续确认全部贷款。

(三) 判断企业是否继续控制所转移的金融资产

如果企业既没有转移也没有保留金融资产所有权上几乎所有的风险和报酬的，应当视企业是否放弃了对该金融资产的控制，分别按照具体情况处理。

1. 企业放弃了对该金融资产控制的，应当终止确认该金融资产

企业在判断是否已放弃对所转移金融资产的控制时，应当注重转入方出售该金融资产的实际能力。转入方能够单独将转入的金融资产整体出售给与其不存在关联方关系的第三方，且没有额外条件对此项出售加以限制的，说明转入方有出售该金融资产的实际能力，同时表明企业(转出方)已放弃对该金融资产的控制，从而应终止确认所转移的金融资产。

转入方是否能够将转入的金融资产整体出售给与其不存在关联方关系的第三方，应当关注该金融资产是否存在活跃市场，即使合同约定转入方有权处置该金融资产，也不表明转入方有“实际能力”。

转入方是否能够单独出售所转入的金融资产且没有额外条件对此加以限制(是否可以自由地处置所转入金融资产)，主要关注是否存在与出售密切相关的约束性条款。比如，转入方出售转入的金融资产时附有一项看涨期权，且该看涨期权又是重大价内期权，以至于可以认定转入方将来很可能会行权。在这种情况下，不表明转入方有出售金融资产的实际能力。

2. 企业未放弃对该金融资产控制的,应当按照其继续涉入该金融资产的程度确认有关金融资产

继续涉入所转移金融资产的程度,是指该金融资产价值变动使企业面临的风险水平。

(四) 企业在判断金融资产转移是否满足准则规定的金融资产终止确认条件时,应当注重金融资产转移的实质

1. 在附回购协议的金融资产出售中,转出方将予回购的资产与售出的金融资产相同或实质上相同、回购价格固定或是原售价加上合理回报的,不应当终止确认所出售的金融资产,如采用买断式回购、质押式回购交易卖出债券等。

2. 转出方在金融资产转移后只保留了优先按照公允价值回购该金融资产的权利的(在出售方出售该金融资产的情况下),应当终止确认所转移的金融资产。

3. 在采用保留次级权益或提供信用担保等进行信用增级的金融资产转移中,转出方只保留了所转移金融资产所有权上的部分(非几乎所有)风险和报酬且能控制所转移金融资产的,应当按其继续涉入所转移金融资产的程度确认相关资产和负债。

三、金融资产转移的计量

(一) 金融资产整体转移满足终止确认条件

1. 金融资产整体转移满足终止确认条件的,应当将下列两项金额的差额计入当期损益。

(1) 所转移金融资产的账面价值;

(2) 因转移而收到的对价,与原直接计入所有者权益的公允价值变动累计额(涉及转移的金融资产为可供出售金融资产的情形)之和。用公式表示为

金融资产整体转移的损益=因转移收到的对价+原直接计入所有者权益的公允价值变动累计利得(如为累计损失,应为减项)-所转移金融资产的账面价值

其中:

因转移收到的对价=因转移交易收到的价款+新获得金融资产的公允价值+因转移获得服务资产的公允价值-新承担金融负债的公允价值-因转移承担的服务负债的公允价值。其中新获得的金融资产或承担的金融负债,包括看涨期权、看跌期权、担保负债、远期合同、互换等。

原直接计入所有者权益的公允价值变动累计利得或损失,是指所转移金融资产(可供出售金融资产)转移前公允价值变动直接计入所有者权益的累计额。

【例 9-14】 A 企业持有 B 企业的少量股票,这些股票原来被归类为可供出售的金融

资产。在20×8年12月31日，股票的公允价值为25 000元，并按其调整了账面价值。已确认为所有者权益的累计利得为5 000元(根据规定，可供出售的金融资产的后续计量采用公允价值，公允价值变动形成的利得或损失、除减值损失和外币货币性金融资产形成的汇兑损益外，应当直接计入所有者权益)。

20×9年1月1日，企业将该股票出售，获得现金25 050元，则企业应当计入转让当期的损益为：25 050+5 000－25 000＝5 050(元)

2. 因金融资产转移获得了新金融资产或承担了新金融负债的，应当在转移日按照公允价值确认该金融资产或金融负债(包括看涨期权、看跌期权、担保负债、远期合同、互换等)，并将该金融资产扣除金融负债后的净额作为上述对价的组成部分。

企业与金融资产转入方签订服务合同提供相关服务的(包括收取该金融资产的现金流量，并将所收取的现金流量交付给指定的资金保管机构等)，应当就该服务合同确认为一项服务资产或服务负债。服务负债应当按照公允价值进行初始计量，并作为上述对价的组成部分。

3. 账务处理

企业处置交易性金融资产、持有至到期投资、贷款和应收款项、可供出售金融资产时，应按取得的价款，借记“银行存款”等科目，按计提的金额资产减值准备金额，借记“持有至到期投资减值准备”、“坏账准备”等科目，按原计入所有者权益的金额，借记或贷记“资本公积”科目(对可供出售金融资产来讲)，按金融资产的账面余额，贷记“交易性金融资产”、“持有至到期投资”、“贷款”、“可供出售金额资产”等科目，按其差额，贷记或借记“投资收益”科目。

【例9-15】 20×9年12月31日，甲上市公司决定出售持有的某持有至到期投资，收到价款432 000元，该持有至到期投资账面余额为324 000元，已计提减值准备2 000元。假定不考虑其他因素，甲上市公司的会计处理如下。

借：银行存款 432 000

　　持有至到期投资减值准备 2 000

　贷：持有至到期投资 324 000

　　　投资收益 110 000

(二) 金融资产部分转移满足终止确认条件

1. 金融资产部分转移满足终止确认条件时账面价值的分摊和损益的确定

金融资产部分转移满足终止确认条件的，应当将所转移金融资产整体的账面价值，在终止确认部分和未终止确认部分(在此种情况下，所保留的服务资产应当视同未终止确认金融资产的一部分)之间，按照各自的相对公允价值进行分摊，并将下列两项金额的差额计入当期损益：

(1) 终止确认部分的账面价值；

(2) 终止确认部分的对价，与原直接计入所有者权益的公允价值变动累计额中对应终止确认部分的金额(涉及转移的金融资产为可供出售金融资产的情形)之和。

【例 9-16】 A 企业以 10%的利率贷出 10 000 元的可提前清偿贷款，预计年限为 9 年。A 企业把 90%的本金和利率为 8%的利息出售给 B 企业，而且继续对该贷款提供服务。合约规定，对 A 企业提供的服务的补偿是未出售的利率，即 2%的利息。相关公允价值为：现金收入 9 100 元，服务性资产 900 元，保留的 10%利息 1 000 元，见表 9-4。

表 9-4　基于公允价值的账面价值　　元

项　目	公允价值	占公允价值比重/%	分配的账面价值
售出的贷款	9 100	83	8 300
服务性资产	900	8	800
保留的 10%利息	1 000	9	900
合　计	11 000	100	10 000

在例 9-16 中，由于 A 企业已经转移了对贷款售出部分的几乎所有的风险和报酬，并且不再对售出的贷款实施控制，满足终止确认的条件，终止确认部分的账面价值为 8 300 元，应该计入损益的金额＝收到的对价－售出贷款的账面金额＝9 100－8 300＝800(元)。

2. 未终止确认部分的公允价值确定原则

将所转移金融资产整体的账面价值相对公允价值在终止确认部分和未终止确认部分之间进行分摊时，未终止确认部分的公允价值按照下列规定确定。

(1) 企业出售过与未终止确认部分类似的金融资产，或发生过与未终止确认部分相关的其他市场交易，应当按照最近交易价格确定。

(2) 未终止确认部分在活跃市场上没有报价，且最近市场上也没有与其相关的实际交易价格的，应当按照所转移金融资产整体的公允价值扣除终止确认部分的对价后的余额确定。该金融资产整体的公允价值却是难以合理确定的，按照金融资产整体的账面价值扣除终止确认部分的对价后的余额确定。

四、对转让的金融资产继续涉入(continuing involvement)的处理

1. 企业仍保留所转移金融资产所有权上几乎所有风险与报酬的，应当继续确认所转移金融资产整体，并将收到的对价单独确认为一项金融负债。

此类金融资产转移具有融资性质，不能将满足上述要求的金融资产与确认的相关金融负债相互抵消。比如，企业将国债卖出后又承诺将以固定价格买回，因卖出国债所收到

的款项应单独确认为一项金融负债。在随后的会计期间,企业应当继续确认该金融资产产生的收入和该金融负债产生的费用。所转移的金融资产以摊余成本计量的,确认的相关负债不得直接指定为以公允价值计量且其变动计入当期损益的金融负债。

2. 企业既没有转移也没有保留金融资产所有权上几乎所有的风险和报酬,且未放弃对该金融资产的控制的,应当在转移日按其继续涉入所转移金融资产的程度确认相关资产和负债,并充分反映保留的权利和承担的义务。

企业通过对所转移金融资产提供财务担保的方式继续涉入的,应当在转移日按金融资产的账面价值和财务担保金额两者之中的较低者,确认继续涉入形成的资产。同时按财务担保金额和财务担保合同的公允价值(通常为提供担保的收费)之和确认继续涉入形成的负债。财务担保金额,指企业所收到的对价中,将被要求偿还的最高金额。

在随后的财务报告期间内,财务担保合同的初始公允价值应当在该财务担保合同期间内按时间比例摊销,确认为相应期间的收入。因担保形成的资产的账面价值,应当在资产负债表日进行减值测试。

3. 企业因卖出一项看跌期权或持有一项看涨期权,使所转移金融资产不符合终止确认条件,且按照摊余成本计量该金融资产的,应当在转移日按照收到的对价确认继续涉入形成的负债。

所转移金融资产在期权到期日的摊余成本和继续涉入形成的负债初始交易确认金额之间的差额,应当采用实际利率法摊销,计入当期损益。同时,调整继续涉入所形成负债的账面价值。相关期权行权的,应当在行权时,将继续涉入形成负债的账面价值与行权价格之间的差额计入当期损益。

【例 9-17】 A 企业转让了某项金融资产给 B 企业,同时与 B 企业签订一项看跌期权合约。该金融资产在转让时的摊余成本和账面金额是9 700元,而收到的对价是 9 500 元,行权日该资产的摊余成本是 10 000 元,相关负债的初始账面金额为 9 500 元,9 500 元与 10 000 元之间的差额,采用实际利率法确认为损益。如果行使期权,则相关负债与行权价格之间的差额计入损益。

4. 企业因持有一项看涨期权使所转移金融资产不满足终止确认条件,且按照公允价值计量该金融资产的,应当在转移日仍按照公允价值确认所转移金融资产,同时按照相应规定计量继续涉入形成的负债。

(1) 该期权是价内或平价期权的,应当按照期权的行权价格扣除期权的时间价值后的余额,计量继续涉入形成的负债。

(2) 该期权是价外期权的,应当按照所转移金融资产的公允价值扣除期权的时间价值后的余额,计量继续涉入形成的负债。

【例 9-18】 A 企业转让了某项金融资产给 B 企业,同时双方签订一项看涨期权合

约。在转让日该资产在公允价值为 9 000 元，期权的行权价格为 9 800 元，期权的时间价值为 600 元，则相关负债的账面价值为 8 400 元(9 000－600)，被转让资产的账面金额为 9 000 元(等于该转让资产的公允价值)。

5. 企业因卖出一项看跌期权使所转移金融资产不满足终止确认条件的，且按照公允价值计量该金融资产的，应当在转移日按照该金融资产的公允价值和该期权行权价格之间的较低者，确认继续涉入形成的资产；同时，按照该期权的行权价格与时间价值之和，确认继续涉入形成的负债。

6. 企业因卖出一项看跌期权和购入一项看涨期权(即上下期权)使所转移金融资产不满足终止确认条件，且按照公允价值计量该金融资产的，应当在转移日仍按照公允价值确认所转移金融资产，同时，按照相应规定计量继续涉入形成的负债。

(1) 该看涨期权是价内或平价期权的，应当按照看涨期权的行权价格和看跌期权的公允价值之和，扣除看涨期权的时间价值后的金额，计量继续涉入形成的负债。

(2) 该看涨期权是价外期权的，应当按照所转移金融资产的公允价值总额和看跌期权的公允价值之和，扣除看涨期权的时间价值后的金额，计量继续涉入形成的负债。

【例 9-19】 A 企业转让了某项以公允价值计量的金融资产，同时购入了一项行权价为 1 500 元的买入期权，并卖出了一项行权价格为 1 000 元的卖出期权。假定，在转让日，该金融资产的公允价值为 1 200 元，卖出期权和买入期权的时间价值分别为 50 元和 80 元。

此时，A 企业应该确认一项 1 200 元的金融资产(按该资产的公允价值)和一项 1 170 元[(1 200＋50)－80]的负债。

企业应当对因继续涉入所转移金融资产形成的有关资产确认相关收入，对继续涉入形成的有关负债确认相关费用。继续涉入所形成的相关资产和负债不应当相互抵消，其后续计量适用《企业会计准则——金融工具确认和计量》。

企业仅继续涉入所转让金融资产的一部分的，比照金融资产部分转移满足终止确认条件的情况进行处理。

【例 9-20】 假设 A 银行有一项可提前偿付的贷款组合，其票面利率和实际利率是 10%，本金和摊余成本是 10 000 元。A 银行达成一项交易，在这项交易中，受让人支付 9 115元现金，以取得收取 9 000 元本金和按照 9.5%计算的这部分本金利息的权利，银行则保留了收取 1 000 元本金加上按照 10%计算的这部分本金利息和剩余 9 000 元本金 0.5%的利率差价部分。收到的提前支付款按照 1∶9 的比例在 A 银行和转入方之间分配。但是，所有的拖欠从 A 银行保留的对 1 000 元本金所拥有的权益中扣除，直至全部扣除完毕。交易日贷款的公允价值是 10 100 元，0.5%的利率差价的估计公允价值是 40 元。

A 银行判定自己已经转移了部分所有权上的重大风险和报酬(例如,重大的提前偿付风险),但是也保留了某些所有权上的重大风险和报酬(A 银行将被转移资产的部分剩余权益次级化以向转入方提供财务担保),并保留了控制。因此,A 银行转移了部分资产,并继续涉入所转移资产的剩余部分。

A 银行可分析此交易为:①转移了 90%份额的该项金融资产所有权上的重大风险和报酬,即 90%的金融资产符合终止确认条件;②完全成比例的保留 1 000 元的剩余权益且将该剩余权益次级化以向转入方提供财务担保,即继续涉入转移资产的 10%。

A 银行计算所收到的对价 9 115 元中有 9 090 元(90%×10 100)代表了完全成比例的 90%的份额的对价。所收到的对价中的剩余部分 25 元(9 115－9 090)代表提供财务担保所收到的对价。此外,提供财务担保所收取的对价还包括 0.5%的利率差价。因此,因提供财务担保所获得的总对价是 65 元(25＋40)。

A 银行要计算其出售 90%份额现金流量的损益。假定在转让日无法确定被转让的 90%部分和留存的 10%部分的个别公允价值,根据准则,企业将所转移金融资产的公允价值在终止确认部分和未终止确认部分进行分摊时,未终止确认部分在活跃市场上没有报价且最近市场上也没有与其有关的实际成交价格的,该未终止确认部分的公允价值按所转移金融资产整体的公允价值扣除终止确认部分的对价之后的差额确定,因此,未终止确认部分的公允价值按照所转移金融资产整体的公允价值(10 100 元)扣除终止确认部分的对价 9 090 元之后的差额确定,即留存部分估计的公允价值为 1 010 元。

根据准则,企业只继续涉入所转移金融资产一部分的,应当将所转移金融资产的账面价值,在终止确认部分和因继续涉入仍确认部分之间,按转移日各自的相对公允价值进行分摊。A 银行应该分配该资产的账面金额如表 9-5 所示。

表 9-5 基于公允价值的账面价值

元

项　目	估计的公允价值	百分比/%	分配后的账面金额
被转移部分	9 090	90	9 000
留存部分	1 010	10	1 000
合　计	10 100	100	10 000

A 银行通过从所收到的对价中扣除分配给被转让部分的账面金额来计算出售现金流量 90%份额的利得或损失,即 90 元(9 090－9 000)。A 银行留存部分的账面金额为1 000元。

另外,根据准则,企业通过对所转移金融资产提供财务担保的方式继续涉入的,应当在转移日按该信贷资产的账面价值和财务担保金额两者之中较低者,确认继续涉入形成的资产,同时按财务担保金额和财务担保合同的公允价值之和确认继续涉入形成的负债。

财务担保金额，指企业所收到的对价中，将被要求偿还的最高金额。此例中，所有的拖欠从A银行保留的对1 000元本金所拥有的权利中扣除，直到全部扣除完毕。因此财务担保金额为1 000元，转移的金融资产的账面价值为9 000元，财务担保金额较低，因此A银行应确认1 000元因继续涉入形成的资产；财务担保合同的公允价值为65元，A银行应确认1 065元的相关负债。A银行利用上述信息对交易进行的核算，会计处理如表9-6所示。

表9-6 A银行的会计处理 元

项 目	借 方	贷 方
原始资产		9 000
因次级化剩余权益而确认的资产	1 000	
以利率差价形式收取对价形成的资产	40	
转让收益		90
相关负债		1 065
收到的现金	9 115	
合 计	10 155	10 155

在交易完成之后，资产的账面金额是2 040元，其中1 000元代表了分配给留存部分的成本，1 040元代表了企业为信用提供担保而将剩余权益次级化形成的继续涉入(其中包括利率差价40元)。

在随后的报告期间内，财务担保合同的初始公允价值(65元)应当在该财务担保合同期间内按比例进行摊销，确认为各期收入；因担保形成的资产的账面价值应当在会计期末进行减值测试。

7. 企业向金融资产转入方提供了非现金担保物(如债务工具或权益工具投资等)的，企业和转入方应当按照下列规定处理：

(1) 转入方按照合同或惯例有权出售该担保物或将其作为担保物的，企业应当将该非现金担保物在资产负债中重新归类，并单独列示。

(2) 转入方已将该担保物出售的，转入方应当就归还担保物义务，按照公允价值确认一项负债。

(3) 企业违约，丧失了赎回担保物权利的，应当终止确认该担保物；转入方应当按照公允价值将该担保物确认为一项资产。转入方已出售该担保物的，转入方应当终止确认归还担保物的义务。

(4) 除上述(3)所涉及的情况外，企业应当继续将担保物确认为一项资产。

第四节　套期保值会计

一、套期保值概述

（一）套期保值的分类

按照套期关系可以将企业为规避资产、负债、确定承诺、很可能发生的预期交易，或者在境外经营的净投资有关的外汇风险、利率风险、股票价格风险、信用风险等而开展的套期保值业务，划分为公允价值套期、现金流量套期和境外经营净投资套期。

1. **公允价值套期**(fair value hedge)　是指对已确认资产或负债、尚未确认的确定承诺，或该资产或负债、尚未确认的确定承诺中可辨认部分的公允价值变动风险进行的套期。该类价值变动源于某类特定风险，且将影响企业的损益。如对固定利率债券因市场利率变化形成的公允价值变动风险进行套期；对航空公司已签订合同将于未来确定日期以固定价格购买飞机业务因汇率变动形成的公允价值变动风险进行套期，就属于公允价值套期的例子。

【例 9-21】　20×8 年 12 月 1 日，A 公司销售某种商品给美国进口商，货款总计为 240 000美元，合同约定于 20×9 年 1 月 30 日以美元结算。为规避美元远期汇率贬值的风险，在出口交易当天，A 公司与银行签订了卖出金额为 240 000 美元、期限为 60 天的远期合同。通过签订远期合同，A 公司可以有效地规避美元贬值的风险。在结算日，A 公司只需以固定的远期汇率卖出美元即可，使公司规避了汇率下降可能带来的损失。

2. **现金流量套期**(cash flow hedge)　是指对现金流量变动风险进行的套期。该类现金流量变动源于与已确认资产或负债、很可能发生的预期交易有关的某类特定风险，且将影响企业的损益。如将浮动利率负债利用利率互换转换成固定利率负债以应对现金流量变动风险进行的套期；对航空公司预期从境外购入飞机业务有关的现金流量变动风险进行套期，就属于现金流量套期的例子。

【例 9-22】　20×7 年 7 月 1 日，B 公司投资 2 000 万美元于浮动利率公司债。债券利息按每季度支付，利率为 3 个月美元 LIBOR＋2.25%；本金将于 20×9 年 6 月 30 日支付。由于以浮动利率收取利息，因此利息现金流入也将随之波动。为确保利息水平保持在一个稳定的水平，B 公司签订了一份 2 年期、按固定利率 6.65%收取利息、按浮动利率 3 个月美元 LIBOR＋2%支付利息的利率互换协议。利率互换协议签订后，B 公司便将债券利率固定在 6.9%这个水平。在这个例子中，甲公司签订的利率互换协议，是针对债券投资利息现金流量波动的套期工具，相关的套期属于现金流量套期。

3. **境外经营净投资套期**(hedge of a net investment in a foreign operation)　是指对境外经营净投资外汇风险进行的套期。境外经营净投资，是指企业在境外经营净资产中的权益份额。

(二) 套期工具和被套期项目

1. 套期工具

套期工具(hedging instruments) 是指企业为进行套期而指定的、其公允价值或现金流量变动预期可抵消被套期项目的公允价值或现金流量变动的衍生工具,对外汇风险进行套期还可以将非衍生金融资产或非衍生金融负债作为套期工具。

衍生工具通常可以作为套期工具。衍生工具包括远期合同、期货合同、互换和期权,以及具有远期合同、期货合同、互换和期权中一种或一种以上特征的工具。例如,企业为规避库存铜品价格下跌的风险,可以通过卖出一定数量铜品的期货合同实现,其中,卖出铜品的期货合同即是套期工具。衍生工具如无法有效地降低被套期项目的风险,不能作为套期工具。例如,对于利率上下限期权或由一项发行的期权和一项购入的期权组成的期权,其实质相当于企业发行一项期权的(即企业收取了净期权费),不能将其指定为套期工具。非衍生金融资产或非衍生金融负债不能作为套期工具,但被套期风险为外汇风险的除外。

企业在确定套期关系时,对于符合套期工具条件的衍生工具,在套期开始时,通常应当将其整体或其一定比例(不含套期工具整体或其一定比例)指定为套期工具,但下列情况除外:

(1) 对于期权,企业可以将期权的内在价值和时间价值分开,只就内在价值变动将期权指定为套期工具。

(2) 对于远期合同,企业可以将远期合同的利息和即期价格分开,只就即期价格变动将远期合同指定为套期工具。

企业通常可将单项衍生工具指定为对一种风险进行套期。附有多种风险的衍生工具也可以被指定为对一种以上风险进行套期,前提是可以清晰地辨认这些被套期风险,可以证明套期有效性,同时可以确保该衍生工具与不同风险之间存在具体指定关系。例如,某企业的记账本位币是人民币,发行了一批 5 年期美元浮动利率债券。为规避该金融负债的外汇风险和利率风险,该企业与某金融企业签订一项交叉货币利率互换合同,并将其指定为套期工具,定期收取浮动利率美元利息,支付固定利率人民币利息。执行此项合同后,该企业将从金融企业定期收到浮动利率美元利息,以支付债券持有者,并按固定利率支付人民币利息给金融企业。在此例中,该企业将浮动利率美元利息转化成了固定利率人民币利息,从而规避了美元对人民币的汇率及美元利率变动风险。

2. 被套期项目

被套期项目(hedged items) 是指使企业面临公允价值或现金流量变动风险,且被指定为被套期对象的下列项目：

（1）单项已确认资产、负债、确定承诺、很可能发生的预期交易，或境外经营净投资。确定承诺，是指在未来某特定日期或期间，以约定价格交换特定数量资源、具有法律约束力的协议。预期交易，是指尚未承诺但预期会发生的交易。

（2）一组具有类似风险特征的已确认资产、负债、确定承诺、很可能发生的预期交易，或境外经营净投资。

（3）分担同一被套期利率风险的金融资产或金融负债组合的一部分（仅适用于利率风险公允价值组合套期）。

根据上述被套期项目的定义，库存商品、持有至到期投资、可供出售金融资产、贷款、长期借款、预期商品销售、预期商品购买、对境外经营净投资等，如符合相关条件，均可作为被套期项目。

企业通常将单项已确认资产、负债、确定承诺、很可能发生的预期交易或境外经营净投资等指定为被套期项目。金融资产或金融负债组合也可以整体指定为被套期项目，但该组合中的各单项金融资产或单项金融负债应当共同承担被套期风险，且该组合内各单项金融资产或单项金融负债由被套期风险引起的公允价值变动，应当预期与该组合由被套期风险引起的公允价值整体变动基本成比例。例如，当被套期组合整体因被套期风险形成的公允价值变动10%时，该组合中各单项金融资产或单项金融负债因被套期风险形成的公允价值变动通常应限制在9%～11%的较小范围内。

（三）套期会计方法的运用

1. 套期会计方法

套期会计方法(hedge accounting)　是指在相同会计期间将套期工具和被套期项目公允价值变动的抵消结果计入当期损益的方法。

套期会计方法将套期工具和被套期项目作为一个经济组合来进行会计处理，从而将套期工具和被套期项目的会计处理紧密联系在一起。套期会计是一种特殊的会计处理方法，它改变了套期工具和被套期项目的常规确认、计量程序，使得套期工具和被套期的相互抵消的损益能在同期计入利润表。因此，在套期会计下，企业如果注重风险管理，采用了有效的套期策略，即使被套期项目产生了大幅度的盈余波动，在财务报表上它依然能得到预计的收益，从而真实公允地反映了企业进行风险管理的努力和效果。

例如，某企业拟对6个月之后很可能发生的贵金属销售进行现金流量套期，为规避相关贵金属价格下跌的风险，该企业可以现在买入相同数量的该种贵金属期货合同，并指定为套期工具。资产负债表日(假定预期贵金属销售尚未发生)，期货合同的公允价值上涨了100万元，对应的贵金属预期销售价格的现值下降了100万元。假定上述套期符合运用套期会计方法的条件，该企业可以将期货合同的公允价值变动计入所有者权益（其他资本公积），待预期销售交易实际发生时，再转出调整销售收入。

套期会计产生的根本原因是常规会计存在着确认脱节和计量脱节，导致套期工具和被套期项目的相互抵消的损益不能计入同一期间的会计盈余。所谓确认脱节，是指在传统会计下，套期工具及其产生的损益已在资产负债表或利润表中确认，而被套期项目及其对冲损益却不能确认。例如，企业利用外币远期合同来对其以外币结算的预期销售进行套期时，常规会计要求远期合同的损益立即在当期利润表中反映，而预期销售却还未发生，因此不能在当期确认对冲损益。所谓计量脱节，是指在常规会计下，作为套期工具的衍生金融工具以公允价值来计量，而被套期项目却很可能是不以公允价值计量的其他金融工具（如持有至到期日的投资、贷款和应收款项），甚至是非金融工具（如存货、固定资产、确定承诺和预期交易等），从而造成计量属性上的不配比，使得对冲损益不能同时反映。例如，企业发行了固定利率债券，为管理这些债券遭受的利率风险敞口，它与另一方签订了收款固定付款变动的利率互换协议。由于利率互换协议以公允价值计量，而固定利率债券以摊余成本计量，因此，市场利率变动而带来的互换协议损益可以及时地在利润表中得到反映，而固定利率债券公允价值的变动带来的对冲损益却不能在当期计入盈余，从而造成套期工具和被套期项目的反映脱节。实施套期会计的目的就是要改变这种脱节处理，使套期工具和被套期项目的对冲损益能在同期确认。

2. 套期会计方法的适用条件

套期关系只有符合以下全部条件时，企业才能运用套期会计方法进行处理。

(1) 在套期开始时，企业对套期关系（即套期工具和被套期项目之间的关系）有正式指定，并准备了关于套期关系、风险管理目标和套期策略的正式书面文件。该文件至少载明了套期工具、被套期项目、被套期风险的性质以及套期有效性评价等内容。套期必须与具体可辨认并被指定的风险有关，且最终影响企业的损益。

(2) 该套期预期高度有效，且符合企业最初为该套期关系所确定的风险管理策略。

(3) 对预期交易的现金流量套期，预期交易应当很可能发生，且必须使企业面临最终将影响损益的现金流量变动风险。

(4) 套期有效性可以可靠计量，即归属于被套期风险的被套期项目公允价值或现金流量变动能够可靠地计量，以及套期工具的公允价值能够可靠地计量。

(5) 企业应当持续地对套期有效性进行评价，并确保该套期在套期关系被指定的会计期间内高度有效。

3. 套期有效性评价

套期有效性，指套期工具的公允价值或现金流量变动，能够抵消被套期风险引起的被套期项目公允价值或现金流量变动的程度。根据准则的规定,企业应当持续地对套期有效性进行评价,并确保该套期关系在被指定的会计期间高度有效。套期关系符合以下全部条件时,表明该套期关系高度有效。

(1) 在套期开始及随后套期关系存续期内,该套期预期会很有效地抵消被套期风险引起的公允价值或现金流量变动。

(2) 实际抵消结果在80%～125%的范围内。

比如,如果套期的实际效果是:套期工具的损失为120元,而被套期项目的利得是100元,则抵消可以计为120/100(即为120%)或者100/120(即为83%)。在本例中,同时满足条件(1),则主体可以断定该套期是有效的。

常见的套期有效性评价主要有如下方法。

① 主要条款比较法

主要条款比较法,是通过比较套期工具和被套期项目的主要条款,以确定套期是否有效的方法。如果套期工具和被套期项目的所有主要条款均能准确地匹配,可认定因被套期风险引起的套期工具和被套期项目公允价值或现金流量变动可以相互抵消。套期工具和被套期项目的"主要条款"包括:名义金额或本金、到期期限、内含变量、定价日期、商品数量、货币单位等。

② 比率分析法

比率分析法,是通过比较被套期风险引起的套期工具和被套期项目公允价值或现金流量变动比率,以确定套期是否有效的方法。运用比率分析法时,企业可以根据自身风险管理政策的特点选择以累积变动数(即自套期开始以来的累积变动数)为基础比较,或以单个期间变动数为基础比较。如果上述比率在80%～125%的范围内,可以认定套期是高度有效的。

③ 回归分析法

回归分析法是在掌握一定数量观察数据基础上,利用数理统计方法建立自变量和因变量之间回归关系函数的方法。将此方法运用到套期有效性评价中,需要分析套期工具和被套期项目价值变动之间是否具有高度相关性,进而判断套期是否有效。运用回归分析法,自变量反映被套期项目公允价值变动或预计未来现金流量现值变动,因变量反映套期工具公允价值变动。相关回归模型如下:

$$y = kx + b + e$$

其中:

y——因变量,即套期工具的公允价值变动;

k——回归直线的斜率,反映套期工具价值变动/被套期项目价值变动的比率;

b——y轴上的截距;

x——被套期风险引起的被套期项目价值变动；

e——均值为零的随机变量，服从正态分布。

企业运用线性回归分析确定套期有效性时，套期只有满足以下全部条件才能认为是高度有效的：

① 回归直线的斜率必须为负数，且数值应在－0.8～－1.25 之间；

② 决定系数(R^2)应大于 0.96，该系数反映 y 和 x 之间的相关性，其数值越大，表明回归模型对观察数据的拟合越好，用回归模型进行预测效果也就越好；

③ 整个回归模型的统计有效性(F 测试)必须是重大的。

二、公允价值套期的会计处理

1. 公允价值套期满足运用套期会计方法条件的，应当按照下列规定处理。

(1) 套期工具为衍生工具的，套期工具公允价值变动形成的利得或损失应当计入当期损益；套期工具为非衍生工具的，套期工具账面价值因汇率变动形成的利得或损失应当计入当期损益。

(2) 被套期项目因被套期风险形成的利得或损失应当计入当期损益，同时调整被套期项目的账面价值。被套期项目为按成本与可变现净值孰低进行后续计量的存货、按摊余成本进行后续计量的金融资产或可供出售金融资产的，也应当按此规定处理。

可以看出，公允价值套期的会计核算主要分两部分：第一部分是套期工具的处理，套期工具的计量基础通常是公允价值，期末原账面价值应调整为公允价值。而且不论套期有效与否，其公允价值变动所导致的未实现损益，均应计入当期损益。第二部分是被套期项目的处理，与套期工具相对应，被套期项目不论其原有的计量基础是历史成本，还是公允价值，其期末账面价值也应调整为期末公允价值。且其公允价值变动所导致的未实现损益，也应当计入当期损益。

【例 9-23】 因利率变动而引起的固定利率债券投资公允价值变动风险的套期

20×8 年 11 月 24 日，投资者购买了债务性证券 10 000 元，并归类为可供出售金融资产。20×8 年年末，该债券的现行公允价值是 11 000 元。20×9 年 2 月 12 日，为了对该债券投资进行套期保值，投资者购买了衍生工具(如出售 11 000 元债券的远期合同)建立套期。到 20×9 年年末，衍生工具有利得 500 元，而债务性证券的公允价值降低了相同的金额。

投资者应作如下会计处理。

(1) 20×8 年 11 月 24 日，投资者购买债券

借：可供出售金融资产——成本　　10 000

　贷：银行存款　　10 000

(2) 20×8 年年末反映证券公允价值的增加

借：可供出售金融资产——公允价值变动　　1 000

　贷：资本公积——其他资本公积　　1 000

(3) 20×9 年 2 月 12 日，假定签订衍生工具合同未发生成本，不必为衍生工具合同编制会计分录，只需将"可供出售金融资产"转入"被套期项目"。

借：被套期项目——可供出售金融资产　　11 000

　贷：可供出售金融资产——成本　　10 000

　　可供出售金融资产——公允价值变动　　1 000

(4) 投资者 20×9 年年末反映衍生工具公允价值的增加，以及债务性证券投资公允价值的减少。

借：套期工具——出售债券远期合同　　500

　贷：公允价值变动损益——套期损益　　500

借：公允价值变动损益——套期损益　　500

　贷：被套期项目——可供出售金融资产　　500

到 20×9 年年末，债务性证券投资的账面金额是 10 500 元，其利得 1 000 元在证券售出前在权益中列示；衍生资产的账面金额是 500 元。在这里应注意的是作为被套期项目的可供出售金融资产的公允价值变动应直接计入当期损益，而不像正常的会计处理方法那样计入权益中。这种例外正好体现了套期会计方法的特点，使套期工具和被套期项目上的公允价值变动相配比，计入相同会计期间。

2. 对于金融资产或金融负债组合一部分的利率风险公允价值套期，被套期项目的利得或损失可按下列方法处理。

(1) 被套期项目在重新定价期间内是资产的，在资产负债表中资产项下单列项目反映(列在金融资产后)，待终止确认时转销。

(2) 被套期项目在重新定价期间内是负债的，在资产负债表中负债项下单列项目反映(列在金融负债后)，待终止确认时转销。

3. 满足下列条件之一的，企业不应当再按照公允价值套期进行会计处理。

(1) 套期工具已到期、被出售、合同终止或已行使。套期工具展期或被另一项套期工具替换时，展期或替换是企业正式书面文件所载明的套期策略组成部分的，不作为已到期或合同终止处理。

(2) 该套期不再满足规定的运用套期会计方法的条件。

(3) 企业撤销了对套期关系的指定。

4. 被套期项目是以摊余成本计量的金融工具的，对被套期项目账面价值所作的调整，应当按照调整日重新计算的实际利率在调整日至到期日进行摊销，计入当期损益。

对利率风险组合的公允价值套期，在资产负债表中单列的相关项目，也应当按照调整日重新计算的实际利率在调整日至相关的重新定价期间结束日的期间内摊销。采用实际利率法进行摊销不切实可行的，可以采用直线法进行摊销。上述调整金额应当于金融工具到期日前摊销完毕；对于利率风险组合的公允价值套期，应当于相关重新定价期间结束日前摊销完毕。

5. 被套期项目为尚未确认的确定承诺的，该确定承诺因被套期风险引起的公允价值变动累计额应当确认为一项资产或负债，相关的利得或损失应当计入当期损益。

6. 在购买资产或承担负债的确定承诺的公允价值套期中，该确定承诺因被套期风险引起的公允价值变动累计额(已确认为资产或负债)，应当调整履行该确定承诺所取得的资产或承担的负债的初始确认金额。

三、现金流量套期的会计处理

1. 现金流量套期满足运用套期会计方法条件的，应当按照下列规定处理。

(1) 套期工具利得或损失中属于有效套期的部分，应当直接确认为所有者权益，并单列项目反映。该有效套期部分的金额，按照下列两项的绝对额中较低者确定：①套期工具自套期开始的累计利得或损失；②被套期项目自套期开始的预计未来现金流量现值的累计变动额。

(2) 套期工具利得或损失中属于无效套期的部分(即扣除直接确认为所有者权益后的其他利得或损失)，应当计入当期损益。

(3) 在风险管理策略的正式书面文件中，载明了在评价套期有效性时将排除套期工具的某部分利得或损失或相关现金流量影响的，被排除的该部分利得或损失的处理适用《企业会计准则第22号——金融工具确认和计量》。

对确定承诺的外汇风险进行的套期，企业可以作为现金流量套期或公允价值套期处理。

2. 被套期项目为预期交易，且该预期交易使企业随后确认一项金融资产或一项金融负债的，原直接确认为所有者权益的相关利得或损失，应当在该金融资产或金融负债影响企业损益的相同期间转出，计入当期损益。但是，企业预期原直接在所有者权益中确认的净损失全部或部分在未来会计期间不能弥补时，应当将不能弥补的部分转出，计入当期损益。

3. 被套期项目为预期交易，且该预期交易使企业随后确认一项非金融资产或一项非金融负债的，企业可以选择下列方法处理。

(1) 原直接确认在所有者权益确认的相关利得或损失，应当在该非金融资产或非金融负债影响企业损益的相同期间转出，计入当期损益。但是，企业预期原直接在所有者权益中确认的净损失全部或部分在未来会计期间不能弥补时，应当将不能弥补的部分转出，计入当期损益。

(2) 将原直接在所有者权益中确认的相关利得或损失转出，计入该非金融资产或非金融负债的初始确认金额。

非金融资产或非金融负债的预期交易形成一项确定承诺时，该确定承诺满足套期会计方法条件的，也应当选择上述两种方法之一处理。企业选择上述两种处理方法之一作为会计政策后，应当一致地运用于相关的所有预期交易套期，不得随意变更。

【例 9-24】 20×9 年 1 月 31 日，某公司计划在 6 个月后采购 100 吨 A 材料，预计每吨价格为 1 200 元。公司签订了购买 100 吨同种等价 A 材料的期货合同(当时的公允价值为零)，用于对 100 吨 A 材料的预期采购进行套期保值。衍生工具结算和材料采购均在 20×9 年 7 月 31 日发生。当时，A 材料的价格为每吨 1 250 元。

(1) 20×9 年 1 月 31 日，签订衍生工具合同，因为没有发生成本，不必做会计分录。

(2) 20×9 年 7 月 31 日，套期工具(期货合同)的公允价值增加 5 000 元，即(1 250－1 200)×100＝5 000

借：套期工具——期货合同　　5 000

　贷：资本公积——其他资本公积　　5 000

采购 A 材料：

借：原材料——A 材料　　125 000

　贷：银行存款　　125 000

将套期工具上的利得计入资产的初始确认成本：

借：资本公积——其他资本公积　　5 000

　贷：原材料——A 材料　　5 000

结算衍生工具合同：

借：银行存款　　5 000

　贷：套期工具——期货合同　　5 000

该公司若在 20×9 年 1 月 31 日采购 100 吨 A 材料，将会支付 120 000 元现金。通过签订衍生工具合同，虽然 20×9 年 7 月 31 日的材料价格为 1 250 元，企业仍然只支付 120 000 元的现金，这体现出现金流量套期的价格锁定作用。

企业在采购材料时，也可以将套期工具上的利得直接计入当期损益。

4. 不属于现金流量套期的，原直接计入所有者权益中的套期工具利得或损失，应当在被套期预期交易影响损益的相同期间转出，计入当期损益。

5. 在下列情况下，企业不应当再按照现金流量套期的规定进行会计处理。

(1) 套期工具已到期、被出售、合同终止或已行使。套期工具展期或被另一项套期工

具替换，且展期或替换是企业正式书面文件所载明套期策略组成部分的，不作为已到期或合同终止处理。在套期有效期间计入所有者权益中的套期工具利得或损失不应当转出，直至预期交易实际发生时，再按照现金流量套期的有关规定进行会计处理。

(2) 该套期不再满足运用套期会计方法的条件。在套期有效期间直接计入所有者权益中的套期工具利得或损失不应当转出，直至预期交易实际发生时，再按照现金流量套期的有关规定进行会计处理。

(3) 预期交易预计不会发生。在套期有效期间直接计入所有者权益中的套期工具利得或损失应当转出，计入当期损益。

(4) 企业撤销了对套期关系的指定。对于预期交易套期，在套期有效期间直接计入所有者权益中的套期工具利得或损失不应当转出，直至预期交易实际发生或预计不会发生。预期交易实际发生的，按照现金流量套期的有关规定进行会计处理；预期交易预计不会发生的，原直接计入所有者权益中的套期工具利得或损失应当转出，计入当期损益。

四、对境外经营净投资的会计处理

对境外经营净投资的套期，应当按照类似于现金流量套期会计的规定处理。

1. 套期工具形成的利得或损失中属于有效套期的部分，应当直接确认为所有者权益，并单列项目反映。处置境外经营时，上述在所有者权益中单列项目反映的套期工具利得或损失应当转出，计入当期损益。

2. 套期工具形成的利得或损失中属于无效套期的部分，应当计入当期损益。

第五节 金融工具的列报和披露

一、金融工具的列报

企业发行的金融工具，应当按照该金融工具的实质，以及金融资产、金融负债和权益工具的定义，在初始确认时将该金融工具或其组成部分确认为金融资产、金融负债或权益工具。对金融负债和权益工具的具体区分见本章第一节。

金融资产和金融负债应当在资产负债表内分别列示，通常不得相互抵消。

(一) 下列条件同时满足的，应当以相互抵消后的净额在资产负债表内列示

1. 企业具有抵消已确认金额的法定权利，且该种法定权利现在是可执行的。抵消的法定权利，主要是指债务人根据相关合同或规定，可以用其欠债权人的金额抵消应收同一

债权人债权的权利。例如，从事证券经纪业务的证券公司，可以按照证券交易结算的相关规定，采用净额方式与证券登记公司进行结算。

2. 企业计划以净额结算，或同时变现该金融资产和清偿该金融负债。例如，甲公司与乙公司有长期合作关系，为简化结算，甲公司和乙公司合同明确约定，双方往来款项定期以净额结算(在法律上有效)。这种情况满足金融资产和金融负债相互抵消的条件，应当在资产负债表中以净额列示相关的应收款项或应付款项。

(二) 下列情况不符合金融资产和金融负债相互抵消的条件，不应相互抵消后以净额列示

1. 企业将浮动利率长期债券与收取浮动利息、支付固定利息的互换组合在一起，合成为一项固定利率长期债券。这种组合的各单项金融工具形成的金融资产或金融负债不能相互抵消。

2. 企业将某项金融资产充作金融负债的担保物，该金融资产不能与被担保的金融负债抵消。

3. 企业与外部交易对手进行多项金融工具交易，同时签订“总抵消协议”。根据该协议，一旦某单项金融工具交易发生违约或解约，企业可以将所有金融工具交易以单一净额进行结算，以减少交易对手可能无法履约造成损失的风险。因此，只有交易对手尚没有违约或解约时，相关的金融资产和金融负债才能相互抵消；否则，不得相互抵消。

4. 保险公司在保险合同下的应收分保保险责任准备金，不能与相关保险责任准备金抵消。

二、金融工具的披露

金融工具的披露，是指企业在附注中披露已确认和未确认金融工具的有关信息。企业所披露的金融工具信息，应当有助于财务报告使用者就金融工具对企业财务状况和经营成果影响的重要程度做出合理评价。

(一) 与金融工具有关的重要会计政策的披露

企业应当披露编制财务报表时对金融工具所采用的重要会计政策、计量基础等信息，主要包括：

1. 对于指定为以公允价值计量且其变动计入当期损益的金融资产或金融负债，应当披露下列信息。

(1) 指定的依据，即该指定可以消除或明显减少由于该金融资产或金融负债的计量基础不同所导致的相关利得或损失在确认或计量方面不一致的情况；或企业风险管理或

投资策略的正式书面文件已载明，该金融资产组合、该金融负债组合或该金融资产组合和金融负债组合，以公允价值为基础进行管理、评价并向关键管理人员报告。

(2) 指定的金融资产或金融负债的性质。

(3) 指定后如何消除或明显减少原来由于该金融资产或金融负债的计量基础不同所导致的相关利得或损失在确认或计量方面不一致的情况，以及是否符合企业正式书面文件载明的风险管理或投资策略的说明。

2. 指定金融资产为可供出售金融资产的条件。

3. 确定金融资产已发生减值的客观依据以及计算确定金融资产减值损失所使用的具体方法。

4. 金融资产和金融负债的利得和损失的计量基础，即是公允价值还是摊余成本。

5. 金融资产和金融负债终止确认条件，即企业已将金融资产所有权上几乎所有的风险和报酬转移给了转入方，或者收取该金融资产现金流量合同权利已经终止；金融负债的现时义务全部或部分已经解除。

6. 其他与金融工具相关的会计政策。

（二）指定为以公允价值计量且其变动计入当期损益的金融工具的披露

1. 企业将单项或一组贷款或应收款项指定为以公允价值计量且其变动计入当期损益的金融资产的，应当披露下列信息：

(1) 资产负债表日该贷款或应收款项使企业面临的最大信用风险敞口金额，以及相关信用衍生工具或类似工具分散该信用风险的金额。信用风险，是指金融工具的一方不能履行义务，造成另一方发生财务损失的风险。

(2) 该贷款或应收款项本期因信用风险变化引起的公允价值变动额和累计变动额，相关信用衍生工具或类似工具本期公允价值变动额以及自该贷款或应收款项指定以来的累计变动额。

2. 企业将某项金融负债指定为以公允价值计量且其变动计入当期损益的金融负债的，应当披露下列信息：

(1) 该金融负债本期因相关信用风险变化引起的公允价值变动额和累计变动额。

(2) 该金融负债的账面价值与到期日按合同约定应支付金额之间的差额。

（三）金融资产或金融负债的账面价值及相关损益

1. 企业应当披露下列金融资产或金融负债的账面价值。

(1) 以公允价值计量且其变动计入当期损益的金融资产；

(2) 持有至到期投资；

(3) 贷款和应收款项;

(4) 可供出售金融资产;

(5) 以公允价值计量且其变动计入当期损益的金融负债;

(6) 其他金融负债。

2. 企业应当披露与金融工具有关的下列收入、费用、利得或损失。

(1) 本期以公允价值计量且其变动计入当期损益的金融资产或金融负债、持有至到期的投资、贷款和应收款项、可供出售的金融资产、按摊余成本计量的金融负债的净利得或净损失;

(2) 本期按实际利率法计算确认的金融资产或金融负债利息收入总额或利息费用总额;

(3) 下列项目形成的、在确定实际利率时未包括的手续费收入或支出:以公允价值计量且其变动计入当期损益的金融资产或金融负债以外的金融资产或金融负债;企业为他人管理信托财产和其他托管行为;

(4) 已发生减值的金融资产产生的利息收入;

(5) 持有至到期投资、贷款和应收款项、可供出售的金融资产本期发生的减值损失。

(四) 有关金融资产或金融负债公允价值确定的信息披露

1. 企业应当按照每类金融资产和金融负债披露下列公允价值信息。

(1) 确定公允价值所采用的方法,包括全部或部分直接参考活跃市场中的报价或采用估值技术等。采用估值技术的,按照各类金融资产或金融负债分别披露相关估值假设,包括提前还款率、预计信用损失率、利率或折现率等。

(2) 公允价值是否全部或部分采用估值技术确定,而该估值技术没有以相同金融工具的当前公开交易价格和易于获得的市场数据作为估值假设。这种估值技术对估值假设具有重大敏感性的,披露这一事实及改变估值假设可能带来的影响,同时披露采用这种估值技术确定的公允价值的本期变动额计入当期损益的数额。

企业在判断估值技术对估值假设是否具有重大敏感性时,应当综合考虑净利润、资产总额、负债总额、所有者权益总额(适用于公允价值变动计入所有者权益的情形)等因素。

金融资产和金融负债的公允价值应当以总额为基础披露(在资产负债表中金融资产和金融负债按净额列示的除外),且披露方式应当有利于财务报告使用者比较金融资产和金融负债的公允价值和账面价值。

2. 对于不存在活跃市场的金融资产或金融负债,采用更公允的相同金融工具的公开交易价格或估值结果计量的,应当按照金融资产或金融负债的类别披露下列信息。

(1) 在损益中确认原实际交易价格与公允价值之间形成的差异所采用的会计政策;

(2) 该项差异的期初和期末余额。

3. 企业可以不披露下列金融资产和金融负债的公允价值信息。

(1) 其账面价值与公允价值相差很小的短期金融资产或金融负债；

(2) 活跃市场中没有报价的权益工具投资，以及与该权益工具挂钩并须通过交付该权益工具结算的衍生工具。

4. 企业应当披露在活跃市场中没有报价的权益工具投资，以及与该权益工具挂钩并须通过交付该权益工具结算的衍生工具有关的下列信息。

(1) 因公允价值不能可靠计量而未作相关公允价值披露的事实；

(2) 该金融工具的描述、账面价值以及公允价值不能可靠计量的原因；

(3) 该金融工具相关市场的描述；

(4) 企业是否有意处置该金融工具以及可能的处置方式；

(5) 本期已终止确认该金融工具的，应当披露该金融工具终止确认时的账面价值以及终止确认形成的损益。

（五）套期保值信息的披露

1. 企业应当就各类套期进行如下披露。

(1) 套期关系的描述；

(2) 套期工具的描述及其在资产负债表日的公允价值；

(3) 被套期风险的性质。

2. 企业应当披露与现金流量套期有关的下列信息。

(1) 现金流量预期发生及其影响损益的期间；

(2) 以前运用套期会计方法处理但预期不会发生的预期交易的描述；

(3) 本期在所有者权益中确认的金额；

(4) 本期从所有者权益中转出、直接计入当期损益的金额；

(5) 本期从所有者权益中转出、直接计入预期交易形成的非金融资产或非金融负债初始确认金额的金额；

(6) 本期无效套期形成的利得或损失。

3. 对于公允价值套期，企业应当披露本期套期工具形成的利得或损失，以及被套期项目因被套期风险形成的利得或损失。

4. 对于境外经营净投资套期，企业应当披露本期无效套期形成的利得或损失。

（六）金融工具风险信息的披露

1. 企业应当披露与各类金融工具风险相关的描述性信息和数量信息

(1) 描述性信息：①风险敞口及其形成原因。②风险管理目标、政策和过程以及计量风险的方法。上述描述性信息在本期发生改变的，应当作相应说明。

(2) 数量信息：①资产负债表日风险敞口总括数据。企业在提供该数据时，应当以内部提供给关键管理人员的相关信息为基础。企业运用多种方法管理风险的，应当说明哪种方法能提供最相关和可靠的信息。②资产负债表日风险集中信息。风险集中信息应当包括管理层如何确定风险集中点的说明、确定各风险集中点的参考因素(包括交易对手、地理区域、货币种类、市场类型等)、各风险集中点相关的风险敞口金额。

2. 金融工具的信用风险

信用风险 指金融工具合同的一方不能履行义务，致使另一方发生财务损失的风险。企业应当披露与每类金融工具信用风险有关的下列信息。

(1) 在不考虑可利用的担保物或其他信用增级(如不符合相互抵消条件的净额结算协议等)的情况下，最能代表企业资产负债表日最大信用风险敞口的金额，以及可利用担保物或其他信用增级的信息。

(2) 尚未逾期和发生减值的金融资产的信用质量信息。

(3) 原已逾期或发生减值但相关合同条款已重新商定过的金融资产的账面价值。

3. 金融资产或金融负债的流动性风险

流动风险 指企业在履行与金融负债有关的承诺时遇到资金短缺的风险。

(1) 企业应当披露金融资产和金融负债按剩余到期日所作的到期期限分析，并说明管理这些金融资产和金融负债流动风险的方法。

(2) 企业在披露金融资产和金融负债到期期限分析时，应当运用职业判断确定适当的时间段。列入各时间段内的金融资产和金融负债金额，应当是未经折现的合同现金流量。

企业可以但不限于按下列时间段进行到期期限分析：①1个月以内(含1个月，下同)；②1个月至3个月以内；③3个月至1年以内；④1年至5年以内；⑤5年以上。

(3) 债权人可以选择收回债权时间的，债务人应当将相应的金融负债列入债权人可以要求收回债权的最早时间段内。债务人应付债务金额不固定的，应当根据资产负债表日的情况确定用于到期期限分析的金额。债务人承诺分期支付金融负债的，债权人应当把每期将收取的款项列入相应的最早时段内；债务人应当把每期将支付的款项列入相应的最早时段内。债权人吸收的活期存款以及其他具有活期性质的存款，应当列入最早的时段内。

4. 金融工具的市场风险

金融工具的市场风险 是指金融工具的公允价值或未来现金流量因市场价格变动而发生波动的风险，包括外汇风险、利率风险和其他价格风险。

金融工具的外汇风险 是指金融工具的公允价值或未来现金流量因外汇汇率变动而

发生波动的风险。

金融工具的利率风险　是指金融工具的公允价值或未来现金流量因市场利率变动而发生波动的风险。

其他价格风险,是指外汇风险和利率风险以外的市场风险。

5. 敏感性分析信息

(1) 企业应当披露与敏感性分析有关的下列信息

① 资产负债表日所面临的各类市场风险的敏感性分析。该项披露应当反映资产负债表日相关风险变量发生合理、可能的变动时,将对企业当期损益或所有者权益产生的影响。

② 本期敏感性分析所使用的方法和假设。该方法和假设与前一期不同的,应当披露发生改变的原因。

(2) 企业采用风险价值法或类似方法进行敏感性分析能够反映风险变量之间(如利率和汇率之间等)的关联性,且企业已采用该种方法管理财务风险的,可不按照上述规定进行披露,但应当披露下列信息:①用于该种敏感性分析的方法、选用的主要参数和假设。②所使用方法的目的,以及使用该种方法不能充分反映相关金融资产和金融负债公允价值的可能性。

(3) 对敏感性分析的披露不能反映金融工具内在市场风险的,企业应当披露这一事实及其原因。

(七) 金融资产减值信息

1. 企业应当披露每类金融资产减值损失的详细信息,包括前后两期可比的金融资产减值准备期初余额、本期计提数、本期转回数、期末余额之间的调节信息等。

2. 企业应当按照类别披露已逾期或发生减值的金融资产的下列信息。

(1) 资产负债表日已逾期但未减值的金融资产的期限分析;

(2) 资产负债表日单项确定为已发生减值的金融资产信息,以及判断该金融资产发生减值所考虑的因素;

(3) 企业持有的、与各类金融资产对应的担保物和其他信用增级对应的资产及其公允价值。相关公允价值确实难以估计的,应当予以说明。

(八) 其他信息

1. 企业将金融资产进行重分类,使该金融资产后续计量基础由成本或摊余成本改为公允价值,或由公允价值改为成本或摊余成本的,应当披露该金融资产重分类前后的公允价值或账面价值和重分类的原因。

2. 企业本期因债务人违约而处置担保物或其他信用增级对应的资产所取得的金融资产或非金融资产满足资产确认条件的,应当披露下列信息:(1)所取得的资产的性质和账面价值；(2)这些资产不易转换为现金的，应当披露处置这些资产或拟将其用于日常经营的计划等。

3. 企业应当披露与作为担保物的金融资产有关的下列信息。

(1) 本期作为负债或或有负债的担保物的金融资产的账面价值；

(2) 与担保物有关的期限和条件。

4. 企业收到的担保物(金融资产或非金融资产)在担保物所有人没有违约时就可以出售或再作为担保物的，应当披露下列信息。

(1) 所持有担保物的公允价值；

(2) 已将收到的担保物出售或再作为担保物的，披露该担保物的公允价值，以及企业是否承担了将担保物退回的义务；

(3) 与担保物使用相关的期限和条件。

5. 企业应当披露与违约借款有关的下列信息。

(1)违约(本期没有按合同如期还款的借款本金、利息等)性质及原因；

(2) 资产负债表日违约借款的账面价值；

(3) 在财务报告批准对外报出前，就违约事项已采取的补救措施、与债权人协商将借款展期等情况。

6. 对于不满足《企业会计准则第 23 号——金融资产转移》规定的金融资产终止确认条件的金融资产转移，企业应当披露下列信息。

(1) 所转移金融资产的性质；

(2) 仍保留的与所有权有关的风险和报酬的性质；

(3) 继续确认所转移金融资产整体的，披露所转移金融资产的账面价值和相关负债的账面价值；

(4) 继续涉入所转移金融资产的，披露所转移金融资产整体的账面价值、继续确认资产的账面价值以及相关负债的账面价值。

练　　习

一、思考题

1. 什么是金融工具、金融资产、金融负债和权益工具？如何区分金融负债和权益工具？

2. 金融工具可以分为哪几类？应如何进行初始计量和后续计量？

3. 金融工具的初始确认和终止确认标准分别是什么？

4. 什么是衍生金融工具？衍生金融工具有哪些特征？

5. 期货合同与远期合同有何联系与区别？

6. 期权合同与期货合同有何联系与区别？

7. 为什么要采用套期会计方法？应如何判断套期有效性？

8. 应怎样区分公允价值套期和现金流量套期？两者的会计处理有何不同？

9. IASC 和 FASB 主张对所有金融工具，包括基本的和衍生的金融工具都应以公允价值计量，你对此观点有何评论？不去触动基本金融工具的以历史成本（摊余成本）为计量基础的传统习惯，而只要求以公允价值计量衍生金融工具，你认为是否合适？其理由是什么？

10. 你怎样理解对套期活动的会计处理？为什么 IASC 和 FASB 都主张只是在特定条件下才能运用套期活动会计？

11. 应如何对金融资产转移进行确认和计量？

二、练习题

1. 单项选择题

（1）（　　）是不属于交易双方风险收益对称的衍生金融工具。

A. 金融期货　　B. 金融期权　　C. 金融远期　　D. 金融互换

（2）在期货合同中，（　　）变量没有标准化。

A. 商品数量　　B. 规格等级　　C. 交割日期　　D. 价格

（3）（　　）的买方只能在到期日履行合约。

A. 购买选择权　　B. 销售选择权　　C. 欧式期权　　D. 美式期权

（4）以企业的报告货币表示的以固定价格买、卖资产的未确认的确定承诺，属于（　　）套期。

A. 公允价值套期　　B. 现金流量套期

C. 对国外实体投资净额套期　　D. 外币套期

（5）非衍生工具只有在对（　　）进行套期时，才能在套期会计中被指定为套期工具。

A. 利率风险　　B. 外汇风险

C. 现金流量风险　　D. 证券价格风险

（6）如果金融期权的买方有权选择卖出某种金融资产，则该种期权称为（　　）。

A. 看涨期权　　B. 看跌期权　　C. 欧式期权　　D. 美式期权

（7）以下论述错误的是（　　）。

A. 在期权市场，期权购买者的最大损失为期权费

B. 期货合同是标准化的远期合同

C. 由于金融远期不具备其他衍生工具虚拟交易、风险巨大等特点，所以它不属于衍生金融工具

D. 签订衍生金融工具合同的目的主要是套期保值和投机

(8) 下列项目中不能作为被套期项目的是（　　）。

A. 单项资产、负债

B. 确定承诺或预期交易

C. 一组具有类似特征的资产、负债、确定承诺或预期交易

D. 净头寸总额

(9) 企业签订期货合约时交纳的保证金属于企业的（　　）。

A. 资产　　B. 负债　　C. 收入　　D. 费用

(10) 下列哪项金融资产应以公允价值计量且其变动计入权益？（　　）

A. 交易性金融资产　　B. 持有至到期投资

C. 贷款和应收款项　　D. 可供出售金融资产

E. 直接指定为以公允价值计量且其变动计入当期损益的金融资产

(11) 下列哪项金融资产不能重分类为其他类金融资产？（　　）

A. 以公允价值计量且其变动计入当期损益的金融资产

B. 持有至到期投资

C. 贷款和应收款项

D. 可供出售金融资产

(12) 下列哪项金融资产不需要进行减值测试？（　　）

A. 以公允价值计量且其变动计入当期损益的金融资产

B. 持有至到期投资

C. 贷款和应收款项

D. 可供出售金融资产

(13) 下列哪一事项不属于金融资产转移？（　　）

A. 企业以不附追索权方式出售金融资产。

B. 企业将金融资产出售，同时与买入方签订协议，在约定期限结束时按当日该金融资产的公允价值回购。

C. 企业将金融资产出售，同时与买入方签订一项看跌期权合约(即买入方有权将该金融资产返售给企业)，但从合约条款判断，该看跌期权是一项重大价外期权(即期权合约的条款设计，使得金融资产的买方极小可能会到期行权)。

D. 企业将金融资产出售，同时与买入方签订协议，在约定期限结束时按当日该固定价格将该金融资产回购。

2. 会计分录题

(1) 20×8 年 4 月 1 日，甲公司购入某上市公司的股票，支付价款 205 000 元(含已宣告发放股利 5 000 元)，另支付交易费用 2 000 元。20×8 年 4 月 8 日，收到价款中已宣告发放的股利 5 000 元。20×8 年 12 月 31 日，股票的公允价值为 220 000 元。20×9 年 3 月 20 日将该股票出售，出售所得价款为 228 000 元。为甲公司编制有关会计分录。

(2) 20×9 年 1 月 1 日，甲上市公司购买了一项 5 年期的债务工具，实际支付价款 4 400 万元，另支付 1 万元的交易费用，均以银行存款支付。该项债务工具投资作为持有至到期投资进行核算和管理，本金为 5 000 万元，固定利率为 5%，每年年末支付，借款人无权提前偿还该债务工具。假定不考虑其他因素，为甲上市公司计算实际利率并编制有关的会计分录。

(3) 20×9 年 6 月 30 日，丙上市公司因持有意图和能力发生改变，原作为持有至到期投资的债券投资不再符合作为持有至到期投资进行核算的条件，按照规定应重分类为可供出售金融资产进行核算。当日，该持有至到期投资的账面余额为 430 000 元，已计提减值准备 50 000 元，公允价值 400 000 元。假定不考虑其他因素，为丙上市公司作有关的会计处理。

(4) 20×8 年 2 月 1 日，A 公司和 B 公司签订了一份合同，约定在 20×9 年 1 月 31 日收取相当于 B 公司发行在外的 1 000 股普通股当天的公允价值，作为交换，它将在 20×9 年 1 月 31 日支付 104 000 元现金(即每股 104 元)，20×8 年 2 月 1 日远期价格的现值为每股 100 元。该合同将以现金进行净额结算。

其他有关资料如下：

20×8 年 2 月 1 日每股市价	100 元
20×8 年 12 月 31 日每股市价	110 元
20×9 年 1 月 31 日每股市价	106 元
20×8 年 2 月 1 日远期的公允价值	0 元
20×8 年 12 月 31 日远期的公允价值	6 300 元
20×9 年 1 月 31 日远期的公允价值	2 000 元

要求：根据以上资料为 A 公司编制有关会计分录。

(5) 20×9 年 1 月 1 日，乙公司决定采用某衍生工具对库存商品进行套期保值。套期开始时，衍生工具的公允价值为零，库存商品的账面价值为 40 000 元，公允价值为 44 000 元。20×9 年 4 月 30 日，衍生工具的公允价值上升 5 000 元，库存商品的公允价值下降 3 000元。假定 20×9 年 4 月 30 日企业将该库存商品按当时的公允价值售出。假定上述套期高度有效，不考虑税费。为乙公司编制有关会计分录。

(6) 20×9 年 1 月 1 日，R 公司决定用衍生工具 A 对库存商品(成本 360 000 元)的预期出售的现金流量进行套期。当日衍生工具的公允价值为零。套期结束时，该库存商品全部售出，售价 437 500 元(实际下降 2 500 元)，衍生工具的公允价值上升 3 500 元，不考虑其他因素，R 公司的账务处理。

三、案例

1. 中国航油新加坡股份有限公司期权投机事件

(1) 中航油(新加坡)背景分析

中国航油成立于 1993 年，由中央直属大型国有企业中国航空油料控股公司控股，总部和注册地均位于新加坡。公司成立之初经营十分困难，一度濒临破产，后在总裁陈久霖的带领下，一举扭亏为盈，从单一的进口航油采购业务逐步扩展到国际石油贸易业务，并于 2001 年在新加坡交易所主板上市，成为中国首家利用海外自有资产在国外上市的中资企业。

经过一系列扩张运作后，公司已成功从一个贸易型企业发展成工贸结合的实体企业，实力大为增加。短短几年间，其净资产增长了 700 多倍，股价也是一路上扬，市值增长了 4 倍，一时成为资本市场的明星。

据新交所网站的介绍，目前公司几乎 100％垄断中国进口航油业务，同时公司还向下游整合，对相关的运营设施、基础设施和下游企业进行投资。通过一系列的海外收购活动，中国航油的市场区域已扩大到东盟、远东和美国等地。

2003 年，《求是》杂志曾发表调查报告，盛赞中国航油是中国企业走出去战略棋盘上的过河尖兵，报告称，公司的成功并无特殊的背景和机遇，完全是靠自己艰苦奋斗取得的。同时，国资委也表示，中国航油是国有企业走出国门、实施跨国经营的一个成功典范。

公司经营的成功为其赢来了一连串声誉。新加坡国立大学将其作为 MBA 的教学案例，2002 年公司被新交所评为“最具透明度的上市公司”，并且是唯一入选的中资公司。公司总裁陈久霖被《世界经济论坛》评选为“亚洲经济新领袖”，陈久霖还曾入选“北大杰出校友”名录。

但是 2004 年 11 月，中航油(新加坡)创出了有史以来中国企业在境外炒期货的最大亏损额，约 5.5 亿美元(合人民币 45 亿元)。在新加坡，中航油(新加坡)事件被认为是自 1996 年英国巴林银行里森一案以来最令人震惊的丑闻。更令人担忧的是，这是中国在 2001 年重新允许国企在境外做套期保值业务之后，发生的第一起巨额亏损。

(2) 中航油事件始末

中航油(新加坡)于 2002 年开始从事石油期货交易，交易领域仅限于套期保值业务，投机业务则被政府明令禁止。从 2003 年下半年开始，时任总裁的陈久霖无视法律规定进行石油期权投机，而且从事的是风险极高的场外交易(即 OTC 交易)，从而成为中航油事件的风险源。

2003 年下半年，陈久霖判断 2004 年国际油价将会下跌，因此和日本三井银行、法国兴业银行、英国巴克莱银行、新加坡发展银行和澳大利亚麦戈利银行等机构签订了卖出石油看涨期权的场外合同，每桶 38 美元。2003 年年底，中航油共卖出了总量为 200 万桶的期权合约，期间账面上是赢利的。

2004 年一、二季度，中航油(新加坡)账面亏损从 580 万美元增加到 3 000 万美元。按照交易规则，其必须追加保证金以确保期权买方能够行权，但从公司账户中调拨资金会暴露其违规行为，因此，陈久霖被迫进行展期，并持续增加交易量以获取期权费来弥补保证金缺口。由于没有财务止损措施，中航油(新加坡)的账面亏损随着油价的飙升逐渐放大。

2004 年 10 月 10 日，国际原油期货价格创 55 美元每桶新高。中航油(新加坡)卖出的有效期权合约达到 5 200 万桶石油的巨量。根据合同，油价每上涨 1 美元，中航油(新加坡)需要向国际投行等交易对手支付 5 000 万美元的保证金。为追加保证金，公司已耗尽 2 600 万美元的营运资本、1.2 亿美元银团贷款和 6 800 万美元应收账款资金，又支付 8 000万美元额外保证金。中航油(新加坡)现金流量已经枯竭。

10 月 26 日，中航油(新加坡)的最大交易对手日本三井能源风险管理公司正式发出违约函，催缴保证金。中航油(新加坡)被迫进行部分斩仓。至 11 月 8 日，公司继续斩仓，亏损增加到 2.32 亿美元。

11 月 25 日，由于不断遭到巴克莱银行、伦敦标准银行等国际投行的逼仓，中航油(新加坡)的实际亏损已经高达 3.81 亿美元，相对于其 1.45 亿美元的净资产已经资不抵债，陷入技术性破产的境地。

11 月 29 日，中航油(新加坡)申请停牌。次日，公司终止了所有期权交易，正式向市场公告了已亏 3.94 亿美元、潜亏 1.6 亿美元的消息，并向法院申请债务重组。中航油事件终于浮出水面。

(3) 期权交易及其监管

期权分为看涨期权(call option)和看跌期权(put option)。看涨期权赋予期权合约的买方，以约定的价格在规定的时间内买入合约中标明的资产；当买方要求执行这一权利时，期权的卖方有义务以约定的价格卖出合约中标明的资产。中航油(新加坡)出事的主要原因恰恰就是卖出了大量的看涨期权。卖出看涨期权是金融衍生产品中风险最大的一个品种，目前国际通行的美式规定，持有看涨期权的交易者可在行权期到来前、在规定的行权价格许可范围内的任意时间、任意价格行权，如果他不行权，损失的也仅是保证金；相反，出售看涨期权的交易方则随时可能被迫承担因交易对手行权而产生的损失。所以，在国际上除摩根大通等具有很强市场判断能力和风险管理能力的大型商业银行和证券机构外，很少有交易者敢于出售看涨期权。

中航油(新加坡)此次从事的交易主要是场外石油衍生品交易(OTC)，并不是交易所内的石油期货交易。场外衍生品交易与交易所内的交易相比，是一对一的私下交易，交易的过程密不透风，履约担保完全依赖于成交双方的信誉。交易所的清算系统没有记录，交易所也无法监管。一般而言，场外交易的风险要比交易所内场内交易大得多。而且在国际上场外衍生品交易，几乎是不受政府监管的。

20 世纪 90 年代，中国曾连续发生多起国企境外投资期货失利的事件，引起国务院高层警惕，一度对国企境外投资期货亮起红灯。但由于企业在做进出口贸易时确需通过套期保值手段来化解价格风险，中国又于 2001 年开禁，由中国证监会、国家经贸委、外经贸部、国家工商总局和国家外汇管理局联合发布了《国有企业境外期货套期保值业务管理办法》，对企业境外期货交易行为制定了一套完整的监管体系严控风险。证监会先后批准了中石化、中石油、中化集团以及中国航空油料集团公司等 7 家石油进口量较大的公司，可在境外期货市场从事套期保值业务，并规定其期货持仓量不得超出企业正常的交收能力，不得超过进出口配额、许可证规定的数量，期货持仓时间应与现货保持所需的计价期相匹配等。中国航空油料集团公司境外期货套期保值业务的具体操作，主要由注册在新加坡的中航油负责实施。

中航油(新加坡)风险管理体系由安永会计师事务所设计，风险控制的基本结构是交易员—风险管理委员会—内审部交叉检查—CEO(总裁)—董事会，层层上报。交易员亏损 20 万美元，交易员要向风险管理委员会汇报；亏损达 37.5 万美元时，必须向 CEO 汇报；亏损 50 万美元时则自动平仓。公司 10 位交易员累计亏损 500 万美元时或仓位达 200 万桶时，必须斩仓止损。中航油(新加坡)的风险管理体系从表面上看是科学的，但却形同虚设。

案例讨论与思考

(1) 卖出看涨期权为什么是风险最大的一种衍生品交易？

(2) 中航油(新加坡)巨亏事件的主要原因是什么？

(3) 会计在防范金融衍生工具的风险方面应起什么作用？

(4) 应如何对卖出看涨期权进行核算？

2. 假设有两家公司：甲公司和乙公司，且甲、乙公司之间相互比较了解(排除两者之间的违约风险)，但在银行的资信记录上，甲公司要好于乙公司，因此银行提供给这两家公司的贷款条件是不一样的。银行提供给甲、乙两公司的条件见表 1。

表 1

项　目	固定利率	浮动利率
甲公司	10.00%	6 个月 LIBOR+0.30%
乙公司	11.20%	6 个月 LIBOR+1.00%
借款成本差额	1.20%	0.70%

进一步假设甲、乙两公司都想借入期限为5年的1 000万美元的款项。乙公司想以固定利率借款，而甲公司想以浮动利率借款。甲、乙双方选择了利率互换，即：①甲公司以每年10%的固定利率去借入期限为5年的1 000万美元资金，乙公司以每年“6个月的LIBOR+1.00%”的浮动利率借入期限为5年的1 000万美元资金。②甲公司每年以“6个月的LIBOR”来向乙公司支付利息，乙公司每年以9.95%的固定利率来向甲公司支付利息。

要求：

(1) 画出甲、乙公司利率互换的利息支付流量图并计算甲、乙两公司从利率互换中各自的收益率为多少。

(2) 假设通过中介机构，甲、乙两公司进行利率互换，中介机构获得0.1%的收益，请你设计一个互换交易方案，使甲、乙两公司平分其余利差。

B&E

第4篇

特殊业务会计

B&E

第十章 租赁会计

本章范围

租赁是现代企业一项重要的财务活动，租赁会计成为企业会计核算的一项重要内容。本章以《企业会计准则第21号——租赁》为依据，系统介绍经营租赁、融资租赁等租赁业务的会计处理。通过本章的学习，要求了解租赁的含义、特点及分类，熟悉租赁会计的相关概念，并重点掌握出租方和承租方对经营租赁和融资租赁的会计处理，了解其他租赁业务的账务处理以及租赁相关信息的披露。

学习目标

1. 掌握和熟练应用融资租赁的确认标准；
2. 掌握最低租赁付款额和最低租赁收款额的概念和内容；
3. 掌握经营租赁业务的会计处理；
4. 掌握融资租赁业务的会计处理；
5. 熟悉售后回租业务相关规定和会计处理。

第一节 租赁概述

自20世纪60年代出现以融资为主要目的的现代租赁（融资租赁）以来，租赁业在世界迅速发展，从而使租赁日益成为企业取得资本资产的一种普遍的方式。我国于20世纪80年代初开展租赁业务。随着社会主义市场经济体制的建立、投（融）资体制改革和流通体制改革的深化，租赁行业作为一种新型的投（融）资和流通载体的重要性，已被租赁业界和越来越多的企业所认识。

一、租赁的含义

租赁一词是"租"和"赁"的复合名词,"租"是指物件供给他人而获得报酬,"赁"是指借他人物件而付出费用。从会计的角度看,租赁是出租人与承租人之间以合同的形式规定双方的权利和义务,由承租人向出租人租用可在特定时间内使用的特定资产,并支付租金的行为。在此期间,出租人保持资产的所有权,以转让资产使用权而取得租金;承租人则以支付租金为代价而取得资产的使用权。租赁期满,租赁物应根据租约的规定(续租、退租、留购)进行处理。按照我国《企业会计准则第 21 号——租赁》(以下简称《准则第 21 号》)中的定义,租赁是指在约定的期间内,出租人将资产使用权让与承租人以获取租金的协议。租赁是以租赁资产所有权与使用权相分离为前提的,从其实质而言,租赁行为上具有借贷属性,不过它直接涉及的是物而不是资金。在租赁业务中,出租人主要是各种专业租赁公司,承租人主要是其他各类企业,根据协议,双方都要明确对租赁资产的维护、保养甚至处置的权利和义务,租赁物大多为设备等固定资产。

二、租赁的分类

《准则第 21 号》第四条规定,承租人和出租人应当在租赁开始日将租赁分为融资租赁和经营租赁。

租赁可以从不同角度加以考察,从而做出不同的分类。正确地对租赁进行分类,有助于加深对租赁性质的认识,以有效利用各种租赁形式,充分发挥租赁的作用。

(一)按照与租赁资产所有权有关的风险和报酬归属于出租人或承租人的程度不同,分为融资租赁和经营租赁

1. 融资租赁

融资租赁(financing lease) 又称为资本租赁或现代租赁,承租人以融资为主要目的,具有明显的购置资产的特点。《准则第 21 号》定义融资租赁为:是指实质上转移了与资产所有权有关的全部风险和报酬的租赁。其所有权最终可能转移,也可能不转移。其中,"与资产所有权有关的风险"是指由于经营情况变化造成相关收益的变动以及由于资产闲置、技术陈旧等造成的损失等;"与资产所有权有关的报酬"是指在资产可以使用年限内直接使用资产而可能获取的经济利益、资产增值以及处置资产所实现的收益等。《准则第 21 号》第六条规定,符合下列一项或数项标准的,应当确认为融资租赁:

(1) 在租赁期届满时,租赁资产的所有权转移给承租人。这种情况通常是指在租赁合同中已经约定或者根据其他条件在租赁开始日作出合理判断,租赁期届满时出租人能够将资产的所有权转移给承租人。

(2) 承租人有购买租赁资产的选择权,所订立的购买价款预计将远低于行使选择权时租赁资产的公允价值,因而在租赁开始日就可以合理确定承租人将会行使这种选择权。其中,标准中的"远低于"是指租赁期届满时,购买租赁资产的价款低于购买时租赁资产公允价值的5%(含5%)。

(3) 即使资产的所有权不转移,但租赁期占租赁资产尚可使用寿命的大部分。其中,标准中的"大部分"是指75%以上(含75%)。但是,如果租赁资产在开始租赁前已使用年限超过该资产全新时可使用年限的大部分,则该条判断标准不适用。

(4) 承租人在租赁开始日的最低租赁付款额现值,几乎相当于租赁开始日租赁资产公允价值;出租人在租赁开始日的最低租赁收款额现值,几乎相当于租赁开始日租赁资产公允价值。标准中的"几乎相当于"指的是大于等于90%。但是,如果租赁资产在开始租赁前已使用年限超过该资产全新时可使用年限的大部分,则该条判断标准不适用。

(5) 租赁资产性质特殊,如果不作较大修整,只有承租人才能使用。这条标准是指出租人根据承租人对资产型号、规格等方面的特殊要求专门购买或建造的,具有专购、专用性质。这些租赁资产如果不作较大的重新改制,其他企业通常难以使用。

从以上五条判断标准可以看出,在融资租赁中,承租人实际上已经承担了与资产所有权有关的全部风险,也取得了使用资产可取得的报酬。但是,在融资租赁业务中,风险与报酬的转移和所有权的转移并不是同时的。虽然,这种租赁类似于一项资产的购买,但在形式上,资产的法定所有权在租赁期内仍保持在出租人手中。因此,对于融资租赁的判断应严格遵循实质重于形式的原则。

2. 经营租赁

经营租赁(operating lease) 是指除融资租赁以外的其他租赁。经营租赁也称营业租赁,它是解决企业对资产短期的、临时的或季节性的需要的租赁。出租人不仅提供资产的使用权,也提供维修保险等服务。租赁合同比较灵活,在合理的限制条件下,可以解除租约。通常情况下,在经营租赁中,租赁资产的所有权不转移,租赁期届满时,承租人有退租或续租的选择权,而不存在优惠购买选择权。对承租人而言,经营租赁只是满足其资产的临时需要,但可以使企业避免因短期需要而花费大量资金购入固定资产。

(二) 按照出租人取得租赁资产的来源,分为直接融资租赁、杠杆租赁、售后回租和转租租赁

1. 直接融资租赁

直接融资租赁(direct financing lease) 是指购置租赁资产所需资金全部由出租人垫付的租赁。出租人直接将生产制造或买入的固定资产租给承租人,直接签订合同收取租金。出租人可以将租赁资产以融资租赁或经营租赁方式租出。

2. 杠杆租赁

杠杆租赁(leveraged lease) 又称举债经营租赁或借债租赁,出租人只垫支购买资产所需资金的一部分(一般为20%～40%),其余部分(60%～80%)则以所购资产作担保向贷款人借款支付,再将资产出租给承租人使用,并按合同收取租金。在这种情况下,出租人同时又是借款人,需将收取的租金首先用于偿还贷款,否则租赁资产的所有权就可能转移给贷款人。杠杆租赁最早起源于美国,是一种级别较高的租赁形式,它一般适用于筹集那些价值较高、使用时间较长的大型和长期的租赁业务。

3. 售后回租

售后回租(sale-leaseback) 指设备的所有者将其拥有的设备出售给购买者(租赁公司),然后再从该购买者(租赁公司)处租回该项资产的一种租赁方式,简称回租。租赁业务包含两个方面的交易内容,一是承租人与出租人的资产买卖,二是承租人与出租人的资产租赁。此种租赁对承租人而言,通过资产的出售,既可以解决承租人与出租人的资金的急需,得到相当于资产市价的货币资金;又可以在租赁期间用年支付额不大的租金获取原资产的使用权。

4. 转租租赁

转租租赁(sub-lease) 是指出租人从一家租赁公司或从制造厂商租入一项设备后,再转租给承租人的一种租赁方式。这种租赁方式主要是为了获得税收上的优惠,或者是解决出租公司因自身实力较弱而利用其他租赁公司进行融资的问题。由于租入资产时,有的是经营租赁,有的是融资租赁,所以转租的性质并不相同,其中,以经营租赁方式租入的,转租出去的方式只能是经营租赁;以融资租赁方式租入的,转租出去的方式既可以是融资租赁,也可以是经营租赁。

(三) 租赁的其他分类

按租赁是否附带服务,可以分为附带服务租赁和净租赁;按照租赁是否可享受税收优惠分类,可分为节税租赁(真实租赁)和非节税租赁(租购或有条件销售租赁);按照租赁对象,可分为动产租赁与不动产租赁;按租赁期长短分类,可分为长期租赁、中期租赁和短期租赁;按租金计算标准分类,可分为确定租金租赁和或有租金租赁;按租赁参与方国籍分类,可分为国内租赁和国外租赁。

三、租赁的特点

租赁是出让资产的使用权供另一方使用,在使用期间,按期收取租金作为报酬的一种经济活动或契约形式。它所反映的是一种因财产的所有权与使用权相分离时而形成的经济关系,它是伴随着私有制和商品经济而产生和发展起来的。租赁的特点主要有以下几点：

（一）所有权与使用权分离

所有权与使用权分离是租赁的首要特点，由此而与一般的商品交易活动相区别。当发生一笔买卖交易时，买方只要按交易条件支付有关价款，就可以同时获得商品的所有权，同时也就取得商品的使用权。租赁则不同，任何租赁业务，租赁期内，出租人出让或承租人取得的只是资产的使用权，租赁资产的所有权仍归出租人。租赁期满，租赁资产的所有权可以归还给出租人，也可以由承租人廉价购买，具体应视租约的规定。

（二）“融资”与“融物”相统一

承租人无须立即花费大量的资金即可取得所需的资产或设备。和银行信贷一样，租赁在出租人和承租人两方之间所形成的关系，是债权债务关系，但租赁和信贷的具体形式不同。租赁以“融物”形式达到“融资”的目的，“融资”和“融物”浑然一体，因此租赁方式特别适合于资金短缺和处于发展阶段的企业。在租赁方式下，企业可以不付或先付很少的资金就能得到所需的设备或资产，设备投产后，企业还可以利用生产出的产品进行出售获得资金来分期偿还租金。

（三）形式灵活方便

就“融物”和“融资”相统一这一特点而言，租赁与分期付款极为相似。但是，与租赁相比，分期付款的灵活度较差，它只能解决购买方一次性购买能力不足的困难，却无法解决企业对某种设备的短期使用而非长期拥有的需求。租赁则不同，它是一种灵活方便的交易方式，在这种方式下，出租人对承租人的限制和要求相对较少，它既可以满足承租人短期或临时使用资产的需要，也可解决承租人需永久拥有某种设备但一次性购买付现能力不足的困难；租期的选择也很灵活，短则几个月，长则数年；租期届满，租赁资产的处理方式也多种多样，可由承租人留购或续租，或退还出租人等。

（四）降低风险

租赁可以减少由于资产无形损耗和物价通胀所带来的风险。无形损耗是市场经济条件下由于科学技术不断进步、生产效率不断提高等原因而必然产生的一种经济现象。购买单位要承担设备无形损耗的实际速度快于预期速度而遭受损失的风险。而当企业需要使用更新换代速度较快的设备时，采用租赁方式租赁有助于减小这种风险。因为承租人虽然要支付高额租金，但这种代价往往低于拥有设备所可能承受的损失，从而避免资产陈旧的风险。租赁还具有缓和物价暴涨冲击的作用。由于租期一般较长，而租金通常是定期、定额支付的，因此物价上涨会使企业支付租金费用的实际成本不断下降，则可以抵消通货膨胀所造成的影响。

由于上述特点，租赁在过去的几十年中成为企业取得资产使用权的重要方式。租赁业在一些国家获得了迅猛的发展，甚至在某些设备投资总额中占相当高的比例。

四、我国租赁会计的变革和与国际租赁会计的比较

（一）我国租赁会计的变革

我国租赁会计发展较晚，主要由于租赁业发展较慢。在20世纪80年代初，我国才兴起以融资租赁为主要目的的现代租赁。此后，随着改革开放的不断深入，租赁业务在我国蓬勃发展，财政部也先后颁布了一系列的相关规定。纵观我国租赁会计准则的发展，其历经的变革可以分为以下几个阶段。

1. 探索阶段

由于我国融资租赁业务长期不发达，就使得人们对租赁的理解仅限于经营性租赁，故使其在观念上固守“资产所有权观”。在融资租赁产生后，故有观念一时难以实现转变。因此，财政部1981年颁布的《国有工业企业会计制度会计科目和会计报表》中，有关租赁业务的规定仍留有旧观念的痕迹。

随着融资租赁业务的迅速发展，人们已清楚地认识到融资租赁与经营租赁在性质上的本质差异，基于这一点，上海市财政局在财政部1981年颁布的《国有工业企业会计制度会计科目和会计报表》中对有关租赁业务处理规定的基础上，制定出了租赁财务会计处理的试行规定，该规定的进步之处在于允许承租方计提折旧，但承租方仍不能将租赁资产确认为资产，这就导致在原理上的矛盾。

2. 借鉴阶段

1985年上半年，财政部颁发《中外合资经营工业企业会计科目和会计报表》，首次根据国际通行的租赁会计规范，要求采用融资租赁方式租入固定资产的合资企业增设账户，将租入资产及承担的债务分别入账，但融资租赁的标准不很清楚。1985年财政部颁布《关于国营工业企业租赁固定资产有关会计处理问题的规定》替代了1982年的暂行规定，对融资租入固定资产无论其所有权是否转移都视同自有资产入账，并确认相应的负债，同时提出判定融资租赁的标准。1993年，我国进行企业会计制度改革，颁布了“两则”及相应行业的10个财务制度和13个会计制度，对租赁会计予以规范。在1996年由财政部下发的具体会计准则征求意见稿中，已将租赁作为一个单独的准则正式提出，标志着我国有关租赁业务的会计处理将走向规范化，逐步实现与国际会计处理规范的接轨。

3. 完善阶段

2001年财政部发布了《企业会计准则——租赁》并正式在所有的企业中实行。2006年财政部颁布的《企业会计准则第21号——租赁》，进一步增强了我国租赁会计处理的规范性。新准则对租赁分类、租赁会计术语、会计处理等方面都作了更详细和具体的说明，在融资租赁方面进行了较大的改进。新准则改变了融资租入资产入账价值确认方法，使得租赁确认和谨慎性得到了提高，信息披露更加充分。

（二）我国会计准则与国际租赁会计准则的比较

从以上我国租赁会计准则的历史演变中可以看出，我国租赁业务的会计处理不断规范化，会计准则逐步与国际趋同。我国租赁会计的处理与国际会计准则的会计处理在租赁分类、租赁资产入账价值的确定等方面已十分接近。但是，二者比较，还是存在如下差异：

1. 在租赁类型的划分上二者略有不同。我国《准则第21号》将租赁划分为经营租赁和融资租赁两类。比较而言，国际会计准则的划分较为具体，除了将租赁划分为以上两个基本类型外，又从出租人的角度，将融资租赁进一步划分为直接融资租赁和销售式租赁，并作出相应的会计处理规定。

2. 在租赁应付款入账价值的确定上，两者亦存在一定的差异。我国是按最低租赁付款额（非折现值）来确定租赁负债的入账价值的，而国际会计准则要求按租赁资产的公允价值或最低租赁付款额的现值（折现值）两者中较低者来确定租赁负债的入账价值。

3. 在初始直接费用的处理上，二者略有不同。在经营租赁中，我国会计准则规定出租人和承租人发生的初始直接费用均直接计入当期损益。而国际会计准则规定，出租人发生的初始直接费用既可以在费用发生的当期确认为费用，也可以递延，按租金收益的确认比例在整个租赁期内加以分摊。

此外，我国会计准则与国际会计准则在其他一些方面还略有差异，如对于融资租赁的界定，《国际会计准则第17号》显得更为详细。可以预见，随着我国租赁业的发展，租赁会计处理方法必将日益完善。

第二节　经营租赁

一、我国会计准则对经营租赁的会计处理要求

（一）对承租人的会计处理要求

《准则第21号》规定：

1. 对于经营租赁的租金，承租人应当在租赁期内各个期间按照直线法确认为当期损

益；其他方法更为系统合理的，也可以采用其他方法。

某些情况下，出租人可能对经营租赁提供激励措施，如免租赁、承担承租人某些费用等。在出租人提供免租赁的情况下，应将租金总额在整个租赁期内，而不是在租赁期扣除免租期后的期间内，按直线法或其他合理的方法进行分摊，免租期内应确认租金费用；在出租人承担了承租人某些费用的情况下，应该将该费用从租金总额中扣除，并将租金余额在租赁期内进行分摊。

2. 承租人发生的初始直接费用，应当计入当期损益。

3. 或有租金应当在实际发生时计入当期损益。

《企业会计准则第 4 号——固定资产》规定，企业以经营租赁方式租入的固定资产发生的改良支出，应予资本化，作为长期待摊费用，合理进行摊销。

（二）对出租人的会计要求

《准则第 21 号》规定：

1. 承租人和出租人应当在租赁开始日将租赁分为融资租赁和经营租赁。

2. 出租人应当按资产的性质，将用做经营租赁的资产包括在资产负债表中的相关项目内。

3. 对于经营租赁的租金，出租人应当在租赁期内各个期间按照直线法确认为当期损益；其他方法更为系统合理的，也可以采用其他方法。

4. 出租人发生的初始直接费用，应当计入当期损益。

5. 对于经营租赁资产中的固定资产，出租人应当采用类似资产的折旧政策计提折旧；对于其他经营租赁资产，应当采用系统合理的方法进行摊销。“其他经营租赁资产”是指固定资产之外的流动资产，“系统合理的方法”是指一次摊销法或五五摊销法。

6. 或有租金应当在实际发生时计入当期损益。

二、承租人的会计处理

（一）相关概念

1. **租赁开始日（inception of the lease）** 是指租赁协议日与租赁各方就主要租赁条款作出承诺日中的较早者。

2. **初始直接费用（initial direct costs）** 是指出租人所发生的直接与租赁交易的洽谈和工作安排有关的费用，如佣金、法律费用、信用调查费和编制与处理文件的费用。

3. **或有租金（contingent rent）** 是指金额不固定、以时间长短以外的其他因素（如销售量、使用量、物价指数等）为依据计算的租金。

（二）会计处理的要点

1. 租入资产时的会计处理

经营租赁方式下，承租人并未拥有资产的所有权，不能将租入资产列为企业自有资产进行核算，承租人对经营租赁方式取得的资产应设置“经营租赁资产备查簿”详细记录租入资产使用、归还和结存情况，以便加强对租入资产的管理。在经营租赁方式下，承租人为了提高租入资产的性能，有可能对租入资产进行改良，改良支出应在租赁期内进行平均摊销，计入当期损益。一般应设置“长期待摊费用——经营租入固定资产改良”明细科目对其进行核算，租金支出及固定资产改良支出的分摊应根据租入资产的用途计入“制造费用”(生产用)或“管理费用”(行政管理用)等账户。

2. 支付初始直接费用时的会计处理

根据我国会计准则的规定，承租人发生的初始直接费用应作为当期费用，一般计入“管理费用”等科目。

3. 支付租金时的会计处理

承租人在经营租赁下发生的租金应当在租赁期内的各个期间按直线法确认为费用；如果其他方法更合理，也可以采用其他方法。确认各期租金费用时，借记“长期待摊费用”等科目，贷记“其他应付款”等科目。实际支付租金时，借记“其他应付款”等科目，贷记“银行存款”、“现金”等科目。或有租金支出在实际发生时记入“财务费用”等科目。

（三）会计处理案例

【例 10-1】 20×7 年 1 月 1 日，A 公司向 B 公司租入机器设备一台，租期 3 年。设备价值为 80 000 元，预计使用年限为 8 年。租赁合同规定，租赁开始日，A 公司向 B 公司一次性预付租金 15 000 元，第一年年末支付租金 8 000 元，第二年年末支付租金 10 000 元，第三年年末支付租金 12 000 元，双方同时约定 B 公司按 A 公司使用机器设备生产产品所取得销售收入的 0.5%收取租金；A 公司三年内每年使用该设备取得的销售收入分别为 200 000 元、250 000 元和 300 000 元。租赁开始时 A 公司支付相关费用 500 元，并在租赁开始时发生固定资产改良支出 2 400 元，在租赁期限内摊销。相关会计处理如下。

1. 判断该租赁的类型

根据资料分析可知，此项租赁没有满足融资租赁的任何一条标准，应作为经营租赁处理。

2. 租赁资产开始时支付相关费用的会计分录

借：管理费用　　　　500

　贷：现金(银行存款)　　　　500

3. 租赁开始日预付租金时会计分录

借：长期待摊费用　　15 000

　贷：银行存款　　15 000

4. 各年年末支付租金时会计分录

确认租金费用时，不能依据实际支付的租金确定，而应采用直线法分摊确认各期的租金费用。此项租赁租金费用总额为 45 000 元，按直线法计算，每年应分摊的租金费用为 15 000 元。

① 20×7 年 12 月 31 日

借：制造费用　　15 000

　贷：长期待摊费用　　7 000

　　银行存款　　8 000

② 20×8 年 12 月 31 日

借：制造费用　　15 000

　贷：长期待摊费用　　5 000

　　银行存款　　10 000

③ 20×9 年 12 月 31 日

借：制造费用　　15 000

　贷：长期待摊费用　　3 000

　　银行存款　　12 000

5. 各年年末支付或有租金的会计分录

① 20×7 年 12 月 31 日

借：财务费用　　1 000

　贷：银行存款(应付账款)　　1 000

② 20×8 年 12 月 31 日

借：财务费用　　1 250

　贷：银行存款(应付账款)　　1 250

③ 20×9 年 12 月 31 日

借：财务费用　　1 500

　贷：银行存款(应付账款)　　1 500

6. 租赁开始时支付固定资产改良支出的会计分录

借：长期待摊费用——经营租入固定资产改良支出　　2 400

　贷：银行存款　　2 400

7. 租赁期内每年年末摊销改良支出的会计分录

借：制造费用　800

　贷：长期待摊费用——经营租入固定资产改良支出　800

三、出租人的会计处理

（一）会计处理的要点

1. 租出资产时会计处理

经营租赁方式下，与租赁资产所有权有关的风险和报酬并没有实质上转移给承租人，出租人应按类似于企业的其他资产对租出资产进行管理和核算。经营租赁业务的出租人，可能是租赁公司，也可能是兼营租赁业务的公司，由于出租资产的所有权并没有转移，出租人应将出租资产通过"固定资产"的明细账户进行核算，租出资产时可从"未使用固定资产"或"不需用固定资产"转入"经营租出固定资产"。

2. 支付初始直接费用时会计处理

根据我国会计准则的规定，出租人发生的初始直接费用应确认为当期费用，计入"管理费用"等科目。

3. 收取租金时会计处理

出租人在经营租赁下收取的租金应当在租赁期内的各个期间按直线法确认为收入，如果其他方法更合理，也可以采用其他方法。确认各期租金收入时，借记"应收账款"或"其他应收款"等科目，贷记"主营业务收入"（租赁公司）或"其他业务收入"（兼营租赁业务公司）科目。实际收到租金时，借记"银行存款"等科目，贷记"应收账款"或"其他应收款"等科目。

4. 计提折旧或摊销时会计处理

如果租出资产属于固定资产，应按照企业的折旧政策计提折旧，通过"累计折旧"账户核算，折旧费用一般计入"主营业务成本"（租赁公司）或"其他业务成本"（兼营租赁业务公司）；租出资产是流动资产，应按照企业的相关流动资产的摊销方法在租赁期内摊销；应将折旧额或摊销额与租金收入相配比，计入相应的会计期间。

5. 发生相关支出时会计处理

租出资产的维修费一般应由出租人负责，对于日常性的修理一般通过待摊、预提或直接计入当期损益的方式进行处理，相应计入"主营业务成本"（租赁公司）或"其他业务成本"（兼营租赁业务公司），并与租金收入核算相配比；对于大修理则应调整资产的账面价值，并相应调整固定资产的折旧年限和折旧率。

（二）会计处理案例

【例 10-2】 20×6 年 12 月 28 日，B公司以 80 000 元购置一台机器设备，预计使用年限为 8 年，预计净残值率为 5%，直线法折旧，公司每年按 3%提取修理费。B公司于 20×7 年 1月 1 日与 A 公司签订租赁协议，租出该机器设备。租赁合同规定，租赁开始日(20×7 年 1 月 1 日)，A 公司向 B 公司一次性预付租金 15 000 元，第一年年末支付租金 8 000 元，第二年年末支付租金 10 000 元，第三年年末支付租金 12 000 元，双方同时约定 B公司按 A 公司使用机器设备生产产品所取得销售收入的 0.5%收取租金；A 公司三年内每年使用该设备取得的销售收入分别为 200 000 元、250 000 元和 300 000 元。租赁开始时 B 公司支付相关费用 1 000 元，租赁期间共支付修理费 4 000 元，租赁期满后该机器设备被收回。相关会计处理如下。

1. 出租人为租赁公司

如果出租人属于租赁公司，租赁业务就属于出租人的主营业务，因此，其会计处理时，应收租金应该通过“应收账款”科目核算，租金收入应该通过“主营业务收入”科目核算，计提的出租固定资产折旧应当计入“主营业务成本”科目。

(1) 购置机器设备的会计分录

借：固定资产——未使用固定资产　　80 000

　贷：银行存款　　80 000

(2) 租出设备的会计分录

借：固定资产——经营租出固定资产　　50 000

　贷：固定资产——未使用固定资产　　50 000

(3) 租赁开始时支付相关费用的会计分录

借：管理费用　　1 000

　贷：银行存款　　1 000

(4) 各年收取租金时会计分录

20×7 年 1 月 1 日预收租金时，

借：银行存款　　15 000

　贷：应收账款——应收经营租赁款　　15 000

20×7 年 12 月 31 日收取租金时，

借：银行存款　　8 000

　应收账款——应收经营租赁款　　7 000

　贷：主营业务收入——经营租赁资产收入　　15 000

20×8 年 12 月 31 日收取租金时，

借：银行存款　　10 000

　　应收账款——应收经营租赁款　　5 000

　贷：主营业务收入——经营租赁资产收入　　15 000

20×9 年 12 月 31 日收取租金时，

借：银行存款　　12 000

　　应收账款——应收经营租赁款　　3 000

　贷：主营业务收入——经营租赁资产收入　　15 000

(5) 各年收到按承租人产品销售收入计算的租金

20×7 年 12 月 31 日，

借：银行存款(应收账款)　　1 000

　贷：主营业务收入——或有租金收入　　1 000

20×8 年 12 月 31 日，

借：银行存款(应收账款)　　1 250

　贷：主营业务收入——或有租金收入　　1 250

20×9 年 12 月 31 日，

借：银行存款(应收账款)　　1 500

　贷：主营业务收入——或有租金收入　　1 500

(6) 各年年末提取折旧和提取修理费

借：主营业务成本　　11 900

　贷：累计折旧　　9 500

　　　预提费用——修理费　　2 400

(7) 付租赁期间的修理费

借：预提费用——修理费　　4 000

　贷：银行存款　　4 000

(8) 租赁期满收回租赁资产

借：固定资产—不需用固定资产　　30 000

　贷：固定资产——经营租出固定资产　　30 000

(9) 冲回多提取的修理费用

借：预提费用——修理费　　3 200

　贷：主营业务成本　　3 200

2. 出租人为非租赁公司

如果出租人属于非租赁公司，租赁业务就属于出租人的其他业务，因此，其会计处理时,应收租金应该通过“其他应收款”科目核算,租金收入应该通过“其他业务收入”科目核算,计提的出租固定资产折旧应当计入“其他业务成本”科目。其他处理与出租人属于租赁公司的情况基本相同,这里不再重复。

四、我国会计准则关于经营租赁在财务报告中的列示

(一)承租人在财务报告中的列示

承租人对于重大的经营租赁,应当在附注中披露下列信息:

(1) 资产负债表日后连续三个会计年度每年将支付的不可撤销经营租赁的最低租赁付款额。

(2) 以后年度将支付的不可撤销经营租赁的最低租赁付款额总额。

(二)出租人在财务报告中的列示

出租人对经营租赁,应当披露各类租出资产的账面价值。

第三节 融资租赁

一、我国会计准则对融资租赁的会计处理要求

按照《准则第 21 号》及其应用指南规定,对融资租赁按以下规定进行会计处理。

(一)对承租人的会计处理要求

1. 在租赁期开始日,承租人应当将租赁开始日租赁资产公允价值与最低租赁付款额现值两者中较低者作为租入资产的入账价值,将最低租赁付款额作为长期应付款的入账价值,其差额作为未确认融资费用。

承租人在租赁谈判和签订租赁合同过程中发生的费用,可归属于租赁项目的手续费、律师费、差旅费、印花税等初始直接费用,应当计入租入资产价值。

2. 承租人在计算最低租赁付款额的现值时,能够取得出租人租赁内含利率的,应当采用租赁内含利率作为折现率;否则,应当采用租赁合同规定的利率作为折现率。承租人无法取得出租人的租赁内含利率且租赁合同没有规定利率的,应当采用同期银行贷款利率作为折现率。

3. 未确认融资费用应当在租赁期内各个期间分摊。承租人分摊未确认融资费用应当在租赁期内各个期间进行分摊。

4. 承租人应当采用与自有固定资产相一致的折旧政策计提租赁资产折旧。

5. 或有租金应当在实际发生时计入当期损益。

(二)对出租人的会计处理要求

1. 在租赁期开始日,出租人应当将租赁开始日最低租赁收款额与初始直接费用之和作为应收融资租赁款(lease payments receivable)的入账价值,同时记录未担保余值;将最低租赁收款额、初始直接费用及未担保余值之和与现值之和的差额确认为未实现融资收益。

2. 未实现融资租赁收益应当在租赁期内各个期间进行分配。出租人应当采用实际利率法计算确认当期的融资收入。

3. 出租人应当至少每年年度终了,对未担保余值进行复核。

4. 或由租金应当在实际发生时计入当期损益。

二、承租人的会计处理

(一)相关概念

1. 租赁开始日和租赁期开始日

租赁开始日是指租赁协议日与租赁各方就主要租赁条款作出承诺日中得较早者。在租赁开始日,承租人与出租人就讲租赁认定为融资租赁或经营租赁;租赁期开始日是指承租人有权执行其使用租赁资产权利的开始日。

2. 最低租赁付款额

最低租赁付款额是指在租赁期内,承租人应支付或可能被要求支付的款项(不包括或有租金和履约成本),加上由承租人或与其有关的第三方担保的资产余值。

3. 租赁内含利率

租赁内含利率是指在租赁期开始日,使最低租赁收款额的现值与未担保余值的现值之和等于租赁资产公允价值与出租人的初始直接费用之和的折现率。

4. 担保余值

担保余值(curanteed residual value),就承租人而言,是指由承租人或与其有关的第三方担保的资产余值;就出租人而言,是指就承租人而言的担保余值加上与承租人和出租人均无关,但在财务上有能力担保的第三方担保的资产余值。担保余值是为了促使承租人谨慎地使用租赁资产,尽量减少出租人自身的风险和损失,租赁协议有时要求承租人或与其有关的第三方对租赁资产的余值进行担保。“与其有关的第三方”是指在业务经营或财务上与承租人有关的各方,如母、子公司,联营企业,合营企业,主要原料供应商,主要产品承销商等。“独立于承租人和出租人的第三方”是指与出租人和承租人均无关,但财务上有能力担保的第三方，如担保公司。

5. 资产余值

资产余值是指在租赁开始日估计的租赁期届满时租赁资产的公允价值。

6. 未担保余值

未担保余值(unguaranteed residual value)指租赁资产余值中扣除就出租人而言的担保余值以后的资产余值。未担保余值表明没有人担保而由出租人自身负担的那部分余值，这部分余值能否收回，没有可靠的保证，所以应收融资租赁款在租赁开始日不应包括这部分余值。

7. 履约成本

履约成本是指在租赁期内为租赁资产支付的各种使用费用，如技术咨询和服务费、人员培训费、维修费、保险费等。

8. 或有租金

或有租金是指金额不固定、以时间长短以外的因素(如销售量、使用量、物价指数等)为依据计算的租金。

(二) 会计处理的要点

1. 租赁期开始日的会计处理

在租赁期开始日，对于租赁资产公允价值和最低租赁付款额的现值，承租人将二者中较低者作为租赁资产的入账价值，将最低租赁付款额作为长期应付款的入账价值，二者之间的差额作为未确认融资费用。最低租赁付款额现值是将最低租赁付款额中的各项金额折现得来的金额。

同时，将初始直接费用也计入租赁资产入账价值。如果承租人有购买租赁资产选择权，所订立的购买价款预计将远低于行使选择权时租赁资产的公允价值，因而在租赁开始日就可以合理确定承租人将会行使这种选择权的，购买价款应当计入最低租赁付款额。这是从承租人角度规定的一个概念，其中“最低”是相对于或有租金和履约成本而言的。最低租赁付款额是在租赁期开始日就可以确定的，承租人必须向出租人支付的最小金额，或者说是承租人在租赁期开始日对出租人的最小负债。如果合同没有规定优惠购买选择权，则承租人应支付或可能被要求支付的款项应包括：租赁期内应支付的租金；租赁期满时，承租人或与其有关的第三方担保的资产余值；租赁期满时，承租人未续租或展期而造成的任何应由承租人支付的款项。

2. 支付租金时的会计处理

承租人在合同规定的日期，按年支付租金。在承租人向出租人支付的租金中，包括本金和利息两部分。承租人支付租金时，一方面应减少长期应付款，另一方面应同时将未确认的融资费用按一定的方法确认为当期融资费用。

3. 未确认融资费用(unacknow ledged financial charges)的分摊

承租人采用实际利率法分摊未确认融资费用，应当根据租赁期开始日租入资产入账价值的不同情况，对未确认融资费用采用不同的分摊率。

(1) 以出租人的租赁内含利率为折现率将最低租赁付款额折现，且以该现值作为租入资产入账价值的，应当将租赁内含利率作为未确认融资费用的分摊率。

(2) 以合同规定利率为折现率将最低租赁付款额折现，且以该现值作为租入资产入账价值的，应当将合同规定利率作为未确认融资费用的分摊率。

(3) 以银行同期贷款利率为折现率将最低租赁付款额折现，且以该现值作为租入资产入账价值的，应当将银行同期贷款利率作为未确认融资费用的分摊率。

(4) 以租赁资产公允价值为入账价值的，应当重新计算分摊率。该分摊率是使最低租赁付款额的现值等于租赁资产公允价值的折现率。

在这种情况下，我们必须重新计算内含利率，一般情况下可以根据“内插法”计算出租赁合同的内含利率，其计算过程是：预估计一个贴现率，并按此贴现率计算净现值。如果计算出的净现值为正数，应提高贴现率；反之，应降低贴现率。经过反复测算，找到净现值由正到负并且接近于零的两个贴现率。然后，根据上述两个邻近的贴现率再使用“内插法”，计算出方案的实际内部利率。

4. 租赁资产折旧额的提取

承租人应对融资租赁固定资产计提折旧，主要应解决两个问题：一是折旧政策，二是折旧期间。

折旧政策：计提租赁资产折旧时，承租人应采用与自有应折旧资产相一致的折旧政策。应提的折旧总额视承租人或与其有关的第三方是否对租赁资产余值进行担保而定，若对资产余值进行了担保，折旧总额等于租赁资产的公允价值减去担保余值；未对资产余值进行担保的，折旧总额等于租赁资产的公允价值减去预计净残值。折旧额计入当期损益。

折旧期间：确定租赁资产的折旧期间时，应视租赁合同的规定而论。如果能够合理确定租赁期届满时承租人将会取得租赁资产的所有权，应以租赁开始期开始日租赁资产尚可使用年限作为折旧期间；如果无法合理确定租赁期届满时取得租赁资产所有权，应当在租赁期满与租赁资产使用寿命两者中较短的期间内计提折旧。

5. 履约成本的会计处理

对租入资产的改良支出、技术咨询、人员培训费等支出应予递延或直接计入当期费用，借记“长期待摊费用”、“制造费用”和“管理费用”等科目，贷记“银行存款”等科目，经常性修理费和保险费等直接计入当期费用。

6. 或有租金的核算

承租人发生的或有租金，根据权责发生制的原则，在实际发生时确认为当期费用。借记“财务费用”或“营业费用”等科目，贷记“银行存款”等科目。

7. 租赁期满时的会计处理

租赁期满时按照不同的情况进行会计处理：

(1) 返还租赁资产的会计处理，借记“长期应付款——应付融资租赁款”、“累计折旧”科目，贷记“固定资产——融资租入固定资产”科目。

(2) 如果承租人行使优惠续租选择权，则应视同该项租赁资产一直存在，只是租金支付额量的变化；如果租赁期届满时没有续租，根据租赁合同规定应当向出租人支付违约金时，借记“营业外支出”科目，贷记“银行存款”。

(3) 在承租人享有优惠购买选择权的情况下，支付购买价款时，借记“长期应付款——应付融资租赁款”科目，贷记“银行存款”等科目；同时，将“固定资产——融资租入固定资产”转入自有固定资产。

(三) 会计处理举例

【例 10-3】 A 公司于 20×5 年 12 月 28 日与 B 公司签订了一份设备租赁合同，合同主要条款的内容如下：

(1) 租赁开始日：20×6 年 1 月 1 日；

(2) 租赁期：3 年；

(3) 租金支付：自租赁开始日每年年末支付租金 100 000 元；

(4) 该设备租赁开始日的公允价值为 260 000 元，出租人发生初始直接费用 2 000 元；

(5) 租赁合同规定的利率为 8%；

(6) 承租人担保资产余值 5 000 元；

(7) 该设备预计使用年限为 5 年；

(8) 设备到期归还给出租方。

A 公司采用直线法计提折旧。

根据上述资料，租赁业务的相关账务处理如下。

(1)租赁期开始日的会计处理

第一步，判断租赁类型。

根据上述资料，租赁期(3 年)占租赁资产尚可使用年限(5 年)的 60%(小于 75%)，没有满足融资租赁的第 3 条标准；但是，最低租赁付款额的现值为 261 670 元(计算过程见后)大于租赁资产公允价值的 90%，即 234 000 元(260 000×90%)，满足租赁资产的第四条标准，因此，A 公司应将该项租赁认定为融资租赁。选择租赁合同规定的利率 8%作为折现率。

第二步，计算租赁期开始日最低付款额现值，确定租赁资产的入账价值。

最低租赁付款额＝各期租金之和＋承租人担保的资产余值

$=3\times 100\,000+5\,000$

$=305\,000$(元)

最低租赁付款额现值＝$100\,000\times(P/A,8\%,3)+5\,300\times(P/F,8\%,3)$

$=100\,000\times 2.577+5\,300\times 0.794$

$=261\,908$(元)＞$260\,000$(元)

租赁资产的入账价值＝租赁资产公允价值＋初始直接费用

$=260\,000+2\,000=262\,000$(元)

未确认的融资费用＝$305\,000-26\,000=45\,000$(元)

借：固定资产——融资租入固定资产　　262 000

　　未确认融资费用　　45 000

　贷：长期应付款——应付融资租赁款　　305 000

　　　银行存款　　2 000

(2) 分摊未确认融资费用的会计处理

第一步，确定融资费用分摊率。

由于以租赁资产公允价值为入账价值的，应当重新计算分摊率。根据定义该分摊率是使最低租赁付款额的现值等于租赁资产公允价值的折现率。

即　　$100\,000\times(P/A,i,3)+5\,000\times(P/F,i,3)=260\,000$(元)

假设 $i=8\%$，则

$100\,000\times(P/A,8\%,3)+5\,000\times(P/F,8\%,3)=261\,670$(元)

因为左边 261 908 元＞右边 260 000 元，所以应提高利率。

假设 $i=9\%$，则

$100\,000\times(P/A,9\%,3)+5\,000\times(P/F,9\%,3)=256\,960$(元)

由此可见，260 000 元介于 256 960 元与 261 670 元之间，则内含利率 i 介于 8%与 9%之间。

现通过“内插法”计算内含利率：

$$(9\%-i)/(9\%-8\%)=(256\,960-260\,000)/(256\,960-261\,670)$$

则　　$i=8.355\%$

第二步，在租赁期内采用实际利率法分摊未确定融资费用(见表 10-1)。

表 10-1 未确认融资费用分摊表(实际利率法)

20×6 年 12 月 31 日　　元

日　　期	租　　金	应确认的融资费用	应付本金减少额	应付本金余额
①	②	③=期初⑤×8.355%	④=②-③	期末⑤=期初⑤-④
20×6 年 1 月 1 日				260 000
20×6 年 12 月 31 日	100 000	21 723	78 277	181 723
20×7 年 12 月 31 日	100 000	15 183	84 817	96 906
20×8 年 12 月 31 日	100 000	8 094	91 906	5 000
20×9 年 1 月 1 日	5 000		5 000	0
合计	305 000	45 000	260 000	

注：第三年的应确认融资费用采用倒推的方式计算得出。

第三步，账务处理如下。

20×6 年 12 月 31 日支付租金和摊销未确认融资费用的会计分录为：

借：长期应付款——应付融资租赁款　　100 000

　贷：银行存款　　100 000

借：财务费用　　21 723

　贷：未确认融资费用　　21 723

20×7 年 12 月 31 日支付租金和摊销未确认融资费用的会计分录为：

借：长期应付款——应付融资租赁款　　100 000

　贷：银行存款　　100 000

借：财务费用　　15 183

　贷：未确认融资费用　　15 183

20×8 年 12 月 31 日支付租金和摊销未确认融资费用的会计分录为：

借：长期应付款——应付融资租赁款　　100 000

　贷：银行存款　　100 000

借：财务费用　　8 094

　贷：未确认融资费用　　8 094

(3) 提取租赁资产折旧的会计处理

年折旧额=(262 000-5000)/3=85 667

借：制造费用(管理费用)　　85 667

　贷：累计折旧——融资租赁资产折旧　　85 667

以后两年提取折旧的会计分录同上。

(4) 租赁期满时的会计处理

租赁期满，将该生产线退还给 B 公司。

借：长期应付款——应付融资租赁款　　5 000
　　累计折旧——融资租赁资产折旧　　257 000
　贷：固定资产——融资租入固定资产　　262 000

三、出租人的会计处理

（一）相关概念

1. 最低租赁收款额

最低租赁收款额是指最低租赁付款额加上独立于承租人和出租人的第三方对出租人担保的资产余值。

2. 未担保余值

未担保余值是指租赁资产余值中扣除就出租人而言的担保余值以后的资产余值。未担保余值表明无人担保而由出租人自身负担的那部分余值。这部分余值能否收回,没有切实可靠的保证,因此,在租赁开始日不能作为应收融资租赁款的一部分。

3. 未实现融资收益

未实现融资收益是指在租赁期开始日,出租人应该将租赁期开始日最低租赁收款额与初始直接费用之和作为应收融资租赁款的入账价值,并同时记录未担保余值,最低租赁收款额、初始直接费用与未担保余值之和与其现值之和的差额即为未实现融资收益。

（二）会计处理要点

1. 租赁开始日的会计处理

租赁期开始日,出租人应该将租赁期开始日最低租赁收款额与初始直接费用之和作为应收融资租赁款的入账价值,并同时记录未担保余值,将最低租赁收款额、初始直接费用及未担保余值之和与其现值之和的差额确认为未实现融资收益。其中"最低"也是相对于或有租金和履约成本而言的。最低租赁收款额是在租赁开始日就可以确定的,出租人能够向承租人收取的最小金额,或者说是出租人在租赁开始日对承租人的最小债权。在计算最低租赁收款额现值时,一般使用租赁内含率。最低租赁收款额等于各期租金之和加上行使优惠购买选择权时(如果承租人在租赁期届满时购买的话)支付的金额或担保余额。

对所发生的初始直接费用,确认为应收租赁款,借记"长期应收款"科目,贷记"银行存款"等科目。

2. 收到租金时的会计处理

出租人每期受到的租金中,包括本金和利息两部分。出租人收到租金时,一方面应减少未实现融资收益，另一方面应确定融资收入为当期收益。

3. 未实现融资收益的分配

《准则第 21 号》规定，未实现融资收益应当在租赁期内各个期间进行分配。出租人应当采用实际利率法计算确认当期的融资收入。出租人采用实际利率法分配未实现融资收益，应当将租赁内含利率作为未实现融资收益的分配率。租赁内含利率是指在租赁期开始日，使最低租赁收款额的现值与未担保余值之和等于租赁资产公允价值与出租人的初始直接费用之和的折现率。可以采用"内插法"计算该内含利率。

4. 未担保余值发生变动时的核算

出租人应当定期对未担保余值进行检查，至少每年年末检查一次。未担保余值增加的，不作调整。但若有证据表明未担保余值已经减少的，应当重新计算租赁内含利率，将由此而引起租赁投资净额的减少，计入当期损益；以后各期根据修正后的租赁投资净额和重新计算的租赁内含利率确认融资收入。租赁投资净额是融资租赁中最低租赁收款额及未担保余值之和与未实现融资收益之间的差额。已确认损失的未担保余值得以恢复的，应当在原已确认的损失金额内转回，并重新计算租赁内含利率，以后各期根据修正后的租赁投资净额和重新计算的租赁内含利率确认融资收入。

其账务处理如下：

(1) 期末，出租人的未担保余值的预计可收回金额低于其账面价值的差额，借记"未实现融资收益"科目，贷记"未担保余值"科目。

(2) 如果已确认损失的未担保余值得以恢复，应在原已确认的损失金额内转回，借记"未担保余值"科目，贷记"未实现融资收益"科目。

资产负债表日，企业根据租赁准则确定未担保余值发生减值的，根据减少的金额，借记"资产减值损失"科目，贷记"未担保余值(减值准备)"科目。已计提未担保余值减值准备的未担保余值价值以后又得以恢复，应在原已计提的未担保余值减值准备金额内，按恢复增加的金额，借记"未担保余值(减值准备)"科目，贷记"资产减值损失"科目。

5. 或有租金的会计处理

对于或有租金，根据权责发生制的原则，在实际发生时确认为当期收入。借记"银行存款"等科目，贷记"主营业务收入——融资收入"科目。

6. 租赁期满时的核算

租赁期届满时，应当根据不同的情况进行相应的会计处理。

(1) 租赁期届满时，承租人将租赁资产交还给出租人。这时有可能出现四种情况：

① 存在担保余值，不存在未担保余值。出租人收到承租人交还的租赁资产时，借记"融资租赁资产"科目，贷记"长期应收款"科目。

② 存在担保余值，同时存在未担保余值。出租人收到承租人交还的租赁资产时，借

记“融资租赁资产”科目，贷记“长期应收款”、“未担保余值”科目。

③ 存在未担保余值，不存在担保余值。出租人收到承租人交还的租赁资产时，借记“融资租赁资产”科目，贷记“未担保余值”科目。

④ 担保余值和未担保余值均不存在。此时，出租人无须作账务处理，只需作相应的备查登记。在存在担保余值的情况下，若收回资产的价值扣除未担保余值后的余额低于担保余值的，按照应向承租人收取的价值损失补偿金额，借记“其他应收款”科目，贷记“租赁收入”。

(2) 优惠续租租赁资产

优惠续租租赁资产情况下的会计处理如下。

① 如果承租人行使优惠续租选择权，则出租人应视同该项租赁一直存在着而作出相应的账务处理。

② 如果租赁期届满时承租人没有续租，根据合同规定应向承租人收取违约金时，借记“其他应收款”科目，贷记“营业外收入”科目。同时，将收回的租赁资产按上述规定进行处理。

(3) 留购租赁资产。租赁期届满时，承租人行使了优惠购买选择权。出租人按照收到的承租人支付的购买资产价款，借记“银行存款”等科目，贷记“长期应收款”科目。若存在未担保余值的，则按未担保余值数，借记“租赁收入”科目，贷记“未担保余值”科目。

(三) 会计处理举例

【例 10-4】 A 公司于 20×5 年 12 月 28 日与 B 公司签订了一份设备租赁合同，合同主要条款的内容如下：

(1) 租赁开始日：20×6 年 1 月 1 日；

(2) 租赁期：3 年；

(3) 租金支付：自租赁开始日每年年末支付租金 100 000 元

(4) 该设备租赁开始日的公允价值为 260 000 元，出租人发生初始直接费用 2 000 元；

(5) 承租人担保资产余值为 5 000 元，未担保资产余值为 8 000 元；

(6) 该设备预计使用年限为 5 年；

(7) 租赁期满，设备由出租人收回；

(8) 租赁合同规定的利率为 8%。

B 公司账务处理如下。

(1) 租赁开始日的会计处理

第一步，计算租赁内含利率。

根据租赁内含利率的定义，租赁内含利率是指在租赁开始日，使最低租赁收款额的现

值与未担保余值之和等于租赁资产公允价值与出租人的初始直接费用之和的折现率，即

$$100\,000\times(P/A,i,3)+13\,000\times(P/F,i,3)+2\,000=262\,000(\text{元})$$

$$100\,000\times(P/A,i,3)+13\,000\times(P/F,i,3)=260\,000(\text{元})$$

假设 $i=9\%$，则

$$100\,000\times(P/A,9\%,3)+13\,000\times(P/F,9\%,3)=263\,136(\text{元})$$

因为左边 263 136(元)＞右边 260 000(元)，所以提升利率。

假设 $i=10\%$，则

$$100\,000\times(P/A,10\%,3)+13\,000\times(P/F,10\%,3)=258\,463(\text{元})$$

由此可见，260 000 元是介于 258 463 元与 263 136 元之间，则含利率也应介于 9%与10%之间。

现通过"内插法"计算内含利率：

$$(10\%-i)/(10\%-9\%)=(258\,463-260\,000)/(258\,463-263\,136)$$

则

$$i=9.67\%$$

第二步，计算租赁开始日最低租赁收款额及其现值和未实现融资收益。

最低租赁收款额＋未担保余值＝(最低租赁付款额＋第三方担保的余值)＋未担保余值＝[(各期租金之和＋承租人担保余值)＋第三方担保余值]＋未担保余值＝[(100 000×3)＋5 000]＋8 000

最低租赁收款额＝100 000×3＋5 000＝305 000(元)

应收融资租赁款＝最低租赁收款额＋直接费用＝305 000＋2 000＝307 000(元)

最低租赁款现值＋未担保余值的现值＝100 000×(P/A,9.67%,3)
＋13 000×(P/F,9.67%,3)
＝260 000(元)

未实现融资收益＝(最低租赁收款额＋初始直接费用＋未担保余值)－(最低租赁收款额现值＋初始直接费用＋未担保余值的现值)
＝(305 000＋2 000＋8 000)－(260 000＋2 000)
＝53 000(元)

第三步，判断租赁类型。

根据上述资料，租赁期(3 年)占租赁资产尚可使用年限(5 年)的 60%(小于 75%)，没有满足融资租赁的第 3 条标准；但是，最低租赁付款额的现值为 248 714 元(100 000×(P/A,9.67%,3))大于租赁资产公允价值的 90%，即 234 000 元(260 000×90%)，满足租赁资产的第 4 条标准，因此，A 公司应将该项租赁认定为融资租赁。

第四步，账务处理。

20×6 年 1 月 1 日租出设备时，

借：长期应收款——应收融资租赁款　　307 000
　　未担保资产余值　　8 000
　贷：银行存款　　2 000
　　　融资租赁资产　　260 000
　　　未实现融资收益　　53 000

（2）未实现融资收益分配的账务处理

第一步，计算租赁期内各租金收取期应分配的未实现融资收益（见表 10-2）。

表 10-2　未实现融资收益分配表

20×6 年 1 月 1 日　　元

日　期	租　金	应确认的融资收入	租赁投资净额减少额	租赁投资净额余额
①	②	③＝期初⑤×9.67%	④＝②－③	期末⑤＝期初⑤－④
20×6 年 1 月 1 日				260 000
20×6 年 12 月 31 日	100 000	25 142	74 858	185 142
20×7 年 12 月 31 日	100 000	17 903	82 097	103 142
20×8 年 12 月 31 日	100 000	9 955	90 045	13 000
20×9 年 1 月 1 日	13 000			
合计	313 000	53 000	247 000	

注：第三年的应确认融资收益采用倒推的方式计算得出。

第二步，会计分录处理。

20×6 年 12 月 31 日收到租金和摊销未确认融资收益时：

借：银行存款　　100 000
　贷：长期应收款——应收融资租赁款　　100 000
借：未实现融资收益　　25 142
　贷：租赁收入　　25 142

20×7 年 12 月 31 日收到租金和摊销未确认融资收益时：

借：银行存款　　100 000
　贷：长期应收款——应收融资租赁款　　100 000
借：未实现融资收益　　17 903
　贷：租赁收入　　17 903

20×8 年 12 月 31 日收到租金和摊销未确认融资收益时：

借：银行存款　　100 000
　贷：长期应收款——应收融资租赁款　　100 000

借：未实现融资收益　　9 955

　贷：租赁收入　　9 955

(3) 租赁期满的会计处理

借：融资租赁资产　　13 000

　贷：未担保余值　　8 000

　　长期应收款——应收融资租赁款　　5 000

四、我国会计准则关于融资租赁在财务报告中的列示

(一) 承租人在财务报告中的披露

在融资租赁的情况下，承租人应当在财务报告中披露其租赁业务的情况。即将与融资租赁相关的长期应付款减去未确认融资费用的差额，分别以长期负债和一年内到期的长期负债在资产负债表中列示。承租人还应当在资产负债表附注中披露与融资租赁有关的下列信息：

(1) 各类租入固定资产的期初和期末原价、累计折旧额；

(2) 资产负债表日后连续三个会计年度每年将支付的最低租赁付款额，以及以后年度将支付的最低租赁付款额总额；

(3) 未确认融资费用的余额，以及分摊未确认融资费用所采用的方法。

(二) 出租人在财务报告中的披露

出租人应当在资产负债表中，将长期应收款减去未实现融资收益的差额，作为长期债权列示。另外，出租人应当在报表附注中披露与融资租赁有关的下列信息：

(1) 资产负债表日后连续三个会计年度每年将收到的最低租赁收款额，以及以后年度将收到的最低租赁收款额总额；

(2) 未实现融资收益的余额，以及分配未实现融资收益所采用的方法。

第四节　其他租赁

其他租赁方式包括杠杆租赁、售后回租以及转租租赁等。在此主要介绍售后回租以及杠杆租赁。由于杠杆租赁中承租人的会计处理方式与融资租赁中承租人的会计处理方式是一样的，但出租人的处理却存在差异，在此，只介绍杠杆租赁中出租人的会计处理。而售后回租中出租人的会计处理方式与融资租赁中出租人会计处理方式是一样的，但承租人的会计处理存在差异，在此，只介绍承租人的会计处理方式。

一、杠杆租赁

（一）杠杆租赁概述

杠杆租赁(leveraged lease)是融资租赁的一种特殊方式，又称举债经营租赁或借债租赁，出租人利用财务杠杆原理，只垫支购买资产所需资金的一部分（一般为20%～40%），其余部分(60%～80%)则以所购资产做担保向贷款人借款支付，再将资产出租给承租人使用，并按合同收取租金。杠杆租赁又称举债经营融资租赁。因此在杠杆租赁中会涉及三方当事人：出租人、承租人和贷款人。杠杆租赁主要有以下几个优点：

(1) 某些租赁物过于昂贵，租赁公司不愿或无力独自购买并将其出租，杠杆租赁往往是这些物品唯一可行的租赁方式。

(2) 美国等西方国家的政府规定，出租人所购用于租赁的资产，无论是靠自有资金购入的还是靠借入资金购入的，均可按资产的全部价值享受各种减税免税待遇。因此，杠杆租赁中出租人仅出一小部分租金却能按租赁资产价值的100%享受折旧以及其他减税免税待遇，这大大减少了承租人的租赁成本。

(3) 在正常条件下，杠杆租赁的出租人一般愿意将上述利益以低租金的方式转让给承租人一部分，从而使杠杆租赁的租金低于一般融资租赁的租金。

(4) 在杠杆租赁中，贷款参与人对出租人无追索权，因此，它较一般信贷对出租人有利，而贷款参与人的资金也能在租赁物上得到可靠保证，比一般信贷安全。杠杆租赁的对象大多是金额巨大的物品，如民航客机等。

出租人在杠杆租赁中，可以享受减税免税的待遇。比如根据美国的法律，出租人可以获得如下税务优惠：

(1) 投资减税(一般为设备成本的10%)；

(2) 扣除金融机构贷款利息(利息的支出呈逐期递减的趋势)；

(3) 设备折旧的扣除(采用加速折旧法)；

(4) 租赁期满，出租人可以按公平租金与承租人续订租约或按公平价出售租赁资产。

（二）杠杆租赁会计处理的主要方法

我国现行会计准则没有对杠杆租赁核算的具体方法作出规定，下面主要介绍美国的杠杆租赁会计处理方法。在此只介绍出租人会计处理的有关内容。

1. 出租人应收租金

出租人应收租金为租金总额减去长期借款本金与利息的和，即

$$出租人应收租金 = 租金总额 - (长期借款本金 + 利息)$$

2. 出租人的投资(在租赁开始日)

它应为租赁资产成本与长期借款之差,或者为出租人的应收租金加预计残值和投资减税再减去未实现租赁收益(租赁投资税前利益加投资减税利益)。

出租人的投资(在租赁开始日) = 租赁资产成本 − 长期借款

或:出租人的投资(在租赁开始日)=出租人的应收租金+预计残值+投资减税−未实现租赁收益(租赁投资税前利益+投资减税利益)

3. 计算投资报酬率

投资报酬率是根据每年现金流出流入量求得的,该投资报酬率不同于租赁内含利率。

4. 确认出租人每年净利

首先计算出租人每年净投资,即

每年净投资 = 出租人应收租金余额 + 预计残值 − 未实现租赁收益 − 递延所得税余额

或:每年净投资额=上年净投资−(上年现金流量−上年净投资×投资报酬率)

5. 递延所得税

递延所得税为会计确认的所得税费用和税务所得税减免额之间的差额,该项差额应贷记或借记"递延税金"。

6. 出租人的净收益

出租人的净收益为租赁投资税前利益加投资减税利益减会计确认所得税费用。

7. 各年租赁投资税前利益和投资减税利益

它们应根据每年净收益除以净收益总额求得的百分比分配。

(三) 会计处理举例

我国会计准则没有杠杆租赁核算具体方法,现以美国的杠杆租赁业务为例进行说明。

【例 10-5】 美国的 B 公司需要租赁一项大型机械设备,并希望 A 公司能为其提供该项设备。A 公司应 B 公司的要求,按 360 000 美元的成本购买了该项机械设备,设备价值中有 250 000 美元的借入资金,年利率 10%,分 4 年偿还;同时,A 公司与 B 公司签订租赁合同,从 20×6 年 1 月 1 日起将该项设备租出给 B 公司使用,租赁期为 4 年,同时 B 公司担保租赁期满租赁设备余值 60 000 美元,B 公司每年年末支付租金 100 000 美元;设备按余额递减法分四年计提折旧;A 公司可按 10% 的比例于第一年年末获得投资减税额 36 000 美元,所得税税率为 33%。

根据上述资料,A 公司的会计处理如下。

(1) A 公司编制杠杆租赁现金流量表,具体见表 10-3。

折旧额的计算过程和结果见表 10-4。

$$折旧率 = 1 - \sqrt[4]{60\,000/360\,000} = 36.11\%$$

投资利息额和偿还本金额计算结果见表10-5。

$$\begin{aligned}\text{年偿还本息额} &= 250\,000/(P/A,10\%,4)\\ &= 250\,000/3.17\\ &= 78\,864(\text{美元})\end{aligned}$$

表10-3 A公司杠杆租赁现金流量表 美元

日　期	租赁付款额与余值①	折旧额②	投资利息③	投资税前利益④＝①－②－③	所得税⑤＝④×33%	偿还借款本金⑥	投资减税⑦	现金流量⑧＝①－③＋⑤－⑥＋⑦
起租日								(110 000)
20×6年年末	100 000	129 996	25 000	(54 996)	18 149	53 864	36 000	75 285
20×7年年末	100 000	83 054	19 614	(2 668)	880	59 250		22 016
20×8年年末	100 000	53 064	13 689	33 247	(10 972)	65 175		10 164
20×9年年末	100 000	33 886	7 153	58 961	(19 457)	71 711		1 679
余值	60 000							60 000
合计	460 000	300 000	65 456	34 544	(11 400)	250 000	36 000	59 144

表10-4 折旧额计算表 美元

期　间	期初账面净额①	折旧率②	折旧额③＝①×②	累计折旧额④＝③＋④	期末账面净额⑤＝⑤－④
开始日					360 000
20×6年	360 000	36.11%	129 996	129 996	230 004
20×7年	230 004	36.11%	83 054	213 050	146 950
20×8年	146 950	36.11%	53 064	266 114	93 886
20×9年	93 886	36.11%	33 886	300 000	60 000

表10-5 利息费用计算表 美元

期　间	年偿还本息额①	利息额②＝④×10%	偿还本金额③＝①－②	借款本金额④＝④－③
借款日				250 000
20×6年年末	78 864	25 000	53 864	196 136
20×7年年末	78 864	19 614	59 250	136 886
20×8年年末	78 864	13 689	65 175	71 711
20×9年年末	78 864	7 153	71 711	0
合计	315 456	65 456	250 000	

(2) 编制现金流量分配于投资及收益计算表,具体见表10-6。

投资收益率 r 的计算过程如下:

$110\ 000=75\ 285/(1+r)^1+22\ 016/(1+r)^2+10\ 164/(1+r)^3+61\ 679/(1+r)^4$

利用内插法,可求出 $r=21.95\%$

表10-6中第⑤栏投资税前收益为表10-3第④栏的合计额与各年分配于收益的现金额与其汇总总额的比例数。20×6年的金额14 102美元(34 544×24 145/59 144)。

表10-6中第⑦栏投资减税利益为表10-3第⑦栏的合计额与各年分配于收益的现金额与其汇总总额的比例数。20×6年的金额14 697美元(36 000×24 145/59 144)。

表10-6 现金流量分配于投资及收益计算表 美元

期间(年)	公司投资额 ①=①-③	现金流量 ②	分配于投资的现金额 ③=②-④	分配于收益的现金额 ④=①×21.95%	投资税前收益⑤	所得税 ⑥=⑤×33%	投资减税利益⑦
20×6	110 000	75 285	51 140	24 145	14 102	(4 654)	14 697
20×7	58 860	22 016	9 096	12 920	7 546	(2 490)	7 864
20×8	49 764	10 164	−759	10 923	6 380	(2 105)	6 649
20×9	50 523	61 679	50 523	11 156	6 516	(2 151)	6 790
合计		169 144	110 000	59 144	34 544	(11 400)	36 000

(3) 编造递延所得税计算表,具体见表10-7。

表中第①栏来源于表10-3的第⑤栏。表中第②栏来源于表10-6的第⑥栏。

表10-7 递延所得税计算表 美元

期间	所得税①	会计确认所得税 ②	递延所得税 ③=①-②	递延所得税余额 ④=④+③
起租日				
20×6年	18 149	(4 654)	22 803	22 803
20×7年	880	(2 490)	3 370	26 173
20×8年	(10 972)	(2 105)	(8 867)	17 306
20×9年	(19 457)	(2 151)	(17 306)	0
合计	(11 400)	(11 400)	0	

(4) 编制A公司投资及收益分配表,具体见表10-8。

表10-8中栏内数值的计算过程如下:

第①栏=每年租金收入-每年偿还本息额=100 000-78 864=21 136(美元);

第②栏＝②－①；

第③栏起租日为 144 544＋36 000－110 000＝70 544(美元)，以后每年的③＝③－④－⑤；

第④栏来源于表 10-6 的第⑤栏；

第⑤栏来源于表 10-6 的第⑦栏；

第⑥栏来源于表 10-6 的第⑥栏；

第⑦栏＝④＋⑤－⑥；

第⑧栏来源于表 10-7 的第③栏；

第⑨栏来源于表 10-7 的第④栏；

第⑪栏起租日为出租人租赁开始日的投资额，以后租赁投资净额＝②－③－⑨。

表 10-8　A 公司投资及收益分配表　　美元

日期(年末)	租金及期末余值①	应收租金与余值额②	未实现租赁收益③	实现投资税前收益④	实现投资减税收益⑤	所得税⑥	本期净利⑦	递延所得税⑧	递延所得税余额⑨	投资减税⑩	租赁投资净额⑪
起租日		144 544	70 544							36 000	110 000
20×6	21 136	123 408	41 745	14 102	14 697	(4 654)	24 145	22 803	22 803		58 860
20×7	21 136	102 272	26 335	7 546	7 864	(2 490)	12 920	3 370	26 173		49 764
20×8	21 136	81 136	13 306	6 380	6 649	(2 105)	10 924	(8 867)	17 306		50 524
20×9	81 136	0	0	6 516	6 790	(2 151)	11 155	(17 306)	0		0
合计	144 544			34 544	36 000	－11 400	59 144	0		36 000	

根据表 10-8 内数值，可作如下处理。

1. 租赁开始日的会计分录

借：应收租赁款　　144 544

　　应收投资额　　36 000

　贷：未实现融资收益　　70 544

　　　现金　　110 000

2. 20×6 年年末的会计处理

(1) 收到租金时投资减税的会计分录

借：现金　　57 136

　贷：应收租赁款　　21 136

　　　应收投资减税　　36 000

(2) 确认 20×6 年租赁收益的会计分录

借：未实现融资收益　　28 799

　贷：租赁投资收益　　14 102

投资减税收益　　14 697

(3) 所得税减免时的会计分录

借：现金　　18 149

　　所得税　　4 654

　贷：递延税款　　22 803

以后三年的会计分录同上。

二、售后回租

(一) 会计准则对售后回租的会计处理要求

1. 售后回租交易的定义

售后回租交易是一种特殊形式的租赁业务，是指卖主（即承租人）将一项自制或外购的资产出售后，又将该项资产从买主（即出租人）租回，习惯上称之为"回租"。通过售后回租交易，资产的原所有者（即承租人）在保留对资产的占有权、使用权和控制权的前提下，将固定资本转化为货币资本，在出售时可取得全部价款的现金，而租金则是分期支付的，从而获得了所需的资金；而资产的新所有者（即出租人）通过售后回租交易，找到了一个风险小、回报有保障的投资机会。20 世纪 90 年代以来，售后回租交易在我国也得到了充分的发展，大部分租赁公司尤其是中外合资租赁公司最近几年的租赁业务以售后回租交易为主。

2. 我国会计准则对售后回租的会计处理要求

根据《准则第 21 号》第二章的规定：对于售后回租交易，无论是承租人还是出租人，均应按照租赁的分类标准，将售后回租交易认定为融资租赁或经营租赁。如前文所述，对于出租人来讲，售后回租交易（无论是融资租赁还是经营租赁）同其他租赁业务的会计处理没有区别。而对于承租人来讲，由于其既是资产的承租人同时又是资产的出售者，因此，售后回租交易同其他租赁业务的会计处理有所不同。

(二) 承租人售后回租的会计处理

1. 售后回租交易形成融资租赁

(1) 出售资产时

如果出售的资产属于企业的存货，应按收到的款项，借记"银行存款"等科目，按出售资产的账面价值，贷记"库存商品"科目，按计算的增值税额，贷记"应交税费——应交增值税（销项税额）"，其差额部分，借记或贷记"递延收益"科目。

如果出售的资产属于企业的固定资产，则应先通过"固定资产清理"科目进行清理核算，然后再进行售后回租业务的核算，即：按固定资产账面价值，借记"固定资产清理"，按已计提的减值准备，借记"固定资产减值准备"科目，按已提的折旧额，借记"累计折旧"科目，按固定资产的原值，贷记"固定资产"科目。并且，按收到的款项，借记"银行存款"等科目，按出售固定资产的账面价值，贷记"固定资产清理"科目，其差额部分，借记或贷记"递延收益"科目。

(2) 租回资产时

出售的资产又租回时，按租赁资产公允价值与最低租赁付款额现值两者中较低者，加上初始直接费用，作为租入资产的入账价值，借记"固定资产——融资租入固定资产"科目，按最低租赁付款额，贷记"长期应付款"科目，按其差额，借记"未确认融资费用"科目。租回资产后的会计处理方法与承租人一般融资租赁的会计方法完全相同，此处不再介绍。

(3) 分摊递延收益时

对产生的差额分摊递延收益时，借记或贷记"递延收益"科目，贷记或借记"制造费用"、"销售费用"、"管理费用"等科目。

【例 10-6】 假定 20×6 年 1 月 1 日，A 公司将一条程控生产线按 260 000 元的价格销售给 B 公司。该生产线 20×6 年 1 月 1 日的账面原值为 250 000 元，全新设备未计提折旧。并与 B 公司达成租赁协议，主要条款如下：

(1) 自租赁开始日每年年末支付租金 100 000 元；

(2) 租赁期 3 年，设备预计使用年限 5 年；

(3) 租赁期满 A 公司以 3 000 元将设备购置；

(4) 租赁合同规定的利率为 8%。

A 公司预计该设备的残值率为 5%，采用直线法计提折旧。

根据以上资料，A 公司的会计处理如下。

(1) 20×6 年 1 月 1 日，出售固定资产时的会计处理

第一步，判断租赁类型。

根据上述资料，租赁期(3 年)占租赁资产尚可使用年限(5 年)的 60%(小于 75%)，没有满足融资租赁的第 3 条标准；但是，最低租赁付款额的现值为 260 082 元(见下面计算过程)大于租赁资产公允价值的 90%，即 234 000 元(260 000×90%)，满足租赁资产的第四条标准，因此，A 公司应将该项售后回租认定为融资租赁。

第二步，账务处理。

	借方	贷方
借：固定资产清理	250 000	
贷：固定资产		250 000
借：银行存款	260 000	
贷：固定资产清理		250 000
递延收益——未实现售后回租损益(融资租赁)		10 000

(2) A公司回租该项设备时的会计处理

第一步，计算租赁期开始日最低付款额现值，确定租赁资产的入账价值

$$最低租赁付款额 = 3\times 100\,000 + 3\,000 = 303\,000(元)$$

$$\begin{aligned}最低租赁付款额现值 &= 100\,000\times(P/A,8\%,3) + 3\,000\times(P/F,8\%,3)\\ &= 100\,000\times 2.577 + 3\,000\times 0.794\\ &= 260\,082(元) > 260\,000(元)\end{aligned}$$

应以260 000元作为融资租入资产的入账价值。

$$未确认的融资费用 = 303\,000 - 260\,000 = 43\,000(元)$$

借：固定资产——融资租入固定资产　　260 000

　　未确认融资费用　　43 000

　贷：长期应付款——应付融资租赁款　　303 000

第二步，分摊未确认融资费用。

① 确定融资费用分摊率

$100\,000\times(P/A,i,3)+3\,000\times(P/F,i,3)=26\,000$

通过"内插法"计算 i：$i=8.02\%$。

② 在租赁期内采用实际利率法分摊未确定融资费用(见表10-9)。

表10-9　未确认融资费用分摊表　　元

日　　期	租　　金	应确认的融资费用	应付本金减少额	应付本金余额
①	②	③=期初⑤×8.02%	④=②-③	期末⑤=期初⑤-④
20×6年1月1日				260 000
20×6年12月31日	100 000	20 852	79 148	180 852
20×7年12月31日	100 000	14 504	85 496	95 356
20×8年12月31日	100 000	7 644	92 356	3 000
20×9年1月1日	3 000		3 000	0
合计	303 000	43 000	260 000	

注：第三年的应确认融资费用采用倒推的方式计算得出。

③ 账务处理如下。

20×6年12月31日支付租金和摊销未确认融资费用的会计分录为

借：长期应付款——应付融资租赁款　　100 000

　贷：银行存款　　100 000

借：财务费用　　20 852

　贷：未确认融资费用　　20 852

20×7 年 12 月 31 日支付租金和摊销未确认融资费用的会计分录为

借：长期应付款——应付融资租赁款 100 000

贷：银行存款 100 000

借：财务费用 14 504

贷：未确认融资费用 14 504

20×8 年 12 月 31 日支付租金和摊销未确认融资费用的会计分录为

借：长期应付款——应付融资租赁款 100 000

贷：银行存款 100 000

借：财务费用 7 644

贷：未确认融资费用 7 644

第三步，提取折旧额和分摊未实现融资收益的会计分录。

未实现融资收益按融资租赁资产折旧期内折旧进度进行分摊。

借：制造费用（管理费用） 49 400

贷：累计折旧——融资租赁资产折旧 49 400

借：递延收益——未实现售后回租损益（融资租赁） 2 000

贷：制造费用（管理费用） 2 000

以后两年提取折旧的会计分录同上。

第四步，租赁期满时的会计分录。

A 公司将融资租赁的资产以 3 000 元的价格购置下来，并视同自有资产提取了折旧，租赁期满时转入为自有资产，其资产账面有残值 111 800 元。

借：长期应付款——应付融资租赁款 3 000

贷：银行存款 3 000

借：固定资产——自有固定资产 260 000

累计折旧——融资租赁资产折旧 148 200

贷：固定资产——融资租入固定资产 260 000

累计折旧 148 200

2. 售后回租交易形成经营租赁

(1) 出售资产时

如果出售的资产属于企业的存货，应按收到的款项，借记“银行存款”等科目，按出售资产的账面价值，贷记“库存商品”科目，按计算的增值税额，贷记“应交税费——应交增值税（销项税额）”，其差额部分，借记或贷记“递延收益”科目；

如果出售的资产属于企业的固定资产，则应先通过“固定资产清理”科目进行清理核算，然后再进行售后回租业务的核算，即：按固定资产账面价值，借记“固定资产清理”，按已计提的减值准备，借记“固定资产减值准备”科目，按已计提的折旧额，借记“累计折旧”科目，按固定资产的原值，贷记“固定资产”科目，然后，按收到的款项，借记“银行存款”等科目，按出售固定资产的账面价值，贷记“固定资产清理”科目，其差额部分，借记或贷记“递延收益”科目。

(2) 租回资产时

将出售的资产又租回时，不需作会计处理，只需在备查账中登记。租回资产后的会计处理方法与承租人一般经营租赁的会计方法完全相同，此处不再介绍。

(3) 分摊未确认融资收益时

对于差额部分处理，借记或贷记“递延收益”科目，贷记或借记“制造费用”、“销售费用”、“管理费用”等科目。

【例 10-7】 以例 10-6 资料为例，若 A 公司是作为经营租赁，租赁期限为 2 年，每年年末以 50 000 元的租金从 B 公司租回设备。

其相关账务处理如下：

(1) 20×6 年 1 月 1 日，出售固定资产时

借：固定资产清理	250 000	
贷：固定资产		250 000
借：银行存款	260 000	
贷：固定资产清理		250 000
递延收益——未实现售后回租损益(经营租赁)		10 000

(2) 每期支付租金和分摊未实现融资收益时的会计分录

借：制造费用	50 000	
贷：银行存款		50 000
借：递延收益——未实现售后回租损益(经营租赁)	5 000	
贷：制造费用		5 000

练　习

一、思考题

1. 采用租赁的方式获得资产的使用权有哪些优点？
2. 我国融资租赁业务的判断标准有哪些？
3. 在判断租赁类型时应遵守哪些原则？

4. 我国会计准则对于融资租赁业务的判断标准有哪些？
5. 为什么说一般情况下售后回租业务属于一种融资业务？
6. 如何在财务报告上揭示租赁业务信息？
7. 最低租赁付款额和最低租赁收款额包括哪些内容？

二、练习题

1. 单项选择题

(1) 实质上转移了与资产所有权有关的全部风险和报酬的租赁称为(　　)。

A. 经营租赁　　B. 融资租赁　　C. 售后回租　　D. 杠杆租赁

(2) 未确认融资费用在租赁期内分摊时,应采用(　　)。

A. 实际利率法　　B. 直线法　　C. 年数总和法　　D. 一次摊销法

(3) 未确认融资费用在租赁期内分摊时,应计入(　　)科目。

A. 销售费用　　B. 管理费用　　C. 财务费用　　D. 营业外收入

(4) 承租人采用融资租赁方式租入一台设备,该设备尚可使用年限为 7 年,租赁期为 6 年,租赁期满时该设备转归承租人所有。则该设备计提折旧的期限(　　)。

A. 7 年　　B. 6 年　　C. 1 年　　D. 13 年

(5) 承租人采用融资租赁方式租入一台设备,该设备尚可使用年限为 7 年,租赁期为 6 年,租赁期满时该设备退还给出租人。则该设备计提折旧的期限(　　)。

A. 7 年　　B. 6 年　　C. 1 年　　D. 13 年

(6) 甲公司于 20×7 年 1 月 1 日采用经营租赁方式从乙公司租入设备一台,租期为 4 年,设备价值为 200 万元,预计使用年限为 12 年。租赁合同规定：第一年免租金,第二年至第四年的租金分别为 36 万元、34 万元、26 万元；第二年至第四年的租金于每年年初支付。20×7 年甲公司应就此项租赁确认的租金费用为(　　)万元。

A. 0　　B. 24　　C. 32　　D. 50

(7) 在租赁开始日,承租人应当将租赁开始日租赁资产公允价值与最低租赁付款额的现值两者中较低者作为租入固定资产的入账价值,并将(　　)作为长期应付款的入账价值,两者的差额记录为未确认融资费用。

A. 最低租赁付款额　　B. 最低租赁收款额

C. 最低租赁付款现值　　D. 最低租赁收款额现值

(8) 以租赁合同利率作为折现率将最低租赁付款额折现,且以该现值作为租赁资产入账价值的,应当将(　　)作为未确认融资费用的分摊率。

A. 合同利率　　B. 内含利率

C. 同期银行贷款利率　　D. 同期银行存款利率

(9) 承租人对售后回租交易产生的售价与资产账面价值之间的差额应当予以递延，并按照该项租赁资产的(　　)进行分摊，作为折旧费用的调整。

A. 折旧进度　　B. 租金支付比例

C. 租金费用确认比例　　D. 平均摊销

(10) 承租人在租赁谈判和签订租赁合同过程中承租人发生的、可直接归属于租赁项目的初始直接费用，如印花税、佣金、律师费、差旅费等，应当确认为(　　)。

A. 管理费用　　B. 计入租赁资产成本

C. 销售费用　　D. 计入财务管理

2. 计算分析题

(1) 20×7 年 12 月 20 日，A 公司与 B 租赁公司签订了一份机床租赁合同。租赁合同规定：

① 租赁开始日为 20×8 年 1 月 1 日。

② 租赁期为 3 年，每年年末支付租金 200 万元。

③ 租赁期满，机床的估计残余价值为 40 万元，其中 A 公司担保余值为 30 万元，未担保余值为 10 万元。

④ 租赁合同利率为 6%。

⑤ 租赁期届满时，A 公司将机床归还给 B 租赁公司。

⑥ 该机床是全新机床，租赁开始日的公允价值为 600 万元，预计使用年限为 4 年。

该机床于 20×7 年 12 月 31 日运抵 A 公司，当日投入使用，A 公司采用年限平均法计提折旧，于每年年末采用实际利率法一次确认融资费用。

附：$P/A(3,6\%)=2.6730$，$P/F(3,6\%)=0.8396$

要求：

① 判断租赁类型；

② 代 A 公司编制相关的会计分录。

(2) 20×6 年 12 月 10 日甲公司与乙公司签订了租赁合同，合同主要条款如下：

① 租赁标的物：A 生产线。

② 起租日：租赁物运抵甲公司生产车间之日(20×6 年 12 月 31 日)。

③ 租赁期：20×6 年 12 月 31 日至 20×9 年 12 月 31 日。

④ 租金支付方式：每年年初支付租金 270 000 元，首期租金于 20×6 年 12 月 31 日支付。

⑤ 租赁期届满时 A 生产线的余值为 117 000 元，其中甲公司担保余值为 100 000 元，未担保余值为 17 000 元。

⑥ A 生产线的保险、维护等费用由甲公司自行承担，每年 10 000 元。

⑦ 租赁合同规定的利率为6%。

⑧ A生产线的预计使用年限为6年,采用直线法计提折旧。

⑨ 20×9年12月31日,甲公司将A生产线退还给乙公司。

⑩ 双方按实际利率法摊销未确认融资费用及收益(假设乙公司的内含利率为7%)。

A生产线是全新生产线,20×6年12月31日的公允价值为850 000元。

注:$P/A(2,6\%)=1.833$,$P/F(2,6\%)=0.84$

要求:

① 判断租赁类型。

② 编制甲公司租赁开始日、20×7年12月31日及退还资产日的会计分录。

③ 编制乙公司租赁开始日、20×7年12月31日及退还资产日的会计分录。

三、案例

德远公司欲增加一台设备以扩大产品的生产,该设备的使用年限为4年,采用直线法计提折旧,该公司的所得税税率为30%。取得该设备有两种可供选择的备选方案:

方案一,向华纳公司租赁,租赁期为4年,租金总额为400万元,按4年平均等额支付,每年年末支付,资金成本率为10%;

方案二,用银行存款购买,该设备的买价为350万元,使用年限为4年,预计净残值为4万元。

要求:判断哪个方案对该企业更为有利。

B&E

第十一章 物价变动会计

本章范围

历史成本会计客观、简单而且易于核对，然而在物价持续变动的环境下，历史成本会计由于不同会计项目的计价方式不同，其结果缺乏经济分析逻辑意义上的一致性。本章以物价变动对会计的影响为起点，系统介绍了物价变动时的会计处理。首先，介绍了物价变动会计的一般理论，然后重点叙述了一般物价水平会计、现行成本会计和现行成本/不变币值会计三种处理方法的理论基础和会计处理程序，并对各种方法的优缺点进行了评价。

学习目标

1. 理解物价变动对历史成本会计的影响及资本保全理论；
2. 掌握一般物价水平会计的理论基础、会计处理程序和优缺点；
3. 掌握现行成本会计的理论基础、会计处理程序和优缺点；
4. 掌握现行成本/不变币值会计的理论基础、会计处理程序和优缺点。

第一节 物价变动会计概述

一、物价变动及其形式

物价反映商品或劳务在市场上的交换价值，物价变动就是商品或劳务价格的上涨或下跌。所谓物价变动会计就是利用一定的物价资料，对企业传统的会计报表和会计模式作出调整修正，以反映或消除物价变动对会计信息的影响所采用的会计程序和方法。物价变动会计则是研究物价变动较大、对会计影响较大的情况。

物价变动可分为个别物价变动和一般物价水平变动两种类型。

个别物价变动 某一特定、具体的商品在同一市场的不同时期的价格变化为个别物价变动。

一般物价水平变动 以全部商品的价格为对象，从综合的角度看一个国家或地区商品价格的变动情况，称为一般物价水平变动。通常以一般物价指数（我国用社会商品零售物价总指数）衡量。

个别物价变动与一般物价变动之间既有联系又有区别。

两者的联系：个别物价的普遍涨跌会导致一般物价水平的涨跌（虽然个别商品的价格变动幅度也可能与一般物价水平升降的幅度有一定差异），因此一般物价水平变动以个别物价变动为基础；但反过来又对个别物价变动施加影响。

两者的主要区别：个别物价变动与商品的交换并存，一般物价变动与纸币的流通相关，并常与通货膨胀或通货紧缩联系在一起。从这点看，个别物价变动属于微观现象，具有多样化的特点；一般物价变动属于宏观现象，具有普遍性的特点。

二、物价变动会计的演进

有关物价变动会计的讨论至少可以追溯到19世纪末铁路部门税收的争议。19世纪后期，美国物价水平自内战以后持续下降，政府管理部门认为采用历史成本会计低估了铁路部门的利润，但铁路部门坚持使用历史成本会计。"一战"后物价上涨，铁路部门和政府管理部门再次发生争议，双方却彼此交换了观点。"一战"后的高通货膨胀也使得欧洲国家开始关注物价变动会计，尤其是德国出现大量争论，但并没有制定相应的会计制度。"二战"后，普遍的通货膨胀使得物价变动会计在西方国家再次成为焦点，尤其英、美等国家颁布了有关通货膨胀会计准则。

国际会计准则委员会（IASC）1977年最早颁布了有关物价变动的国际会计准则第6号（IAS6）。美国财务会计准则委员会（FASB）1979年颁布了财务会计准则第33号（SFAS33），英国会计准则委员会（ASC）1980年颁布了标准会计实务公告第16号（SSAP16）。国际会计准则委员会1981年颁布了更为具体的IAS15取代IAS6。SSAP16采用的是现行成本会计，SFAS33要求同时公布现行成本会计和一般物价水平会计的信息，IAS15要求采用现行成本会计和一般物价水平会计中的任意一种反映物价变动的影响。

尽管物价变动会计在通货膨胀时期得到关注，但它始终没能取代历史成本会计。目前国际上采用物价变动会计的主要是经历高通货膨胀的拉丁美洲国家，这些国家通常采用一般物价水平会计。高通货膨胀时期，一般物价水平变动的影响比物价相对变动更重要，一般物价水平会计所采用的CPI（消费价格指数）等一般价格指数由政府公布，相比而言更加客观。大多数国家仅仅将物价变动会计信息作为辅助信息或者对于部分行业使用物价变动会计，如美国鼓励公司公布物价变动会计信息，英国利用一般物价水平会计对电力供水等公共事业部门的公司进行监管。

三、物价变动对会计的影响

传统的财务会计是建立在历史成本的基础之上的，并且假设物价稳定。因此，当现实中物价发生剧烈变动时，就会对传统会计的核算基础形成冲击。表现在以下方面。

（一）资产的真实价值难以体现

按照历史成本的要求，不论物价如何变动，资产和负债始终按取得时或承诺时的价格来计量，资产负债表中列示的金额为它们的未摊销成本。当物价持续上涨时，历史成本会低于编制报表时的市场价格，甚至差异很大。例如，某公司购入一块土地，历史成本为1 000 000元，几年后这块土地的市场价格为5 000 000元，但按历史成本原则，在报表上只能反映为1 000 000元的土地价值，并不反映土地的上涨收益。这样处理不能反映该土地资产的真实价值。

（二）企业真实经营成果难以反映

按照历史成本原则，要求资产在其摊销时按历史成本转销，而利润的计量是当期市场价格计量的收入与按历史成本摊销的价值之差，这样在物价上涨时，当前较高的市场价格与较低的摊销成本之间的差异（即利润）就会显得较高，而这部分利润并不是企业经营努力的结果，而是由于物价上涨的结果，即持产利得，从而影响了对企业经营成果的正确评价。例如，假定某企业年初购入一批商品，成本为2 000 000元，年末企业将商品出售得到2 100 000元，这时按历史成本计量的利润为100 000元。若此时，公司再购入一批同样的新商品，但其价格已经上涨到2 200 000元，企业将收到的货款全部付出也不够购买新商品，必须再付出100 000元才能保持经营活动继续进行。可见公司非但没有赚钱，要维持生产反而需再投入100 000元。

（三）企业会计信息的可理解性减弱

在历史成本会计下，资产总额是各个时点所取得资产的名义货币金额简单相加的结果，在物价变动时期，各时点的货币购买力不相同。例如，企业在年初持有存货1 000元，年内又购入存货1 000元。假定年初的物价指数为100，年末的物价指数为125，则不能简单地将年初的存货1 000元和年末的存货1 000元相加，因为年初的存货是以年初货币表示的，而年末的存货是以年末货币表示的。如果要使相加的结果富有意义，要么将年末的1 000元存货重新按年初货币表示为800元（1 000×100/125），与年初的1 000元存货相加，得到1 800元，要么将年初的1 000元存货按年末货币表示为1 250元(1 000×125/100)，相加后得到2 250元。前者使资产总额都按年初货币表述，后者使资产都按年末货币表述，这样的数据才有实际意义。但是按照历史成本原则，资产总额为2 000元(1 000+1 000)，这一结果是缺乏实际意义的。

（四）企业的再生产能力下降

在物价剧烈变动的情况下，历史成本会计报表已不能真实地反映企业的财务状况和经营成果，严重影响了企业会计信息的有用性，并产生了一系列不良的经济后果。从20世纪90年代以来，由于我国的物价呈持续上涨的趋势，利润虚增和财务报表失实的现象一直十分严重，许多企业的利润徒有其名，实际上缺乏更新存货和固定资产的能力。此外，企业按报表列示的虚假利润来分配，就会把一部分投入资本也作为利润分配给投资者，企业的财力越来越弱。所得税也以虚假利润为基础计算和缴纳，使企业承受了不应有的纳税义务。虚盈实亏、虚利实亏已严重威胁企业的持续经营，削弱国民经济发展的后劲。

以上例子反映出历史成本会计在资产计价和利润计量上因物价变动所产生的难以解决的矛盾，同时还可以发现，在物价变动条件下，历史成本会计的可靠性和相关性两个主要的信息质量特征都受到了严重的损害。

四、物价变动会计的理论基础

由于物价变动已严重影响了财务报告目标的实现，改革传统的以历史成本为计量基础、以币值不变假设为基本核算前提的会计模式势在必行。由于物价变动的影响主要体现在会计计量上失去相关性，因此，对传统的会计模式的改革基本上有两种思路：一是试图改革计量单位；二是试图改革计量基础。无论是哪一个改革方案，最后都涉及一个问题，即如何恰当报告反映物价变动影响的利得或损失问题。如果不能恰当反映物价变动影响的利得或损失，则可能造成企业资本侵蚀，影响持续经营能力。于是，资本保全理论自然成为物价变动会计的理论基础。

资本保全 是指在资本得到保持或成本得到补偿之后，多余的部分才可确认为收益。这实际上是确认收益的一个很重要的目的，即将资本和收益区分开来。

20世纪70年代以前，资本保全概念并未得到会计界的重视，直到通货膨胀在70年代席卷主要西方工业国，严重影响了会计信息的质量时，这一概念才日益受到人们的重视。资本保全概念的关键是如何定义“资本”。一般来说，资本可分为财务资本和实物资本两个方面。

财务资本 是指企业所有者投入企业的货币资本，它所代表的价值以货币数量表示，

因此与传统会计中的净资产相同。

实物资本　是指企业的实物资产，反映企业实际具有的生产能力或经营能力，而企业的生产经营能力一般以一定时期企业生产的产品或劳务的实物数量表示。

与上述资本定义相对应的是财务资本保全和实物资本保全。

财务资本保全　是指企业只有当期末净资产的金额扣除所有者的投资和当期对所有者的分配额后，超过当期期初净资产的金额时，其超出金额才是当期收益。财务资产保全是传统的资本保全概念，也是当前占主导地位的资本保全概念，它的一个优点是强调股东投资的货币或购买力未经调整的数量，因此，与受托责任概念更相关。

实物资本保全　是指企业只有当期末实物生产能力或经营能力在扣除了当期对所有者的分配额和所有者的投资后，超过当期期初的实物生产能力或经营能力时，其超出金额才可确认为当期收益。实物资本保全概念的一个优点是它强调企业生产能力的保全，提足准备，从而有益于企业的长远发展。

五、物价变动会计计量模式

会计计量模式是计量单位与计量属性的有机结合。会计采用货币作为计量单位，计量单位主要解决名义货币与不变币值(一般购买力)货币的选择问题。通常将不考虑购买力变动的货币单位称为名义货币，而将具有相同购买力的货币单位称为不变币值货币。计量属性主要解决同一计量对象的不同货币表现问题，会计上除了可以用历史成本计量外，还可用其他计量属性，其中最重要的是现行成本。这样，将两种计量单位和两种计量属性相结合，就可以组成如表 11-1 所示的四种不同的会计计量模式。

表 11-1　四种会计计量模式

项　目	名义货币	不变币值货币
历史成本	历史成本/名义货币	历史成本/不变币值货币
现行成本	现行成本/名义货币	现行成本/不变币值货币

计量模式一：**历史成本/名义货币计量模式**，又称为**历史成本会计模式**。它是目前财务会计的基本计量模式，它以名义货币为计量单位，以历史成本为计量属性，不考虑物价变动对会计信息的影响，因而不能体现资本保全的要求。

计量模式二：**历史成本/不变币值货币计量模式**。它仍然保持历史成本会计制度，只是它的计量单位不再是名义货币，而是以币值固定、购买力相等的货币作为计量单位，故又称为**一般购买力会计**或**一般物价水平会计**。该模式主要通过政府有关部门公布的一般物价指数来调整原始会计报表，以消除一般物价水平变动对会计报表的影响。

计量模式三：**现行成本/名义货币计量模式**，又称**现行成本会计**。这种模式以现行成本为计量属性，计量单位仍采用名义货币。现行成本一般采用重置成本，以现行成本代替历史成本计量资产及其消耗成本，可以消除现行成本与历史成本不一致时对会计报表的影响。

计量模式四：**现行成本/不变币值货币计量模式**。这一模式不仅以现行成本为计量属性，而且还以购买力相同的货币作为计量单位，试图同时反映一般物价水平和特定物价水平变动的影响。

物价变动会计计量模式就是用后三种计量模式来取代第一种计量模式，目的都是为了消除物价变动对会计的影响，体现资本保全的要求，改善会计信息质量。下面将对这三种计量模式进行详细介绍。

第二节　一般物价水平会计

一、一般物价水平会计的基本原理

为了消除物价变动对会计信息的影响，会计界最早设计出来的方案就是一般物价水平会计模式，即以价值稳定的货币替代价值不稳定的货币作为计量单位。直到 20 世纪 70 年代以前，一般物价水平会计模式仍是会计界消除物价变动的主要思路。

一般物价水平会计，也称一般购买力会计，是指按本期一般物价指数将历史成本会计报表中各项会计数据加以调整，从而消除一般物价水平变动的影响，按期末的现时购买力反映企业的财务状况和经营成果。因为是用一般物价指数消除物价变动的影响，故称为一般物价水平会计。

一般物价水平会计采用历史成本/不变币值货币计量模式，该模式没有改变历史成本基础，只是改变了计量单位，其主要特点可概括为：

(1) 日常的会计核算方面，不需要进行特殊的或单独的会计处理。

(2) 由于货币计量单位的改变，期末需要按一般物价指数对历史成本/名义货币单位下的会计报表数据进行调整，以消除物价变动的影响。

二、一般物价水平会计的基本程序

按照一般物价水平会计的要求，具体的会计工作包括以下几个步骤：(1)划分货币性项目与非货币性项目；(2)把名义货币换算为不变币值货币；(3)计算货币性项目的购买力损益；(4)按一般物价水平重编会计报表。

现将上述步骤分述如下。

（一）划分货币性项目与非货币性项目

货币性项目与非货币性项目受一般购买力变动的影响不同，因此，一般物价水平会计首先必须将会计报表项目区分为货币性项目与非货币性项目两类，再作不同的处理。

1. 货币性项目

货币性项目 在一般物价水平发生变动时，其金额固定不变，只是其实际支配的资产、负债发生变动的项目。

货币性项目又可分为货币性资产和货币性负债两类，货币性资产因物价变动，其实际购买力随之发生变动，例如，年初持有现金 100 元，年末也是 100 元，假定物价上涨一倍，年末的 100 元现金，其购买力仅为年初的一半，即相当于年初的 50 元。常见的货币性资产如货币资金、应收账款、应收票据、其他应收款和长期应收款等。货币性负债指将来必须支付固定金额货币的债务。常见的货币性负债如应付账款、应付职工薪酬、应交税费和长期应付款等。

持有货币性资产和持有货币性负债所产生的购买力损益正好相反，当物价上涨时，持有货币性资产会使企业蒙受购买力损失，持有货币性负债会给企业带来购买力利得，因为企业可用购买力较低的货币偿付固定金额的债务。当物价下跌时，货币性资产和货币性负债所产生的购买力损益与物价上涨时正好相反。

有时候，货币性资产与货币性负债难以进行区分。例如，预付账款，如果合同订明供货方提供固定数额的产品，就不会受货币购买力变动的影响，就属于非货币性项目。如果合同订明供货方提供一定金额的产品，这些产品的价格随物价变动而变化，就会受到货币购买力变动的影响，这样的预付账款就属于货币性项目。同样道理，对预收账款也要根据合同的规定作出判断。

2. 非货币性项目

非货币性项目 在一般物价水平发生变动时，其名义货币数额不是固定不变，而是随着一般物价水平的上涨而提高，随着一般物价水平的下降而降低。非货币性项目也可分为非货币性资产和非货币性负债，并可进而分为流动项目与非流动项目。如存货和固定资产都是非货币性资产，前者是非货币性流动资产，后者是非货币性非流动资产。

非货币性项目不会发生购买力损益，但在重编会计报表时，必须按一般物价指数予以调整。相反，货币性项目不需作调整，但要计算货币购买力损益。

必须注意，货币性项目与非货币性项目的划分不同于流动性和非流动性项目的划分，有些流动性项目可能是非货币性的，例如存货；有些非流动性项目可能是货币性的，例如长期借款。另外，利润表上的所有项目都被认为是非货币性的。现将货币性和非货币性项目的划分列示，如表 11-2 所示。

表 11-2　货币性项目与非货币性项目

资　　产	货币性	非货币性	负债和所有者权益（或股东权益）	货币性	非货币性
流动资产：			流动负债：		
货币资金	√		短期借款	√	
交易性金融资产	√		交易性金融负债	√	
应收票据	√		应付票据	√	
应收账款	√		应付账款	√	
预付账款	√	√	预收账款	√	√
应收利息	√		应付职工薪酬	√	
应收股利	√		应交税费	√	
其他应收款	√		应付利息	√	
存货		√	应付股利	√	
一年内到期的非流动资产	√	√	其他应付款	√	
其他流动资产	√		一年内到期的非流动负债	√	√
流动资产合计			其他流动负债	√	
非流动资产：			流动负债合计		
可供出售金融资产	√		非流动负债：		
持有至到期投资	√		长期借款	√	
长期应收款	√		应付债券	√	
长期股权投资		√	长期应付款	√	
投资性房地产		√	专项应付款	√	
固定资产		√	预计负债	√	
在建工程		√	递延所得税负债	√	
工程物资		√	其他非流动负债	√	
固定资产清理		√	非流动负债合计		
生产性生物资产		√	负债合计		
油气资产		√	所有者权益（或股东权益）：		
无形资产		√	实收资本（或股本）		√
开发支出		√	资本公积		√
商誉		√	减：库存股		√
长期待摊费用		√	盈余公积		√
递延所得税资产		√	未分配利润		√
其他非流动资产		√	所有者权益（或股东权益）合计		
非流动资产合计					
资产总计			负债和所有者权益（或股东权益）总计		

（二）把名义货币换算为不变币值货币

非货币性项目所支配资产的数量不受币值变动的影响。例如，企业拥有一幢厂房，取得时的历史成本为1 000 000元，在编制资产负债表时，一般物价水平上涨了一倍，如果用此时的货币表示，它就值2 000 000元，因为货币的购买力下降了一半，贬值后的2 000 000元和原先的1 000 000元所能支配资产的数量相同。换言之，在编制不变币值货币资产负债表时，必须把非货币性项目的名义货币单位换算为相同的不变币值货币单位。

对不变币值货币的选择，可以有不同的方法。一般都采用重编报表当年的货币为不变币值货币，因一年中货币的购买力还会发生变动，又可分为"年初货币"、"年末货币"和"年平均货币"等。通常采用年末货币为不变币值货币并以此来调整资产负债表中的非货币性项目，因为资产负债表反映的是年末的财务状况。但是采用年末货币为不变币值货币时，将会增加利润表的换算工作，因为该年中发生的收入和费用项目都必须加以换算。为简化利润表的换算工作，也有人建议用年平均货币作为不变币值货币，这样表中的许多项目就不必换算了。但不管怎样，在编制会计报表时必须使用相同购买力的货币单位。本章例题均假定年末货币为不变币值货币。

换算的基本步骤为：(1)确定形成或取得某一项目的时间；(2)确定形成或取得该项目时的物价指数；(3)确定编表当时的物价指数；(4)计算换算系数；(5)进行换算。

非货币性项目涉及资产负债表和利润表，故两表都必须作出调整。

1. 资产负债表项目的调整

资产、负债项目的年末余额都需要经过调整，调整时的换算系数为

$$换算系数=\frac{本年年末物价指数}{某项目形成或取得时的物价指数}$$

$$年末余额调整数=年末余额\times换算系数$$

留存收益一般采用余额法加以调整，公式为

$$留存收益=(调整后资产合计数-调整后负债合计数)-调整后投入资本$$

2. 利润表项目的调整

利润表项目通常被认为是非货币性项目，因而对营业收入、营业成本、销售费用等均需作出调整。

(1) 营业收入、营业成本、除折旧费外的销售费用和所得税，一般都假定在一年内均匀地发生，故以当年的年平均物价指数作为上述换算公式的分母。

(2) 折旧费是按固定资产原值计提的，其换算方式应与固定资产保持一致，即用取得固定资产时的物价指数作为分母。

企业的利润分配一般在年末进行，所有者权益变动表中本年度的利润分配金额已按年末时的货币价值反映，不需调整。

（三）计算货币性项目的购买力损益

货币性项目受到物价变动的影响。在通货膨胀期间，持有货币性资产会产生购买力损失，而持有货币性负债会产生购买力利得。

【例 11-1】 甲企业在一般物价指数为 100 时向乙企业借入 1 000 元，当物价指数为 120 时，甲企业归还了这笔款项。这时，甲企业得到 200 元的购买力利得，而乙企业产生了 200 元购买力损失。这个经济影响可计算如表 11-3 所示。

表 11-3 购买力损益计算表 元

项　目	年初甲向乙借入	年末甲向乙归还
现金流量	1 000	1 000
当时的物价指数	100	120
年末时的货币购买力	1 000×120/100=1 200	1 000×120/120=1 000

据此，可算得购买力损益为 200 元（1 200－1 000）。

企业在调整会计报表时，可将年初货币性项目从年初货币调整为年末货币，再将年内发生的货币性项目的变动数从发生时的货币调整为年末货币，因为已将年末货币作为不变币值货币，故年末的货币性项目就无须作出调整。最后，将年初净货币性项目（货币性资产－货币性负债）减去经调整的本年净货币性项目的变动数以及年末调整后的净货币性项目，其差额即为本期的货币购买力损益。

【例 11-2】 长青公司 20×9 年 12 月 31 日拥有货币性资产 170 万元，货币性负债 50 万元；年初货币性资产 100 万元，货币性负债 50 万元；本年货币性资产因营业收入增加 400 万元，因营业费用、所得税、购买存货分别支付 60 万元、30 万元、240 万元。年初物价指数 120，年末物价指数 140，年平均物价指数 130。货币性项目分析及货币性项目购买力损益计算见表 11-4 和表 11-5。

表 11-4 货币性项目分析 万元

项　目	金额	项　目	金额	项　目	金额
期初货币性资产	100	期初货币性负债	50	期初货币性项目净额	50
营业收入	400				
减：销售费用	60				
购入存货	240				
所得税费用	30				
本期货币性资产增加（或减少）	70	本期货币性负债增加（或减少）	0	本期货币性项目净增加	70
期末货币性资产	170	期末货币性负债	50	期末货币性项目净额	120

表 11-5　货币性项目购买力损益计算表　　万元

项　　目	历史成本/名义货币	调整系数	历史成本/不变币值货币	货币购买力损益
期初货币性资产	100	140/120	116.67	－16.67
期初货币性负债	50	140/120	58.33	＋8.33
期初货币性项目净额	50		58.34	－8.34
本期货币性项目净增加				
加：营业收入	400	140/130	430.77	－30.77
减：销售费用	60	140/130	64.62	＋4.62
购入存货	240	140/130	258.46	＋18.46
所得税	30	140/130	32.31	＋2.31
期末货币性项目净额	120		133.72	－13.72
货币性项目购买力净损益	120－133.72＝－13.72(损失)			

(四) 按一般物价水平重编会计报表

【例 11-3】 接例 11-2,长青公司 20×9 年 12 月 31 日准备将财务报表按照一般购买力货币单位重新表述,有关资料如下:

(1) 年初存货 200 万元是 20×5 年均匀购入的,当年平均物价指数为 110,20×9 年共购进存货 240 万元,采用加权平均法计算发出存货价值;

(2) 固定资产折旧 50 万元,该固定资产于 20×7 年 12 月购入,实际成本 250 万元,当时物价指数为 110,使用年限 5 年,采用直线法计提折旧;

(3) 收到投资者投入资本时的物价指数为 105;

(4) 假设所得税为当年内均匀缴纳;

(5) 年初物价指数为 120,年末物价指数为 140,年平均物价指数为 130;

(6) 20×9 年年末资产负债表、利润表如表 11-6 和表 11-7 所示。

表 11-6　资产负债表(简表)　　万元

项　　目	年　初　数	年　末　数
货币性资产	100	170
存货	200	250
固定资产	200	150
资产合计	500	570
货币性负债	50	50
股本	350	350
留存收益	100	170
所有者权益合计	450	520
负债与所有者权益合计	500	570

表 11-7 利润表(简表) 万元

项目	本年金额
营业收入	400
减:营业成本	190
折旧费用	50
销售费用	60
利润总额	100
减:所得税费用	30
净利润	70

根据以上资料处理如下:

(1) 区分货币性与非货币性项目,货币性项目与非货币性项目分析见表 11-4。

(2) 计算货币性项目购买力净损益见表 11-5。

(3) 按照一般物价水平调整利润表和资产负债表见表 11-8 和表 11-9。

表 11-8 利润表调整 万元

项目	本年金额(历史成本)	调整系数	本年金额(不变币值货币)
营业收入	400	140/130	430.77
减:营业成本	190	计算	243.78*
折旧费用	50	140/110	63.64
销售费用	60	140/130	64.62
利润总额	100	计算	58.73
减:所得税	30	140/130	32.31
净利润	70	计算	26.42
减:货币性项目购买力损益			13.72
消除物价变动后净利润	70		12.7
年初留存收益			100.77
减:利润分配			
年末留存收益			113.47

*注:本期营业成本:不变币值货币表述的期初存货 254.55+不变币值货币表述的本期购入存货 258.46-不变币值货币表述的期末存货 269.23=243.78(万元)。

表 11-9　资产负债表调整　　万元

项目	年初金额（历史成本）	调整系数	年初金额（不变币值货币）	年末金额（历史成本）	调整系数	年末金额（不变币值货币）
货币性资产	100	140/120	116.67	170	140/140	170
存货	200	140/110	254.55	250	140/130	269.23
固定资产	200	140/110	254.55	150	140/110	190.91
资产合计	500		625.77	570		630.14
货币性负债	50	140/120	58.33	50	140/140	50
股本	350	140/105	466.67	350	140/105	466.67
留存收益	100	倒轧计算	100.77	170	利润表中	113.47
所有者权益合计	450		567.44	520		580.14
负债与权益合计	500		625.77	570		630.14

(4) 编制一般物价水平会计的资产负债表和利润表，见表 11-10 和表 11-11。

表 11-10　资产负债表(不变币值货币)　　万元

项　　目	年　初　数	年　末　数
货币性资产	116.67	170
存货	254.55	269.23
固定资产	254.55	190.91
资产合计	625.77	630.14
货币性负债	58.33	50
股本	466.67	466.67
留存收益	100.77	113.47
权益合计	567.44	580.14
负债与权益合计	625.77	630.14

表 11-11　利润表(不变币值货币)　　万元

项　　目	本 年 金 额
营业收入	430.77
减：营业成本	243.78
折旧费用	63.64
销售费用	64.62
利润总额	58.73
减：所得税费用	32.31
净利润	26.42
减：货币性项目购买力损益	13.72
消除物价变动后净利润	12.7
年初留存收益	100.77
减：利润分配	
年末留存收益	113.47

三、对一般物价水平会计的评价

一般物价水平会计是会计界为了消除物价变动对会计信息的影响而设计的方案之一，直到1974年以前，美国、英国、澳大利亚和加拿大的准则制定机构仍在研究按不变币值货币编制财务报表的问题。多年来，对一般物价水平会计的评价褒贬不一，具体如下：

（一）一般物价水平会计的优点

1. 一般物价水平会计没有改变传统的历史成本计量基础，仅是将代表不同购买力的历史金额调整为固定购买力的金额，对于报表编制者来说，这种方法比较简便易行；对于信息使用者来说，其产生的结果比较容易理解。

2. 由于所有企业都采用相同的由政府公布的物价指数来换算历史成本报表的数据，其结果具有客观性，并增强了不同企业之间财务报表的可比性。

3. 按物价指数调整历史成本报表数据后，克服了历史成本报表计量单位不稳定的弊端，使同一企业不同时期的报表具有可比性，有助于信息使用者进行趋势分析。

（二）一般物价水平会计的缺点

1. 一般物价水平会计所产生的信息的有用性令人怀疑。一般物价水平会计假设所有企业的资产和成本以及同一企业里的所有资产和成本都受到一般物价变动的同等影响，但这个假设显然与事实不符。企业的资产和成本可能更多的是受到个别物价变动的影响而不是一般物价变动的影响，因此，一般物价水平会计只能做到对交易和事项的重新表述，而不能做到对交易和事项的重新计量。由此产生的结果很难具有决策相关性。

2. 一般物价水平会计所报告的货币性项目净额上的购买力损益的意义是模糊的。从评价管理层业绩的角度来说，将购买力损益归功于或归咎于企业管理层都是难以令人信服的；从赢利预测的角度看，在通货膨胀时期，企业在期初持有的货币性净负债额越大，则反映出来的购买力利得金额就越高，但这对于预测未来的赢利趋势只能起误导作用；从预测现金流量的角度看，购买力利得并不能为股利分派提供资金保证。

3. 一般物价水平会计只是对历史成本数据的重新表述，因此，这种方法除了改变计量单位外，它继承了历史成本会计的所有缺陷。

4. 一般物价水平会计对货币性项目和非货币性项目的分类多少带有主观随意性，造成报表不可比。

第三节　现行成本会计

一、现行成本会计的理论依据

现行成本会计是现行成本/名义货币会计模式的简称，如前所述，这种会计模式是以现行成本为计量属性，以名义货币为计量单位。现行成本会计的倡导者认为，各个企业持有资产的组成不同，受到物价的影响各异，除了某些特别罕见的巧合，按一般物价水平调整的资产价值很少与企业资产的现行价格一致，因而所反映的财务和经营成果难免与事实有出入。现行成本会计则着眼于企业所持有的特定资产的价格变动，具体地说，对企业持有的资产以它的现行成本(现行重置成本)计价，在确定收益时，以营业收入与所消耗生产要素的现行成本相比较来计量。

在历史成本会计制度中，企业收益的计量遵循的是配比原则。具体地说，是以实现的营业收入与实现这些营业收入所发生的按历史成本计量的费用相比较，前者超过后者的部分，就是企业的收益或利润。配比原则的实质，就是企业当期实现的营业收入中，有一部分必须用来补偿已经消耗掉的生产要素，剩余部分才能确认为利润，成本的足额补偿可以使企业维持简单再生产，这就是利润计量中的成本补偿理论。成本补偿有历史价值补偿和实物补偿等不同观点。可以认为，收益计量中的成本补偿观点就是经济学中的资本保全理论。如果采纳成本的实物补偿观点，就是采纳了实物资本保全论；如果采纳成本的历史价值补偿观点，也就是采纳了货币资本保全的理论。显然，现行成本会计所依据的是实物资本保全理论，或者说是成本的实物补偿理论。

二、现行成本会计的基本程序

现行成本会计的基本程序包括：(1)确定各项资产的现行成本；(2)计算各项非货币性资产的持有损益；(3)编制现行成本会计报表。

(一) 确定各项资产的现行成本

资产计价，可以采取不同的方式，传统会计采用是历史成本计量属性，即用取得一项资产时发生的各项耗费来表示一项资产的价值。在持有资产的期间，如果物价不发生变动，它能较正确地反映资产的价值，但是，若在这期间某项资产的价格发生了变动，比如前两年购入的一台机器历史成本为 100 000 元，现在市场上同样一台机器的购入价格已上升到 200 000 元，如果企业资产负债表上仍表现为 100 000 元，就脱离了现实的经济生活。人们根据这一信息就可能作出错误的决策。这时，企业可用这台机器的现行成本 200 000

元来表示资产的价值。

在实际工作中，企业制造产品所需的生产资料，有些是市场上容易获得的大宗商品，如棉花、钢材等，企业容易获得相同质量和规格的同种商品。但有些商品如机器设备、厂房等，情形就不同了，由于技术的进步，制造工艺的革新，市场上出现的商品已不同于企业持有的商品。有些机器设备的性能已经改进，生产能力已经提高，当然价格也可能提高了，以这些商品的现时价值作为企业持有资产的现行成本就不尽合理了。这时，可以用相同功能但具有不同服务潜能的新资产的成本，调整服务潜能的差异后，作为旧资产的现行成本。

【例 11-4】 某企业拥有一台机器，历史成本为 50 000 元，日产量 100 件。现在市场上出售的同类机器性能已有明显提高，日产量达到 160 件，其售价为 100 000 元，旧机器的现行成本可计算如下：

$$100\,000 \times 100 \div 160 = 62\,500(\text{元})$$

第二种情形是企业使用的生产资料不是从市场上购买，而是自行建造，现时市场也有同类产品。对于自制形成的资产，通常可按再生产现有资产所耗费的生产要素（如原材料、人工及制造费用）的金额作为它的现行成本，有时简称为重生产成本。

以现行成本计量资产遇到的另一个问题是，企业持有资产的品种规格往往成千上万，为每一品种规格确定现行成本，手续繁杂。一些大企业可以将其持有的生产资料划分为若干类别，如钢材、木材等，然后采用分类价格指数将其换算为现行成本。这样处理时，必须注意分类要恰当，分类太细，则不能达到简化工作的目的，分类太宽，确定的现行成本就太不准确。

现行成本的资料一般可以通过以下一些渠道获得：现行发票价格；供货方价目表或报价单；能反映现行成本的标准制造成本；政府或其他权威部门提供的特种物价指数或分类物价指数；企业自行编制的某种或某类商品的物价指数。

（二）计算各项非货币性资产的持有损益

企业持有的非货币性资产现行成本和历史成本的差异称为持有损益，那么它究竟属于什么性质呢？举例来说，企业持有 100 件存货，从期初的每件 10 元到期末的每件 12 元，共升值 200 元，如果此时将它们出售，这 200 元是不能分配的。当企业要重新购入 100 件存货，维持其原有生产规模时，必须重新投入这 200 元，它只能是“暂时束缚起来的货币资本”，在会计上列为资本的调整数，将它列入资产负债表的所有者权益部分。当存货的价格发生相反方向的变动时，这一部分束缚起来的货币资本就可以“释放出来”，用于分配。总之，原始投入的 1 000 元资本和这 200 元资本调整数合在一起，表示和期初相同的实物资本量（100 件存货）。当持有资产的现行成本高于历史成本时，就称为持有利得，反之称为持有损失。货币性资产上不存在持有损益。

持有损益还可分为未实现的持有损益和已实现的持有损益。持有损益因资产的消耗和出售而实现,企业持有资产的现行成本发生变动,则为未实现持有损益。

【例 11-5】 某企业期初购进商品 100 件,单位成本 50 元,期内将其中的 60 件出售,每件售价 80 元。当时每件的重置成本为 70 元,期末每件重置成本为 75 元。

$$持有利得 = 60\times(70-50)+40\times(75-50) = 2\ 200(元)$$

其中,

$$已实现持有利得=60\times(70-50)=1\ 200(元)$$

$$未实现持有利得=40\times(75-50)=1\ 000\ 元$$

$$现行成本会计收益=60\times(80-70)=600(元)$$

(三)编制现行成本会计报表

编制现行成本会计报表需在前面程序的基础上进行,主要编制资产负债表、利润表。

资产负债表中,除了非货币性项目用现行重置成本计价外,其他所有货币性项目均不需进行调整。

利润及利润分配表中,除销售成本、折旧费外,其他收支项目的金额已经代表了该期间的现行成本,也不需要进行调整,直接取自历史成本核算的金额。按照现行成本会计的要求,存货的销售成本应根据销售存货时的重置成本计算。由于本期存货购销频繁,为了简化核算,期末计算销售成本时,一般直接以期末的重置成本为依据确定。本期固定资产折旧计算,宜采用期末的重置成本为依据确定。虽然会增加费用,但收回的补偿资金多,有利于实物资本保全,对固定资产尤其如此。

【例 11-6】 长青公司于 20×9 年年初成立并正式营业,有关资料如下:

本年度按传统会计历史成本/名义货币模式编制的资产负债表、利润表分别见表 11-12 和表 11-13。

表 11-12 资产负债表(历史成本/名义货币) 元

资 产	本年末	年初数	负债及所有者权益	本年末	年初数
库存现金	50 000	35 000	短期借款	160 000	100 000
应收账款	180 000	70 000	长期借款	489 675	500 000
其他货币性资产	90 000	55 000	股本	240 000	240 000
存货	240 000	200 000	留存收益	80 325	0
固定资产	176 000	220 000			
无形资产	234 000	260 000			
资产合计	970 000	840 000	负债及所有者权益总计	970 000	840 000

表 11-13　利润表(历史成本/名义货币)　　元

项　　目	本年金额
营业收入	840 000
营业成本：	
期初存货	200 000
加：本年购货	616 000
减：年末存货	240 000
营业成本	576 000
毛利	264 000
销售费用(不含折旧费用)	46 000
管理费用(不含折旧费用及无形资产摊销)	29 000
折旧及摊销费	70 000
利润总额	119 000
减：所得税费用	29 750
净利润	89 250
加：年初留存收益	0
可供分配的利润	89 250
减：利润分配	
现金股利	8 925
年末留存收益	80 325

其他有关信息如下：

20×9 年年末，期末存货按现行成本计算为 380 000 元；20×9 年期初存货现行成本 200 000 元；

固定资产使用年限为 5 年，无残值，采用直线法折旧；20×9 年年末，设备和厂房等固定资产的现行成本为 280 000 元，20×9 年年初，设备和厂房的成本 220 000 元；无形资产按 10 年摊销，20×9 年年末的现行成本为 350 000 元，20×9 年年初的成本为 260 000 元；销售成本以现行成本为基础，在年内均匀发生，现行成本为 608 000 元；本期购货的现行成本788 000 元；销售费用及管理费用、所得税费用项目，其现行成本金额与以历史成本为基础的金额相同。

要求：根据上述资料，编制长青公司 20×9 年度现行成本基础的资产负债表和利润表。

根据资料分别完成以下步骤：

（1）确定各项资产的现行成本（见表 11-14）

表 11-14　非货币性项目现行成本　　元

项　目	年末现行成本	年初现行成本	项　目	年末现行成本	年初现行成本
存货	380 000	200 000	股本	240 000	240 000
固定资产	280 000	225 000			
减：累计折旧	56 000*	0	留存收益	80 325	0
固定资产净值	224 000	225 000			
无形资产	350 000	260 000			
减：无形资产摊销	35 000	0			
无形资产净值	315 000	260 000			

*注：固定资产按现行成本计算的折旧为：280 000÷5×1＝56 000（元）。

（2）计算资产持有损益

20×9 年年末未实现资产持有损益包括年末存货现行成本和历史成本的差额，年末固定资产、无形资产现行成本与历史成本的差额。现行成本大于历史成本的差额为收益，相反为损失。

已实现资产持有损益是存货、固定资产、无形资产中，本期已转化为费用部分的现行成本与历史成本的差额。包括销货成本的现行成本与历史成本的差额、按现行成本计算的固定资产折旧费用与按照历史成本计算的固定资产折旧费用的差额和按现行成本计算的无形资产摊销费用与按照历史成本计算的无形资产摊销费用的差额，具体见表 11-15。

表 11-15　20×9 年年末资产持有损益计算　　元

项　目		现行成本	历史成本	持有损益
期末未实现资产持有损益	期末存货	380 000	240 000	140 000
	期末设备和厂房净值	224 000	176 000	48 000
	期末无形资产摊余价值	315 000	234 000	81 000
	未实现资产持有损益合计	919 000	650 000	269 000
	存货销售成本	608 000	576 000	32 000
本年已实现资产持有损益	设备和厂房折旧	56 000	44 000	12 000
	无形资产摊销	35 000	26 000	9 000
	已实现资产持有损益合计	699 000	646 000	53 000
持有损益合计		1 618 000	1 296 000	322 000

（3）编制以现行成本为基础的财务报表

若企业 20×9 年年初资产持有损益如表 11-16 所示。

表 11-16　20×9 年年初资产持有损益　　元

项　目		现行成本	历史成本	持有损益
未实现资产持有损益	存货	200 000	200 000	
	设备和厂房净值	225 000	220 000	5 000
	无形资产摊余价值	260 000	260 000	
	未实现资产持有损益合计	685 000	680 000	5 000
已实现资产持有损益	存货销售成本	0	0	0
	设备和厂房折旧	0	0	0
	无形资产摊销	0	0	0
	已实现资产持有损益合计	0	0	0
持有损益合计		685 000	680 000	5 000

按照调整资料及 20×9 年年初资产持有损益资料编制现行成本/名义货币模式会计报表，对于资产持有损益可以作为单独项目，列入资产负债表所有者权益中，也可以先合并计入留存收益中，再反映在所有者权益中，本例是采用前一做法。具体见表 11-17 和表 11-18。

表 11-17　资产负债表（现行成本基础）　　元

资　产	本年末	年初数	负债及所有者权益	本年末	年初数
库存现金	50 000	35 000	短期借款	160 000	100 000
应收账款	180 000	70 000	长期借款	489 675	500 000
其他货币性资产	90 000	55 000	股本	240 000	240 000
存货	380 000	200 000	留存收益	27 325*	0
固定资产	224 000	225 000	已实现资产持有损益	53 000	0
无形资产	315 000	260 000	未实现资产持有损益	269 000	5 000
资产合计	1 239 000	845 000	负债及所有者权益总计	1 239 000	845 000

*注：根据现行成本/名义货币模式利润表中的“年末留存收益”抄列。

表 11-18　利润表（现行成本基础）　　元

项　目	本 年 金 额
营业收入	840 000
减：营业成本	608 000
毛利	232 000

续表

项　　目	本年金额
减：销售费用(不含折旧费用)	46 000
管理费用(不含折旧费用)	29 000
折旧及摊销费	91 000 *
利润总额	66 000
减：所得税费用	29 750
净利润	36 250
加：年初留存收益	0
可供分配利润	36 250
减：利润分配	
现金股利	8 925
年末留存收益	27 325

* 注：91 000＝固定资产折旧额 280 000/5×1＋无形资产摊销 350 000/10×1。

三、对现行成本会计的评价

历史上现行成本会计在消除物价变动的影响方面曾起到重要的作用，但是，对现行成本会计的实际应用也暴露出了其固有的缺点。

（一）现行成本会计的优点

1. 现行成本会计克服了一般物价水平会计模式假设所有企业和同一企业里的所有资产和负债都承受相同的物价变动影响的缺点，反映了个别物价变动的影响，其产生的会计信息更具有决策相关性。

2. 在实物资本保全的观念下，现行成本变动额作为资本的调整额单独列报于股东权益部分，有利于揭示企业实物资本保全情况。由于未将现行成本变动额报告在损益表，可以避免纳税申报和股利分配上的误解，有利于企业保持生产能力，实现长足发展。

3. 实行了现行成本会计，可提高企业内部各分部经营利润的可比性。企业中有些分部的经营性质类似，所使用的设备也类似，由于历史成本不同，历史成本折旧费用出现差异，导致经营利润失去可比性。现行成本模式有助于克服历史成本模式的这种缺陷。

（二）现行成本会计的缺点

1. 现行成本会计的首要缺点是其产生的会计信息缺乏可靠性。现行成本的估计主要依赖管理层或会计人员的主观估计，因此，缺乏可验证性。

2. 现行成本会计的另一个缺点是生成现行成本信息的代价太高。需要估计现行成本的资产大多都很难找到直接可应用的市场价格，收集估计现行成本所需的信息可能需要很高的代价，由此产生了信息效益是否大于信息成本的疑问。

第四节　现行成本/不变币值会计

一、现行成本/不变币值会计的原理

在现实生活中，个别物价变动与一般物价变动是并存的，因此，无论是现行成本会计模式还是不变币值货币会计模式都不能恰当全面地反映现实的状况。于是，有人就试图设计出一种模式，既能在财务报表上反映个别物价变动的影响，又能反映一般物价变动的影响。这种模式就是现行成本/不变币值模式。顾名思义，现行成本/不变币值模式是对会计计量的全面改革，它以现行成本代替历史成本为计量基础，以不变币值货币单位代替名义货币单位为计量单位，一方面克服了现行成本模式不能反映一般购买力变动的缺陷，同时也克服了一般物价水平模式不能反映非货币性项目个别物价变动的问题。

现行成本/不变币值会计的基本原理是在现行成本会计的基础上，按不变币值货币对现行成本财务报表进行重述。现行成本财务报表仍然可以根据确认了现行成本变动的账户余额编制，也可以在历史成本财务报表的基础上进行调整。现行成本/不变币值财务报表对现行成本财务报表的改进主要体现三个方面：(1)资产负债表项目既要反映期末的现行成本，也要反映货币购买力的变动。(2)现行成本变动额的计算应该剔除一般购买力变动的影响。例如，存货的期初历史成本为100，当期没有发生变化，期末的现行成本为150，如果当期的物价指数上涨了一倍，那么未剔除一般购买力变动的现行成本变动额是：150－100＝50，而剔除了一般购买力变动的现行成本变动额是：150－100×2＝－50。(3)利润表应包括货币性项目净额的购买力损益。

二、现行成本/不变币值会计的基本程序

现行成本/不变币值会计的基本程序包括6个步骤：(1)区分货币性项目与非货币性项目；(2)编制现行成本为基础的财务报表；(3)按照一般物价指数调整现行成本/名义货币财务报表项目；(4)计算货币性项目购买力净损益；(5)计算非货币性资产现行成本物价变动影响；(6)完成现行成本/不变币值的利润表，并与现行成本/不变币值的资产负

债表相互核对，检查勾稽关系，现行成本/不变币值的资产负债表中的“留存收益”项目应与现行成本/不变币值的利润表中的“留存收益”项目相等。

【例 11-7】 长青公司 20×9 年历史成本/名义货币财务报表见表 11-12 和表 11-13。其他相关资料见例 11-6。另外，20×9 年年末物价指数为 150，年初物价指数为 130，年均物价指数为 140，收到股本时的物价指数为 100，固定资产购置时的物价指数为 100，无形资产购置时的物价指数为 102，本期购置存货均匀发生。

根据资料按以下步骤完成现行成本/不变币值财务报表。

(1) 区分货币性项目与非货币性项目。

(2) 编制现行成本/名义货币资产负债表和利润表见表 11-17 和表 11-18。

(3) 按一般物价指数将现行成本/名义货币资产负债表调整为现行成本/不变币值资产负债表，见表 11-19；调整现行成本/名义货币利润表部分项目，见表 11-20。

表 11-19　资产负债表(现行成本/不变币值)　　元

项　目	年末数(现行成本)	调整系数	年末数(现行成本/不变币值)	年初数(现行成本)	调整系数	年初数(现行成本/不变币值)
库存现金	50 000	150/150	50 000	35 000	150/130	40 384.62
应收账款	180 000	150/150	180 000	70 000	150/130	80 769.23
其他货币性资产	90 000	150/150	90 000	55 000	150/130	63 461.54
存货	380 000	150/150	380 000	200 000	150/130	230 769.23
固定资产	224 000	150/150	224 000	225 000	150/130	259 615.38
无形资产	315 000	150/150	315 000	260 000	150/130	300 000
资产总计	1 239 000		1 239 000	845 000		975 000
短期借款	160 000	150/150	160 000	100 000	150/130	115 384.62
长期借款	489 675	150/150	489 675	500 000	150/130	576 923.08
股本	240 000	150/100	360 000	240 000	150/100	360 000
留存收益	27 325		229 325①	0		−77 307.7②
已实现资产持有损益	53 000			0		
未实现资产持有损益	269 000			5 000		
负债及权益合计	1 239 000		1 239 000	845 000		975 000

① 注：现行成本/不变币值模式留存收益年末数＝1 239 000－160 000－489 675－360 000＝229 325(元)包含了已实现和未实现资产持有损益。

② 注：－77 307.7＝975 000－115 384.62－576 923.08－360 000。

表 11-20 利润表(现行成本/不变币值) 元

项 目	本年金额	调整系数	本年金额(现行成本/不变币值)
营业收入	840 000	150/140	900 000
减：营业成本	608 000	倒算	695 054.94
毛利	232 000		
减：销售费用(不含折旧费用)	46 000	150/140	49 285.71
管理费用(不含折旧费用)	29 000	150/140	31 071.43
折旧及摊销费	91 000	150/150	91 000
利润总额	66 000		
减：所得税费用	29 750	150/140	31 875
净利润	36 250		
加：年初留存收益	0		
可供分配利润	36 250		
减：利润分配			
现金股利	8 925	150/150	8 925
年末留存收益	27 325		

(4) 计算货币性项目购买力净损益，见表 11-21。

表 11-21 货币性项目购买力净损益计算表 元

项 目	调整前	调整系数	调整后金额	货币购买力损益
库存现金	35 000	150/130	40 384.62	−5 384.62
应收账款	70 000	150/130	80 769.23	−10 769.23
其他货币资金	55 000	150/130	63 461.54	−8 461.54
期初货币性资产小计	160 000		184 615.39	−24 615.39
短期借款	100 000	150/130	115 384.62	15 384.62
长期借款	500 000	150/130	576 923.08	76 923.08
期初货币性负债小计	600 000		692 307.7	92 307.7
期初货币性项目净额	−440 000		−507 692.31	67 692.31
本期货币性项目净增加				
加：营业收入	840 000	150/140	900 000	−60 000
减：销售费用(不含折旧)	46 000	150/140	49 285.71	3 285.71
管理费用(不含折旧)	29 000	150/140	31 071.43	2 071.43
本期购入存货	616 000	150/140	660 000	44 000
所得税	29 750	150/140	31 875	2 125

续表

项　　目	调整前	调整系数	调整后金额	货币购买力损益
现金股利	8 925	150/150	8 925	0
本期货币性项目净增加	110 325		118 842.86	−8 517.86
库存现金	50 000	150/150	50 000	0
应收账款	180 000	150/150	180 000	0
其他货币性资产	90 000	150/150	90 000	0
期末货币性资产小计	320 000		320 000	0
短期借款	160 000	150/150	160 000	0
长期借款	489 675	150/150	489 675	0
期末货币性负债小计	649 675		649 675	0
期末货币性项目净额	−329 675		−388 849.45	59 174.45
货币性项目购买力净损益	−329 675−(−388 849.45)＝59 174.45 收益			

(5) 计算非货币性资产扣除一般物价变动影响后的资产持有损益，见表 11-22。

表 11-22　非货币性资产本期扣除一般物价变动后的资产持有损益　元

项　　目	现行成本①	调整系数②	现行成本/不变币值③	历史成本④	调整系数⑤	历史成本/不变币值⑥	扣除一般物价变动的资产持有损益⑦＝③−⑥
期末存货	380 000	150/150	380 000	240 000	150/140	257 142.86	122 857.14
存货销售成本	608 000	倒算	695 054.94	576 000	倒算	633 626.37	61 428.57
期初存货	200 000	150/130	230 769.23	200 000	150/130	230 769.23	0
本期扣除一般物价变动后存货持有损益	122 857.14＋61 428.57−0＝184 285.71						184 285.71
期末设备和厂房净值	224 000	150/150	224 000	176 000	150/100	264 000	−40 000
设备和厂房折旧	56 000	150/150	56 000	44 000	150/100	66 000	−10 000
期初设备和厂房净值	225 000	150/130	259 615.39	220 000	150/100	330 000	−70 384.61
本期扣除一般物价变动后固定资产持有损益	−40 000＋(−10 000)−(−70 384.61)＝20 384.61						20 384.61
期末无形资产	315 000	150/150	315 000	234 000	150/102	344 117.64	−29 117.64
无形资产摊销	35 000	150/150	35 000	26 000	150/102	38 235.29	−3 235.29
期初无形资产	260 000	150/130	300 000	260 000	150/102	382 352.94	−82 352.94

续表

项　　目	现行成本①	调整系数②	现行成本/不变币值③	历史成本④	调整系数⑤	历史成本/不变币值⑥	扣除一般物价变动的资产持有损益⑦＝③－⑥
本期扣除一般物价变动后无形资产持有损益	－29 117.64＋(－3 235.29)－(－82 352.94)＝50 000.01						50 000.01
非货币性资产本期扣除一般物价变动后资产持有损益							254 670.33

本期销售存货金额根据年初存货加本期购货减期末存货原则计算得到。本期销售存货现行成本/不变币值为：

200 000×150/130＋788 000×150/140－380 000×150/150＝695 054.94(元)

本期销售存货历史成本/不变币值为：

200 000×150/130＋616 000×150/140－240 000×150/140＝633 626.37(元)

(6) 完成现行成本不变币值的利润表，并与资产负债表核对相符，见表 11-23。

表 11-23　利润表(现行成本/不变币值)　　元

项　　目	本年金额(现行成本)	调整系数	本年金额(现行成本/不变币值)
营业收入	840 000	150/140	900 000
减：营业成本	608 000	倒算	695 054.94
毛利	232 000	计算	204 945.06
减：销售费用(不含折旧)	46 000	150/140	49 285.71
管理费用(不含折旧)	29 000	150/140	31 071.43
折旧及摊销费	91 000	150/150	91 000
利润总额	66 000	计算	33 587.92
减：所得税费用	29 750	150/140	31 875
净利润	36 250	计算	1 712.92
加：货币性项目购买力净损益			59 174.45
非货币性资产本期扣除一般物价水平变动后资产持有利得			254 670.33

续表

项　　目	本年金额（现行成本）	调整系数	本年金额（现行成本/不变币值）
加：年初留存收益			－77 307.7
可供分配的利润	36 250	计算	238 250
减：利润分配			
现金股利	8 925	150/150	8 925
年末留存收益	27 325	计算	229 325

三、对现行成本/不变币值会计的评价

现行成本/不变币值会计是综合了一般物价水平会计和现行成本会计的一种综合会计模式，因此，它不可避免地继承了两者的一些优点和缺点。除此之外，它还具有以下优点和缺点：

（一）现行成本/不变币值会计的优点

现行成本/不变币值会计模式的主要优点是它能够更好更全面地消除物价变动对会计信息的影响，提供了反映一般物价水平变动对货币性项目影响的信息——货币性项目净额上的购买力损益，以及剔除了一般物价水平变动影响的个别物价变动信息——现行成本变动额（或资产持有损益）。在一定程度上增加了会计信息的决策相关性和可比性。

（二）现行成本/不变币值会计的缺点

1. 提供现行成本/不变币值信息的成本比较高，所带来的效益却不明显。美国曾在1980年至1986年间要求企业提供以现行成本/不变币值会计模式为基础的补充会计信息，当时就遭到许多企业的抱怨，有些企业甚至在其补充信息披露的表述材料中表达了不满，声称经过调整的信息会产生误导并对投资者无用。

2. 现行成本/不变币值信息比较难以为一般信息使用者理解，造成他们在利用这类信息时产生一些混乱，甚至被误导。例如，在美国要求提供现行成本/不变币值信息的实验期里，美国的财务分析人员普遍担心“一般的投资者不知道数据的依据是什么，即使知道，也不知它们是怎样计算出来的”。

练　习

一、思考题

1. 在物价持续上涨的条件下,历史成本会计有哪些缺陷?
2. 什么是一般物价水平会计?它有哪些特点?
3. 什么是货币性项目?什么是非货币性项目?各有何特点?
4. 何谓购买力损益?货币性项目净额上的购买力损益如何计算?
5. 什么是资本保全理论?资本保全理论有哪几种?
6. 试述现行成本会计的理论依据。
7. 什么是现行成本会计?它有哪些特点?
8. 何谓持有损益?非货币性项目的持有损益如何计算?
9. 试述现行成本会计的基本程序和方法。
10. 什么是现行成本不变币值会计?它有哪些特点?

二、练习题

1. 单项选择题

(1) 下列哪一项不是引起物价变动的原因。(　　)

A. 劳动生产率的提高　　B. 货币价值的变动
C. 供求关系的变化　　D. 人为破坏

(2) 物价持续上涨时,资产按历史成本计价必然会导致(　　)的虚增。

A. 利润　　B. 成本　　C. 收入　　D. 价格

(3) 下列哪一种模式不属于物价变动会计模式。(　　)

A. 历史成本/名义货币　　B. 历史成本/不变币值货币
C. 现行成本/名义货币　　D. 现行成本/不变币值货币

(4) 下列哪一项不属于货币性项目。(　　)

A. 货币资金　　B. 短期投资　　C. 在建工程　　D. 应交税金

(5) 持有货币性资产,当物价上涨时要发生购买力(　　)。

A. 利得　　B. 损失　　C. 不变　　D. 无法确定

(6) 持有货币性负债,当物价上涨时要发生购买力(　　)。

A. 利得　　B. 损失　　C. 不变　　D. 无法确定

(7) 下列哪一项不属于非货币性项目。(　　)

A. 存货　　B. 应付票据

C. 固定资产清理　　D. 股本

(8) 现行成本会计的基本程序不包括(　　)。

A. 确定各项资产的现行成本

B. 计算各项非货币性资产的持有损益

C. 将非货币性项目的金额按一般物价指数进行调整

D. 编制现行成本会计报表

(9) 未实现持有损益指企业期末持有非货币性资产的现行成本(　　)历史成本的差额。

A. 等于　　B. 高于　　C. 低于　　D. 无法确定

(10) 下列哪一项不属于现行成本会计的主要优点。(　　)

A. 能为经济决策提供更相关的会计信息

B. 未考虑货币性项目购买力变动对会计信息的影响

C. 能全面评价企业的经营管理业绩

D. 有利于实物资本保全

2. 计算题

(1) 资料：设 KJ 公司 20×9 年历史成本资料如下。

① 期初货币资金 67 200 元，流动负债(货币性)45 600 元，长期负债(货币性)60 000 元。期末货币资金 87 200 元，流动负债(货币性)52 100 元，长期负债(货币性)60 000 元。本期销售收入 528 000 元，销货成本 613 000 元，营业费用(折旧费除外)75 000 元，折旧费 8 600 元，所得税 19 500 元，现金股利 24 000 元。期初存货 300 000 元，期末存货 83 000 元。

② 一般物价指数如下：期初 120，本期平均 125，期末 132，固定资产购入时 100。

③ 本期购入存货、销货、其他费用等均衡发生，股利分派在期末。

要求：编制按年末货币表示的购买力损益计算表(计算结果保留整数)。

(2) 资料：HK 公司采用现时成本会计核算，20×7 年 12 月 31 日购进设备一台，原值 200 000 元，预计使用年限 5 年，无残值，直线法折旧，其现时成本每年增加 55 000 元，假设该公司每年年末计提并增补折旧费用。

要求：

① 编制 20×8 年 12 月 31 日按现时成本调整设备价值会计分录；

② 编制 20×8 年计提折旧和转入已实现损益会计分录；

③ 编制 20×9 年 12 月 31 日计提折旧会计分录；

④ 编制 20×9 年 12 月 31 日增加折旧和已实现损益会计分录。

(3) 资料：LK公司20×9年12月31日固定资产的账面余额为800 000元，其购置期间为20×7年500 000元，20×8年为200 000元，20×9年为100 000元。在这三年期间一般物价指数的变动情况分别为：20×7年105，20×8年120，20×9年150。

要求：按一般物价指数调整固定资产的账面价值。

(4) 资料：KL公司20×9年年初货币性资产和货币性负债的账面余额分别为450 000元和700 000元。在20×9年度，货币性资产增减净额为30 000元，货币性负债增减净额为−65 000元，该年年初的一般物价指数为120，年末为150。

要求：计算该年度货币性项目购买力变动净损益。

(5) 资料：SD公司20×8年按历史成本现行币值编制的比较资产负债表和20×8年度损益表如表1和表2所示。

表1　SD公司比较资产负债表

20×8年12月31日　　元

项　目	20×7年12月31日	20×8年12月31日
货币资金	120 000	135 000
应收账款	45 000	42 000
存货	100 000	105 000
固定资产	520 000	520 000
减：累计折旧	(85 000)	(105 800)
资产合计	700 000	696 200
应付账款	40 000	45 000
长期借款	150 000	141 000
普通股	500 000	500 000
留存收益	10 000	10 200
权益合计	700 000	696 200

表2　SD公司损益表

20×8年度　　元

销售收入		500 000
减：销售成本		
期初存货	100 000	
本期购货	350 000	
可供销售存货	450 000	
期末存货	105 000	345 000
折旧费用	20 800	

续表

其他费用	44 000	
所得税	40 000	104 800
净利润		50 200
加：期初留存收益		10 000
减：现金股利		50 000
期末留存收益		10 200

其他有关资料有：

① 年初存货购置时的平均物价指数为105，本年存货购置是在年内均衡发生，存货发出采用先进先出法，年末存货购置时的平均物价指数为125。

② 固定资产购置时的物价指数为110，年折旧率为4%，无残值。

③ 应收账款和应付账款的收支时间在年内均衡发生。

④ 普通股发行时的物价指数为108。

⑤ 销售收入、其他费用、所得税在年内均衡发生。

⑥ 现金股利宣告分派时的物价指数为145。

⑦ 20×7年12月31日的物价指数为115，20×8年12月31日的物价指数为145，20×8年度平均物价指数为130。

要求：

① 按一般物价水平会计调整重编比较资产负债表工作底稿。

② 按一般物价水平会计调整重编损益表及利润分配表工作底稿。

③ 编制货币性项目购买力变动净损益计算表。

(6) LT公司于20×9年年初成立并正式营业。

① 本年度按历史成本/名义货币编制的资产负债表、利润表分别如表3和表4所示。

表3　LT公司资产负债表　　元

项　目	20×9年1月1日	20×9年12月31日
现金	30 000	40 000
应收账款	75 000	60 000
其他货币性资产	55 000	160 000
存货	200 000	240 000
设备及厂房(净值)	120 000	112 000
土地	360 000	360 000
资产总计	840 000	972 000
流动负债(货币性)	80 000	160 000

续表

项　　目	20×9 年 1 月 1 日	20×9 年 12 月 31 日
长期负债(货币性)	520 000	520 000
普通股	240 000	240 000
留存收益		52 000
负债及所有者权益总计	840 000	972 000

表 4　LT 公司利润表

元

项　　目	20×9 年度
销售收入	640 000
销售成本	
期初存货	200 000
加：本年进货	416 000
减：年末存货	240 000
	376 000
销售毛利	264 000
销售及管理费用	136 000
折旧费	8 000
利润总额	120 000
所得税	60 000
净利润	60 000
年初留存收益	0
合计	60 000
现金股利	8 000
年末留存收益	52 000

② 年末，期末存货的现行成本为 400 000 元；

③ 年末，设备和厂房(原值)的现行成本为 144 000 元，使用年限为 15 年，无残值，采用直线法折旧；

④ 年末，土地的现行成本为 720 000 元；

⑤ 销售成本以现行成本为基础，在年内均匀发生，现行成本为 608 000 元；

⑥ 销售及管理费用、所得税项目，其现行成本金额与以历史成本为基础的金额相同。

要求：根据上述资料，编制 LT 公司 20×9 年度现行成本基础的资产负债表和利润表。

三、案例

(1) 有人说，造成物价变动的原因主要有以下几个方面：

① 劳动生产率的提高；②新技术革命；③货币价值的变动；④ 供求关系的变化；

⑤竞争与垄断。

要求：

谈谈你是否赞成以上观点，对该观点进行讨论并补充说明。

(2) 根据财务资本保全观念，只有企业当期期末净资产的金额扣除当期所有者的投资和对所有者的分配额，超过当期期初净资产的金额时，其超出金额才是当期收益。财务资本保全的计量属性一般采用历史成本，计量单位既可用名义货币，也可用不变币值(即一般购买力)的货币。不过，采用历史成本/名义货币核算所确认的利润与采用历史成本/不变币值货币核算所确认的利润，二者代表的意思是不一样的。

要求：

讨论并说明两种核算模式所确认的利润代表的含义是什么？

(3) 根据马克思的社会再生产理论："当再生产按原有规模进行时，每一个已经消费掉的不变资本要素，都必须在实物形式上得到相应种类的新物品的补偿。"

要求：

怎样理解马克思这一观点？请解释。

(4) 世界上各会计职业团体一致认为，通货膨胀达到一定程度时，传统会计报告就会失去意义，此时，一般物价水平会计会更好些。

要求：

如何确定从一般物价水平会计中获得的利益超过其成本？

(5) 绿洲公司从20×9年年初开始经营起就面临着物价上涨幅度过快的环境，为此，公司最高管理机构要求财务部门在按会计准则编制出会计报表之后，再用不变币值加以调整，并要求财务部门解释这种会计信息的含义。财务部门于是收集了如下所需资料：

① 20×8年12月31日发行每股面值1元的普通股100 000股，共得款500 000元。

② 20×9年1月2日，公司完成如下业务：

现金	300 000
厂房	80 000
设备	200 000
土地使用权	150 000
长期应付票据	130 000

③ 有关物价指数资料如下：

20×8年12月31日	100
20×9年9月30日	115.5
20×9年12月31日	123.5
20×9年平均	110

④ 20×9 年 9 月 30 日支付现金股利，每股 0.5 元，同时，还以每股 8 元增发 10 000 股普通股。

⑤ 20×9 年按历史成本/名义货币基础编制的资产负债表和利润表如表 5 和表 6 所示。

表 5　绿洲公司资产负债表

20×9 年 12 月 31 日　　元

资　　产	金　　额	权　　益	金　　额
货币性资产	390 000	流动负债	110 000
存货	100 000	长期应付票据	130 000
厂房(净值)	192 000	普通股本	110 000
设备(净值)	138 000	资本公积	470 000
土地使用权	80 000	留存利润	80 000
资产合计	900 000	权益合计	900 000

表 6　绿洲公司利润表

20×9 年 12 月 31 日　　元

项目		
销售收入		1 260 000
销售成本		920 000
销售毛利		340 000
费用：		
折旧	20 000	
其他(包括利息和所得税)	190 000	210 000
净利润		130 000

销售收入平均每月约 105 000 元，费用每月约 17 500 元。期末存货与销售成本均由当年购货成本结转。所有负债均为货币性项目。

试为该公司财务部门做如下工作：

① 选定不变币值，并说明理由。

② 重编一般物价水平会计的资产负债表和利润表，并计算购买力损益。

③ 向公司管理部门解释重编后资产负债表和利润表的含义、购买力损益的含义。

(6) 金鑫公司是一家国有老厂，成立于 20 世纪 50 年代初，经过几十年的发展，现有大量的固定资产。20 世纪 90 年代以来，由于通货膨胀率居高不下，企业账面上有很多利润，却没有足够的资金添置机器设备。有人指出，这是历史成本会计信息不能提供足够的决策相关信息。在经过深思熟虑之后，决定自 1995 年起在年度报告中提供反映物价变动会计信息。但在采用什么基础提供物价变动会计信息上，有关人员有分歧意见。经争论，财务部门决定以一般物价水平会计提供物价变动会计信息。

要求对以下问题进行回答，以消除有关人员的疑虑：

① 如果公司财务报表要反映一般物价水准的变动，应采用何种编表基础？

② 试区别一般物价水平会计和现行成本不变币值会计两种会计模式；

③ 列举一般物价水平会计模式的程序；

④ 指出历史成本会计和一般物价水平会计模式下会计报表的异同点；

⑤ 假定金鑫公司在 1995 年编制一般物价水平会计报表，在当年的比较会计报表中，应否对前期会计报表作出调整？为什么？

B&E

第十二章 公司清算会计

本章范围

随着经济的发展，依法进行公司清算，使公司终止营运的现象逐渐增多。本章以公司清算为研究对象，系统地阐述解散清算和破产清算的相关会计处理。首先，介绍公司清算的概念及分类，在此基础上，区别解散清算会计和破产清算会计，依次阐述业务程序、分析其账务处理特点，继而进行科目设置，借助实例展示账务处理，并编制相应会计报表。

学习目标

1. 了解公司清算的概念和类型；
2. 熟悉解散清算的程序；
3. 掌握解散清算的会计处理；
4. 熟悉解散清算会计报表的种类、结构与编制；
5. 熟悉破产清算的程序；
6. 掌握破产清算中会计处理；
7. 掌握破产清算会计报表的种类、结构与编制。

第一节　公司清算会计概述

一、公司清算、解散清算与破产清算

公司清算(corporate liquidation)　是指在公司面临终止的情况下，负有清算义务的主体按照法律规定的方式、程序对公司的资产、负债、股东权益等公司的状况作全面的清理和处置，使得公司与其他社会主体之间产生的权利和义务归于消灭，从而为公司的终止提供合理依据的行为。公司清算是市场经济发展的必然产物。公司清算是公司治理结构中最后而且十分重要的一环，能够最大限度地保护投资者的利益和激发投资者的投资

信心。

（一）公司清算的原因

《中华人民共和国公司法》（以下简称《公司法》）第一百八十一条规定："公司因下列原因解散：

1. 公司章程规定的营业期限届满或者公司章程规定的其他解散事由出现；
2. 股东会或者股东大会决议解散；
3. 因公司合并或者分立需要解散；
4. 依法被吊销营业执照、责令关闭或者被撤销；
5. 人民法院依照本法第一百八十三条的规定予以解散。"

《公司法》第一百八十三条规定："公司经营管理发生严重困难，继续存续会使股东利益受到重大损失，通过其他途径不能解决的，持有公司全部股东表决权百分之十以上的股东，可以请求人民法院解散公司。"

无论上述哪种原因，都会使公司解散，失去法人资格。公司清算是公司解散过程中最重要的业务事项。

《公司法》第一百八十四条规定："公司因本法第一百八十一条第(一)项、第(二)项、第(四)项、第(五)项规定而解散的，应当在解散事由出现之日起十五日内成立清算组，开始清算。有限责任公司的清算组由股东组成，股份有限公司的清算组由董事或者股东大会确定的人员组成。逾期不成立清算组进行清算的，债权人可以申请人民法院指定有关人员组成清算组进行清算。人民法院应当受理该申请，并及时组织清算组进行清算。"

《公司法》第一百九十一条规定："公司被依法宣告破产的，依照有关企业破产的法律实施破产清算。"

（二）公司清算的类型

1. 解散清算与破产清算

公司清算最基本的分类是解散清算与破产清算。

解散清算　是指在公司解散的情况下，依照《公司法》的规定所进行的清算。公司终止时如果"资能抵债"，所进行的清算为解散清算，理论上全部债权人的债权均能实现，而且往往还存在剩余财产可供分配。

破产清算　是指在公司不能清偿到期债务的情况下，依照破产法的规定所进行的清算。公司终止时如果"资不抵债"，则必须按照破产清算程序进行清算，按照法定程序和公平受偿原则清偿破产公司职工工资、劳动保险费用、所欠税款、破产债权后，公司终止。

解散清算与破产清算虽然都是终结现存公司的法律关系，消灭法人资格的行为，但它们之间的区别如表 12-1 所示。

表 12-1　解散清算与破产清算的区别　　元

区　别　点	解散清算	破产清算
清算原因不同	自愿解散和强制解散	破产解散
清算组成员决定机关不同	解散清算组成员，如果是自愿解散的有限责任公司，是由全体股东组成，股份公司由股东大会选举产生；强制解散的，由做出强制解散的主管机关决定清算组人选	破产清算组的组成人员必须由人民法院决定
清算程序不同	适用一般的清算程序	适用破产清算程序
适用法律不同	适用《公司法》	破产清算适用《中华人民共和国企业破产法》(以下简称《破产法》)

2. 任意清算和法定清算

任意清算　也称自由清算，即指公司按照股东的意志和公司章程的规定进行的清算。此种清算一般没有先后程序规定，也无论是否能足额清偿，不能清偿的债权不因清算结束而消灭。任意清算通常适用于人合公司、无限公司。

法定清算　是指必须按照法律规定的程序进行的清算。法定清算对公司财产的清算有顺序规定，法定清算结束，公司法人资格依程序消灭。我国《公司法》规定的清算均是法定清算。

3. 普通清算和特别清算

法定清算可以分为普通清算和特别清算。

普通清算　是指由公司自行组织清算机构依法进行的清算。普通清算一般适用于自愿解散的情况，往往是针对那些资产能够抵偿债务，并且公司机关能够自行组织清算工作的公司而采取的清算形式。

特别清算　是指公司解散时不能由自己组织进行普通清算，或进行普通清算中发生严重障碍，由有关政府机关或法院介入而进行的清算。

特别清算和普通清算的区别在于后者是自行组织的清算，前者是有公共权力机关的介入的清算。特别清算一般适用于强制解散的情况，但也可适用于由普通清算转变而来的情况。

4. 自愿清算和强制清算

自愿清算　是公司按照自己的意愿解散公司，清算公司债权债务，消灭公司法人资格的清算。因股东会关于解散公司决议和公司章程规定解散公司事项出现而进行的清算就是自愿清算。

强制清算　是指公司因违法行为被主管机关依法责令关闭而进行的清算而进行的清算。

（三）公司清算的程序

公司清算中不论是哪一种，其基本业务程序一致，可以概括为表12-2所列的六个步骤。

表12-2 公司清算基本步骤 元

步骤	具体内容
(1) 成立清算组	成立清算组是进行清算工作的组织保证。《公司法》规定在解散事由出现之日起十五日内成立清算组，开始清算。有限责任公司的清算组由股东组成，股份有限公司的清算组由董事或者股东大会确定的人员组成。逾期不成立清算组进行清算的，债权人可以申请人民法院指定有关人员组成清算组进行清算。人民法院应当受理该申请，并及时组织清算组进行清算。
(2) 清查财产、债权、债务	清算组成立之后，应当及时、全面清查公司财产、债权、债务，逐步审核、登记，编制相关明细表，便于开展清算工作。
(3) 清偿债务	清算组全面清查公司财产、债权、债务后，优先支付清算费用，剩余财产按以下顺序逐项清偿：(1)支付拖欠的职工薪酬；(2)补交税款；(3)清偿其他无担保债务。如果清偿债务过程中发现公司"资不抵债"，要立即向法院申请宣告破产。对宣告破产的企业，当破产财产不能清偿同一顺序债务时，在同一顺序内按比例清偿。
(4) 分配剩余财产	若公司清偿债务后还有财产剩余，应在投资者之间按章程规定、协议约定、持股比例或持股份数分配。若是优先股，应当享有优先分配权。
(5) 编制清算报告	公司清算过程中，清算组应当编制相应清算财务报告。
(6) 办理公司注销手续	清算财务报告，经注册会计师验证后，报股东大会或公司主管机关和原注册登记机关，办理注销手续，并在法定媒体上公告公司终止。

二、解散清算的法律程序及会计特点

（一）解散清算相关程序

公司解散清算按照如图12-1所示的程序进行。

图12-1 公司解散清算基本步骤

1. 成立清算组

公司解散是一项专业性极强的工作，因此需要成立清算组，聘请律师、注册会计师等专业人员参与其间。《公司法》第一百八十五条规定："清算组在清算期间行使下列职权：

(1)清理公司财产,分别编制资产负债表和财产清单;(2)通知、公告债权人;(3)处理与清算有关的公司未了结的业务;(4)清缴所欠税款以及清算过程中产生的税款;(5)清理债权、债务;(6)处理公司清偿债务后的剩余财产;(7)代表公司参与民事诉讼活动。"

2. 登记债权

解散清算之初,公司必须对债权人及其债权进行彻底清理。《公司法》第一百八十六条规定:"清算组应当自成立之日起十日内通知债权人,并于六十日内在报纸上公告。债权人应当自接到通知书之日起三十日内,未接到通知书的自公告之日起四十五日内,向清算组申报其债权。债权人申报债权,应当说明债权的有关事项,并提供证明材料。清算组应当对债权进行登记。在申报债权期间,清算组不得对债权人进行清偿。"

同时,由于清算公司对有财产担保的债权人和无财产担保的债权人承担的清偿义务、清偿顺序不同,在登记债权时,应该严格区分有财产担保的债权和无财产担保的债权。

3. 清理财产

清算组应当确定清算公司的财产范围,这种财产范围一般包括:公司经营管理的全部财产;公司享有的债权;公司解散时享有的股权;公司享有的其他财产权利。

清算组应当将公司的实物和债权进行清查登记;同时对公司享有的债权进行确认,收回被占有的清算公司财物,如果相应的财物无法交回,则应要求持有人作价清偿;调查公司对外投资情况,如果清算公司向外进行了投资,则应当严格按照《公司法》和相关法律、法规的要求回收对外投资;对公司的其他权利进行登记;责成相关股东交足尚未缴纳或者抽回的出资;最后还要对公司的非货币财产进行财产估价。

清算组清理财产后,应据实编制公司的财产清单和清算开始日的资产负债表。《公司法》第一百八十八条规定:"清算组在清理公司财产、编制资产负债表和财产清单后,发现公司财产不足清偿债务的,应当依法向人民法院申请宣告破产。公司经人民法院裁定宣告破产后,清算组应当将清算事务移交给人民法院。"

4. 制定、执行清算方案

清算组在清理公司财产、编制资产负债表和财产清单后,应当制定清算方案。清算方案一般包括清算的程序和步骤、财产估价方法和结果、财产变卖方案、债务清偿顺序、剩余财产分配以及其他问题的处理。清算方案需要报股东会、股东大会或者人民法院确认。

执行清算方案时,公司财产应优先支付清算费用,然后再支付职工的工资、社会保险费用和法定补偿金,再次缴纳所欠税款,最后清偿公司债务后的剩余财产,其中有限责任公司按照股东的出资比例分配,股份有限公司按照股东持有的股份比例分配。清算期间,公司存续,但不得开展与清算无关的经营活动。公司财产在未依照前款规定清偿前,不得分配给股东。

5. 注销登记并公告终止

《公司法》第一百八十九条规定："公司清算结束后，清算组应当制作清算报告，报股东会、股东大会或者人民法院确认，并报送公司登记机关，申请注销公司登记，公告公司终止。"

（二）解散清算会计特点

解散清算会计 属于财务会计的范畴，是财务会计的一个分支。它是对被宣告解散企业各项清算业务进行反映和监督，向有关债权人、投资人、政府及其有关部门披露企业的财务状况、清算过程和结果等会计信息的一种专门会计。

解散清算以终止公司运营为目的，会计核算中的会计主体、持续经营、会计分期的基本前提发生了变化，因而在会计对象、会计目标、会计假设、会计原则等方面都有别于传统财务会计。解散清算会计具有表 12-3 所列的特点。

表 12-3　解散清算会计特点

(1) 会计对象	解散清算的会计对象不再是传统财务会计的生产经营过程中的资金运动，而是公司在清算过程中债权的回收、债务的清偿、财产的处理、各项损益和费用的发生以及剩余财产的分配等资金运动。
(2) 会计目标	解散清算的会计目标与传统财务会计相比较，利益相关者方面基本一致，只是还可能包括管理清算过程的法院；提供的会计信息方面，主要是解散清算中债务偿还和财产处理的信息，不再是传统财务会计的财务状况、经营成果和现金流量等信息。
(3) 会计假设	解散清算会计使用的是清算假设。公司进入解散清算程序后，传统财务会计的一些假设不复存在。比如，传统财务会计的持续经营假设和会计分期假设。解散清算的目的就是终止公司运营，持续经营难以为继。其会计期间从公司被宣告解散之日起到清算终了为止，其时间跨度具有不确定性。
(4) 会计确认、计量	解散清算会计核算仍然遵循传统财务会计的大部分会计信息质量要求，但是以收付实现制为基础进行会计确认、计量和报告。资产在按实际成本计价的同时，更注重以可变现价值来计价；对于发生的各项支出，按照收益性支出原则，均作为清算期间的支出。

三、破产清算的法律程序及会计特点

（一）破产清算相关程序

破产　所谓破产，从法律意义上看，就是债务人因经营管理不善造成严重亏损不能清偿到期债务时，法院以其全部财产依法抵偿其所欠债务，不足部分不再清偿的法律行为。

从现有的法律体系看,《公司法》、《破产法》和最高人民法院《关于审理企业破产案件若干问题的规定》对企业的破产清算作了明确的规定。《破产法》规定,企业因经营管理不善造成严重亏损,不能清偿到期债务的,依照本法规定宣告破产。

由此可见,破产必须具备特定的前提条件,即破产必须以不能清偿到期债务为其前提。这即意味着以下三种情况必须予以排除:(1)债务人说服债权人,使债权人愿意达成协议,允许延期还债或减免债务,从而债务人摆脱到期债务困境;(2)债务人尚有相当价值的财产(如房屋、土地)可以用财产抵押获得贷款,清偿到期债务;(3)债务人信誉良好,可以通过举新债来偿还旧债。

一旦上述可能性被排除,债务人就将依法进入破产程序。

1. 破产申请与受理

(1) 破产申请

债务人不能清偿到期债务,债权人可以向人民法院提出对债务人进行重整或者破产清算的申请。企业法人已解散单位清算或者未清算完毕,资产不足以清偿债务的,依法负有清算责任的人应当向法院申请破产清算。

公司因资不抵债而清算的案件,若由债务人向法院提出申请,则为自愿性申请;若由债权人提出破产申请的,则为非自愿性申请。

(2) 破产受理

人民法院收到破产申请后,应当在十日内决定是否立案;决定受理企业破产案件的,应当制作案件受理通知书,并送达申请人和债务人。通知书做出时间为破产案件受理时间。

人民法院裁定受理破产申请的,应当同时指定管理人。

2. 管理人

管理人由人民法院指定,向人民法院报告工作,并接受债权人会议和债权人委员会的监督。管理人可以由有关部门、机构的人员组成的清算组或者依法设立的律师事务所、会计师事务所、破产清算事务所等社会中介机构担任。人民法院根据债务人的实际情况,在征询有关社会中介机构的意见后,指定该机构具备相关专业知识并取得执业资格的人员担任管理人。

管理人的主要职责是:

(1) 接管债务人的财产、印章和账簿、文书等资料;

(2) 调查债务人财产状况,制作财产状况报告;

(3) 决定债务人的内部管理事务;

(4) 决定债务人的日常开支和其他必要开支;

(5) 在第一次债权人会议召开之前,决定继续或者停止债务人的营业;

(6) 管理和处分债务人的财产；

(7) 代表债务人参加诉讼、仲裁或者其他法律程序；

(8) 提议召开债权人会议；

(9) 人民法院认为管理人应当履行的其他职责。

3. 债权人会议

债权人会议由依法申报债权的债权人组成。除有权参加债权人会议外，还享有表决权。债权人会议主席由人民法院在有表决权的债权人中指定。

债权人会议可以决定设立债权人委员会。债权人委员会由债权人会议选任的债权人代表和一名债务人的职工代表或者工会代表组成。债权人委员会成员不得超过九人，并经人民法院书面决定认可。

债权人委员有权行使下列职权：监督债务人财产的管理和处分；监督财产的分配；提议召开债权人会议；债权人会议委托的其他职权。

管理人实施下列行为，应当及时报告债权人委员会，未设立债权人委员会的，应及时报告人民法院：涉及土地、房屋等不动产权益的转让；探矿权、采矿权、知识产权的财产权的转让；全部库存或者营业的转让；借款；设定财产担保；债权和有价证券的转让；履行债务人和对方当事人均未履行完毕的合同；放弃权力；担保物的取回；对债权人利益有重大影响的其他财产处分行为。

4. 债权申报

债权申报期限自人民法院发布受理破产公告之日起计算，最短不得少于三十日，最长不得超过三个月。债权人应当在人民法院确定的债权申报期限内向管理人申报其债权。

在人民法院确定的债权申报期限内，债权人未申报债权的，可以在债务人财产最后分配前补充申报；但是此前已进行的分配不再对其补充分配。为审查和确认补充申报债权的费用，又补充申报人承担。

债权人未依照本法规定申报债权的，不得依照本法规定的程序行使权利。

5. 债务人财产

破产申请受理时属于债务人的全部财产，以及破产申请受理后至破产程序终结前债务人取得的财产，为债务人财产。

债务人与他人共有的物、债权、知识产权等财产或者财产权，应当在破产清算中予以分割，债务人分割所得属于债务人财产；不能分割的，应当就其应得部分转让，转让所得属于债务人财产。

债务人的开办人注册资金投入不足的，应当由该开办人予以补足，补足部分属于债务人财产。企业破产前受让他人财产并依法取得所有权或者土地使用权的，即便未支付或者未完全支付对价，该财产仍属于债务人财产。

债务人的财产被采取民事诉讼执行措施的，在受理破产案件后尚未执行的或者未执行完毕的剩余部分，在该企业被宣告破产后列入债务人财产。因错误执行应当执行回转的财产，在执行回转后列入债务人财产。

债务人依照法律规定取得代位求偿权的，依该代位求偿权享有的债权属于债务人财产。债务人在被宣告破产时未到期的债权视为已到期，属于债务人财产，但应当减去未到期的利息。

6. 破产费用和共益债务

破产费用指在破产程序中为维护破产债权人的共同利益而从债务人财产中支付的费用，主要包括：破产案件的诉讼费用；管理、变价和分配债务人财产的费用；管理人执行职务的费用、报酬和聘用工作人员的费用。

人民法院受理破产申请后发生的下列债务为共益债务：因管理人或者债务人请求对方当事人履行双方均未履行完毕的合同所产生的债务；债务人财产收无因管理所产生的债务；因债务人不当得利所产生的债务；为债务人继续营业而应支付的劳动报酬和社会保险费用以及由此产生的其他债务；管理人或者相关人员执行职务致人损害所产生的债务；债务人财产致人损害所产生的债务。

破产费用和共益债务由债务人财产随时清偿。债务人财产不足以清偿所有破产费用和共益债务的，现行清偿破产费用。债务人财产不足以清偿所有破产费用或者共益债务的，按照比例清偿。债务人财产不足以支付破产费用的，管理人应当提请人民法院终结破产程序。人民法院应当自收到请求之日起十五日内裁定终结破产程序，并予以公告。

7. 债务人财产的收回、变价和分配

管理人应当向破产公司的债务人和财产持有人发出书面通知，要求债务人和财产持有人于限定的时间向管理人清偿债务或者交付财产。破产公司的债务人和财产持有人在收到通知后既不向管理人清偿债务或者交付财产，又没有正当理由不在规定的异议期内提出异议的，由管理人向人民法院提出申请，经人民法院裁定后强制执行。破产公司在境外的财产，由管理人予以收回。

管理人应当及时拟定破产财产变价方案，提交债权人会议讨论。

管理人应当按照债权人会议通过的或者人民法院裁定的破产财产变价方案，适时变价出售破产财产。变价出售破产财产应当通过拍卖进行。债权人会议另有规定的除外。国家规定不能拍卖或限制转让的财产，应当按照国家规定的方式处理。

债务人财产分配方案经债权人会议通过后，由管理人负责执行。财产分配可以一次分配，也可以多次分配。分配方案应当包括以下内容：

(1) 参加破产财产分配的债权人名称或者姓名、住所；

(2) 参加破产财产分配的债权额；

(3) 可供分配的破产财产数额；

(4) 破产财产分配的顺序、比例和数额；

(5) 实施破产财产分配的方法。

管理人提出债务人财产分配方案，经债权人会议讨论通过，报请人民法院裁定后执行。债务人财产在优先拨付破产费用后，按照下列顺序清偿：

(1) 破产公司所欠职工工资和医疗、伤残补助、抚恤费用，所欠的应当划入职工个人账户的基本养老保险、基本医疗保险费用，以及法律、行政法规规定应当支付给职工的补偿金；

(2) 破产人欠缴的除前项规定以外的社会保险费用和破产人所欠税款；

(3) 普通破产债权。

只有清偿完第一顺序后，才能清偿第二顺序，依此类推。债务人财产不足清偿同一顺序的清偿要求的，按照比例分配。债务人财产清偿到某一顺序而全部用完时，破产程序就此终结。规定这一清偿程序，目的是在保障职工的基本生活条件和国家税收的前提下，使破产债权人对债务人财产获得平均受偿的权利，维护债权人的利益。

8. 破产终结

债务人财产分配完毕是破产程序终结的法定条件和标志。

债务人财产分配完毕，由管理人向人民法院报告分配情况，并申请人民法院终结破产程序。人民法院在收到管理人的报告和终结破产程序申请后，认为符合破产程序终结规定的，应当在十五日内裁定终结破产程序。

(二) 破产清算会计特点

破产清算会计 也是财务会计的一个分支，它是在公司破产清算过程中使用的特殊财务会计，它以企业主体资格灭失和终止生产经营为基本前提，并通过清算来实现消灭特定企业主体资格并终止其生产经营活动。

相对于传统财务会计，破产清算会计具有表12-4所列的不同特点。

表 12-4 破产清算会计特点

特点	具体内容
(1) 会计目标与传统财务会计不同	破产清算会计注重破产公司债务清偿状况和财产资源的处理结果，其目标是及时、客观地向债权人、债务人、破产管理人、政府相关部门和其他利益相关者提供公司破产债务清偿、资产变现等破产清算会计信息，监督破产程序实施的合法、有效与公平，维护各利益相关者合法权益。

续表

特　　点	具体内容
(2) 会计核算对象与传统财务会计不同	破产清算会计核算对象是一切能引起破产资产、负债和清算收益发生变动的经济活动。破产公司的资产分为破产资产和非破产资产，负债分为破产债务和非破产债务，清算损益包括清算收益、清算损失和清算费用(破产费用和共益债务)。
(3) 会计假设与传统财务会计不同	(1) 会计主体改变。破产清算开始后，管理人成为破产清算会计的主体，原本是会计主体的公司已经失去财产管理权和处置权。 (2) 持续经营终止。破产清算会计终止公司运营是对传统财务会计持续经营假设的颠覆。 (3) 会计期间不确定。破产清算会计期间以破产清算期间为准，长短不定。 (4) 货币计量更多使用变现价值。由于破产财产的主要用途不再是用于生产经营，而是用于清偿债务，所以历史成本计价已显不足，需要更多使用变现价值计量。
(4) 会计确认基础与传统财务会计不同	破产清算会计确认基础是收付实现制，不再是传统财务会计的权责发生制，因为破产清算会计期间为单一期间，无须分期，涉及不到跨期分配。
(5) 会计报告与传统财务会计不同	破产清算会计报告包括清算财务报表和清算情况说明书。清算财务报表有清算资产负债表、清算利润表、债务清偿表和清算财产表。

第二节　公司解散清算会计

一、解散清算会计科目设置

公司进入解散清算阶段，是对公司正常营运的终止，可以沿用原公司既有账户体系。但是，必须设置“清算费用”和“清算损益”两个科目，如果存在土地转让业务，还必须设置“土地转让收益”科目。

1. “清算费用”，核算被清算公司在清算期间发生的各项费用。借方反映支付各项清算费用，贷方反映清算终结时转入“清算损益”的清算费用。

2. “土地转让收益”，核算被清算公司转让土地使用权取得的收入和发生的成本、税费等。借方反映：(1)结转转让成本；(2)用土地使用权所得支付职工安置费；(3)支付转让税费。贷方反映取得土地使用权转让收入。清算终结时，余额转入“清算损益”。

3. “清算损益”，核算被清算公司在清算期间处置资产、确认债务等发生的损益和被清算公司的所有者权益。

二、解散清算的会计处理

下面以风云公司为例，详细阐述解散清算的会计处理。

【例 12-1】 风云公司有甲、乙两个股东，持股比例分别为 60%和 40%。20×9 年 7 月 1 日，按照公司章程规定的经营期满，甲、乙双方一致决定终止经营，即日起办理解散清算，7 月 31 日清算结束。管理人对公司解散清算过程如下：

1. 全面清查财产，编制财产盘点表和清算开始日的资产负债表

解散清算之初，应进行全面财产清查，编制财产盘点表和清算开始日的资产负债表。20×9 年 7 月 1 日资产负债表如表 12-5 所示。

表 12-5 资产负债表

编制单位：风云公司　　20×9 年 7 月 1 日　　元

项　目	期末余额	项　目	期末余额
流动资产：		流动负债：	
货币资金	2 500 000	短期借款	500 000
应收账款	400 000	应付账款	200 000
其他应收款	100 000	应付职工薪酬	200 000
存货	800 000	应交税费	100 000
流动资产合计	3 800 000	流动负债合计	1 000 000
非流动资产：		所有者权益：	
固定资产	1 500 000	实收资本	4 000 000
无形资产	500 000	未分配利润	800 000
非流动资产合计	2 000 000	所有者权益合计	4 800 000
资产总计	5 800 000	负债及所有者权益总计	5 800 000

2. 资产变现(假定无累计折旧且无税影响)

(1) 收回应收账款 350 000 元，50 000 元确认为坏账，无法收回。

借：银行存款　　350 000
　　清算损益　　50 000
　贷：应收账款　　400 000

(2) 清理收回职工水电费及房租欠款 100 000 元。

借：银行存款　　100 000
　贷：其他应收款　　100 000

(3) 处置存货，原材料账面价值 200 000 元，售价 210 000 元；库存商品 600 000 元，售价 450 000 元。处置收入全部收存银行。

借：银行存款　　210 000
　贷：原材料　　200 000
　　　清算损益　　10 000

借：银行存款　　450 000
　　清算损益　　150 000
　贷：库存商品　　600 000

(4) 变卖所有固定资产，取得收入 1 800 000 元。

借：银行存款　　1 800 000
　贷：固定资产　　1 500 000
　　　清算损益　　300 000

(5) 出售专利收入 300 000 元。

借：银行存款　　300 000
　　清算损益　　200 000
　贷：无形资产　　500 000

3. 偿付债务

(1) 归还短期借款

借：短期借款　　500 000
　贷：银行存款　　500 000

(2) 清偿应付账款 180 000 元，有 20 000 元确实无法支付。

借：应付账款　　200 000
　贷：银行存款　　180 000
　　　清算损益　　20 000

(3) 结清职工工资、津贴 200 000 元。

借：应付职工薪酬　　200 000
　贷：银行存款　　200 000

(4) 缴清各项税费 100 000 元。

借：应交税费　　100 000
　贷：银行存款　　100 000

4. 支付、结转清算费用

20×9 年 7 月 1 日至 7 月 31 日，共发生各项清算费用 200 000 元，已用银行存款支付。

借：清算费用　　200 000
　贷：银行存款　　200 000

借：清算损益　　200 000

　　贷：清算费用　　200 000

5. 计算清算损益

将风云公司上述业务所涉及的清算损益登记入账，如表 12-6 所示。

表 12-6 "清算损益"账户　　元

2(1)	50 000	2(3)	10 000
2(3)	150 000	2(4)	300 000
2(5)	200 000	3(2)	20 000
4	200 000		
	发生额合计 600 000		发生额合计 330 000
	借方余额 270 000		

可计算得出清算损益亏损 270 000 元，转入"利润分配"账户。

借：利润分配　　270 000

　　贷：清算损益　　270 000

需要注意的是，如果清算损益为赢利，则需要按照税法规定计算、缴纳所得税。

6. 编制清算利润表和清算结束日的资产负债表

至此，风云公司已全部处置完资产、偿清债务。根据上述业务，可以编制出清算利润表和清算结束日的资产负债表，如表 12-7 和表 12-8 所示。

表 12-7 清算利润表

编制单位：风云公司　　20×9 年 7 月　　元

项　　目	本　期　数
一、清算收益	320 000
其中：1. 核销应付账款收益	20 000
2. 出售固定资产净收益	300 000
二、清算损失	
1. 坏账损失	50 000
2. 出售存货净损失	140 000
3. 出售无形资产损失	200 000
4. 清算费用	200 000
三、清算净收益	－270 000
减：所得税费用	—
四、税后净利润	－270 000

表 12-8　资产负债表

编制单位：风云公司　　20×9 年 7 月 31 日　　元

项　目	期末余额	项　目	期末余额
流动资产：		所有者权益：	
货币资金	4 530 000	实收资本	4 000 000
流动资产合计	4 530 000	未分配利润	530 000
		其中：清算损益	−270 000
		所有者权益合计	4 530 000
资产总计	4 530 000	负债及所有者权益总计	4 530 000

7. 分配剩余财产

清算结束日的剩余财产为 4 530 000 元，按甲、乙双方投资比例分配剩余财产。

甲可得到 2 400 000＋530 000×60%＝2 718 000(元)

乙可得到 1 600 000＋530 000×40%＝1 812 000(元)

借：实收资本　　4 000 000

　利润分配——未分配利润　　530 000

　贷：银行存款　　4 530 000

风云公司所有账户均已结平，解散清算会计处理完毕。

三、解散清算的财务报告

为反映解散清算过程中发生的财产变现、债务清偿、破产费用等情况，清算组应按规定编制相关解散清算会计报表。由于解散清算工作的特殊性，会计报表区分不同阶段进行编制。

1. 清算开始时，编制财产盘点表和清算开始日的资产负债表。财产盘点表与财产清查中的格式大体一致，此处略去。清算开始日的资产负债表(参见表 12-5)，结构与正常资产负债表并无差异，左部为资产，右部依次分列负债和所有者权益。

2. 清算结束时，应当编制清算费用表、清算利润表和清算结束日的资产负债表。清算费用表(参见表 12-9)，反映解散清算过程中所发生的清算费用明细情况。清算利润表(参见表 12-7)，反映解散清算过程中清算收益(损失)、清算费用、土地转让净收益的合计数。清算结束日的资产负债表(参见表 12-8)，反映解散清算结束时资产、负债和所有者权益(清算损益)。

表 12-9 清算费用表

编制单位：风云公司　　20×9 年 7 月　　元

费用项目	金　额
清算人员薪酬	×××
公告费用	×××
……	…
合计	200 000

解散清算结束后，应将所形成的会计档案按照相关档案管理办法，由业务主管部门或人民法院指定有关单位保存。最后，办理注销登记，并发布公告。

第三节　公司破产清算会计

一、破产清算会计科目设置

财政部 1997 年发布的《国有企业试行破产有关会计处理问题暂行规定》对破产清算的会计处理作了比较详细的规定，主要涉及破产公司和管理人两个方面。

（一）破产公司

破产公司在宣告破产并成立破产管理人后，应接受管理人的指导，协助对公司的各项资产进行全面的清理登记，编造清册；同时，对各项资产损失、债权债务进行全面核定查实。

破产公司应于法院宣告破产日，按照办理年度决算的要求，进行财产清查，计算完工产品和在产品成本、结转各损益类科目、结转利润分配等，进行相关的账务处理。在此基础上编制宣告破产日的资产负债表、自年初起至破产日的利润表，以及科目余额表，并将编制的会计报表报送主管财政机关、同级国有资产管理部门和企业主管部门。破产公司在按规定编制会计报表后，应向管理人办理会计档案移交手续。

（二）管理人

管理人应当接管属于破产公司的财产，并对破产清算过程中的有关事项（如清算、变卖和财产分配等）加以如实记录。按规定管理人应于清算开始日另立新账，设置的科目与正常经营的企业有所不同。破产清算会计科目，可分为三类：资产类科目、负债类科目和清算损益类科目，如表 12-10 所示。

表 12-10　破产清算会计科目分类表

类　　别	科　　目	核算范围
(1) 资产类科目	应收款	被清算公司除应收票据之外的各种债权：应收账款、预付账款、其他应收款等。
	材料	被清算公司在途、库存的各种材料的实际成本：在途物资、原材料、包装物、低值易耗品、委托加工材料等。
	半成品	被清算公司的在产品、自制半成品的实际成本。
	投资	被清算公司持有的各种投资：长期股权投资、持有至到期投资、可供出售金融资产等。
	固定资产	被清算公司所有固定资产的净值。
	其他资产类科目与原公司相同。	
(2) 负债类科目	借款	被清算公司的各种借款：长期借款、短期借款。
	其他应付款	被清算公司除应付票据之外的各种债务：应付账款、预收账款、其他应付款等。
	其他负债类科目与原公司相同。	
(3) 清算损益类科目	清算费用	核算被清算公司在清算期间发生的各项费用。
	土地转让收益	核算被清算公司转让土地使用权取得的收入和发生的成本、税费等。
	清算损益	核算被清算公司在清算期间处置资产、确认债务等发生的损益和被清算公司的所有者权益。

二、破产清算的会计处理

如前所述，破产清算会计按内容分为：破产公司（即债务人）的会计处理和管理人的会计处理。

（一）破产公司会计处理

对于破产公司而言，自法院宣告公司破产后到管理人进驻、接管公司这一阶段，公司这一会计主体没有变化，相应的会计处理以及会计报表的格式、编制方法等还应按照既有规定执行。

【例 12-2】　芙蓉公司成立于 20×1 年，虽然也有过辉煌，但从 20×6 年以来公司经历了经营滑坡，并在 20×7 年和 20×8 年遭受了严重的亏损，20×9 年 3 月公司提出的重组方案被债权人会议否决，人民法院调停无效，宣告该企业破产。

在法院宣告破产清算后不久（20×9 年 3 月 31 日），经过财产清查等必要的手续后，芙蓉公司编制的资产负债表如表 12-11 所示。

表 12-11 资产负债表

编制单位：芙蓉公司　　　　20×9 年 3 月 31 日　　　　元

项　　目	金　　额	项　　目	金　　额
流动资产：		流动负债：	
货币资金	3 000	应付票据——银行	25 000
交易性金融资产	7 000	应付票据——客户	5 000
应收账款净额	25 000	应付账款	65 000
存货	50 000	其他应付款——应付利息	7 000
流动资产合计	85 000	应付职工薪酬	13 000
非流动资产：		应交税费	2 000
固定资产——房屋(净)	55 000	流动负债合计	117 000
固定资产——设备(净)	30 000	非流动负债：	
无形资产	10 000	长期借款——抵押借款	50 000
非流动资产合计	95 000	负债合计	167 000
		股东权益：	
		股本	100 000
		资本公积	60 000
		盈余公积	40 000
		未分配利润	(187 000)
		股东权益合计	13 000
资产总计	180 000	负债及股东权益总计	180 000

此外，芙蓉公司还按规定编制了自年初起至破产日的利润表，以及科目余额表，在管理人成立后向管理人办理了会计档案移交手续。由于破产公司在破产日前的会计处理和会计报表编制与持续经营条件下的相同，不再阐述。以下重点介绍管理人的相关会计处理。

（二）管理人会计处理

管理人对清算过程的会计处理主要涉及如下几个方面：

1. 结转期初余额

管理人应于清算开始日，根据破产公司移交的科目余额表，将有关会计科目的余额转入新的账户，并编制新的科目余额表。“累计折旧”、“坏账准备”等备抵类账户在清算时已没有意义，为简化会计处理，应与固定资产、应收账款等账户合并，以净额反映。尚未摊销、转销、支出的“待摊费用”(不包括“期初进项额”)、“递延资产”、“预提费用”、“待处理财产损益”等科目的余额转入新设置的“清算损益”账户。

2. 处理债务人财产

对于应收款等债权，实收金额或预计可变现金额间的差额计入清算损益；材料、产成

品等存货的变现，变卖机器设备、房屋等固定资产以及在建工程，转让商标权、专利权等无形资产以及对外投资，变现收入与其账面价值的差额计入清算损益，破产清算期间发生零星、正常的产品销售行为，比照存货变卖处理；清算期间所取得的其他各种收入或发生的损失，均应计入清算损益。

3. 支付破产费用

支付的破产清算费用，如清算期间职工生活费，债务人财产管理、变卖和分配所需费用，破产案件诉讼费用，清算期间企业设施和设备维护费用、审计评估费用，为债权人共同利益而支付的其他费用（如债权人会议会务费、破产公司催收债务差旅费及其他费用）。均按实际发生额记入"清算费用"账户。

4. 转让土地使用权、支付职工有关费用

这是处理债务人财产、支付破产费用的特殊情况。转让土地使用权所取得的收入与账面价值的差额，以及所交纳的有关税费记为"土地转让收益"；按规定从土地使用权转让所得中支付未参加养老、医疗社会保险的离退休职工的离退休费和医疗保险费，以及对自谋职业的职工支付一次性安置费，也记入"土地转让收益"账户，土地使用权转让所得不足以支付职工安置费的金额，记入"清算损益"账户。

5. 清偿债务

债务人财产在优先支付破产费用后，按法定的顺序清偿债务，并按实际支付的金额注销各项债务。

6. 结转清算损益

清算终结时，应将"清算费用"、"土地转让收益"、待核销的资产、不能抵扣的期初进项税额、不再清偿的债务，转入"清算损益"账户。债务人财产按照法定顺序清偿后的剩余部分，按规定应上缴主管财政机关（或同级国有资产管理部门），并结清"清算损益"账户。若实际清算收入小于清算费用，应立即终止清算程序，未清偿的破产债务不再清偿，并结清所有的账户。

【例 12-3】 接例 12-2 芙蓉公司资料，全面阐述管理人破产清算的会计处理。

1. 清算资产负债表的编制

在清算开始时，管理人应当将芙蓉公司的科目余额转入有关新账（会计分录略），并编制清算开始日资产负债表。芙蓉公司的资产预计在两个月内转换为现金，其预计可变现价值如表 12-12 所示。

表 12-12 预计可变现价值 元

项 目	金 额
货币资金	3 000
交易性金融资产	7 000
应收账款	22 000
存货（扣除销售费用后净额）	55 000

续表

项　　目	金　　额
固定资产——房屋	60 000
固定资产——设备	12 000
无形资产	0
合计	159 000

根据上述有关资料，管理人为芙蓉公司可编制清算资产负债表如表 12-13 所示。

表 12-13　资产负债表

20×9 年 3 月 31 日　　　　元

资　　产	账面金额	预计可实现净值	债务及清算净损益	账面金额	确认数
用作担保的资产：			有担保的债务：		
固定资产——房屋(净)	55 000	55 000	长期借款	50 000	50 000
应收账款	25 000	22 000	应付借款利息	5 000	5 000
合计	80 000	77 000	应付票据(银行)	25 000	25 000
普通资产：			应付利息	2 000	2 000
货币资金	3 000	3 000	合计	82 000	82 000
投资	7 000	7 000	普通债务：		
实物资产	80 000	72 000	应付工资	13 000	13 000
无形资产	10 000	0	应交税金	2 000	2 000
合计	90 000	82 000	应付账款	65 000	65 000
			应付票据(客户)	5 000	5 000
			合计	85 000	85 000
			清算净损益：		
			清算净收益(损失)	13 000	8 000
资产总计	180 000	159 000	债务及清算净损益总计	180 000	159 000

对表 12-13 的有关数据需要说明如下：

(1) 以资产、债务及清算净损益的“账面金额”栏而言，管理人应按照表中项目分类的要求将有关科目的余额作适当的归并。在这里，房屋(净)是长期借款的抵押物，而应收账款是应收票据(银行)的抵押品。“清算损益”13 000 元系芙蓉公司股东权益净额 13 000 元转入。

(2) 以资产、债务及清算净损益的“预计可实现净值”和“确认数”而言，房屋的可变现净值为 60 000 元，但由于长期借款的本息仅为 55 000 元，超过的 5 000 元被列入“普通资

产”的“实物资产”中。所有债务的账面金额均得到确认，但清算净损失 8 000 元仅为平衡数，它是全部资产可变现净值（159 000 元）低于账面总金额（180 000）元的差额（21 000 元），减去账面清算净收益（13 000 元）的余额。

此表的作用在于向法院和债权人提供管理人接管破产公司时财务状况以及预计资产变现情况的信息，便于普通债权人了解其债权的可清偿程度。但此表的“预计可实现净值”并不表明资产清算的实际情况。

2. 变现、清算业务的处理

在清算期间，破产公司会发生各种费用和负债，产生新的债权，为与破产日前的债权、债务相区别，清算时产生的债权、债务应加上“新”字。

假设芙蓉公司 20×9 年 4 月份起进行清算，当月发生的业务及会计处理如下。

（1）收到以前未记录的水电费账单

借：清算损益　　500

　贷：其他应付款——水电费（新）　　500

（2）无形资产因没有价值，予以冲销

借：清算损益　　10 000

　贷：无形资产　　10 000

（3）全部存货出售得款 57 000 元，其中 9 000 元为增值税销项税；收到银行存款 39 000 元，18 000 元的货款尚未收到

借：银行存款　　39 000

　　应收账款（新）　　18 000

　　清算损益　　2 000

　贷：存货　　50 000

　　　应交税费——应交增值税（销项税额）（新）　　9 000

（4）设备出售得到 14 200 元银行存款

借：银行存款　　14 200

　　清算损益　　15 800

　贷：固定资产——设备（净）　　30 000

（5）支付宣告破产时所欠的应付工资及应交税金

借：应付职工薪酬　　13 000

　　应交税费　　2 000

　贷：银行存款　　15 000

（6）房屋出售得银行存款 64 000 元，应支付税金 1 000 元，同时支付长期借款及其利息

借：银行存款　64 000
　贷：固定资产——房屋(净)　55 000
　　应交税费(新)　1 000
　　清算损益　8 000
借：长期借款　50 000
　其他应付款——利息　5 000
　贷：银行存款　55 000

(7) 芙蓉公司原来的应收账款收回 21 000 元，剩余的 4 000 元无法收回

借：银行存款　21 000
　清算损益　4 000
　贷：应收账款　25 000

(8) 以收到应收账款的 21 000 元来支付应付银行票据及其相关利息

借：其他应付款——利息　2 000
　应付票据——银行　19 000
　贷：银行存款　21 000

(9) 支付清算期间职工生活费 2 900 元、诉讼费 400 元、设备设施维护费 1 200 元、审计评估费 300 元、财产保管费 200 元

借：清算费用　5 000
　贷：银行存款　5 000

在将 4 月份的所有变现、清算业务记入账册后，管理人可以根据法院的规定或需要编制清算财产表、清算利润表和清算资产负债表，分别见表 12-14、表 12-15 和表 12-16。

表 12-14　清算财产表

20×9 年 4 月 30 日　　元

财产项目	期初账面金额	预计可变现金额	本期变现金额	期末账面金额
用做担保的财产：				
应收账款(净)	25 000	22 000	25 000	0
实物资产：				
房屋	55 000	60 000	55 000	0
合计	80 000	82 000	80 000	0
普通财产：				
货币资金：				
现金	300	300		300
银行存款	2 700	2 700		45 900

续表

财产项目	期初账面金额	预计可变现金额	本期变现金额	期末账面金额
有价证券：				
股票	7 000	7 000		7 000
应收账款(新)				18 000
实物资产：				
存货	50 000	55 000	50 000	0
设备	30 000	12 000	30 000	0
无形资产：				
商标权	10 000	0	10 000	0
合计	100 000	77 000	90 000	71 200
资产合计	180 000	159 000	170 000	71 200

表 12-15　清算利润表

20×9 年 4 月 30 日　　元

项　　目	预计数	本期数	累计数
一、清算收益(损失)		(23 300)	
二、清算费用			
1. 职工生活费		2 900	
2. 诉讼费		400	
3. 设备设施维护费		1 200	
4. 审计评估费		300	
5. 财产保管费		200	
三、土地转让净收益		—	
其中：土地转让收入		—	
安置职工支出		—	
四、清算净收益(损失)		(28 300)	

表 12-16　资产负债表

20×9 年 4 月 30 日　　元

资　　产	账面金额	预计可实现净值	债务及清算净损益	账面金额	确认数
用做担保的资产：			有担保的债务：		
—			—	—	—
合计			合计		
普通资产：			普通债务：		
货币资金	46 200	46 200	应交税金(新)	10 000	10 000

续表

资　　产	账面金额	预计可实现净值	债务及清算净损益	账面金额	确认数
投资	7 000	7 000	其他应付款(新)	500	500
应收款	18 000	18 000	应付账款	65 000	65 000
实物资产	—	—	应付票据(客户)	5 000	5 000
无形资产	—	—	应付票据(银行)	6 000	6 000
合计	71 200	71 200	合计	86 500	86 500
			清算净损益：		
			清算净收益(损失)	15 300	15 300
资产总计	71 200	71 200	债务及清算净损益总计	71 200	71 200

表 12-16 中的清算净损失 15 300 元，应当等于表 12-15 中清算净损失 28 300 元减去芙蓉公司破产清算时的股东权益 13 000 元的差额，否则此表编制有误。同时表中资产的账面金额应当等于表 12-14 最后一栏"期末账面金额"的数据。

3. 清算业务的终结

20×9 年 5 月 10 日，管理人收回应收账款 18 000 元，交易性金融资产出售得 7 300 元，此外，按规定应优先偿付应交税费，其余货币资金归还其他债权人。管理人对这些业务的会计处理如下。

(1) 全额收回应收账款

借：银行存款　　18 000

　贷：应收账款(新)　　18 000

(2) 出售持有的股票，并收到银行存款

借：银行存款　　7 300

　贷：交易性金融资产　　7 000

　　　清算损益　　300

(3) 上缴增值税等税款

借：应交税费(新)　　10 000

　贷：银行存款　　10 000

在将上述分录记入有关账户后，管理人的账户余额如表 12-17 所示。

表 12-17　账户余额表　　元

账　　户	借　　方	贷　　方
货币资金	61 500	
其他应付款(新)		500
应付账款		65 000
应付票据(客户)		5 000
应付票据(银行)		6 000
清算损益	15 000	
合计	76 500	76 500

这时剩余的货币资金为 61 500 元，债务为 76 500 元，由于这些债权处于同一清偿顺序中，应按比例加以分配，清偿比例为 80.4%(＝61 500÷76 500×100%)。

借：其他应付款(新)　　402
　　应付账款　　52 255
　　应付票据(客户)　　4 020
　　应付票据(银行)　　4 823
　贷：银行存款　　61 500

债务人财产分配完毕，由管理人提请人民法院终结破产程序。破产程序终结后，未得到清偿的债权不再清偿，除非债务企业出现：(1)隐匿、私分或者无偿转让财产；(2)非正常压价出售财产；(3)对原来没有财产担保的债务提供财产担保；(4)对未到期的债务提前清偿；(5)放弃自己的债权。若债务企业有这些行为之一的，自破产程序终结之日起一年内被查出的，由人民法院追回财产，并按规定偿还给债权人。破产程序终结时，管理人应做如下分录。

借：其他应付款(新)　　98
　　应付账款　　12 745
　　应付票据(客户)　　980
　　应付票据(银行)　　1 177
　贷：银行存款　　15 000

在编制这一分录后，管理人的账户已全部结平。最后，根据规定管理人尚需编制清算利润表和债务清偿表，清算利润表的格式与编法，与表 12-15 相同。债务清偿表如表 12-18 所示。

表 12-18 债务清偿表

20×9 年 5 月 10 日 元

债务项目	账面金额	确认金额	偿还比例	本期偿还金额	累计偿还金额
有担保的债务:					
长期借款	50 000	50 000	100%	—	50 000
应付借款利息	5 000	5 000	100%	—	5 000
应付票据(银行)	25 000	25 000	95.30%	4 823	23 823
应付利息	2 000	2 000	100%	—	2 000
合计	82 000	82 000	98.60%	4 823	80 823
普通债务:					
应付职工薪酬	13 000	13 000	100%	—	13 000
应交税费	12 000	12 000	100%	10 000	12 000
应付账款	65 000	65 000	80.40%	52 255	52 255
应付票据(客户)	5 000	5 000	80.40%	4 020	4 020
其他应付款(新)	500	500	80.40%	402	402
合计	95 500	95 500	85.50%	66 677	81 677
总计	177 500	177 500	91.50%	71 500	162 500

三、破产清算的财务报告

管理人接管破产公司财产后,为定期反映财产变现、债务清偿、破产费用发生等情况,应按规定编制会计报表,并报送受理破产的人民法院、主管财政机关和同级国有资产管理部门。

1. 清算开始

清算开始时,将有关账户余额转入有关新账后,应当编制清算资产负债表(见表 12-13)。该表中,资产分为"用作担保的资产"和"普通资产"两大类,既列示账面金额,又列示预计可实现净值;债务分"有担保的债务"和"普通债务"两大类,既列示账面金额,又列示确认数。"账面金额"栏反映被清算企业清算报表日的资产、负债和清算净损益的账面金额;"预计可实现净值"栏反映在清算报表日预计的资产可出售价格或该项资产可以抵偿债务的金额;"确认数"栏反映债务清理中重新确认的债务的金额。用作担保的资产的预计可实现净值高于相关债务的部分应视为普通资产,填列在普通资产类的预计可实现净值栏内。

2. 清算期间

清算期间,应当按照人民法院、主管财政机关和同级国有资产管理部门规定的期限编

制清算财产表、清算利润表和清算资产负债表，分别见表12-14、表12-15和表12-16。

清算财产表要求反映期初账面金额、预计可变现金额、本期变现金额和期末账面金额四类数据，其中：期初账面金额栏－本期变现金额栏＝期末账面金额栏。

3. 清算终结

清算终结时，应当编制清算利润表、债务清偿表。清算利润表反映清算过程中清算收益（损失）、清算费用、土地转让净收益的合计数。债务清偿表（表12-18有部分简化）分有担保的债务和普通债务，反映其账面金额、确认金额、偿还比例、实际需偿还金额、本期偿还金额、累计偿还金额和尚未偿还金额。

清算终结后，管理人应当将接收的会计账册等会计档案连同在清算期间形成的会计档案一并移交破产公司的业务主管部门或人民法院，由业务主管部门或人民法院指定有关单位保存。

最后，管理人应当向破产公司原登记机关办理注销登记，并解散管理人和债权人会议及债权人委员会，终止任务执行，破产清算工作正式完结。

练　　习

一、思考题

1. 公司清算的原因有哪些？
2. 公司清算有哪几种分类？最基本的分类是什么？
3. 解散清算和破产清算有何不同？
4. 破产清算会计有何特点？
5. 试说明我国公司被宣告破产清算后的工作程序。
6. 简述破产公司和管理人的会计处理。
7. 试说明清算资产负债表的结构及其作用。

二、练习题

1. 单项选择题

(1) 存在土地转让的公司，清算时通过(　　)账户处理。

A. 土地转让收益　　　　B. 清算费用

C. 清算损益　　　　　　D. 固定资产清理

(2) 债权人向管理人申报债权的期限自人民法院发布受理破产公告之日起计算最短

为(　　)。

A. 一个月　　B. 两个月　　C. 三个月　　D. 半年

(3) 下列财产属于债务人财产的是(　　)。

A. 担保物灭失后产生的保险金、补偿金、赔偿金等代位物

B. 债务人发行债券形成的债权

C. 债务人在所有权保留买卖中尚未取得所有权的财产

D. 债务人基于仓储、保管、加工承揽、委托交易、代销、借用、寄存、租赁等法律关系占有、使用的他人财产

(4) 当公司处置资产时,账面价值和实际收到款项之间的差额,应计入(　　)。

A. 实收资本　　B. 盈余公积　　C. 资本公积　　D. 清算损益

(5) 破产清算的法律规定:债权人会议通过和解协议草案的决议,必须占到无财产担保债权总额的(　　)。

A. 三分之二以上　　B. 三分之二以下

C. 二分之一以上　　D. 二分之一以下

(6) 债务人财产在优先拨付破产费用后,有如下 a、b、c 清偿事项,下列清偿顺序正确的是(　　)。

a. 普通破产债权;

b. 破产公司所欠职工工资和医疗、伤残补助、抚恤费用,所欠的应当划入职工个人账户的基本养老保险、基本医疗保险费用,以及法律、行政法规规定应当支付给职工的补偿金;

c. 破产人欠缴的除前项规定以外的社会保险费用和破产人所欠税款。

A. a、b、c　　B. b、c、a　　C. c、a、b　　D. c、b、a

(7) 用以记录被清算公司在破产清算期间处置资产、确认债务等发生的损益,被清算企业的所有者权益,应在(　　)科目反映。

A. 清算损益　　B. 待处理财产损益

C. 清算费用　　D. 营业外支出

(8) 在清算期间,公司支付职工生活费、诉讼费、设备设施维护费、审计评估费、财产保管费等,应计入(　　)。

A. 管理费用　　B. 清算损益

C. 营业外支出　　D. 清算费用

(9) 破产费用指在破产程序中为维护破产债权人的共同利益而从债务人财产中支付的费用,不包括(　　)。

A. 破产案件的诉讼费用　　B. 管理、变价和分配债务人财产的费用

C. 管理人的个人生活费用　　D. 聘用工作人员的费用

(10) 清算期间，以下不属于人民法院、主管财政机关和同级国有资产管理部门在规定的期限内编制的报表是(　　)。

A. 清算资产负债表　　B. 清算财产表

C. 清算利润表　　D. 清算权益表

三、案例

(1) 某网络公司向银行借款 200 万元，以两套各价值 150 万元的商品住房作为抵押担保，该房仍由该公司使用。20×9 年 10 月该公司到期未能还款，银行正准备向其催款，于 11 月 5 日收到人民法院关于该企业已申请宣告破产的通知。

由于该银行的债权是有担保的债权，故其可以从债务人财产中优先得到清偿，那么银行此时还能不能向人民法院单独提起债务纠纷诉讼？该银行必须在哪天之前向发出通知的法院申报债权？假如该网络公司主动向银行归还借款，可否依合同解除对两套商品住房设定的抵押？请谈谈银行该怎样处理。

(2) 天源公司因不能清偿到期债务，而被债权人申请人民法院宣告破产，管理人经破产清算后，就该公司财产的分配提出了分配方案。首先用公司财产 10 万元支付破产清算费用；对公司所欠职工工资和劳动保险费用 80 万元，从债务人财产中优先支付 60 万元；公司总共欠缴国家和地方税款 200 万元，从剩余债务人财产中缴纳；公司财产在支付清算费用、职工工资和劳动保险费用以及税款后结余 150 万元，由公司债权人按债权比例分配。

你对该分配方案有何看法，并请指出哪些不符合法律规定。

(3) 某药业公司是某市卫生局下属的一个国有企业。20×7 年 3 月 18 日，由于经营管理不善，不能清偿到期债务，某药业公司被债权人申请破产。3 月 24 日人民法院受理了此案，并通知了某药业公司。20×7 年 5 月 14 日，某市卫生局向人民法院申请对该药业公司进行整顿，7 月 2 日，药业公司与债权人达成了和解协议，7 月 10 日发布公告，中止破产程序。整顿期间，债权人某公司发现该药业公司经营状况不但没有好转，反而又负了一笔新债，于是该公司即向人民法院申请该药业公司破产，法院于 20×8 年 10 月 21 日裁定宣告该药业公司破产，20×8 年 11 月 30 日，破产程序终结。但在 20×9 年 8 月，人民法院在审理其他案件时发现，20×7 年 11 月，该药业公司曾放弃对某大医院的 20 万元债权，条件是该公司职工在该医院治疗时享有优厚待遇。于是人民法院追回了这 20 万元财产。

要求：

① 整顿期未满，可以宣告破产吗?

② 对某药业公司 20 万元的债权应如何处理?

(4) 某企业因资不抵债，拟向法院申请破产；聘请注册会计师代理破产中的事务。注册会计师了解到：①该企业为原在自治区工商行政管理局注册登记的工业企业；②该企业债权人之一甲公司因追索500万元货款而在1个月前起诉该企业,此案尚在审理中;③该企业欠当地中国银行贷款1 000万元,贷款时曾提供一套设备作抵押,该设备价值400万元;④该企业曾为乙公司向当地交通银行一笔500万元的贷款作保证人,现乙公司尚未偿还该笔贷款。

要求:

① 该企业如申请破产,应由哪级法院受理?

② 向人民法院申请破产时,注册会计师需准备提交哪些材料?

③ 甲公司与该企业之间尚未审结的诉讼如何处理?

④ 中国银行的1 000万元贷款如何处理?

⑤ 交通银行能否参加破产程序、申报破产债权?请说明理由。

B&E 部分练习参考答案

第一章　合伙企业会计

二、练习题

1. 单项选择题

(1) D　(2) A　(3) D　(4) C　(5) C　(6) C　(7) D　(8) A　(9) C　(10) A

第二章　分支机构会计

二、练习题

1. 单项选择题

(1) D　(2)C　(3) A　(4) C　(5) D　(6) A　(7)C　(8) B　(9) B　(10) A

第三章　企业合并

二、练习题

1. 单项选择题

(1) D　(2) C　(3) B　(4) C　(5) B　(6) A　(7) C　(8) B　(9) A　(10) B

第四章　合并财务报表——控制权取得日合并财务报表的编制

二、练习题

1. 单项选择题

(1) B　(2) D　(3) C　(4) C　(5) A　(6) B　(7) C　(8) B　(9) A　(10) A

第五章 合并财务报表——控制权取得日后合并财务报表的编制

二、练习题

1. 单项选择题

(1) A (2) B (3) C (4) A (5) A (6) A (7) C (8) C (9) D (10) D

第六章 外币业务会计

二、练习题

1. 单项选择题

(1) C (2) A (3) B (4) B (5) D (6) C (7) D (8) C (9) D (10) D

第七章 外币报表折算

二、练习题

1. 单项选择题

(1) D (2) B (3) D (4) C (5) A (6) C (7) D (8) A (9) B (10) A

第八章 分部报告和中期报告

二、练习题

1. 单项选择题

(1) C (2) C (3) D (4) B (5) D (6) C (7) A (8) D (9) C (10) C

第九章 金融工具会计

二、练习题

1. 单项选择题

(1) B (2) D (3) C (4) A (5) B (6) B (7) C (8) D (9) A
(10) D (11) A (12) A (13) D

第十章　租赁会计

二、练习题

1. 单项选择题

(1) B　(2) A　(3) C　(4) B　(5) A　(6) B　(7) A　(8) A　(9) A　(10) B

第十一章　物价变动会计

二、练习题

1. 单项选择题

(1) A　(2) C　(3) A　(4) B　(5) C　(6) B　(7) C　(8) D　(9) C　(10) C

第十二章　公司清算会计

二、练习题

1. 单项选择题

(1) A　(2) C　(3) A　(4) D　(5) D　(6) A　(7) A　(8) D　(9) C　(10) D

参考文献

1. 弗洛伊德·A. 比姆斯,约翰·A.布罗若夫斯基,克雷格·D.舒尔德斯.高级会计学[M].第7版.上海:上海财经大学出版社,2002.
2. E. 约翰·拉森.现代高级会计[M].第7版.大连:东北财经大学出版社,1999.
3. 中华人民共和国财政部.企业会计准则——应用指南[M].北京:中国财政经济出版社,2006.
4. 中华人民共和国财政部.企业会计准则2006[M].北京:经济科学出版社,2006.
5. 于晓镭,徐兴恩.新企业会计准则实务指南与讲解[M].北京:机械工业出版社,2006.
6. 中国注册会计师协会.会计[M].北京:经济科学出版社,2010.
7. 邓小洋.高级财务会计学[M].上海:立信会计出版社,2009.
8. 程明娥,孙灿明.高级财务会计学[M].北京:北京大学出版社,中国农业大学出版社,2008.
9. 余国杰.高级财务会计学[M].北京:清华大学出版社,2008.
10. 杨忠莲,柴庆孚.高级财务会计[M].上海:上海财经大学出版社,2008.
11. 梁莱歆.高级财务会计[M].第2版.北京:清华大学出版社,2007.
12. 耿建新,杜美杰,续芹.高级会计学[M].北京:北京大学出版社,2009.
13. IASC.国际会计准则2000[M].财政部会计准则委员会译.北京:中国财政经济出版社,2000.
14. 常勋.财务会计三大难题[M].上海:立信会计出版社,1999.